V&R

Martin Nicol

Weg im Geheimnis

Plädoyer für den Evangelischen Gottesdienst

2. Auflage

Vandenhoeck & Ruprecht

Bibliografische Information der Deutschen Nationalbibliothek

Die Deutsche Nationalbibliothek verzeichnet diese Publikation in der Deutschen Nationalbibliografie; detaillierte bibliografische Daten sind im Internet über http://dnb.d-nb.de abrufbar.

ISBN 978-3-525-60221-8

Umschlagabbildung: Christa Schüssel, Nachfolge, Holzschnitt 2006.

Gesamtherstellung: Hubert & Co, Göttingen

Vorwort

Mit diesem Buch möchte ich neues Staunen wecken über den evangelischen Gottesdienst der Tradition. Dafür habe ich nach einer Form der Darstellung gesucht, die eine lockere Lektüre ermöglicht. Ein *Leittext* formuliert die Intention eines Kapitels, *Beobachtungen* geben Anhalt an der gottesdienstlichen Realität, *Meinungen* schlagen eine Brücke zur liturgiewissenschaftlichen Diskussion, während jeweils sieben *Skizzen* das Anliegen perspektivisch entfalten; abschließend bieten *Lesetipps* punktuelle Hinweise zur Vertiefung oder Weiterführung.

Zwölf Kapitel sind es geworden. Sie sind mit Absicht nicht nummeriert. Der Einführung und dem ersten Kapitel kommt grundlegende Bedeutung zu. Sonst aber ist der Lektüre keine Reihenfolge vorgegeben. Jedes Kapitel hat bei gleichem Aufbau seine eigene Logik und kann für sich gelesen werden. Dass mitunter ein Sachverhalt in unterschiedlicher Beleuchtung und von daher mehrfach zur Sprache kommt, gehört zu dieser Anordnung. Die Angaben im Sachregister helfen bei der individuellen Orientierung. Ich ermuntere dazu, sich gezielt, nach Lust und Laune oder einfach kreuz und quer durch dieses Buch lesen.

Gut vier Jahre hat es gebraucht, bis das Manuskript in den Druck ging. Im Wintersemester 2007/08 kommentierte ein Oberseminar die zwölf Kapitel in einer ersten Textgestalt. Dr. Alexander Deeg hat die Entstehung dieses Buches kompetent und kritisch begleitet; dass ich dem Austausch mit ihm viel verdanke, ist nicht zu übersehen. Christopher Diez erstellte die Register; zusammen mit Kerstin Baderschneider, Franziska Grießer und Romina Rieder unterzog er sich der Mühe des Korrekturlesens. Eleonore Kastl trug umsichtig und verlässlich wie immer dazu bei, dass die Arbeiten im Zeitplan blieben. Die Nürnberger Künstlerin Christa Schüssel stellte wieder ein Bild zur Covergestaltung bereit. Jörg Persch hat das Projekt für das Verlagsprogramm von Vandenhoeck & Ruprecht akzeptiert und, unterstützt von Christoph Spill, seine Ausführung in bewährter Göttinger Qualität verantwortet.

Damit aus einem Buch ein Plädoyer werden konnte, musste der Ladenpreis erschwinglich gehalten werden. Erheblich dazu beigetragen hat die Prof.-Bernhard-Klaus-Stiftung. Der Stifter, im vergangenen Jahr verstorben, war zeitlebens ein Liebhaber der Liturgie und mit eigenen Forschungen ein solider Liturgiker. Dass sich nun über die Stiftung sein Name mit diesem Buch verbindet, bewegt mich. Zuschüsse haben auch die Evangelisch-Lutherische Kirche in Bayern, die Vereinigte Evangelisch-Lutherische Kirche Deutschlands, die Zantner-Busch-Stiftung und die Hermann-Gutmann-Stiftung gegeben.

Allen, die mir so viel geholfen haben, sei herzlich gedankt.

Erlangen, im Mai 2009 — Martin Nicol

Inhalt

Zur Einführung:

Gottesdienst, evangelisch

Warum Fürsprache an der Zeit ist

> Vielleicht kommt die Sache dadurch wieder zu Stande, daß man sie voraussetzt.
>
> Friedrich D. E. Schleiermacher

Für einen Weg im Geheimnis

Pilgerwege faszinieren. Längst sind es nicht mehr nur Katholiken, die man auf den Jakobswegen dieser Welt antrifft. Pilgern boomt. Die ausgetretenen Pfade locken. Seit Jahrhunderten laden sie Menschen ein, neue Erfahrungen auf alten Wegen zu machen. Zeichen am Weg, Hinweise auf das Gottesgeheimnis gibt es genug. Pilgerwege sind Wege im Geheimnis.

Pilgerwege, Glaubenswege, Lebenswege, diese und jene Wege – Wege im Geheimnis gibt es viele. Der evangelische Gottesdienst ist einer von ihnen. In langer Tradition gespurt – so liegt er bereit und macht begehbar, was unzugänglich ist. Führt hindurch zwischen dem, was nicht gesagt werden kann, und dem, was gesagt werden muss. Hält Wegstrecken bereit, je eigen geprägt durch Worte und Schweigen, Klänge und vielfältige Zeichen. Weist sich aus durch Symbol und Ritual, die fremde Sprache der Liturgie.

Der gottesdienstliche Weg im Geheimnis ist ebenso abenteuerlich wie normal. Er zieht seine Schleifen zwischen himmlischem Thronsaal und Alltag der Welt, führt mit frommen Formeln in die Machtspiele zwischen Himmel und Erde, verhält sich irdisch wie ein Klingelbeutel und heiligt die Dinge durch die diskrete Macht der Doxologie. Ein Pilgerweg eben, mit Blasen an den Füßen und erhebendem Gesang. Der evangelische Gottesdienst ist, wie andere Liturgien der weltweiten Kirche auch, Weg in der Gotteswirklichkeit, im Mysterium, im Geheimnis.

Für den Evangelischen Gottesdienst

So weit, so gut. Nur dass „der" evangelische Gottesdienst, den ich da vollmundig preise, so richtig gar nicht greifbar ist.

Sicher, es gibt ihn. Die vielen Beobachtungen in diesem Buch beziehen sich ja nicht auf ein Phantom, sondern auf real gefeierte evangelische Gottesdienste traditionellen Zuschnitts. Es gibt ihn also: den evangelischen Gottesdienst.

Und es gibt ihn nicht. Unter „Gottesdienst, evangelisch" versteht man vielfach etwas anderes als ausgerechnet den Gottesdienst der liturgischen Tradition. Wer etwa regelmäßig Gottesdienste des so genannten „zweiten Programms" besucht, wird sich wundern, wenn „der" Gottesdienst nun auf einmal identisch sein soll mit dem agendarischen Gottesdienst, den man doch gerade hinter sich gelassen zu haben glaubte. Dass es „den" evangelischen Gottesdienst nicht gibt, ist die Konsequenz einer pluralen Gottesdienstkultur im Protestantismus.

Wenn ich sage, „der" evangelische Gottesdienst sei nicht so richtig greifbar, dann meine ich allerdings weniger diese Pluralität als vielmehr die Unentschiedenheit, mit der der traditionelle Gottesdienst vielerorts gefeiert wird. Mein Eindruck ist, dass die herkömmliche Liturgie selbst Menschen, die sie grundsätzlich bejahen, nach Gestalt und Theologie undeutlich geworden ist. Ihre Überzeugungskraft hat abgenommen. Es ist still geworden um „den" evangelischen Gottesdienst. Kein Wunder, dass sich nicht nur bei mir der Eindruck aufdrängt, eigentlich gebe es ihn nicht. Oder nicht mehr. Oder nicht mehr so richtig.

Diesen Gottesdienst, den es gibt und nicht gibt, habe ich vor Augen. Den evangelischen Gottesdienst, wie er sonntäglich zwischen der Messform lutherischer und dem Predigtgottesdienst reformierter Provenienz begangen wird. Den evangelischen Gottesdienst, wie er mit reichem Erbe und manchen Geburtsfehlern auf uns gekommen ist. Den Gottesdienst, wie ihn das Evangelische Gottesdienstbuch in seiner ganzen Spannweite zu profilieren suchte. Den evangelischen Gottesdienst, auf den wir zeigen möchten und sagen: Kommt, hört, schmeckt und seht! Den evangelischen Gottesdienst, den wir so gerne in zeitgemäßer Bestform an unsere Kinder weiterreichen würden.

Vielleicht ist es ja ein gutes Zeichen, dass der Verlag Vandenhoeck & Ruprecht das Beiwort „evangelisch" auf dem Cover bereits größer machte, als es der Autor vorgegeben hatte: mit großem E. Das mag Absicht gewesen sein oder nicht. Ich habe es jedenfalls bemerkt, mich gewundert – und gerne zugestimmt. Ja, um den Evangelischen Gottesdienst geht es mir. Die ursprünglich rein konfessionelle Kennzeichnung könnte zum Eigennamen und gleichsam Markenzeichen avancieren. Irgendwo zwischen Tradition und Imagination muss es ihn geben: den Evangelischen Gottesdienst.

Fürsprache

Der Evangelische Gottesdienst, den ich nun mit einigem Realismus wieder kleinschreibe – der evangelische Gottesdienst kann derzeit Fürsprache gebrauchen. Damit die Schönheiten und die Abgründe, die ihm eingeschrieben sind, im Bewusstsein bleiben. Damit die Frömmigkeit der Einzelnen verlässlich an den gottesdienstlichen Vollzügen der Gemeinde Gestalt gewinnen kann. Damit wir Evangelischen die eigentümliche Sprache der Liturgie nicht verlernen. Damit die evangelische Kirche bei all den neuen Gottesdiensten, die das Land möglicherweise braucht, den unverwechselbar evangelischen Gottesdienst, den sie selbst auf jeden Fall braucht, nicht aus dem Auge verliert.

Aufs Ganze gesehen müssen wir Evangelischen uns nicht verstecken. Was wir der Welt mit unserem Gottesdienst zu bieten haben, ist etwas Wunderschönes: ein vielstimmig vielschichtiges Gebilde aus Bibelworten und sprachmächtiger Auslegung, aus herzinnigen Gebeten und tagesaktuellen Einsprüchen, aus kühnen Klängen, mächtigen Chorälen und zarten Weisen der Kirchenmusik. Mit solchen Merkmalen hat sich der evangelische Gottesdienst ins kulturelle Gedächtnis eingeschrieben.

Und schon wieder bin ich dabei, das, was sich gar nicht so richtig greifen lässt, in höchsten Tönen zu loben. Dass dabei die Wörter zwischen Poesie und Pathos changieren, stört mich nicht. Im Gegenteil. Wie könnte man ohne Poesie und Pathos, ohne Leidenschaft und Liebe über das Gottesgeheimnis, das uns eben auch im Gottesdienst bewegt, reden und schreiben? Sicher, ein Plädoyer hat sich an sachlichen Gegebenheiten zu orientieren. Aber die Sprache muss nicht durchweg sachlich sein. Emotionales Engagement darf durchklingen, und Spitzen gegen diejenigen, die der vertretenen Sache nicht förderlich scheinen, gehören zur Kultur solcher Fürsprache. Ein Plädoyer tritt argumentativ, emotional und konfliktbereit für eine der streitenden Parteien ein. Gerade das unterscheidet es ja von den Konsenspapieren diverser Gremien: dass es gar nicht erst den Versuch unternimmt, ausgewogen für alle zu sprechen. In diesem Sinn plädiere ich für den evangelischen Gottesdienst.

Für Aufbruch

Mein Plädoyer gilt dem evangelischen Gottesdienst mit seinen gesamtkirchlichen Wurzeln und reformatorischen Weichenstellungen. Immer wieder ist zu hören, er sei praktisch tot. Das klingt, je nach Standort, triumphal oder traurig. Oder eben nur noch müde: Weil er ja bereits tot sei, lohne sich keine Mühe mehr. Der überkommene Gottesdienst wird da und dort unter Ächzen mitgeschleppt oder verschämt im Winkel abgestellt wie ein wertvolles, aber unbrauchbares Geschenk. Ein Vorgang, der zwischen Triumph und Traurigkeit vielleicht noch etwas anderes hervorruft: Sehnsucht. Sehnsucht bei allen Beteiligten, es möge der evangelische Gottesdienst doch einfach gefeiert werden: selbstverständlich, aufrichtig und schön.

Ich will den traditionellen Gottesdienst wieder aus seiner Ecke holen. Nicht weil ich damit alle Versuche, neuartige Gottesdienste zu gestalten, von vornherein desavouieren will. Ein Blick auf die gottesdienstlichen Gegebenheiten im Lande zeigt, wie bunt, vielfältig und attraktiv die Szene jenseits der Agende geworden ist. Zugegeben, ich habe Vorbehalte gegenüber einer Eventkultur auf dem sensiblen Gebiet des Gottesdienstes. Aber ich halte deswegen noch lange kein Plädoyer gegen etwas, sondern ein Plädoyer für: für den evangelischen Gottesdienst. Ich plädiere dafür, nicht nur jenseits der Agende mit neuen Formen zu experimentieren, sondern es schlicht noch einmal mit dem evangelischen Gottesdienst der Tradition zu versuchen.

Für eine solche Neuentdeckung bietet sich eine Analogie an: die Renaissance der Alten Musik. Als der barocke Sound etabliert und die Hörgewohnheiten konsolidiert schienen, schickten sich Nikolaus Harnoncourt und andere an, durch eine neue Lesart der Partituren und ein radikal verändertes Instrumentarium zuerst die Musik des Barock, dann die Alte Musik überhaupt und inzwischen die Musik fast jeder Epoche zu entstauben. „Klangreden" (Harnoncourt) wurden freigelegt, die unerhört waren. Noch immer spricht man von „historischer Aufführungspraxis". Nur dass ihr schon lange nichts Museales mehr anhaftet. Im Gegenteil. Vielfach wird mit modernem Instrumentarium „historisch" musiziert. Alte Partituren erweisen sich als überraschend frisch und verlockend fremd. Sie überwältigen mit unvermuteter Emotionalität und fordern die erneute Reflexion auf Gegebenheiten, die vertraut schienen. Vergleichbares könnte geschehen, wenn die alten „Partituren" des evangelischen Gottesdienstes neu gelesen und, klar, auch „aufgeführt" werden.

Inzwischen treffe ich sogar auf Theologiestudierende, denen der traditionelle Gottesdienst unvertraut oder geradezu unbekannt ist. Man kann also guten Gewissens beginnen, ihn als etwas aufregend Neues zu präsentieren. Das gilt im Blick auf Gestalt, Vollzug, Theologie. Hinreißend schöne und verstörend fremde Gottessignaturen sind dem Gottesdienst der Tradition eingeschrieben. Wegzeichen und Stolpersteine des Gottesgeheimnisses werden liturgisch durch die Generationen gereicht. Wohl erscheint der Gottesdienst zu Zeiten hermetisch, verschlossen, unzugänglich. Aber dann geschieht es. Dann werden überraschend Wegzeichen, Stolpersteine, Gottessignaturen entdeckt, als habe man noch nie mit ihnen zu tun gehabt. Dann ist es Zeit für Aufbruch, Zeit, den alten Gottesdienst mit zögerndem Staunen neu zu feiern.

Für Ästhetik

Mein Plädoyer gilt einem evangelischen Gottesdienst, der, wieder mit Respekt, Lust und Liebe gefeiert, eine veränderte liturgische Spiritualität aus sich heraussetzen wird. Was hier vor allem meint: dass wir Evangelischen für die Gestaltseite von Liturgie sensibler werden. Irgendwann werden wir unsere traditionellen Vorbehalte gegenüber scheinbaren Äußerlichkeiten, wie sie nun einmal zur Gestalt der Liturgie gehören, überwinden. Dann ist die Zeit gekommen, dass wir den Vergleich mit der liturgischen Spiritualität anderer Konfessionen nicht mehr scheuen müssen.

Mit solchen Hinweisen auf die Gestaltseite von Liturgie bewege ich mich im Bereich einer Liturgik, die unter ästhetischem Vorzeichen Liturgie zur Geltung bringt. Diese Art Liturgik fiel nicht vom Himmel. Sie baut auf das, was historisch längst Standard ist. Einst überraschte eine historisch orientierte Liturgik durch Entdeckungen, half liturgische Entscheidungen zu legitimieren, vermochte gängige Praxis zu entstauben. Doch hat sich ein rein historisches Paradigma als nicht ausreichend erwiesen. Zum Sprung in eine lebendige „Aufführungspraxis" kam es nicht. Viele Einsichten blieben auf den akademischen Bereich beschränkt. Historische, erst recht dogmatische Deduktionen einer normativen Feiergestalt werden der Sache, um die es geht, eben nicht wirklich gerecht.

Ob eine ästhetisch ausgerichtete Liturgik den Sprung in lebendige Liturgie besser schafft, bleibt abzuwarten. Aber hinter ihre Grundeinsicht gibt es kein Zurück: dass der Gottesdienst ein Kunstwerk darstellt, das nur im Wechselspiel von Inhalt und Form angemessen wahrgenommen wird. Eine ästhetisch wache Liturgik hat uns die Feiergestalt des Gottesdienstes erschlossen, hat den Blick geöffnet für Symbol und Ritual, für das eigentümliche Zusammenspiel von Text, Klang und Raum, für die Bedeutung visueller Eindrücke, für die Dramaturgie der Teile und des Ganzen, für das Wechselspiel der Texte, für die Eigenart der liturgischen Sprachformen von Salutation bis Segen und für vieles mehr. Es geht bei Liturgie um eine unverwechselbar eigene, von anderen kirchlichen Vollzügen unterschiedene Weise, das Gottesgeheimnis zu begehen. Eigentlich sollte die Trennung von gegebenem Inhalt und variabler Form überwunden sein und die liturgische Spiritualität evangelischer Gemeinden sich entsprechend gewandelt haben. Aber noch immer bleibt für uns Evangelische gerade auf der Gestaltseite der Liturgie eine Menge zu entdecken.

Für Profil

Ich plädiere dafür, das evangelische Profil des Gottesdienstes zu schärfen. Evangelisches Profil aber wird nicht hier und heute erfunden. Vielmehr müsste der evangelische Gottesdienst in seiner gewachsenen Substanz neu angeeignet und müssten die Konturen, die sich dabei abzeichnen, zeitgemäß nachgezogen werden.

Ich plädiere dafür, es im deutschsprachigen Protestantismus noch einmal mit dem überlieferten evangelischen Gottesdienst zu versuchen. Es noch einmal zu versuchen mit Liturgie als einer eigentümlichen Weise, sich im Gottesgeheimnis zu bewegen. Es noch einmal zu versuchen mit der gesamtkirchlichen Form der Messe wie auch mit dem evangelischen Predigtgottesdienst. Faktisch hieße das, das „Evangelische Gottesdienstbuch“ von 1999 endlich ernst zu nehmen. Denn bis jetzt ist das groß angelegte Projekt einer Erneuerung der Agende als gescheitert zu betrachten. Es führte kaum zu Neuentdeckungen, es hat die liturgische Spiritualität nicht erkennbar gefördert, und liturgiepolitisch stellte sich die integrierende Wirkung, auf die man so sehr hoffte, bis heute nicht ein.

Ich plädiere dafür, endlich den Aufbruch zu wagen in den Wegen, die das Evangelische Gottesdienstbuch gespurt hat. Das Gottesdienstbuch ist eine Bestandsaufnahme. Nicht mehr. Aber auch nicht weniger. Als Bestandsaufnahme dessen, was als evangelischer Gottesdienst gelten kann, bedeutet es einen Meilenstein im deutschsprachigen Protestantismus. In ihm liegt, wenn auch mit manchen Ungereimtheiten, ein Reichtum bereit, der uns Evangelische beflügeln könnte.

Lasst es uns noch einmal versuchen! Aber, bitte, ohne die quälende Lustlosigkeit, die bisher den Weg dieses Gottesdienstbuchs so verlässlich begleitete. Lasst uns das Material, das bereit liegt, aufgreifen und endlich etwas damit anfangen! Etwas, das weit weniger mit gliedkirchlicher Integration zu tun hat als mit dem Gottesgeheimnis und der Frage, wie sich Einzelne, Gemeinde und Kirche darin bewegen können.

Die evangelischen Kirchen in Deutschland möchten Profil zeigen. Das ist in Ordnung. Ein evangelisch profilierter Gottesdienst, der sich im Aufbruch befindet zu einer Liturgie der Kirche, würde dazu gehören. Dann aber dürften die verantwortlichen Personen und Gremien den Gottesdienst nicht länger nach dem Motto behandeln: „Hauptsache niederschwellig, vielfältig, bunt!“ Man müsste sich, um liturgisch Profil zu gewinnen, eben doch der Frage ernsthaft zuwenden, die man bisher allenfalls mit spitzen Fingern anfasste, der Frage nämlich, was denn unverwechselbar die Gestalt evangelischen Gottesdienstes ausmache.

Für Theologie

Was das Evangelische Gottesdienstbuch so wirkungslos machte, ist sein Theologieverzicht. Kaum jemand, der bei seiner Entstehung kirchenamtlich Verantwortung trug, wagte zu sagen, was Gottesdienst überhaupt und was speziell evangelischer Gottesdienst sei. Die alte Frage nach dem, was man nicht ganz glücklich „Geist" der Liturgie oder „Wesen" des Gottesdienstes nannte, wurde geflissentlich umgangen. Keine Theologie des Gottesdienstes, wie sie zur Agendenreform der 1950er Jahre Peter Brunner entworfen hatte, grundierte die Erneuerung der Agende. Dafür lässt sich vor allem ein Grund benennen: Hätte man sich theologisch auch nur in Umrissen festgelegt, wäre es nie zu der protestantischen Konsensagende gekommen, auf die man so euphorisch fixiert war.

Der Theologieverzicht degradiert das Evangelische Gottesdienstbuch faktisch zum Baukasten, aus dem man sich, wenn überhaupt, bei Gelegenheit bedient. An einer Sammlung von bloßen Abläufen und entsprechenden Varianten aber hat noch niemand gelernt, was Liturgie sei und in welcher Grundhaltung man sie zu feiern hätte. Darauf hat Manfred Josuttis immer wieder ebenso vehement wie vergeblich hingewiesen. Liturgische Erneuerung sieht anders aus. Von besagtem Konsensbaukasten allein war sie nicht zu erwarten.

Freilich, der Peter Brunner des Evangelischen Gottesdienstbuchs bin ich nicht. Ich maße mir nicht an, eine komplette, gar „die" Theologie des evangelischen Gottesdienstes zu entwerfen. Was ich tue, ist bescheidener. An zwölf neuralgischen Punkten will ich dem Problem einer evangelischen Liturgiefähigkeit auf die Spur kommen. Es geht nicht in erster Linie um dieses oder jenes Detail, wie der Gottesdienst zu feiern sei. Es geht wesentlich darum, ob wir Evangelischen überhaupt Liturgie wollen: Liturgie als eigentümliche Weise, sich im Geheimnis Gottes zu bewegen. Die Diagnose ist einigermaßen schmerzhaft: Letztlich ist eine tief sitzende Liturgieunfähigkeit des Protestantismus zu konstatieren. Ohne intensive theologische Arbeit wird sich eine Therapie schwerlich finden lassen.

Für Ökumene

Mit meinem Plädoyer wende ich mich in erster Linie an Christen der lutherischen Liturgietradition. Aus dieser Tradition komme ich, auf dem Hintergrund dieser Tradition argumentiere ich.

Die reformierte Liturgietradition ist jedoch mit im Blick. Der Prozess, der zum Evangelischen Gottesdienstbuch führte, hat im reformierten Protestantismus eine konvergente Bewegung ausgelöst. Insofern gehe ich davon aus, dass man auch auf reformierter Seite dieses Buch mit Interesse lesen wird. Alles, was ich etwa über das Verhältnis von Predigt und Wort im Protestantismus sage, dürfte auch für die reformierte Tradition bedenkenswert sein. Für die Reformierten sprechen kann ich freilich nicht. Gleichwohl erlaube ich mir, ermuntert durch die vielfältigen Konvergenzen seit der Leuenberger Konkordie (1973), nicht nur von einem lutherischen, sondern vom evangelischen Gottesdienst zu sprechen.

Ich wende mich an evangelische Christen, die von Amts wegen theologisch und künstlerisch für den Gottesdienst Verantwortung tragen, aber auch an evangelische „Laien", die als getaufte Glieder der Gemeinde den zentralen Vollzug der Kirche nicht einfach den offiziell Verantwortlichen überlassen wollen. Ich wende mich darüber hinaus an katholische Mitchristen, denen die Liturgie ihrer Kirche am Herzen liegt. Ich kann auf deren Erfahrungen nur bedingt rekurrieren. Aber aus dem, was ich weiß, wird evident, dass viele Probleme, die wir Evangelischen mit dem Gottesdienst haben, moderne Probleme sind. Der Mangel an Liturgiefähigkeit, wie ich ihn diagnostiziere, ist nicht nur ein protestantisches Problem. Ökumenisch sind wir, wenn auch auf je eigenen Wegen, gemeinsam unterwegs zu einer Liturgie der Kirche. Dabei sollten wir einander nicht aus den Augen verlieren.

Der gegenwärtige Papst, selbst ein beachtlicher Liturgiewissenschaftler, zählt uns Evangelische nicht zu den Liturgiefamilien, die er einer Erwähnung für wert achtet. Eine solche Haltung ist ideologisch. Der kirchlichen und kulturellen Realität entspricht sie nicht. Die Reformation hat Liturgietypen entwickelt, die die christliche Gottesdienstkultur bewegten und aus ihr nicht mehr wegzudenken sind. Sicher, die Reformation war keine liturgische Bewegung. Manche Weichenstellungen trugen zur protestantischen Liturgieunfähigkeit sogar ursächlich bei. Dennoch hat die Reformation auch eine Menge eingebracht in die christliche Liturgiegemeinschaft. Ich nenne hier nur die Hochschätzung des Wortes und der Musik. Für eine Liturgie der Kirche bedeuten die reformatorischen Traditionen einen Reichtum.

Darum geht es mir trotz protestantischer Unfähigkeiten oder römischer Besitzansprüche: um eine Liturgie der Kirche. Das meint nicht die Einheitsliturgie, die es nicht gibt und nicht geben wird. Mein Bemühen richtet sich vielmehr darauf, dass sich die verschiedenen Liturgietraditionen doch auf eine vergleichbare liturgische Spiritualität hin ausrichten. Nicht die kirchenamtlichen Konsenspapiere in Sachen Herrenmahl oder Rechtfertigung allein machen Ökumene. Was für das Zusammenwachsen der Konfessionen zählt, ist weniger die Übereinkunft der Theologen als vielmehr die Gemeinsamkeit der Gebetsrichtung. Aus ihr wird sich in der gebotenen Vielfalt eine Liturgie der Kirche herausbilden.

Für Nachsicht

Zuletzt plädiere ich für Nachsicht in eigener Sache. Meine Schrift imaginiert Zukunft und schmerzt in der Gegenwart. Ein Plädoyer dieser Art ist, wenn die Richtung stimmt, eben nicht gut gemeint, freundlich und wirkungslos. Ein solches Plädoyer sucht Anhalt an der Realität. In der Realität gibt es neuralgische Punkte. Genau da aber, an potenziellen Schmerzstellen, setzen die zwölf Kapitel meines Plädoyers an.

Wäre freilich alles schmerzlich gewesen, was ich bei meinen gottesdienstlichen Streifzügen in den letzten Jahren erlebte, dann sähe ich mich jetzt nicht in der Lage, so vehement für den evangelischen Gottesdienst zu plädieren. Nein, abseits aller Events, selbstverständlich und unspektakulär zeigt sich da und dort, was „der" evangelische Gottesdienst sein könnte. Alle, die das Glück haben, Gottesdienst überwiegend so zu erleben, bitte ich um Nachsicht dafür, dass ich hier vor allem Probleme thematisiere.

Denn solches Glück hatte ich nicht immer. In Gottesdiensten, die ich besuchte, habe ich Erfahrungen gemacht, die schmerzten. Viele Beobachtungen solcher Art sind in dieses Plädoyer eingeflossen. Auf keinen Fall wollte ich einzelne Missstände als solche anprangern. Ich wollte nach den Wurzeln fragen und stieß dabei auf jene tief sitzende Liturgieunfähigkeit des Protestantismus. Nicht um die Symptome solcher Liturgieunfähigkeit ging es mir, sondern um eine möglichst genaue Diagnose.

Nun aber kommt mit der Veröffentlichung der heikle Moment, an dem die ärgerlichen Einzelbeobachtungen doch mehr Gewicht gewinnen, als ihnen eigentlich zukommt. Dann nämlich, wenn Pfarrer und Pfarrerinnen oder auch Gemeinden entdecken, dass ihre liturgische Praxis Gegenstand meiner spitzen Bemerkungen ist. Zwar mache ich Orte und Namen in den wenigsten Fällen kenntlich. Trotzdem dürfte es alles andere als Freude bereiten, wenn man beim Lesen feststellen muss, dass man mit einer ernsthaften Praxis im Visier eines überaus kritischen Beobachters war.

Natürlich kann ich darauf verweisen, der Gottesdienst sei prinzipiell öffentlich und damit öffentlicher Kritik zugänglich. Aber daneben gibt es die sensible Beziehungsebene, auf der sich kirchliche Praxis und akademische Reflexion begegnen. Darum weiß ich. Ich weiß aber auch, dass ein Plädoyer ohne durchgehenden Bezug auf konkrete Gegebenheiten in der Luft hinge. Ich konnte die ärgerlichen Beobachtungen nicht einfach aus dem Text streichen. Es bleibt mir nur, Pfarrerinnen, Pfarrer und Gemeinden, deren gottesdienstliche Praxis hier kritisch zur Sprache kommt, um Nachsicht zu bitten.

Nachsicht erbitte ich zum Schluss auch von denen, die Mühe haben, den jeweils nächsten Sonntag gottesdienstlich durchzustehen. Die Thomaskirche in Leipzig, die Kreuzkirche in Dresden oder die Hamburger Hauptkirche St. Michaelis sind in ihren Möglichkeiten, personell wie finanziell, nicht zu vergleichen mit ungezählten Gemeinden in der Provinz. Wo sich am Sonntag fünf oder zehn Menschen zum Gottesdienst versammeln, kann man möglicherweise nur bitter lachen über die Empfehlung, die Rolle der Kirchenmusik neu zu definieren. Zugegeben, meine Vision von evangelischem Gottesdienst richtet sich in manchen Passagen an die Kirchen, denen in Sachen Liturgie die exemplarische Rolle sozusagen einer Kathedralkirche zukommen sollte. Aber auch auf Jakobswegen kann man mit massiver Publizität gehen oder gänzlich unspektakulär – und so oder so unterwegs sein in dem Geheimnis, das die Hinweise am Weg anzeigen. So ähnlich sollte das auch für den Gottesdienst gelten. Ich bin überzeugt, dass eine elementare Liturgiefähigkeit nicht von der Größe der versammelten Gemeinde abhängt. Ob die Nürnberger Lorenzkirche bis auf den letzten Platz besetzt ist oder ob zwei oder drei irgendwo sonst versammelt sind, macht keinen wesentlichen Unterschied. Der evangelische Gottesdienst, nein, der Evangelische Gottesdienst bleibt auch unter bescheidenen Bedingungen, was er nach meiner Überzeugung ist: Weg im Geheimnis.

Weg im Geheimnis

Für ein theologisches Leitbild

Weg im Geheimnis – das Leitbild bestimmt den Gottesdienst genuin theologisch. Darauf weist schon die Reihe der Äquivalente: Geheimnis, Mysterium, Sacramentum. Gott ist Geheimnis, und Liturgie macht solches Geheimnis begehbar. Weg im Geheimnis – mit dem Leitbild gleicht der Gottesdienst der Tradition einem über Jahrhunderte gespurten und begangenen Pilgerweg, der einlädt, neue Erfahrungen auf alten Wegen zu machen.

Die Kirchen der Reformation taten sich von Anfang an schwer mit Liturgie: ihrer Eigensprachlichkeit, Vorgegebenheit und Gebundenheit an Orte, Zeiten, Dinge oder Gesten. In der Vielfalt dessen, was Liturgie darstellen kann, akzentuierten sie einseitig eine katechetisch-kerygmatische Ausrichtung. Der evangelische Gottesdienst mutierte vielerorts zum Instrument der Belehrung, Bekehrung oder Moralisierung. Wie evangelischer Gottesdienst theologisch zu bestimmen sei, ist derzeit trotz der jüngsten Erneuerung der Agende unklar.

In dieser Lage profiliert das Leitbild vom Weg im Geheimnis den Gottesdienst als eine eigentümliche, von anderen Vollzügen charakteristisch unterschiedene Weise, das Gottesgeheimnis zu begehen. Damit verbindet sich die Hoffnung, es werde sich en passant eine ökumenische Gemeinsamkeit der Gebetsrichtung einstellen. Vielleicht mündet die disparate Vielfalt gottesdienstlicher Wege in eine bleibend vielfältige, aber in elementaren Vollzügen gemeinsame Liturgie der Kirche.

Beobachtungen

Evangelisch pilgern

Geprägte Wege können faszinieren. Das bestätigen die Erfahrungen eines evangelischen Jakobspilgers. Auch wir Evangelischen, so Andreas Ebert, könnten Pilgern als etwas erleben, „was in sich heilsam und heilend ist“:

Brauchen wir dazu den Jakobsweg? Kann das nicht auf jeder Wanderung geschehen? Natürlich! Persönlich habe ich allerdings erfahren, dass der Jakobsweg sein eigenes Geheimnis hat: Seit über 1000 Jahren haben Millionen von Menschen diesen Weg beschritten mit ihren Sorgen und Leiden und mit ihrer Gottessehnsucht. Ich habe es als glaubensstärkend empfunden, mich einzureihen in diese riesige Schar der Suchenden, so wie es mir gut tut, jeden Sonntag in das uralte Glaubensbekenntnis einzustimmen, das schon so viele vor mir (und vor Martin Luther) gesprochen haben. Ich habe Katholiken getroffen und einen verbindenden Glauben erlebt, der älter ist als die Reformation, und Nichtchristen, die dennoch gesucht haben. Ich bin dankbar für die Vertiefung und Bereicherung meines evangelischen Glaubens, die ich gerade auf diesem Weg als Geschenk empfangen konnte.

Andreas Ebert, Mit den Füßen beten, in: Sonntagsblatt. Evangelische Wochenzeitung für Bayern, Nr. 31, 05. 08. 2007.

Es lohnt sich, mit Andreas Ebert den gottesdienstlichen Weg im Geheimnis in Analogie zum Jakobsweg zu sehen. Dieses Buch erhebt den Pilgerweg sogar zum Leitbild für Gottesdienst. Das hat Implikationen, die es noch zu entfalten gilt. Der Artikel im „Sonntagsblatt" mag zunächst dafür werben, die Wegzeichen einer langen Geschichte nicht als aktuell hinderlich, sondern als spirituell und ökumenisch besonders hilfreich zu sehen.

Die mal weg sind und die da bleiben

Der gottesdienstliche Weg im Geheimnis ist ein Erfahrungsweg. Erfahrungen aber lassen sich Menschen, die diese Erfahrungen nicht gemacht haben, nur sehr bedingt einsichtig machen. Hape Kerkeling, der TV-Star auf dem Pilgerweg nach Santiago, hat das begriffen:

Am Ende der Ebene baue ich mein eigenes kleines Steinmännchen. Meine Wegwerfkamera bleibt im Rucksack, denn ich entscheide mich dafür, kein Foto zu machen. Ein solches Bild würde eh niemand begreifen. Würde ich jemandem ein Foto von diesem Tal zeigen, würde er wahrscheinlich sagen: „Und, was ist das, verglichen mit den Niagarafällen?" Dieser Ort gibt nur dem Pilger Kraft; und nur für den ist es ein besonderes Tal.

Hape Kerkeling, Ich bin dann mal weg, 2006, 71.

Die Einsicht des Jakobspilgers, Analogie zur Liturgie vorausgesetzt, macht gelassener gegenüber dem Argument, die Leute würden den traditionellen Gottesdienst ja ohnehin nicht verstehen. Und skeptisch gegenüber Versuchen, den Gottesdienst passgenau auf bestimmte Menschen oder Menschengruppen hin zu konzipieren. Dieser Pilger hat seine Erfahrungen auf einem fremden, mitunter schmerzhaft widerständigen Weg gemacht. Er weiß, dass er die eigentümliche Kraft, die ihm im Tal der

Steinmännchen zugewachsen ist, niemandem andemonstrieren kann: nicht durch ein Foto, nicht durch empirische Daten, nicht durch theologische Spekulation. Wege wie diese muss man gehen.

Mogo, Sego oder Dann mal weg

Zielgruppenorientierung ist derzeit offenbar nicht nur in der evangelischen Kirche ein geläufiges Kriterium für die Gottesdienstgestaltung. Gerhard Matzig beschreibt entsprechende Phänomene mit Witz:

> Zwar konnte die evangelische Kirche am vergangenen Sonntag in Hamburg immerhin 35000 Biker zum mittlerweile 22. deutschen Motorrad-Gottesdienst („Mogo") versammeln und will an diesem Donnerstag anlässlich des größten Segelsportereignisses der Welt, der Kieler Woche, in einem Yachtclub zum Segler-Gottesdienst („Sego"?) animieren; aber wenn es die Gegenseite im Juli schafft, die – zahlenmäßig den Bikern und Seglern überlegenen – deutschen Autofahrer für das Römisch-Katholische an der freien Fahrt für freie Gläubige zu interessieren, müssten die Protestanten schon sämtliche Billigflieger, Bustouristen und mindestens die Inhaber der BahnCard 50 ins Feld führen, um die aktuelle Konkurrenz spezifischer Schicht-Gottesdienste für sich zu entscheiden.

Der Journalist stellt die Frage: Was macht den Gottesdienst zum Gottesdienst? Was unterscheidet ihn von anderen Veranstaltungen religiöser Art? Gerhard Matzig versucht eine ästhetische Antwort und verweist dabei auf die liturgische Form:

> Indem die Kirche ihre Form zur Disposition stellt, stellt sie also ihre eigene Festigkeit zur Wahl: ihre allgültige Definition. Wäre man Biker, würde man zum Mogo gehen – wenn aber nicht: dann nicht. Unbegreiflich in diesem Zusammenhang ist zudem, dass die Kirche nicht bemerkt, wie sehr sich die Menschen das Gegenteil solcher Maßschneiderei, die in Wahrheit Beliebigkeit von der Stange ist, ersehnen.
>
> *Gerhard Matzig, Gottesdienstleistungen. Autosegnungen, Seglermessen: Die Kirche und ihre Klientel, in: SZ vom 21. 06. 2005.*

Wenn Inhalt und Form einander bedingen, dann wird die formale Anpassung an die jeweilige Zielgruppe zum inhaltlichen Problem. Warum verbirgt die Kirche verschämt ihren Gottesdienst in seiner gewachsenen Gestalt? Warum das Unmögliche versuchen und neue Pilgerwege schaffen, statt à la Kerkeling den Reichtum alter Pilgerwege zu preisen und Menschen zum Dannmalwegsein zu locken?

„Gottesdienst" – für Spätaufsteher aus drei Religionen

In einer Erlanger Gemeinde finden regelmäßig „Gottesdienste für nachdenkliche Spätaufsteher" statt. Der zusätzliche Titel „Wort und Musik" benennt, aus welchen Elementen die profilierte Reihe wesentlich besteht. Eine besondere Veranstaltung dieser Art wurde auf der Homepage der Gemeinde, Rubrik „Gottesdienste", mit folgendem Text angezeigt:

> „Kinder Abrahams und der Geschwisterstreit" – die großen monotheistischen Religionen Judentum, Islam, Christentum. Eine bemerkenswerte Erlanger Premiere im interreligiösen Dialog: Zum Thema „Abrahams Kinder" kommen heute in die Markuskirche Vertreterinnen und Vertreter der israelitischen Kultusgemeinde [...], der islamischen Gemeinde [...] und der evangelischen Kirche [...] zusammen, um miteinander nach gemeinsamen Wurzeln in der Gestalt des Glaubensvaters Abraham zu suchen. Statements, die gelesene „Ringparabel" G. E. Lessings und Gesprächsrunden werden die Besucher hineinnehmen in die Suche nach dem Verstehen im Miteinander der Religionen.
>
> *Erlangen, St. Markuskirche, 26.10.2008 (www.erlangen-evangelisch.de/St-Markus).*

Es geht an dieser Stelle nicht um die Frage nach Chancen und Grenzen interreligiösen Dialogs, auch nicht um die Frage nach einem gemeinsamen Gebet der Religionen. Ebenso wenig besteht Anlass, die angezeigte Veranstaltung etwa nicht als einen möglichen „Weg im Geheimnis" zu qualifizieren. Was mich hier beschäftigt, ist einzig die liturgische Fragestellung: Macht die Kategorie „Gottesdienst" für eine Veranstaltung der angezeigten Art wirklich Sinn? Der Ablauf umfasst gottesdienstliche Elemente, ja, aber doch offenbar heftig gemischt mit Elementen der Formate „Vortrag mit Diskussion" und „Wort und Musik", und das alles mit Beteiligung von Vertretern dreier Religionen. Mit einigem Abstraktionsvermögen mag man sagen, das sei „Gottesdienst". Aber wäre es nicht besser, nach Begriffen zu suchen, die die Veranstaltung zutreffender charakterisieren?

Dienst am gezähmten Gott

Auf dem gottesdienstlichen Weg im Geheimnis vermittelt sich, gleichsam en passant, eine Vorstellung von dem Gott, der das Geheimnis dieses Weges ausmacht. Es ist also nicht unwichtig, welche Gottessignaturen dem Weg eingeschrieben sind. Man muss wirklich nicht für die Tridentische Messe schwärmen wie Martin Mosebach. Aber die Gefahr modischer Harmonisierung sieht der freie Schriftsteller möglicherweise schärfer als der Bischof der Kirche:

Mosebachs Kritik am modernen „gezähmten Gott im Bundespräsidentenformat" (nach Voltaires Devise: Gott muss verzeihen, denn das ist sein Beruf), seinen Hinweis, dass Gott möglicherweise gerade als Erbarmer erschrecken könnte – müsste er nicht auch Mao und Hitler erlösen können? – konnte Huber nicht völlig bestreiten.

Gustav Seibt über eine Diskussion zwischen dem Schriftsteller Martin Mosebach und Bischof Wolfgang Huber, in: SZ vom 16. 06. 2007.

Man kann die Diskussion auf den Gottesdienst beziehen. Dann stellt sich die Frage, ob Anpassungen der Liturgie an die vermutete Auffassungsgabe von Menschen nicht genau die Gefahr bergen, die Mosebach benennt: den „gezähmten Gott". Die traditionelle Liturgie transportiert, etwa mit widerborstigen Lesungen, Facetten im Gottesbild, die Widerstand provozieren. Sie bietet, etwa mit Kyrie und Gloria, Sequenzen der Gotteszuwendung, die zueinander in Spannung stehen. Nicht die harmonische Brücke ins Akzeptable, sondern die offen gehaltene Spannung und die ausgehaltene Fremdheit machen, dass Gott eben nicht zum Bundespräsidenten wird.

Meinungen

Wort und Antwort

Was ist Gottesdienst? Luthers eher beiläufige Äußerung anlässlich der Einweihung der Schlosskirche zu Torgau avancierte zu der am meisten in Anspruch genommenen Gottesdienstdefinition im Protestantismus. Am 5. Oktober 1544 fielen die berühmten Worte:

Meine lieben Freunde, wir wollen jetzt dies neue Haus einsegnen und unserem Herrn Jesus Christus weihen. Das gebührt nicht mir allein, sondern ihr sollt auch zugleich mit angreifen, auf daß dieses neue Haus dahin gerichtet werde, daß nichts anderes darin geschehe, als daß unser lieber Herr selbst mit uns rede durch sein heiliges Wort und wir umgekehrt mit ihm reden durch unser Gebet und Lobgesang.

Martin Luther, Predigt zu Lk 14,1–6, 5. Oktober 1544, 440.

Luthers Formel leuchtet ein: Liturgie als Wort Gottes und Antwort des Menschen. Dabei meinte Luthers „Wort" zunächst nicht die vielen Worte, die wir machen, sondern das schöpferische Wort Gottes. Man könnte sagen: Gottesdienst als dialogisches Geschehen im Machtfeld des Heiligen Geistes. Woraus freilich schon bald im Protestantismus ein von Pastoren dominierter Wortwechsel wurde. Das ist das Problem der Torgauer Formel. Ließe sich von dieser Wirkungsgeschichte abstrahieren, dann könnte sie, richtig verstanden, durchaus auch kritisch-konstruktive Wirkung entfalten. Und zwar im Spannungsfeld zwischen zwei extremen Polen: Liturgie als bloßer Ritualismus auf der einen und Gottesdienst als bloße religiöse Ausdruckskultur auf der anderen Seite.

Mysterium evangelisch

Was ist Gottesdienst? Wilhelm Stählin gebrauchte schon früh den Begriff „Mysterium" oder „Geheimnis" ohne protestantische Scheu. Sein Buch über das göttliche Geheimnis erschien 1936, dann mit Veränderungen noch einmal 1970. Es versteht sich von selbst, dass bei solchen Überlegungen auch der Gottesdienst zur Sprache kommt:

> Verweilen wir noch einen Augenblick bei dem Gottesdienst als dem entscheidenden und zentralen Mysterium der Kirche. Alles, was in früheren Abschnitten über das Wesen und die Merkmale des Mysteriums gesagt worden ist, ist in vollem Maß auch auf das gottesdienstliche Handeln der Kirche anzuwenden. Denn hier findet eine wirkliche Begegnung zwischen Gott und Mensch, eine Mit-teilung und Austeilung der rettenden Wahrheit statt und damit etwas, was sich jeder rein rationalen Mitteilung, jeder bloßen Zweckhaftigkeit entzieht.
>
> *Wilhelm Stählin, Mysterium, 1970, 114.*

Hier werden von evangelischer Seite wichtige Kennzeichen von „Geheimnis" in der Liturgie festgehalten: die Dimension religiöser Erfahrung sowie seine Nichtinstrumentalisierbarkeit.

Mysterium katholisch

Was ist Gottesdienst? Der aktuell gültige Katechismus der Katholischen Kirche formuliert römisch klar:

> 218. Was ist die Liturgie?
>
> Die Liturgie ist die Feier des Mysteriums Christi und besonders seines Pascha-Mysteriums. In ihr wird durch den Vollzug des priesterlichen Amtes Jesu Christi die Heiligung der Menschen bezeichnet und bewirkt und vom mystischen Leib Christi, dem Haupt und seinen Gliedern, der öffentliche Kult vollzogen, der Gott gebührt.
>
> 219. Welchen Platz nimmt die Liturgie im Leben der Kirche ein?
>
> Die Liturgie, die heilige Handlung schlechthin, bildet den Höhepunkt, dem das Tun der Kirche zustrebt, und zugleich die Quelle, aus der all ihre Lebenskraft

strömt. Durch die Liturgie setzt Christus in seiner Kirche, mit ihr und durch sie das Werk unserer Erlösung fort.

Katechismus der Katholischen Kirche. Kompendium, 2005, 93.

Man mag zu den Aussagen im Einzelnen stehen, wie man will, jedenfalls ist die Sache deutlich: „Die Liturgie ist die Feier des Mysteriums Christi und besonders seines Pascha-Mysteriums." Mit dieser Formel wird auf katechetisch knappe Weise ein theologisch komplexer Sachverhalt zur Sprache gebracht.

Heilige Handlung

Was ist Gottesdienst? Manfred Josuttis nimmt unter veränderten Bedingungen den radikal theozentrischen Ansatz der Dialektischen Theologie wieder auf. Er wendet sich gegen ein Verständnis von Liturgie als bloßer religiöser Ausdruckskultur:

Was ist das eigentlich, was in der religiösen Praxis zwischen den beteiligten Personen expressiv und rezeptiv kommuniziert wird? Was kommt zum Ausdruck, was wird dargestellt? Wirklich nur die Frömmigkeit, die Religiosität, der Glaube der handelnden Menschen?

Mit der Kategorie des „Heiligen" benennt Manfred Josuttis sodann die Gottesdimension der Liturgie. Um die gehe es wesentlich. Der Mensch bringt sie nicht mit, sondern er tritt, liturgisch geleitet, in sie ein. Der Gottesdienst als „heilige Handlung" führt in eine Wirklichkeit, in das Wirkungsfeld göttlicher und damit das Bewusstsein transzendierender Macht:

Der phänomenologische Ansatz versteht den Gottesdienst als religiöses Ritual, das mit seinen Symbolen nicht nur hermeneutisch entschlüsselt sein will, das auch nicht nur in sozialpsychologischer Hinsicht bestimmte Funktionen erfüllt, sondern in bestimmte Wirklichkeiten hineinführt: in die verborgene und verbotene Zone des Heiligen.

Manfred Josuttis, Die Einführung in das Leben, 1996, 95.

Gottesdienst ist demnach heilige Handlung, ist Ritual, das in die „verborgene und verbotene Zone des Heiligen" führt. Einer Kirche und einer Praktischen Theologie, die den Gottesdienst mit seinen Ritualen zu Recht als ein auch anthropologisch sinnvolles Geschehen entdeckt haben, stellt Josuttis plötzlich wieder die theologische Frage: Wie kann eine Liturgie, die in die Wirklichkeit des „ganz Anderen" (Karl Barth) hinein führt, dezidiert in ihrer Gottesdimension zur Sprache gebracht und reflektiert werden?

Geheimnis des Glaubens

Was ist Gottesdienst? In einem Leitartikel für die Tageszeitung befasst sich Matthias Drobinski mit dem „Geheimnis des Glaubens". Explizit bezieht er sich auf die katholische Messe. Die Formel vom „Geheimnis des Glaubens" (vgl. 1Tim 3,16) hat vielerorts auch ihren evangelischen Ort im Abendmahl. Was der Journalist schreibt, ruft Katholiken in Erinnerung, was sie an der Liturgie haben, und fragt Protestanten, was ihnen Liturgie sein könnte:

> Die Liturgie ist also nicht nur im offiziellen Kirchenverständnis die Mitte der katholischen Kirche, sie ist es auch im Bewusstsein der Gläubigen. Sie eint die Katholiken weltweit über alle Grenzen und Zeiten hinweg. Sie ist aber vor allem der Ort für das Geheimnis des Glaubens: Ob einer katholischer Christ ist, zeigt sich nicht darin, dass er die kirchliche Sozialarbeit schätzt, den Papst verehrt, den Pfarrer nett findet oder sich in der Gemeinde wohl fühlt. Es zeigt sich darin, dass er glaubt, Jesu Tod verkünden und seine Auferstehung preisen zu können. Nichts anderes geschieht in der Liturgie – rational gesehen ein zweckloses Unternehmen. Gerade dieses Zwecklose aber macht den Geist der Liturgie aus, und je mehr ein Land verzweckt, desto stärker wird das spürbar.
>
> *Matthias Drobinski, Geheimnis des Glaubens, in: SZ vom 08.12.2003.*

Die Tageszeitung hält es offenbar für angebracht, ihren Leserinnen und Lesern einige elementare Kennzeichen von Liturgie in Erinnerung zu rufen: dass Glaube mit „Geheimnis" zu tun hat, dass die Gemeinde im Gottesdienst prinzipiell nichts anderes zu tun hat, als Jesu Tod zu verkündigen und seine Auferstehung zu preisen, und dass gerade die ihr eigene Zwecklosigkeit Liturgie zum kostbaren Gut in einem vielfach verzweckten Leben macht.

Skizzen

- Gott als Geheimnis
- Vielfalt der Wege und Liturgie der Kirche
- Dramaturgie der Wiederholung
- Tradition und Geheimnis
- Das Geheimnis und der Name
- Das Geheimnis und die Dinge
- Haushalter über Gottes Geheimnisse

Gott als Geheimnis

Der liturgisch geordnete Gottesdienst macht das Geheimnis Gottes in markanter Wegführung begehbar. Der dreieinige Gott ist das „Geheimnis der Welt“ (Eberhard Jüngel), und Gottesdienst ist Weg im Geheimnis.

In der Liturgik ist der Begriff „Geheimnis“ nicht unbekannt. Es genügt, sich das griechische und lateinische Äquivalent bewusst zu machen: mysterion bzw. sacramentum. Der Benediktiner Odo Casel hat die Messe einst als „Kultmysterium“ verstanden, und Wilhelm Stählin beschrieb evangelischen Gottesdienst als Vergegenwärtigung des „Mysteriums“. Der aktuelle Katechismus der katholischen Kirche definiert Liturgie generell als „Feier des Mysteriums Christi“.

Versuchen wie diesen ist ein wesentlicher Gesichtspunkt gemeinsam: Der Gottesdienst erscheint nicht als Veranstaltung zur Belehrung oder Unterrichtung über die christliche Wahrheit, sondern als eine Wegstrecke in der Gotteswirklichkeit. Gottesdienst ist, so sage ich, Weg im Geheimnis.

Die liturgische „Mysterium“-Spur kann freilich nicht ungebrochen verfolgt werden. Es ergeben sich ernst zu nehmende Fragen: Mystifizierung – zu Lasten von Öffentlichkeit? Sakramentalisierung – zu Lasten von Sprachlichkeit? Ritualisierung – zu Lasten von Lebendigkeit? Sakralisierung – zu Lasten von Welthaltigkeit? Damit sind Verzerrungen von Gottesdienst angedeutet, wie sie sich aus dem Vorzeichen „Mysterium“ ergeben können. Auf der anderen Seite aber erscheint die Dimension von „Mysterium“ unverzichtbar, um einer anderen Verzerrung des Gottesdienstes entgegenzuwirken: seiner Instrumentalisierung. Was bedeutet: Der Gottesdienst wird in eine Zielsetzung eingespannt, die nicht eigentlich zum Gottesdienst gehört. Als klassische, ungebrochen virulente Typen solcher Instrumentalisierung nenne ich: die orthodoxe Belehrung, die pietistische Bekehrung und die aufgeklärte Moralisierung. Instrumentalisierung aber und „Mysterium“ vertragen sich nicht.

Um dem Gottesdienst sein Mysterium zu belassen, ihm aber zugleich alles Mysteriöse zu nehmen, spreche ich nicht von „Mysterium“, sondern benutze das deutsche Wort „Geheimnis“. Dieser Begriff hat auch abseits der Liturgik Spuren gezogen. So gebraucht Eberhard Jüngel den Begriff „Geheimnis“ theologisch grundsätzlich, um die Dialektik von Verborgenheit und Offenbarung Gottes zu kennzeichnen. „Geheimnis“ darf demnach keinesfalls verwechselt werden mit „Rätsel“. Ein Rätsel stellt, wenn es gelöst ist, kein Rätsel mehr dar. Ein Geheimnis dagegen bleibt Geheimnis. Gott ist nicht Rätsel, sondern Geheimnis. Dieses Geheimnis freilich darf wiederum nicht als „geheimnisvoll“ verstanden werden in dem Sinn, dass es letztlich nur schweigend zu verehren sei. Vielmehr ist gerade das ein Geheimnis, wovon öffentlich Kunde zu geben ist, ohne dass es damit aufhören würde, ein Geheimnis zu sein (vgl. 1Tim 3,16). Neben seiner Öffentlichkeit und prinzipiellen Sprachlichkeit ist es vor allem die christologische Bestimmung, die die Rede vom Geheimnis vor falscher Mystifizierung schützt: Christus ist das Geheimnis Gottes (vgl. Kol 2,2f.). Das Geheimnis hat ein Gesicht und eine Geschichte.

Ein Problem ist, dass evangelische Theologie vornehmlich an der Wortsprachlichkeit des „Geheimnisses“ Gottes interessiert ist. Die spezifische, symbolisch-rituelle Sprachlichkeit der Liturgie kommt weithin gar nicht in den Blick. Aber Gottesdienst besteht nun einmal nicht nur aus Worten, sondern, im Wechselspiel mit den entsprechenden Worten, wesentlich aus symbolisch-rituellen Handlungen.

Auf schöne Weise wird das am Herrenmahl ersichtlich. In ihm hat der Herr der Kirche selbst eine symbolisch-rituelle Handlung gestiftet. Hier geschieht die „Anamnese“, das vergegenwärtigende Erinnern (1Kor 11,25), wesentlich im Tun, im Vollzug: „Solches *tut* zu meinem Gedächtnis!“ Der Weg im Geheimnis wird begangen, nicht beredet.

Das Leitbild vom „Weg im Geheimnis“ vernetzt die Rede vom Gottesdienst mit der liturgischen Tradition wie mit der Dogmatik. Es kennzeichnet den Gottesdienst als eine Weise, Erfahrungen zu machen und Einsichten zu gewinnen in einer ebenso tröstlichen wie befremdenden Gotteswirklichkeit.

Vielfalt der Wege und Liturgie der Kirche

Die Metapher vom Weg ist, zugegeben, kirchlich verbraucht. In unzähligen Andachten wurde das Bild vom Weg „meditativ“ beansprucht. Inzwischen wissen wir alle zu Genüge, dass wir auf dem Weg sind und der Weg das Ziel ist. Im Kontext der Liturgik freilich, so hoffe ich, ist die Wegmetapher noch immer aussagekräftig.

Es gibt viele und vielfältige Wege im Geheimnis: gottesdienstliche Wege und andere, Wege innerhalb der Kirche und Wege abseits jeder Institution. Sie sind als Wege im Geheimnis nicht immer sofort kenntlich. Dass sie es waren, ist, wenn überhaupt, oft erst im Nachhinein zu sehen.

Nicht alle Wege sind geprägte Wege. Wer aber als Pilger nach Santiago will, sucht den geprägten, den verlässlichen Weg. Den Weg, den seit Jahrhunderten Pilger ausgetreten haben. Den Weg, dem Erfahrungen der Pilger vielfältig eingeschrieben sind. Den Weg, auf dem man Santiago in jedem Fall erreicht. Den Jakobsweg eben. Genau als dieser geprägte Weg bietet er die Chance neuer Erfahrungen. Wer eine Zeit später dieselbe Etappe wieder wandert, wäre herb enttäuscht, wenn die Wegführung geändert, der Weg geteert wäre und wenn die Herbergen das Logo einer internationalen Hotelkette trügen. Das schließt die notwendige Renovierung mancher Herbergen keineswegs aus. Aber der Weg selbst wird nicht neu erfunden. Nur als geprägter Weg macht ein Pilgerweg Sinn.

Der Gottesdienst der Tradition ist ein solcher Weg im Geheimnis: vertraut und fremd, faszinierend und langweilig, oft verschmäht und viel begangen, Spazierweg für alle und Parcours für Geübte. Auf den religiösen Landkarten erscheint er deutlich hervorgehoben. Dieser Weg im Geheimnis ist ein alter Weg mit Wegzeichen aus verschiedensten Zeiten. Sie sind nicht immer leicht zu lesen. Ihr Richtungssinn ist dennoch zu erkennen. Die wichtigsten dieser Zeichen lassen sich auf das Ursprungszeugnis des christlichen Glaubens, die Bibel, zurückführen. Darauf, dass dieser Weg nicht tagesaktuell mit jeweils anderen Zeichen ausgestattet wird, sollten sich die Menschen, die ihn gehen wollen, verlassen können.

Es gibt derzeit eine Fülle von neuartigen Wegen, von Gottesdiensten für diese und jene Zielgruppe, für diese und jene Situation. Dass das prinzipiell auch Wege im Geheimnis sind, ist nicht zu bestreiten. Aber solche versuchsweise angelegten Wege schaffen auch Verwirrung, bei der Gemeinde wie beim Personal. Problematische Konsequenz: Wer zum evangelischen „Gottesdienst“ geht, weiß keineswegs immer schon im Voraus, auf welche Art von Weg er oder sie sich einlässt.

Auf katholischer Seite gibt es neuerdings den Vorschlag von Martin Lätzel, die maßstäbliche Liturgie der Messe von „religiösen Feiern mit Kirchendistanzierten“ zu unterscheiden. Liturgie setze die Hürden zur Teilnahme zu Recht einigermaßen hoch. Niederschwellige Angebote seien darum pastoral geboten. Bedürfnisse, wie sie sich in säkularen Ritualen melden, könnten so in großer Freiheit zu einem Element christlicher Feierpraxis werden. Die „Jenseitskompetenz“ der Kirchen verpflichte, so Lätzel, geradezu zu solchen Projekten.

Auf evangelischer Seite lässt sich eine so klare Differenzierung nicht nachvollziehen. Wir haben keine Ritenkommission, die den einen gültigen Gottesdienst festlegen könnte, und folglich keine Möglichkeit, das Qualitätssiegel „Gottesdienst“ auf einzelne Produkte zu kleben und sie anderen zu verweigern. Es gibt seit der Reformation Gottesdienste, die in engem Anschluss an die Tradition gefeiert werden, und Gottesdienste in freieren Formen. Die evangelische Gottesdienstkultur ist plural, und die Unsicherheit mit dem Etikett „Gottesdienst“ kann allenfalls durch Zusatzinformationen gemindert werden.

Nun tragen nicht nur die neuen Wege neben dem geprägten Weg im Geheimnis zur Vielfalt bei. Auch „der“ geprägte Weg ist, trotz des bestimmten Artikels, nicht ein einziger. Wieder bewährt sich die Analogie von Pilgerweg und Liturgie. Nach Santiago de Compostela führen Wege aus verschiedenen Regionen Europas. Aber für die letzte und lange Etappe münden sie alle in den einen Jakobsweg. Man spricht daher singularisch von „dem“ Jakobsweg. Ähnlich verhält es sich mit dem Weg im Geheimnis. Es gibt eine Vielfalt von Wegen aus verschiedenen Liturgietraditionen: etwa aus dem katholischen, lutherischen, reformierten, anglikanischen oder orthodoxen Bereich. Immer wieder nehme ich mir heraus, von diesem Bündel je eigen geprägter Wege im Singular zu sprechen: „der“ Weg im Geheimnis.

Dahinter steckt das Bestreben, in einer multireligiösen Welt das verbindend Christliche in der Liturgie nicht aus dem Blick zu verlieren. Vor allem wäre das eine künftige Gemeinsamkeit der Gebetsrichtung, eine zwischen den Konfessionen vergleichbare Spiritualität des liturgisch geordneten Gottesdienstes. In dieser Perspektive spreche ich von „Liturgie der Kirche“. Ich sehe eine Vielfalt geprägter gottesdienstlicher Wege einmünden in eine bleibend vielfältige Liturgie der Kirche. Und weiß genau: Da ist Abstraktion dabei, ein kräftiger Schuss Utopie à la Bloch, vielleicht auch – das wird sich herausstellen – ein wenig visionäres Potenzial nach Art der Propheten. Gut, wenn in der Vielfalt der Wege, die wir gehen, immer wieder „der“ Weg im Geheimnis, „die“ Liturgie der Kirche aufscheint. Damit wir alle zusammen wieder wissen, wo es auf unseren jeweiligen Wegen langgeht im Geheimnis.

Dramaturgie der Wiederholung

Das Leitbild formuliert ganz bewusst: Weg „im“ Geheimnis. Nicht: Weg „ins“ Geheimnis. Das hat einen theologischen und einen liturgischen Grund.

Theologisch ist davon auszugehen, dass der Mensch schon immer im Geheimnis lebt. Warum? Weil er in Gott lebt. Gott ist nicht erst dort, wo man um ihn weiß. Niemand muss erst ins Geheimnis kommen. Alles Leben spielt sich im Geheimnis Gottes ab. Es gehört zur Weltwirklichkeit Gottes, dass er immer ist und überall. Alle Wirklichkeit hat in ihm, dem Schöpfer, ihren Bestand.

Wer aber Erfahrungen machen will im Geheimnis, wer sein Leben aus dem Geheimnis gestalten will, der wird Wege im Geheimnis aufsuchen. Nach dem Glauben ist der Lebensweg des Menschen schon immer und in Ewigkeit ein Weg im Geheimnis. Nach der Erfahrung gibt es Wege im Geheimnis, die ihre Zeit haben, ihren Anfang, ihr Ende, ihre Gestalt. Dazu gehört der gottesdienstliche Weg im Geheimnis. Mag also die Liturgie Hinweise enthalten, dass man erst in ihrem Verlauf „ins“ Geheimnis kommt, so bewegt sich der Mensch doch „im“ Geheimnis, längst bevor ein Gottesdienst im Gemeindebrief angezeigt wird.

Liturgisch signalisiert der Weg „im“ Geheimnis, dass der Gottesdienst nicht einer Dramaturgie der Spannungssteigerung und der Höhepunkte folgen muss. Man muss also nicht erst „ins" Geheimnis kommen. Anfang und Schluss, Salutation und Segen sind in gleicher Weise Schritte auf dem Weg „im" Geheimnis wie die großen Sequenzen von Kyrie und Gloria bis zum Agnus Dei oder auch Predigt, Fürbitten oder Abkündigungen.

Genauer müsste man sagen, in der Feiergestalt der Messe überlagern sich zwei gegenläufige Dramaturgien. Einerseits gibt es Signale verbaler und nonverbaler Art, die die Eucharistie als ganze oder gar den Moment der Wandlung als Höhepunkt der Feier akzentuieren. Auf protestantischer Seite könnte die Predigt als traditioneller Höhepunkt angeführt werden. Andererseits sind die großen Sequenzen des Messordinariums textlich so eng miteinander verflochten, dass nach einem furiosen Auftakt eigentlich kaum mehr Neues passiert. Ich denke an das *Gloria in excelsis*. Es nimmt Elemente des soeben verklungenen Kyrie auf und antizipiert wörtlich Elemente aus den Stücken von Sanctus und Agnus Dei, die erst ein gutes Stück später ihren Ort haben. Insofern schreitet die Liturgie nicht wirklich fort; man ist mit dem Ende am Anfang und mit dem Anfang am Ende. Man könnte sagen, eine Dramaturgie der Höhepunkte werde kontrapunktisch begleitet und unterlegt von einer Dramaturgie der Wiederholung.

Meinem „Weg *im* Geheimnis" entspricht eine eher undramatische Wegbeschreibung. Ich folge damit einer anderen Dramaturgie als Manfred Josuttis mit seinem „Weg in das Leben". Sein Weg richtet sich nach der Dramaturgie des mystischen Aufstiegs. Von vorbereitenden Handlungen der Reinigung (purificatio) führt der Weg bergan über die Erleuchtung (illuminatio) durch das Wort zum Höhepunkt der Einung (unio) in der Eucharistie. Danach hilft ein kurzer Schlussteil, die Schwelle von intensiver religiöser Erfahrung zum normalen Leben im Alltag zu bewältigen. Dieses Konzept fasziniert wie jede konsequente Dramaturgie. Es kommt überdies einem verbreiteten Bedürfnis nach Höhenerlebnissen, landläufig auch „Event" genannt, entgegen. Theologisch setzt es voraus, dass man sich, so Josuttis im Anschluss an Rudolf Otto, „dem Heiligen" nur stufenweise nähern könne. In meiner Terminologie würde das bedeuten, dass das Geheimnis erst das Ziel des Weges ist, nicht bereits die Luft, die wir atmen, längst bevor wir uns auf den Weg machen.

Demgegenüber imaginiert mein „Weg im Geheimnis" eine ruhigere Gangart. Hier kann es auf Schritt und Tritt zu bemerkenswerten Erfahrungen und Erkenntnissen kommen. Kann, muss nicht. Es besteht keine auch noch so subtile Pflicht, hier und heute ein Ziel zu erreichen. Denn das Ziel aller Wege im Geheimnis liegt uns eschatologisch voraus. Der Weg am Sonntagmorgen wäre trotzdem nicht umsonst. Im Gottesdienst feiern wir mitten in der Weltzeit die Zeit Gottes. Das geschieht von der

Salutation bis zum Segen. Das geschieht mit einer gewissen Selbstverständlichkeit. Und das geschieht über den Sonntagmorgen hinaus in jeder Andacht und in jedem Stundengebet, also auch in Abläufen, die schon von ihrer Dramaturgie her weit weniger aufregend sind als etwa die Messe oder auch der traditionelle Predigtgottesdienst des Protestantismus. Der Weg im Geheimnis, wie ich ihn imaginiere, könnte dann etwa so aussehen:

Da sind Pflastersteine, viele davon jahrhundertealt, unendlich oft begangen, manchmal herausgerissen und an anderer Stelle wieder eingesetzt, ihre Schrift nicht immer leicht zu lesen, symbolisch-rituelle Sprache: Kyrie, Glaubensbekenntnis, biblische Lesungen, Lieder, Psalmengesang, Formeln der Begrüßung, Weisen der Rede, sakramentales Handeln, Essen und Trinken, Gebete in liturgischer Sprache, Worthandlungen wie der Segen. Und da sind wir, die wir – beladen oder fröhlich, glücklich oder belastet – auf diesen Steinen unseren Weg gehen: mit unserer je eigenen Lebensgeschichte, mit unseren politisch-sozialen Sorgen und denen der anderen, mit unserem Glauben, unserem Unglauben. Was der Weg macht mit mir, mit anderen, mit Liebhabern des Gottesdienstes und seinen Verächtern – vorherbestimmen lässt sich das nicht. Vielleicht lässt sich davon erzählen. Von Erfahrungen und Einsichten. Und von Erwartungen, die sich nicht erfüllt haben.

Tradition und Geheimnis

Der gottesdienstliche Weg im Geheimnis, den die Kirche als ihre Liturgie ausweist, ist ein seit alters geprägter Weg. Anders gesagt: Liturgie der Kirche beruht wesentlich auf Tradition.

Demgegenüber beziehen viele Experimente der Gegenwart geradezu ihre Motivation daraus, Wege religiöser Feier abseits der Tradition aufzuzeigen. Traditionelle Rituale im Gottesdienst wirken nicht auf alle Welt einladend, Jugendliche haben damit altersspezifische Probleme, und viele Menschen wenden sich deshalb enttäuscht ab, weil für sie aus der Feier tradierter Rituale jedes Leben gewichen ist.

Man kann aus diesem Befund den Schluss ziehen, mit den alten Ritualen müsse es ein Ende haben, neuer Glaube passe eben nicht in die alten Schläuche. In Ordnung, der Gottesdienst der Kirche lebt auch davon, dass es die vielen Versuche gibt, Gottesdienste in neuer Gestalt zu präsentieren. Zeichen von geistlicher Lebendigkeit sind sie allemal.

Aber ob der Verzicht auf Tradition den weiten und spannungsreichen Raum des christlichen Gottesglaubens nicht ungebührlich einengt? Man wird diese Frage stellen müssen. Wobei sofort zuzugeben ist, dass Tradition als solche eben gerade nicht sakrosankt ist, sondern der theologischen Kritik bedarf.

Schon in der Liturgiegeschichte selbst griff man zu problematischen Mitteln, um den tradierten Weg im Geheimnis leichter begehbar zu machen. Beispiel: Kyrie und Gloria. Wo das Gloria unmittelbar dem Kyrie folgt, da lobe ich hymnisch den Gott, den ich soeben noch hilflos um Hilfe angerufen habe. Psychologisch und spirituell ein Hindernis? In der protestantischen Tradition wurde immer wieder versucht, den Hiatus zwischen Kyrie und Gloria zu überbrücken. Etwa so, dass man ein kleines Vergebungsritual dazwischen schaltete. Als ob Gott nur von absolvierten Sündern gelobt werden wollte! Harmonisierungen dieser Art führen tatsächlich, so Martin Mosebach (s.o.), zu einem „gezähmten Gott im Bundespräsidentenformat". Das Gottesgeheimnis wird auf das reduziert, was psychisch und spirituell nachvollziehbar erscheint. Die Gnade Gottes, immer radikal und jede Logik sprengend, wird in die nachvollziehbare Abfolge von Bitten und Geben, von Wort und Antwort gepresst. Was aber, wenn Gott, so Mosebach, „möglicherweise gerade als Erbarmer erschrecken könnte"?

Auch traditionelle Wegführungen müssen also gepflegt, Schadstellen ausgebessert, unleserlich gewordene Zeichen erneuert werden. Das lohnt sich, wenn sich auch in Zukunft Menschen auf den geprägten Weg und seine mitunter herbe Schönheit einlassen. Genau damit aber tut sich der Protestantismus von Anfang an schwer: sich auf einen Weg einlassen, dessen Würde man aus der Tradition der Kirche ableiten müsste. Herkömmlich werden Schrift und Tradition ins Verhältnis gesetzt wie Inhalt und Form. Was landläufig bedeutet: Wir haben von der Heiligen Schrift her den Inhalt der Feier, also lasst uns nach Formen suchen, die aus der Zeit kommen und in die Zeit passen!

Ästhetisch ist einzuwenden, dass sich Inhalt und Form so simpel nicht trennen lassen. Lässt man den Einwand zu, dann kann man nicht mehr synthetisch Inhalt und Form kombinieren, sondern muss analytisch die Gestalt wahrnehmen. Es stellt sich die Frage, wie eine gewachsene Gestalt von Liturgie einerseits theologisch gewürdigt und andererseits für theologische Kritik offen gehalten werden kann.

Die Erfahrung kann viele Gründe für geprägte Wege von Spiritualität anführen. Ein Grund: weil es unmöglich ist, zumindest aber äußerst anstrengend, wollte man den Weg im Geheimnis stets aufs Neue trassieren. Der jüdische Gelehrte Abraham Joshua Heschel vertiefte diese Einsicht mit einem schönen Bild:

Es bringt uns weiter, wenn wir das Echo der Musik der Jahrhunderte in uns wiedererwecken, als wenn wir auf der zersprungenen Flöte des eigenen Herzens spielen.

Abraham Joshua Heschel, Der Mensch fragt nach Gott, 1954, 21.

Natürlich stecken in dieser kurzen Bemerkung Voraussetzungen, die man hinterfragen kann: Muss das eigene Herz in jedem Fall einer zersprungenen Flöte gleichen? Und ist die Musik der Jahrhunderte per se wertvoller als zeitgenössische Musik? Als fundamentaltheologischer Satz wäre die Bemerkung problematisch. Als Einsicht eines erfahrenen Beters kann er überzeugen: Ja, da hat einer immer wieder erlebt, dass er mit fremden Worten der Tradition besser beten konnte als mit eigenen Formulierungen. Oder, in der Sprache liturgischer Reflexion: Beten, individuell wie öffentlich, braucht Rituale.

Weniger poetisch als Abraham Joshua Heschel, dafür theologisch erwartungsgemäß steil bemerkt Joseph Ratzinger:

Ja, persönlich, wahr und neu wird die Liturgie nicht durch banale Worterfindungen oder Spielereien, sondern durch den Mut, der sich auf den Weg macht ins Große hinein, das uns durch den Ritus immer schon voraus ist und das wir nie ganz einholen.

Joseph Ratzinger, Der Geist der Liturgie, 2000, 145.

Der Ritus sei uns „immer schon voraus“: Diese Vorstellung ist für Protestanten schwer nachvollziehbar. Gleichwohl stellt der damalige Kardinal Ratzinger die Frage, die eigentlich in keiner Liturgik fehlen dürfte: Welche Dignität haben, theologisch, die Wege, die uns voraus liegen?

Und schon stehen wir vor dem heiklen Problem, wie Schrift und Tradition zueinander ins Verhältnis zu setzen seien. Die reformatorische Theologie brachte kirchlichen Traditionen eine gehörige Skepsis entgegen. Sie operierte letztlich mit der Fiktion, man könne in jedem Moment der Geschichte direkt und traditionsfrei auf die Heilige Schrift zurückgehen. In der Liturgik der Reformatoren ist dieses Vorgehen mit Händen zu greifen: Biblisch modellierte und legitimierte Liturgien sollten das Leben der Gemeinden bestimmen. Besonders eindrücklich wie umstritten war dieses Verfahren bei Taufe und Abendmahl. Die Frage, wie ein biblisch legitimierter Kernvollzug denn faktisch aussehen solle, erhitzte die Gemüter. In der Liturgik ging man im Zweifelsfall mit der Bibel gegen die Tradition vor – oder jedenfalls gegen das, was von der reichen liturgischen Tradition zur Zeit der Reformation anzutreffen war.

Merkwürdigerweise hat man auf anderen Gebieten peinlich genau darauf geachtet, den Anschluss an die Tradition eben gerade nicht zu verspielen. Das sei bei der Frage nach der Geltung der altkirchlichen Bekenntnisse der Fall gewesen. Bemerkt Joseph Ratzinger und konstatiert bei Luther einen blinden Fleck:

Es war die Tragik von Luthers Reformbemühen, daß es in eine Zeit fiel, in der die wesentliche Gestalt der Liturgie weitgehend verdeckt und unverstanden war. Trotz aller Radikalität seines Rückgriffs auf „die Schrift allein“ hat Luther die Gültigkeit der altkirchlichen Bekenntnisse nicht bestritten und damit freilich eine innere Spannung stehen lassen, die zur Grundproblematik der Reformationsgeschichte geworden ist. Die Reformation wäre gewiß anders verlaufen, wenn er die analoge Verbindlichkeit der großen liturgischen Tradition [...] hätte sehen können.

Joseph Ratzinger, Der Geist der Liturgie, 2000, 144.

Der Vorwurf ist deutlich: Luther war inkonsequent, weil er die Tradition auf liturgischem Gebiet für weit weniger verbindlich erachtete als beim Bekenntnis. Den Vorwurf sollten wir Evangelischen als Anfrage verstehen. Die Analogie von altkirchlichem Bekenntnis und liturgischer Tradition lohnt, meine ich, das Nachdenken.

Ulrich Luz hat das reformatorische Dilemma bei der Zuordnung von Schrift und Tradition in Ausführungen zum so genannten Taufbefehl (Mt 28,18 ff.) gut auf den Punkt gebracht:

Nun ist natürlich das reformatorische Kriterium der Einsetzung durch den Herrn nicht einfach mit der historischen Frage nach der Einsetzung durch Jesus zu verwechseln, aber trotzdem bleibt hier ein theologisches Problem. Kann man die „echten" Sakramente noch „biblizistisch" mit dem Vorliegen eines formellen biblischen Einsetzungsbefehls, wenn nicht Jesu, dann doch wenigstens des Auferstandenen, legitimieren? Oder beruft man sich besser darauf, daß die Taufe wahrscheinlich von Anfang an überall in der Kirche ausgeübt worden ist (und in V 19b durch den Auferstandenen sekundär legitimiert wird)? Dann beruft man sich aber auf die Kirche und auf die Tradition. Diese kontroverstheologisch wichtige Frage ist m.E. auf evangelischer Seite nicht wirklich geklärt.

Ulrich Luz, Das Evangelium nach Matthäus, EKK I/4, 2002, 454.

Wenn schon die Zahl der Sakramente mit der Bibel allein nicht zu klären ist, wie sollte dann die Weise des Vollzugs anhand von Texten geklärt werden, die das einfach nicht hergeben?

Ich erlaube mir eine simple Frage: Warum sieht niemand eine Schwierigkeit darin, in Lebensläufen von Menschen, mindestens im Nachhinein, die *providentia Dei* am Werk zu sehen? Warum aber erheben sich größte Bedenken, wenn so etwas wie göttliche Fügung für den gottesdienstlichen Weg der Kirche behauptet wird? Göttliche Fügung ist nicht objektiv nachzuweisen. Sie kann nicht wie in der katholischen Kirche an Entscheidungen von Konzilien und anderen kirchlichen Autoritäten abgelesen werden. Sie muss theologisch kritisierbar bleiben. Wie kann sie dann behauptet werden?

Meine skizzierte Antwort geht davon aus, dass ein Mitsein Gottes in der Geschichte, kodifiziert oder nicht, zu den Glaubenssätzen der Kirche gehört. Dieser Glaube hätte auch der Liturgie zugute zu kommen. Ein kritischer Respekt und eine bis zum Erweis des Gegenteils geltende Sinnvermutung gegenüber den gewachsenen Gestalten von Liturgie wären daher, so meine ich, auch der evangelischen Seite angemessen. Die folgende Formulierung ließe der kritischen Forschung, der theologisch korrigierenden Reform wie dem Glauben an die *providentia Dei* Raum: Der geprägte Weg der Liturgie ist eine in geschichtlichen Abläufen und menschlichen Entscheidungen von Gott her der Kirche zuwachsende und dem Menschen eingeräumte Möglichkeit, ihm zu nahen.

Das Geheimnis und der Name

Gottes Geheimnis ist offenbar und zugleich verborgen, zugänglich und immer auch fremd. Beides kommt theologisch und liturgisch präzise im Geheimnis des Gottesnamens zur Geltung.

Dass das Geheimnis sozusagen namentlich zugänglich ist, braucht nicht eigens betont zu werden. Der Mensch gewordene Gott darf „Vater" genannt werden. Wir rufen, den Sohn vor Augen, ihn, den Schöpfer des Himmels und der Erde, in der Kraft der Heiligen Geistes als „Vater" an. Wir loben ihn als den dreieinigen Gott: „Ehre sei dem Vater und dem Sohn und dem Heiligen Geist."

Dass Gottes Geheimnis immer auch verborgen und fremd ist, muss dagegen deutlich akzentuiert werden. In der Spiritualität des Judentums wäre das selbstverständlich. Da darf der Gottesname nicht ausgesprochen werden. So wird dem Gebot vom Sinai Genüge getan: „Du sollst den Namen des Herrn, deines Gottes, nicht missbrauchen; denn der Herr wird den nicht ungestraft lassen, der seinen Namen missbraucht" (Ex 20,7). Bekanntlich spricht man im Judentum an den Stellen, an denen in der Bibel der Gottesname bzw. das Tetragramm steht, das Wort „Adonaj". Luther übersetzt „Herr", schreibt aber mit Großbuchstaben: „HERR". Luthers Bibel rechnet also, darin der Hebräischen Bibel und dem Judentum folgend, ebenfalls nicht damit, dass der Gottesname bei der Rezitation biblischer Texte ausgesprochen wird.

Der Gottesname wird nicht ausgesprochen. Wenn alles mit rechten Dingen zugeht. Pfarrerinnen und Pfarrer, an der Universität ausgebildet, haben sich weithin dem akademisch verbreiteten Usus angeschlossen und verwenden, etwa in Predigten zum Alten Testament, gerne den Gottesnamen. Dies mag die auf der Kenntnis des Hebräischen beruhende Bildung des Pastors oder der Pastorin belegen, ist theologisch aber hoch problematisch. Die bedenkenlose Verwendung des Gottesnamens signalisiert ein Doppeltes. Einerseits wird der Eindruck erweckt, der Gott des „Alten" Testaments sei eine historische Größe, bestenfalls ein Vorläufer des Gottes, der seit dem „Neuen" Testament mit „Vater" angeredet wird. Andererseits erscheint die Praxis des Judentums, den Namen eben nicht auszusprechen, als für die Kirche irrelevant.

Das liturgische Fundamentalproblem aber ist, dass nicht nur mit dem Aussprechen, sondern mit jeder Form von Geringachtung oder auch Nichtbeachtung des Namens jener andere Pol des Gottesgeheimnisses nicht mehr zur Geltung kommt: seine Fremdheit. Die Grundspannung der Liturgie zwischen den Polen Zugänglichkeit und Fremdheit zerfällt, wenn ein Pol dominiert. Der Gott des Alten Testaments wird vom Gott Jesu, den wir mit ihm als „Vater“ anrufen, separiert – und übrig bleibt der vertraulich nahe Gott. Der fremde Gott, im Alten Testament eindrücklich und anstößig präsent, wird, bewusst oder unbewusst, auf eine religionsgeschichtlich frühere und von der Entwicklung überholte Entwicklungsstufe reduziert.

Eine Theologie des Gottesnamens müsste eigentlich für jede Liturgik unerlässlich sein. Denn der Name Gottes ist in der traditionellen Liturgie durchgehend präsent. Der Gottesdienst beginnt „im Namen des HERRN“. Er verweilt, um nur einige Stationen zu nennen, im „Benedictus“ bei dem, „der da kommt im Namen des HERRN“ (Ps 118,26; Mt 21,9; 23,39). Im Vaterunser bitten wir gleich zu Beginn „Dein Name werde geheiligt“ (Mt 6,9; Lk 11,2). Und der (lutherische) Gottesdienst endet in der Regel damit, dass im Aaronitischen Segen der Name auf die Gemeinde „gelegt“ wird (Num 6,27): „Der HERR segne dich und behüte dich …“

So etwas wie eine Theologie des Gottesnamens scheint freilich kaum mehr bewusst zu sein. Darauf weist eine scheinbar beiläufige Beobachtung:

Am Beginn des Gottesdienstes steht ein kurzes Votum, gesprochen im Wechsel zwischen Liturg und Gemeinde:

Liturg: „Unsere Hilfe steht im Namen des Herrn,“
Gemeinde: „der Himmel und Erde gemacht hat.“

Die Formulierung ist Ps 124,8 entnommen. Sie wird von Liturgen häufig mit folgender Betonung gesprochen: „Unsere Hilfe steht im Namen *des* Herrn …“ Die Sprechweise signalisiert, es gehe jetzt nicht um irgendeinen anderen Herrn auf der Erde oder in der Götterwelt des Alten Orients, sondern eben um *den* Herrn, „der“, so die Antwort der Gemeinde, „Himmel und Erde gemacht hat.“

Nun steht an dieser Stelle im hebräischen Text aber nicht allgemein „Herr“, sondern der Gottesname, das Tetragramm. „Herr“ ist also, recht verstanden, Eigenname oder jedenfalls dessen Platzhalter. Die Lutherbibel sieht folgerichtig „Herr“ in Großbuchstaben vor: „Unsere Hilfe steht im Namen des HERRN …“ Indem sie mit dieser Formel den Namen Gottes zugleich anrufen und verschweigen, stellen sich Liturg und Gemeinde gleich zu Beginn explizit in die Gegenwart Gottes. Sie machen sozusagen den ersten Schritt auf dem Weg im Geheimnis. Demgemäß definiert die Gemeinde mit ihrer Antwort nicht, welcher Herr gemeint sei, sondern sie evoziert doxologisch Gottes Schöpfermacht. Denn wenn sein Name auch nicht genannt werden darf, so soll doch sein Wirken gerühmt werden.

Die rituelle Formel „im Namen des HERRN" liegt eben nicht auf einer Ebene mit dem Grußwort der Pfarrerin beim Gemeindefest der katholischen Schwestergemeinde: „*Im Namen* der evangelischen Gemeinde wünsche ich dem Fest ein gutes Gelingen." Das wäre ein rechtlicher Gebrauch. Die Formel „im Namen des HERRN" dagegen ist epikletischer Natur. Mit ihr ruft sich die Gemeinde in die Gegenwart Gottes hinein. Oder, anders: Sie ruft die Gegenwart Gottes herbei, erbittet, beschwört sie. In der unscheinbaren Formel steckt beides: Scheu und Ehrfurcht vor dem Geheimnis Gottes, zugleich die Freude, davon singen und sagen zu können.

Eine sorgsame Theologie des Namens wäre also auch liturgisch unbedingt erforderlich. Sie scheut das Gespräch mit jüdischer Theologie und Spiritualität nicht und akzentuiert das bleibende Geheimnis. In weiten Teilen der Christenheit mündet das gottesdienstliche Psalmgebet in die trinitarische Doxologie des *Gloria Patri*: „Ehre sei dem Vater und dem Sohn und dem Heiligen Geist ..." Das mag so aussehen, als werde da der alte Gottesname im Psalm durch den trinitarischen Namen in der Doxologie ersetzt: Trinität statt Tetragramm, Offenbarung statt Verborgenheit. Dem ist entgegenzuhalten: Die Fremdheit im scheinbar bekannten Namen bleibt, solange wir in der Zeit leben. Trinität und Tetragramm bezeichnen auf je eigene Weise, aber letztlich gemeinsam die Grundspannung des Geheimnisses, in dem wir liturgisch auf dem Weg sind.

Das Geheimnis und die Dinge

Das Geheimnis Gottes ist nicht nur ein Geheimnis des Herzens. Gott ist das „Geheimnis der Welt" (Jüngel). Auf keinen Fall darf das Geheimnis aufs Herzland des Einzelnen beschränkt oder, umgekehrt, die Welt des Geheimnisses beraubt werden. Gott und Welt dürfen nicht auseinander dividiert werden.

Dieser theologischen Einsicht kommt ein modernes Bedürfnis auf bemerkenswerte Weise entgegen:

Viele Menschen halten offensichtlich diese gähnende Normalität nicht mehr aus; die ausgeleuchteten Räume, in denen alles seine Erklärung und seine geheimnislose Vernunft hat. Es ist, als ob sie gegen alle Vernunft die Schatten, den alten Zauber und die gefährlichen Höhlen des Lebens suchten. Was uns da im hellen Licht der Aufgeklärtheit entgegenkommt, kann doch nicht alles sein. Es muss doch ein Geheimnis der Welt und der Dinge geben! So suchen sie Stellen, an denen das Fremde und Nicht-Erklärliche erscheint; es mag aus dem Himmel oder aus der Hölle kommen. Ich vermute, dass sich für solche Sehnsüchte Satansmessen und Marienerscheinungen nicht wesentlich unterscheiden. Sie suchen das alte tremendum et fascinosum; sie suchen die Unerklärlichkeit und das zweite Gesicht der Dinge und der Welt. Die Beschränkung des Geistes auf Erklärbarkeiten und auf lösbare Fragen, die Eindimensionalität der Wahrnehmung und der Verzicht auf das Geheimnis lassen uns offenbar tief unbefriedigt.

Fulbert Steffensky, Schwarzbrot-Spiritualität, 2005, 95.

Der Protestantismus tut sich mit der Sehnsucht vieler Menschen nach einem, so Steffensky, „Geheimnis der Welt und der Dinge" traditionell schwer. In einer einseitigen und reduktiven Weise wird gemeinhin „das Wort" als ein Vorgang im menschlichen Herzen verstanden. Das vom Wort Gottes bewegte Individuum ist es, das die Verbindung herstellt zwischen dem im Herzen erfahrenen Geheimnis und der mit den Sinnen wahrgenommenen Welt. Die äußere Welt mit ihren Dingen wird zum Anschauungsmaterial für die innere Welt des Glaubens.

Liturgisch verdeutlicht sich das Defizit an einem Stück Welt, ohne das wir nicht wären, was wir sind: dem Leib. Die Fixierung des gottesdienstlichen Geschehens auf das „Wort" hat den Leib fast bedeutungslos werden lassen. Bis auf die Ohren und das sensible „Herz", so könnte man meinen, sei eigentlich alles am Menschen geistlich überflüssig. Zögerliches Stehen, kein Knien, keine Bekreuzigung und keine Prozessionen: Der Protestant sitzt in der Bank, hört, spricht in Gemeinschaft Texte und meldet sich zuweilen singend zu Wort. Protestantisch ist es noch immer schwer vorstellbar, dass Gottes Wege auch über einen Leib führen, der mehr ist als Ohr.

Ähnliches gilt für die beiden „Dinge" der Welt, die im Abendmahl zu höchster Ehre kommen: Brot und Wein. Sie sind dem durchschnittlichen Protestanten lediglich äußere Zeichen innerer Einsichten. Wir protestantischen Herzohrenmenschen tun uns schwer, das Schmecken des Mundes als legitimen Sinn der Gotteswahrnehmung und die Gebärde des Leibes als Weise zu würdigen, in der Gott unser Leben berührt.

Gottes Geheimnis aber lässt sich nicht auf das Herz und seine Wahrnehmungen beschränken. Glaube kommt nicht nur über das Wort, sondern auch über die Welt und die Dinge. Wenn der Glaube nicht dualistisch werden soll, dann müssen die Welt und die Dinge als ebenso zum Geheimnis gehörig wahrgenommen werden wie die inneren Gegebenheiten des Menschen. Der liturgische Weg im Geheimnis zeichnet sich dadurch aus, dass er zusammen mit Herz, Ohr und Wort eben auch den Leib und seine Gebärden, Brot und Wein, Orte, Gegenstände und andere Dinge der Welt als „Geheimnisträger" würdigt. Eine Erneuerung der Liturgie ohne eine erneuerte Theologie der Weltwirklichkeit Gottes wäre ein Kurieren an Symptomen.

Dass die neuzeitliche Fokussierung der Theologie auf das religiöse Subjekt und seine Innerlichkeit nicht mehr recht taugt, wenn es die Welt und die Dinge theologisch neu zu entdecken gilt, scheint evident. Für die neuere Praktische Theologie hat Manfred Josuttis diese Einsicht vielerorts zur Geltung gebracht. Er rekurriert auf „das Heilige“ als eine transsubjektive Wirklichkeit. Dadurch verändern sich die Vorzeichen geläufiger Liturgik:

> Wenn man mit einer solchen Perspektive an die Wahrnehmung des Gottesdienstes herangeht, sind die einzelnen Elemente in diesem Ritual nicht mehr daraufhin zu befragen: Was bedeuten sie? Und was drücken sie aus? Vielmehr muß dann die Leitfrage lauten: Was bewirken die Bilder, die den Raum füllen, die Gesten, die die Körper vollziehen, auch die Worte, die man dort sprechend und singend artikuliert?
>
> *Manfred Josuttis, Die Einführung in das Leben, 1996, 96.*

In der theologischen Zielrichtung ist Josuttis' Liturgik des Heiligen einer Liturgik des Geheimnisses verwandt. Für ihn sind das Geheimnis und damit die Welt und die Dinge nicht mehr nur als Funktionen des glaubenden Subjekts beschreibbar. Sie werden vielmehr zu Faktoren, die ihrerseits auf das Subjekt einwirken. Das Geheimnis wird als Machtsphäre kenntlich, die sich eben auch in der Welt und ihren Dingen als wirksam erweist.

In der derzeitigen Situation müsste eine Erneuerung der Liturgie einhergehen mit einer neuen Wahrnehmung der Schöpfung. Wenn die Welt nicht als „geheimnis-voll“ und das Geheimnis nicht als welthaltig wahrgenommen wird, bleiben die Gesten und Rituale der Liturgie in der dünnen Luft des Denkens oder in den Binnenräumen frommer Innerlichkeit hängen. Die protestantische Entzauberung der Welt ist aufzuheben in eine für die Gottesdifferenz sensible Heiligung der Welt, der Zeit, der Dinge, der Räume. Ohne eine erneuerte Theologie der Weltwirklichkeit Gottes würde sich eine liturgische Reform in praktikablen Gestaltungshinweisen erschöpfen: zur zeitgemäßen Erfüllung von religiösen Bedürfnissen, zur erfolgreichen Kanzelrede, zur richtigen Wendung am Altar oder zum ordentlichen Umgang mit den Elementen des Abendmahls.

Haushalter über Gottes Geheimnisse

Wenn der Weg im Geheimnis nicht beliebig ist, wenn seine Pflege sachgemäß erfolgen soll und seine Begehung einige Ortskenntnis erfordert, dann stellt sich die Frage: Wer ist für den Weg im Geheimnis verantwortlich? Es ist, nach evangelischer Sprachregelung, die Frage nach dem *ius liturgicum*. Es ist, so meine liturgische Adaption des Pauluswortes, die Frage, wer denn die „Haushalter über Gottes Geheimnisse“ (1Kor 4,1) seien und was sie *in liturgicis* zu tun hätten.

Während die Antwort auf katholischer Seite mit dem prinzipiellen

Hinweis auf Rom vergleichsweise schnell erfolgen kann, führt sie auf evangelischer Seite, sofern sie überhaupt ernsthaft gestellt wird, zu quälenden Eiertänzen. Auf Gemeindeebene behaupten immer wieder Pfarrer, sie seien durch Ausbildung und Ordination die eigentlichen liturgischen Entscheidungsträger. Wogegen sich mit gutem Recht Kirchenvorstände zur Wehr setzen, da es ja an ihnen sei, über die Gestalt des Gottesdienstes in ihrer Gemeinde zu bestimmen. Freilich gibt es da auch noch einen Dekan, der sich berufen fühlen könnte, in seinem Bereich für Bewahrung der Tradition zu sorgen oder aber jenseits der Agende Kreativität zu fördern. Und da gibt es, ach ja, auch noch die Synode samt Landesbischof. Womit natürlich, auf EKD-Ebene, keineswegs die Kompetenz der „Liturgischen Konferenz" bestritten und ihr Einfluss beschnitten werden soll. Vom weltweiten Protestantismus ganz zu schweigen. Beim *ius liturgicum* handelt es sich um eine Materie, die nicht nur unter Juristen alles andere als Freudenschreie auslöst:

> Die gesetzlichen Lösungen liturgischer Gestaltprobleme [...] sind einem Liturgieverständnis geschuldet, das die raumzeitliche Dimension der Liturgie für unwesentlich hält und damit auch ihren Handlungscharakter verkennen muss. [...] Die verhängnisvollen Folgen: der äußere Gottesdienst, also die Liturgie in ihrer Sinnenhaftigkeit und die Gottesdienstgestaltung als liturgisch-ästhetische Aufgabe werden ausgeblendet. Das Kirchenrecht nimmt seine Funktion nur unzureichend wahr, die Liturgie in ihrer Unverwechselbarkeit zu schützen und liturgiebezogene sowie praxisgerechte Regeln für die Ausübung und Wahrnehmung liturgischer Kompetenz aufzustellen. Das Evangelische Gottesdienstbuch stellt eher eine Problemanzeige als eine Lösung der Probleme des evangelischen *ius liturgicum* dar.
>
> *Gerhard Scheidhauer, Art. Liturgisches Recht, 2002, 751.*

Das Problem geht auf die Reformation zurück. Alles, was nicht Wort und Sakrament im theologischen Kern betraf, fiel unter die so genannten Adiaphora, Dinge also und Handlungen, mit denen man es so halten konnte oder so oder auch ganz anders. Was von einer umfassenden Verantwortung für die Liturgie der Kirche blieb, war das Recht, über die Einführung von Agenden in einem Territorium zu bestimmen. Und dieses gebrauchten die Landesherren in Ausübung des ihnen zugekommenen Kirchenregiments gerne auch als Instrument des Machterhalts. Fest steht, dass es nirgendwo im Protestantismus eine Instanz gibt, die die Sonntagsliturgie wenigstens für alle Gemeinden eines hinreichend großen Gebiets verbindlich regeln sowie im Sinne theologisch-liturgischer „Qualitätsstandards" fördernd und fordernd begleiten würde.

Die Weichenstellung der Reformation für eine Trennung von (inhaltlichem) Kern und (formaler) Gestaltungsvielfalt mag man aus ekklesiologischen, liturgischen, kirchenrechtlichen oder auch schlicht ästhetischen

Gründen bedauern. Zu ändern ist sie kaum, zumal nicht in einer Zeit, in der „Freiheit“ geradezu als Alleinstellungsmerkmal des Protestantismus propagiert wird. Umso mehr verdient die protestantische Einsicht, vor allem Pfarrer und Gemeinde hätten für eine angemessene Liturgie Sorge zu tragen, noch weit mehr Stärkung von professioneller Seite. Sicher, einiges ist mit der Einrichtung von landeskirchlichen Gottesdienst-Instituten und der verstärkten Wahrnehmung der Liturgiewissenschaft an den Universitäten geschehen. Dennoch müsste die liturgische Aus- und Fortbildung künftiger Pfarrerinnen und Pfarrer erheblich intensiviert, eine elementare liturgische Bildung engagierter Gemeindeglieder energisch in Angriff genommen und die liturgische Initiation von Kirchenfernen als mystagogische Verlockung wahrgenommen werden.

Lesetipps

Gustav Reingrabner, Das Ius liturgicum und die Frage der Verbindlichkeit von Agenden, in: Evangelisches Gottesdienstbuch und Kirchenrecht, hg. v. Jörg Neijenhuis, Beiträge zu Liturgie und Spiritualität Bd. 7, Leipzig 2002, 93–115.

Heinrich Assel, Der Name Gottes bei Martin Luther. Trinität und Tetragramm – ausgehend von Luthers Auslegung des Fünften Psalms, in: EvTh 64 (2004), 363–378.

Alfred Ehrensperger, Liturgie als Weg, in: Beim Wort genommen. Kommunikation in Gottesdienst und Medien, hg. v. Martin Peier-Plüss, Zürich 2007, 97–116.

Symbol und Ritual

Für eine Liturgie mit eigener Sprache

Liturgie spricht ihre eigene Sprache. Deren wichtigste Elemente sind Symbol und Ritual: vorgegebene, eingespielte Vollzüge und Zeichen, die über sich selbst hinaus weisen und für Leib und Seele, für Herz und Verstand die Gotteswirklichkeit repräsentieren. Mit Symbol und Ritual wird das Geheimnis begehbar.

In weiten Teilen des Protestantismus tat man sich schwer mit der eigenen Sprache der Liturgie. Symbol und Ritual, Parataxe, Ordinarium, Proprium oder andere Eigenheiten wurden einer weniger sperrigen Grammatik eingepasst. Liturgie reduzierte sich auf den sinnenfälligen Ausdruck dessen, was längst in der Predigt verkündigt, mit dem Herzen aufgenommen, im Glauben bekannt und theologisch bedacht war. Dass umgekehrt auch eine Geste ins Gebet und ein Gloria in den Glauben führen könnte, kam kaum in den Blick. „Werkgerechtigkeit!" – so lautete das schnelle Urteil über eine Liturgie mit eigener Sprache.

Rituale zu vollziehen und mit Symbolen umzugehen fällt mittlerweile nicht nur Protestanten schwer. Mehr denn je bräuchte es eine Theologie, die der eigenen Sprache der Liturgie nach-denkt. Eine Theologie, die nicht alles erklären muss, um etwas zu sagen zu haben. Eine ästhetische Theologie, die sich nicht scheut, auch mystagogisch zu werden. Theologie, die einen Weg kommentiert, der anders ist, notwendig und zwecklos, fremd und schön.

Beobachtungen

Sprechende Geste, schweigende Sprache

Fulbert Steffensky beklagt in der gegenwärtigen Gottesdienstkultur einen Mangel an selbstverständlicher Ritualität:

Es gibt ein anderes Leiden in meinen Gottesdiensten, es ist die wortreiche Erklärung aller Sachverhalte, der Riten und der Gesten. Es ist die kolloquiale Unterlaufung und Kastrierung der Symbolik des Gottesdienstes. Jede Geste hat ihre eigene Sprache, jedes Symbol spricht. Die Handauflegung hat ihre verständliche schweigende Sprache, der Segen, die Kerzen, das Feuer, das Knien. Bin ich erklärungsversessen und füge ich den Dingen im Übermaß meine eigene Sprache hinzu, dann wird ihre schweigende Sprache unhörbar. Vielleicht sind wir besessen von der Idee, dass nur das verstanden und aufgenommen ist, was in die ausdrückliche Bewusstheit gehoben wurde. Es gibt ein anderes Verstehen als das bewusste. Wer die Form, das Ritual und den Gestus missachtet, muss reden.

Fulbert Steffensky, Schwarzbrot-Spiritualität, 2005, 86f.

Worte, die Symbol und Ritual erklären, stehen in der Gefahr, die Vollzüge, in die sie einhelfen wollen, zu zerstören. Steffensky plädiert eindringlich für die eigene Würde der Vollzüge und Zeichen, die die Sprache der Liturgie ausmachen.

Sehnsucht nach Ritual

Ursula Ott, Journalistin, ist evangelisch. Und steht dazu. Wobei sie freilich Vorstellungen von evangelischer Kirche hat, die mit dem, was man da und dort erlebt, nicht unbedingt harmonieren: „Es ist meine Kirche, ich bin evangelisch. Und ich will einfach nicht, dass sich meine Kirche lächerlich macht."

Das Ritual könnte in vielen Fällen heilsamer sein als die sorgsamsten Worte. Trotzdem wird das Ritual zuweilen so verändert, dass seine spezifische Tragfähigkeit Schaden leidet. Bei nicht wenigen Gottesdienstbesuchern macht sich Sehnsucht bemerkbar:

Bitte, bitte, spielt jetzt wenigstens ein bekanntes Kirchenlied, dachte ich mir. Betet das Vaterunser, irgendwas Vertrautes. Denn dieses Gefühl will man doch haben in der Kirche: getragen zu werden von der Gemeinschaft, Trost zu finden in einem vertrauten Gebetsritual. Aber nichts davon gab es. Statt einer Predigt gab es „Gedanken zu einer Tulpenzwiebel". Statt des Vaterunsers gab es ein Gedicht namens „Dunkler Frühling". Statt Orgelmusik Liedermachertexte zur Gitarre.

Zum Schluss ihres Artikels plädiert die Journalistin für eine kenntliche Kirche in der Welt:

Und, man mag mich für altmodisch halten, aber wenigstens das Vaterunser soll schon sein. Das muss auch nicht umständlich anmoderiert werden. Kein Pfarrer muss sich dafür entschuldigen, dass er jetzt das Glaubensbekenntnis mit uns spricht. Ist schon okay, deshalb sind wir ja da. Und wir brauchen auch keine psychotherapeutischen Techniken vorab: Wenn ich in die Kirche gehe, weiß ich, worauf ich mich einlasse. Keiner muss mit mir üben, die Stille zu hören und den Herzschlag zu spüren. Allein das Betreten eines Gotteshauses versetzt mich in einen Zustand der Erwartung. Allerdings nur, wenn das Drinnen auch einen Unterschied macht zum Draußen. Und die Kirche einen Unterschied macht zur Welt.

Ursula Ott, Bauchredner am Altar, Mäuse in der Predigt. Wie viele Experimente verträgt eigentlich der Gottesdienst?, in: Chrismon 7/2004.

Liturgie, so führe ich den Aufruf der Journalistin fort, Liturgie muss ihre unverwechselbar eigene, der Gemeinde mehr oder weniger vertraute Sprache aus Symbol und Ritual sprechen. Die Sprache drinnen darf anders sein als die Sprache draußen. Warum sonst sollte man sich die Mühe machen und am Sonntagmorgen zur Kirche gehen?

Ritual für mich, Event für andere

Alternative Gottesdienstformen werden von Pfarrerinnen und Pfarrern gerne mit missionarischen Argumenten begründet und durchgeführt. Einwände der gottesdienstlichen Kerngemeinde: ohne Erfolg. Und wohin geht das Personal, wenn es Urlaub hat? Eine empirische Untersuchung des Nürnberger Gottesdienst-Instituts in Zusammenarbeit mit der Universität Bayreuth brachte Erstaunliches zutage:

Bemerkenswert ist in diesem Zusammenhang, dass von der Mehrzahl der interviewten Pfarrer auf der einen Seite erzählt wird, dass sie andere Gottesdienstformen als die agendarischen bevorzugen, ja zum Teil qualifizieren sie letztere sogar ab, auf der anderen Seite sind es aber vorwiegend die ritualisierten Formen, die sie tatsächlich aufsuchen, wenn sie etwas für die eigene Person suchen. Die Argumentationsebene und die eigene Bedürfnisebene klaffen bei vielen auseinander.

Hanns Kerner, Der Gottesdienst, 2007, 50.

Die Sehnsucht nach „ritualisierten Formen“ wäre demnach auch bei Pfarrerinnen und Pfarrern groß. Warum gilt dann dem so genannten agendarischen Gottesdienst nicht höchste Aufmerksamkeit? Warum nicht mehr Sorgfalt im Umgang mit Symbol und Ritual?

Ritual ohne Übung

Der Friedensgruß vor der Abendmahlsausteilung oder Kommunion ist nicht in allen evangelischen Gemeinden üblich. Es kann also durchaus sein, dass einzelne Gottesdienstbesucher nicht wissen, welche Worte sie zur Geste wählen sollen.

Was ich in einer Urlaubergemeinde Oberbayerns erlebte, ist insofern verständlich. Beim Friedensgruß kam ein Mann freundlich auf mich zu. „Friede sei mit dir!“, begrüßte ich ihn. „Schön’n Tach noch!“, war die Antwort.

Weniger verständlich ist es, wenn an anderem Ort die Pfarrerin selbst einen Impuls setzte, der alles Mögliche wünschen ließ, aber nicht den Frieden des Herrn: „Reichen Sie einander die Hand und sagen Sie sich ein freundliches Wort!"

Der Eindruck drängt sich auf, dass Gemeinde und kirchliches Personal in ähnlicher Weise Mühe haben mit rituellen Vollzügen. Warum eigentlich krampfhaft nach „einem freundlichen Wort" suchen, wo doch die Formel des Rituals bereit läge?

Rituelle Selbstverständlichkeit

Besonders an den Übergängen von einer liturgischen Sequenz zur anderen zeigt sich, ob und inwieweit Symbol und Ritual selbstverständlich die Sprache der Liturgie ausmachen.

Nachdem der Gottesdienst bereits mit Salutation und freier Begrüßung begonnen worden war, sagte der Pastor erneut einen Beginn an:

„Wir beginnen unseren Gottesdienst und singen vom Lied Nr. 449, ‚Die güldne Sonne voll Freud und Wonne', die Strophen 1 bis 4."

Eine geläufige Formulierung ist das, leicht überhörbar und doch mehrfach problematisch.

Erinnert sich denn, so frage ich, der Pastor nicht mehr daran, dass er und die Gemeinde sich längst wechselseitig und im Namen des Herrn begrüßt hatten? Oder hat er jenen ersten Anfang nicht wirklich ernst genommen? Jetzt jedenfalls wird durch einen erneuten Anfangsimpuls („wir beginnen") das Anfangsritual der Salutation zur bloßen Auftaktfloskel entwertet. Zudem ist die Ansage des Liedes überflüssig; der eingespielte, ritualisierte Gebrauch von Liedertafeln, selbst seltenen Besuchern vertraut, macht's möglich. Vor allem aber wird in der unscheinbaren Formulierung die Sorge des Pastors greifbar, zwei Sequenzen der Liturgie, in diesem Fall Begrüßung und Eingangslied, könnten verbal unverbunden und damit in ihrer Abfolge unverstanden aneinander anschließen. Eine Lücke, die nach Worten ruft? Oder ein Pastor, der sich eher dem besorgten Quotenreflex eines Moderators überlässt als der rituellen Gelassenheit des Liturgen?

Dramaturgische Kompetenz

Die eigene Sprache der Liturgie wird undeutlich, wenn bei Personal und Gemeinde der theologische Sinn und die dramaturgische Funktion einzelner Sequenzen der Liturgie nicht mehr präsent sind.

In einer Gemeinde werden die Kinder regelmäßig nach dem Gloria und vor dem Kollektengebet (Tagesgebet) mit der Kindergottesdienstkerze zu ihrem eigenen Gottesdienst geschickt. Nicht dieses kleine, anrührende Ritual steht in Frage, sondern sein Ort in der liturgischen Dramaturgie. Eigentlich ist es die Funktion des Kollektengebets, den umfassenden Gebetsakt vom Sündenbekenntnis bis zum Gloria formelhaft abzuschließen. Wenn die Kinder vor diesem Abschluss entlassen werden, hat das Konsequenzen. Das Gebet kann dann seine abschließende Funktion nicht mehr erfüllen; es hängt, dramaturgisch gesehen, in der Luft.

Nach dem Evangelischen Gottesdienstbuch beschließt das Kollektengebet den gesamten Eingangsteil („Eröffnung und Anrufung") des Gottesdienstes. Es rundet die erste Wegstrecke ab und macht den Weg frei für „Verkündigung und Bekenntnis", die nächste große Etappe. Eine Scharnierstelle also von einigem Gewicht. Das Kollektengebet, so könnte man sagen, legitimiert sich weniger durch seinen Inhalt als durch seine dramaturgische Funktion. Was aber tun mit einem Gebet, dessen Funktion nicht mehr kenntlich ist? Es wird umfunktioniert. Der Blick in die Liturgiegeschichte zeigt, dass die Befürchtung nicht ohne Grund ist. Das Kollektengebet mit seiner primär doxologischen, dem Gotteslob gewidmeten Ausrichtung mutierte gerne zur gebetsförmigen Einleitung in den Inhalt der folgenden Lesungen.

Abwechslung erwünscht, Verwirrung erzeugt

Sequenzen des liturgischen Rituals können nicht ohne weiteres ausgetauscht, der traditionelle Wortlaut nicht einfach durch andere Formulierungen ersetzt werden.

Unter „Introitus" versteht man, jedenfalls im lutherischen Bayern, einen Psalm, im Wechsel gesprochen, nur selten noch gesungen. Ob man ihn singt oder spricht, in jedem Fall gestaltet man einen Psalm gemeinsam. Es bedeutete für einzelne Gemeindeglieder eine erhebliche Irritation, als der „Introitus" folgendermaßen eingeleitet wurde:

„Als Introitus hören wir einen Text von Hanns Dieter Hüsch ..."

Einen Introitus aber „hört" man nicht, sondern spricht oder singt ihn im Wechsel zwischen Liturg und Gemeinde, Schola und Gemeinde oder auch zwischen zwei Gemeindegruppen. Schon dieser Teil der Ankündigung bedeutete also eine Irritation. Dem Text von Hanns Dieter Hüsch mit dem Titel „Wir" zu folgen bereitete sodann keine Schwierigkeiten; er war auf dem Liedblatt mit abgedruckt. Der Text ist an sich auch nicht schlecht: pointiert, mit Sprachwitz, zum Nachdenken. Die Irritation entsteht aus der Differenz von eingespieltem Ritual der Gemeinde und rituellen Signalen im Text. Hanns Dieter Hüsch beginnt so: „Die wir hier versammelt sind ..." Mit dieser Formulierung nimmt der Kabarettist das traditionelle Sündenbekenntnis (Confiteor) auf, und zwar an der Stelle im Gottesdienst, an der die Gemeinde einen Psalm erwartet. Faktisch aber handelt es sich bei dem Hüsch-Text weder um ein Confiteor noch um einen Psalm, sondern um eine meditative Reihung von Gedanken, die nur teilweise gebetsartig an das Du Gottes gerichtet sind. Kurz: Die „Parodie" des Rituals ersetzte das Ritual.

Was durch eine derartige Textsubstitution ins Stottern gerät: die Selbstverständlichkeit des rituellen Ablaufs.

Meinungen

Ritual als Spiel

Romano Guardini hat einst mit seiner Schrift „Vom Geist der Liturgie" eine Leitformulierung für die liturgischen Reformbewegungen des 20. Jahrhunderts vorgegeben. Seitdem wurde immer wieder die Frage gestellt, was denn den eigentümlichen „Geist der Liturgie" ausmache. Guardini selbst sah Liturgie in Analogie zum absichtslosen Spiel der Kinder und zu einem Kunstwerk, das seinen „Zweck" in sich selbst trage:

> Liturgie üben heißt, getragen von der Gnade, geführt von der Kirche, zu einem lebendigen Kunstwerk werden vor Gott, mit keinem andern Zweck, als eben vor Gott zu sein und zu leben; heißt, das Wort des Herrn erfüllen und „werden wie die Kinder"; einmal verzichten auf das Erwachsensein, das überall zweckhaft handeln will, und sich entschließen, zu spielen [...].
>
> *Romano Guardini, Vom Geist der Liturgie, 1918, 104.*

Ein eigentümliches Kunstwerk sei die Liturgie der (katholischen) Kirche, ein veritables Opus Dei, „jene gewaltige Einheit, in die der Schöpfer-Künstler, der Heilige Geist, Lebenswirklichkeit und Kunstgestalt emporgetürmt hat" (S. 110). Die altertümliche Sprache und der zeitgebundene philosophische Rahmen sollten nicht darüber hinweg täuschen, dass Guardini mit seiner These vom nicht verzweckten und nicht verzweckbaren Kunstwerk Einsichten vertritt, die einen breiten Konsens neuerer Liturgik beschreiben.

Symbol, Ritual und Religion

Werner Jetter beschrieb auf dem Hintergrund humanwissenschaftlicher Einsichten den Gottesdienst als symbolisch-rituellen Vollzug. In dieser Gestalt widersetze er sich der drohenden Intellektualisierung von Religion:

Der Gottesdienst kann und soll dafür sorgen, daß der Glaube nicht bloß erkennen und hören und belehrt werden will, sondern betender Glaube bleibt. Er hält als symbolische Kommunikation die religiöse Dimension in ihrer Vielschichtigkeit offen. Symbolische Kommunikation geht nicht bloß in Form von Belehrungen vor sich. In Lehrgebäuden kann der Mensch als lebendige Seele nicht wohnen; dort üben sich nur die Gedanken. Darum lebt der Glaube im christlichen Gottesdienst weder allein noch primär von den Argumenten, denen er selbstredend Raum geben will. Der Gottesdienst verkörpert vielmehr die Autorität jener Geschichte, der sich der Glaube verdankt, und den Raum, in dem man sich auf sie berufen und sie anrufen kann.

Werner Jetter, Symbol und Ritual, 1978, 141.

Die vorsichtigen Formulierungen lassen erkennen, wie intellektualisiert der evangelische Gottesdienst damals gewesen sein muss. Werner Jetter setzte dagegen Symbol und Ritual, gewissermaßen als Garanten lebendiger Spiritualität.

Faszination Ritual

Der Leitkommentar der *Süddeutschen Zeitung* zum Karfreitag bietet auf kleinstem Raum und gut lesbar eine Theorie des Rituals. Mit sicheren, aber nicht explizit gemachten Kenntnissen neuerer Ritualtheorien werden aktuelle Phänomene aus dem liturgischen Bereich wahrgenommen. Matthias Drobinski hat die Gottesdienste um Ostern im Blick. Sie fänden, so die Beobachtung, wieder erstaunlichen Zuspruch:

Man muss nicht einmal Christ sein, um von den heiligen Schauspielen zwischen Karfreitag und Ostern fasziniert zu sein. Religion und Ritus gehören zusammen. Das Christentum wäre ohne Riten eine blutleere Erzählung, bestenfalls eine Sammlung von Lebensweisheiten. Rituale bieten Geborgenheit. Wer sie feiert, tut das in einer weltweiten Gemeinschaft, deren Vorfahren schon vor 1500 Jahren in ähnlicher Form Jesu Tod verkündeten und seine Auferstehung priesen. Rituale fassen das Unfassbare; ihre Theatralik und Poesie lassen ahnen, welche Wirklichkeit hinter der Wahrnehmung stehen könnte. Rituale sind zutiefst menschlich, Zeichen der Vertrautheit, der Nähe und der Verlässlichkeit. Jede menschliche Beziehung braucht Rituale, die Gewissheit, sich nicht jeden Tag neu erfinden zu müssen.

Matthias Drobinski, Ritus und Religion, in: SZ vom 05. 04. 2007.

Was sollen wir am Karfreitag predigen? Gar nicht so wichtig, meint Drobinski. Und beschreibt, wie die eigentümliche Sprache der Liturgie schafft, womit wir uns auf der Kanzel so heftig abmühen.

Skizzen

- Symbol und Ritual
- Parataxe vs. Hypotaxe
- Proprium vs. Thema
- Ritualität vs. Metaritualität
- Verständliche Fremdheit
- Ritual und Leben
- Poesie ohne Zwecke

Symbol und Ritual

Boris Pasternak, der russische Schriftsteller, hat wunderbare Worte gefunden für den Gottesdienst als Ritual:

> Lara war nicht fromm. Sie glaubte nicht an kirchliche Dogmen und Riten. Aber manchmal bedurfte sie einer gewissen inneren Musik, um das Leben ertragen zu können. Diese Musik konnte man nicht aus eigener Kraft bei jeder Gelegenheit komponieren. Lara fand etwas von dieser Musik in Gottes Wort über das Leben. Und sie ging deshalb in die Kirche, um hierbei weinen zu können.
>
> *Boris Pasternak, Doktor Schiwago, 1958, 62 (Erstes Buch, Ein Mädchen aus anderen Kreisen, Kap. 17).*

Der russisch-orthodoxe Gottesdienst, den Boris Pasternak im Umfeld des Zitats schildert, ist ein Gottesdienst wie unzählige andere auch, quer durch die Konfessionen: eine Routineveranstaltung, wenig sorgfältig im Vollzug, mit deutlichen Anzeichen eines starren Ritualismus, alles andere als ein idealer Gottesdienst vom liturgischen Reißbrett. Aber die Frau, Lara, kann sich mit ihrem Leben darin bergen.

Gottesdienst ist Ritual: Was Boris Pasternak Ende der 1950er Jahre so eindrücklich beschreibt, sah man in Deutschlands Kirche und Theologie Ende der 1960er Jahre alles andere als positiv. Das liturgische Ritual wurde als erstarrt empfunden, als politisch narkotisierend, als lebensfernes Nachplappern abgenutzter Formeln. Die liturgischen Experimente jener Jahre hatten die Überwindung eines dem Ritual verhafteten Gottesdienstes zum Ziel. Man wollte aus einem Ritual ausbrechen, das nur noch als Gefängnis lebendiger Religiosität erlebt wurde.

Die ritualkritische Haltung sollte sich gründlich ändern. Mit dem religions- und sozialwissenschaftlichen, auch psychologischen Begriff „Ritual“ hat die Praktische Theologie seit den 1970er Jahren versucht, das gottesdienstliche Geschehen so zu beschreiben, dass es gerade in seiner Ritualität als ein Grundbedürfnis menschlichen Lebens erscheint.

Dabei werden Symbol und Ritual oft in einem Atemzug genannt. Die meisten Vollzüge im Gottesdienst können zunächst als rituelle Interaktion der Beteiligten beschrieben werden. Aber damit ist das Proprium spezifisch *religiöser* Rituale noch nicht getroffen. Diese haben allesamt mit Gotteswirklichkeit zu tun. Das wird allein schon dadurch evident, dass sich solche Interaktion im vielgestaltigen Raum religiöser Symbole abspielt: im „heiligen" Raum, in „heiliger" Zeit, im Sprachraum biblischer Bilder und im Erlebensraum spiritueller Erwartung. Gottesdienst ist nicht nur rituelle Interaktion unter Menschen, sondern zugleich symbolische Interaktion zwischen Himmel und Erde.

Die liturgische Begrüßung, die Salutation, ist ein festes Ritual im Gottesdienst: „Der Herr sei mit *euch*" – „und mit *deinem* Geist". Das ist zunächst rituelle Interaktion auf anthropologischer Ebene: Liturg und Gemeinde begrüßen sich wechselseitig. Zugleich aber symbolisiert sich in diesem Wechselgruß eine andere, unanschauliche Wirklichkeit, nämlich die Wirklichkeit des erhöhten Herrn: „Der *Herr* sei mit euch!" Wir haben es mit einer symbolisch-rituellen Handlung zu tun.

Vom liturgischen Ritual darf man gegenüber ritueller Interaktion im Alltag ein Mehr an Gotteswirklichkeit, einen „symbolischen Mehrwert" (Werner Jetter) erwarten. Dann kann sogar ein beiläufiger und lieblos gestalteter Gottesdienst, wie ihn Pasternaks Lara erlebte, zum Weg im Geheimnis werden.

Freilich sind die Erkenntnisse zum Wert von Symbol und Ritual in der Praxis noch immer nicht wirklich angekommen. Verständlichkeit wird nach wie vor höher bewertet als Selbstverständlichkeit. Zur Selbstverständlichkeit der Liturgie würde beispielsweise auch die Gewissheit gehören, dass einzelne Vollzüge in weiten Bereichen der Christenheit „richtig" seien.

Der Kirchenvorstand einer Gemeinde empfand die traditionelle Antwort der Salutation „und mit deinem Geist" als unverständlich. Deshalb änderte man den Wortlaut der Gemeindeantwort scheinbar geringfügig:
Liturg/Liturgin: „Der Herr sei mit euch."
Gemeinde: „Der Herr sei mit dir."
Im Bereich dieser Gemeinde hat sich die neue Formulierung gut eingeführt – Zeichen dafür, dass die veränderte Formulierung, wenn auch nur im gemeindlichen Binnenbereich, selbst wieder zum Ritual wurde.

Ästhetisch könnte die neue gegenüber der traditionellen Formulierung als Verschlechterung empfunden werden. Die mit Ausnahme des letzten Wortes gleich lautenden Formulierungen geben zwar den Gruß korrekt zurück, bieten aber auf der sprachlich-rhythmischen Ebene eine eher monotone Antwort. Theologisch mag man streiten, ob „und mit deinem

Geist“ tatsächlich so viel semantischen Mehrwert aufweist gegenüber der Neuerung. Ich selbst gehe als Liturg davon aus, dass ich durch die Formulierung „mit deinem Geist“ von der Gemeinde nicht nur als Gegenüber einer Begrüßung („mit dir“), sondern als das für Gott empfängliche Geschöpf („mit deinem Geist“) wahrgenommen werde. Trotzdem: Wägt man die alte und die neue Formulierung formal und inhaltlich gegeneinander ab, dann kann man schon auch zu einem Unentschieden kommen.

Das Problem freilich ist zunächst gar nicht inhaltlicher Natur. Es besteht darin, dass sich durch die unscheinbare Umformulierung „Der Herr sei mit dir“ eine einzelne Gemeinde aus dem weltweit üblichen Ritual der Salutation verabschiedet. Der Gruß, ein ökumenisch fast flächendeckendes Ritual, ein Erkennungszeichen in der weltweiten Christenheit, wurde auf das Binnenritual einer Einzelgemeinde reduziert. Der weitgehende Konsens, dass sich Christen, wenn sie zum Gottesdienst versammelt sind, mit dieser Formel begrüßen, ist aufgekündigt. Hand aufs Herz: Muss man einen Gruß wirklich voll und ganz verstehen, um sich begrüßt zu fühlen? Sollten beim liturgischen Gruß nicht die rituelle Wechselseitigkeit, der symbolische Verweis auf die Gotteswirklichkeit und die gesamtchristliche Selbstverständlichkeit mehr zählen als die restlose Verständlichkeit des Wortlauts? Dass das Evangelische Gottesdienstbuch neben anderen Varianten auch den von mir kritisierten Gruß vorsieht, macht den Vorgang nicht besser, aber im Blick auf die betreffende Gemeinde einsichtiger.

Mitunter freilich ist es gar nicht eine Entscheidung für diese oder jene Veränderung, die ein Ritual „falsch“ werden lässt. Mitunter ist es auch pure Gedankenlosigkeit. Ein Kurprediger in einer oberbayerischen Gemeinde hielt sich zwar an den traditionellen Wortlaut, sprach aber die Antwort der Gemeinde „und mit deinem Geist“ gleich selber mit – was die Begrüßung als wechselseitiges Ritual außer Kraft setzte.

Parataxe vs. Hypotaxe

Die Syntax von Liturgie ist prinzipiell parataktisch, nicht hypotaktisch. Ihre Logik ist nicht die Logik eines Vortrags oder eines Leitartikels, sondern die von Symbol und Ritual. Liturgische Sprache ist der Poesie näher als der Narration oder gar dem Aufsatz. Liturgische Sequenzen, beispielsweise das Gloria, wurden nicht von Theologen am Schreibtisch entworfen, sondern sind in komplexen Prozessen gewachsen. Da wuchs oft zusammen, was zunächst gar nicht zusammen gehörte – und was sich dann doch als überraschend sinnvoll herausstellte. Darum herrscht zwischen liturgischen Sätzen und Sequenzen oftmals eine Spannung, die nicht mit gut gemeinten Formulierungen aufgelöst werden sollte.

Ich bringe diese Beobachtung auf den Begriff der Parataxe: Sätze stehen nebeneinander (Parataxe), statt einander, mindestens intentional, im Sinne logischer Konjunktionen unter-, über- oder einfach zugeordnet zu sein (Hypotaxe).

Wie problematisch es sein kann, wenn eine Parataxe hypotaktisch aufgelöst wird, zeigt ein Seitenblick auf die menschliche Kommunikation. Von Paul Watzlawick stammt der Grundsatz, menschliche Kommunikation neige zur Interpunktion von Ereignisfolgen. Er bietet ein ebenso eindrückliches wie alltägliches Beispiel:

Ein oft zu beobachtendes Eheproblem besteht z. B. darin, daß der Mann eine im wesentlichen passiv-zurückgezogene Haltung an den Tag legt, während seine Frau zu übertriebenem Nörgeln neigt. Im gemeinsamen Interview beschreibt der Mann seine Haltung typischerweise als einzig mögliche Verteidigung gegen ihr Nörgeln, während dies für sie eine krasse und absichtliche Entstellung dessen ist, was in ihrer Ehe „wirklich" vorgeht: daß nämlich der einzige Grund für ihre Kritik seine Absonderung von ihr ist. Im wesentlichen erweisen sich diese Streitereien als monotones Hin und Her der gegenseitigen Vorwürfe und Selbstverteidigungen: „Ich meide dich, weil du nörgelst" und „Ich nörgle, weil du mich meidest".

Paul Watzlawick u. a., Menschliche Kommunikation, 1967, 58.

Die bloße Ereignisfolge (Parataxe) sieht so aus: … zurückziehen … nörgeln … zurückziehen … nörgeln … zurückziehen … Die Kontrahenten interpunktieren jedoch (Hypotaxe), sodass gegensätzliche Versionen der Ereignisfolge entstehen:
(a) „Ich ziehe mich zurück, *weil* du nörgelst."
(b) „Ich nörgle, *weil* du dich zurückziehst."

Es ist evident, dass eine Lösung des Konflikts auf der Ebene, auf der er von den Kontrahenten interpunktiert und verbalisiert wird, nicht herbeigeführt werden kann. Die Hypotaxe provoziert Krisen, denen therapeutisch nur durch Rückführung auf die parataktische Ausgangslage beizukommen ist.

Man kann die Einsichten aus dem Bereich menschlicher Kommunikation auf den Gottesdienst übertragen. Wenn liturgische Sequenzen mit verbindenden Formulierungen hypotaktisch zugeordnet und damit ihrer parataktischen Unmittelbarkeit beraubt werden, dann fehlt es an Raum zwischen den Sätzen und Sequenzen; die Freiheit der Rezeption wird reglementierend eingeschränkt. Das ist, wie wenn man die Pausen in einer Symphonie von Anton Bruckner nachträglich auskomponieren wollte. Nein, was in einer solchen Pause geschieht, wird eben ausdrücklich nicht gesagt!

Gleich zu Beginn des Gottesdienstes wird häufig eine Parataxe hypotaktisch aufgelöst:

„Im Namen des Vaters und des Sohnes und des Heiligen Geistes" – mit dieser Formel werden Gottesdienste, sofern sie der Agende folgen, eingeleitet. Sie sollte, im evangelischen Bereich, unmittelbar nach der „Musik zum Eingang" ihren Ort haben: para-taktisch an die Musik angeschlossen und insofern „neben" sie gesetzt. Stattdessen hört man oft:
„*Wir beginnen diesen Gottesdienst* im Namen des Vaters und des Sohnes und des Heiligen Geistes."

Die liturgische Formel beginnt ohne Verbum, einfach so: „Im Namen …" Der vom Liturgen hinzugesetzte Hauptsatz „Wir beginnen diesen Gottesdienst" degradiert eine, religionsphänomenologisch gesprochen, Beschwörungsformel zur bloßen Information. Statt sich gemeinsam in die Wirklichkeit des „im Namen" präsenten und angerufenen Gottes hineinzustellen, wird der Hinweis gegeben, dass der Gottesdienst so und nicht anders beginne. Tiefengrammatisch würde die Zuordnung (Hypotaxe) etwa so lauten: *Weil* wir nicht als irgendeine Versammlung, sondern als christliche Gemeinde zusammen gekommen sind, *deshalb* beginnen wir diesen Gottesdienst „im Namen" des dreieinigen Gottes.

Eine solche Zuordnung, wie latent auch immer, ist unnötig. Sie verzerrt den namenstheologischen Sinn der Formel. Sie sorgt für eine Information, die niemand braucht. Und, ganz nebenbei: Nicht mehr der Name des Herrn steht am Anfang, sondern Liturg und Gemeinde machen sich mit ihrem „Wir" lautstark und vorlaut im Gottesgeheimnis breit. Warum nicht einfach beginnen? Ohne darüber zu reden?

Auch an anderer Stelle im evangelischen Predigtgottesdienst ist eine problematische Praxis so etabliert, dass kaum jemand sie hinterfragt. Ich meine die Nahtstelle von Fürbittengebet und Vaterunser. Uns muss an dieser Stelle nicht die Historie der Abfolge interessieren: Sie erklärt sich aus dem Grundriss der Vaterunserparaphrase Luthers und führte dazu, dass sich auch die Reihenfolge der Gebetsanliegen am Vaterunser als Maßstab allen Betens orientierte. Ich beziehe mich auf die evangelisch weithin übliche Abfolge, nehme sie als gegeben und frage nach der Art und Weise, wie Liturginnen und Liturgen die Nahtstelle gestalten.

An sich signalisiert das Vaterunser-Geläut, dass jetzt ein Text gemeinsam gesprochen wird, der von anderer Art und Dignität ist als die vorausgehenden Fürbitten. Aber das akustische Signal scheint oft nicht zu genügen. Liturginnen und Liturgen spüren die Schnittstelle zwischen den eigenen Formulierungen und der rituellen Sprache. Diese Spannung versuchen sie zu ermäßigen mit Sätzen wie diesem:
„Alles, was wir sonst noch im Herzen tragen, fassen wir in die Worte des Gebets, das uns Jesus Christus selbst gelehrt hat."

Durch eine Art Regieanweisung wird versucht, von den Fürbitten in die Vaterunserbitten überzuleiten. Das unterbricht den Duktus des Gebets;

das eigene Beten mündet nicht mehr mit liturgischer Selbstverständlichkeit in das vorgegebene Beten. Das parataktische „Münden“ weicht einem latent hypotaktischen Zuordnen: *Weil* wir für die individuellen Anliegen der Einzelnen noch nicht gebetet haben (und das öffentlich ja auch gar nicht tun konnten), möge das jetzt jeder und jede unter den Worten des Vaterunsers tun! So oder so ähnlich würde eine logische Zuordnung der einen zur anderen Gebetssequenz lauten. Durch die Überleitungsformel wird der Duktus des Betens moderierend unterbrochen. Vor allem aber wird das Vaterunser hypotaktisch verzweckt und seine spirituelle Spannweite auf die verborgenen Bitten des Herzens reduziert.

Eine weitere heikle Schnittstelle ist die von Kyrie und Gloria. Da hat mitunter bereits die liturgische Tradition die Parataxe nicht ausgehalten. Das Nebeneinander (Parataxe) von *Kyrie* und *Gloria* wurde und wird im evangelischen Gottesdienst gerne durch eine Zuordnung abgelöst (Hypotaxe), indem man eine Vergebungsbitte und die Zusage der Vergebung dazwischen schaltet. Logisch geschieht das im Sinne einer kausalen Konjunktion: *Weil* Gott meine Bitte um Erbarmen erhört hat, darum kann ich ihn nun loben. Der liturgische Fauxpas hat theologische Konsequenzen: Hier wird en passant das lutherische Zugleich (simul) von „sündig“ und „gerecht“ zugunsten eines gestuften Nacheinanders von Kondition und Konsequenz außer Kraft gesetzt.

Das unverbundene Nebeneinander liturgischer Stücke kommt dem Bedürfnis nach Logik in der Abfolge von Handlungen nicht eben entgegen. Gerade darin unterscheidet sich die eigentümliche Sprache der Liturgie von der Sprache, die wir aus dem täglichen Leben gewohnt sind. Sie ist also fremd, verschließt sich aber nicht hermetisch. Im Gegenteil, die zunächst ungewohnte Parataxe bietet Chancen der Partizipation, für die uns die moderne Rezeptionsästhetik die Augen geöffnet hat. Wenn zwischen zwei Texten keine explizite Verbindung hergestellt wird, wenn also die Parataxe gewahrt bleibt, dann hat der Gottesdienstbesucher als „Rezipient“ die Chance, selbst den Raum zu füllen, der offen bleibt. Der Hörer oder Beter springt in die Lücke, die der Liturg lässt. Solche Lücken gehören zu der Freiheit, die das Ritual gewährt.

Proprium vs. Thema

Liturgie hat kein Thema. Die Predigt, die eigenen Gesetzen folgt, lasse ich an dieser Stelle außen vor und behaupte einigermaßen apodiktisch: Liturgie hat kein Thema. Damit beziehe ich mich zunächst auf eine elementare ästhetische Einsicht. Der Schriftsteller Rolf Haufs hat sie im Gespräch mit dem Herausgeber seiner Gedichte so formuliert:

Wenn einem der Inhalt unabhängig von seiner Form von Anfang an als Botschaft, Mitteilung oder Meinung formulierbar ist [...], dann brauchts kein Gedicht, sondern eine Aktennotiz oder einen Leitartikel oder einen Leserbrief.

Christoph Buchwald, Poetisches Paradox, 2001, 138.

Analog könnte man sagen: Ein Thema erfordert als angemessene Form einen Vortrag oder ein sorgsam moderiertes Seminar, aber keine Liturgie. Wer ein Thema didaktisch verantwortlich behandelt, ordnet den Stoff durch gezielte Auswahl und logisch nachvollziehbare Anordnung der einzelnen Teile.

Liturgie ist anders; sie spricht ihre eigene Sprache. Demgemäß bewegt sich eine Liturgik, die die Eigensprachlichkeit von Liturgie achtet, nicht in den Kategorien von Thema und Entfaltung, sondern von Ordinarium und Proprium. Der Gottesdienst enthält Stücke, die an allen Sonn- und Feiertagen vorkommen (Ordinarium). Und er enthält Stücke, die entsprechend der Kirchenjahreszeit wechseln (Proprium). Die Stücke des Propriums, etwa die biblischen Lesungen, wuchsen den einzelnen Sonn- und Feiertagen zu: aus gesamtkirchlichen und regionalen Traditionen sowie durch Entscheidungen kirchlicher Gremien. So entspricht es jedenfalls der lutherischen Tradition. Natürlich wird man einem Sonntag nicht völlig disparate Texte zuordnen. Und vor allem in der Trinitatiszeit ergeben sich dann doch thematische Verdichtungen, markant etwa mit dem „Israel-“ oder dem „Taufsonntag“. Aber grundsätzlich erfolgt die Zuordnung der biblischen Texte in Orientierung am Kirchenjahr, nicht nach Themen.

So erhält der Gottesdienst von Sonntag zu Sonntag eine charakteristische Klangfarbe nach dem Proprium, keinesfalls aber eine logisch einwandfreie Struktur nach einem Thema. Entsprechend entwickelte Karl-Heinrich Bieritz in einem Anhang zum Evangelischen Gottesdienstbuch (S. 681–720) die Leitformulierungen für die einzelnen Sonn- und Feiertage nicht aus dogmatischen oder sonstigen Begriffen, sondern, meist im Rückgriff auf die biblischen Vorgaben, aus Sätzen oder bildhaften Wortverbindungen des jeweiligen Propriums. Gottesdienst ist, kurz gesagt, nicht Durchführung eines Themas, sondern die kirchenjahreszeitlich je eigengeprägte („Proprium“) Feier des Geheimnisses.

Wer sich gegen die „Thematisierung“ der Liturgie ausspricht, bekommt nicht selten das Argument zu hören, mit dem Proprium des Sonntags seien kaum noch Besucher zu gewinnen, wohl aber mit einem Thema. Dieser Beobachtung kann nicht gut widersprochen werden. Der Erlanger Universitätsgottesdienst hat an Besuchern gewonnen, seitdem er thematisch ausgerichtet ist. Er findet im Semester statt, und zwar um 10 Uhr morgens im 14-tägigen Wechsel mit dem regulären Gottesdienst der

Kirchengemeinde. Vom Setting her ist das Signal eindeutig: Der Universitätsgottesdienst versteht sich nicht als Sondergottesdienst, sondern, wenn auch unter der Federführung der Universitätspredigerin, als normaler Sonntagsgottesdienst. Faktisch aber ist er nicht Gottesdienst im Kirchenjahr, sondern gottesdienstliche Veranstaltung zu einem Thema.

Im Wintersemester 2007/08 lautete das Thema der Gottesdienste: „Schuld und Sühne". In die Reihe fiel auch der erste Advent. Ein besonderer Sonntag. Das alte Kirchenjahr ging mit dem Ewigkeitssonntag zu Ende, mit dem Gottesdienst zum ersten Advent beginnt ein neues Kirchenjahr. Und es beginnt nicht irgendwie, sondern in der spurenreichen Stimmung des Advents, unter den von weither vertrauten Klängen und mit den besonderen Lesungen, jenen eigentümlichen Vor- und Nachworten der Menschwerdung Gottes. Advent – Vorschein des Neuen mitten im Dunkel: „Nun komm, der Heiden Heiland" (EG 4), „Die Nacht ist vorgedrungen, der Tag ist nicht mehr fern" (EG 16). Das Evangelium von Jesu Einzug in Jerusalem (Mt 21,1–9): Gott kommt in Herzen und Häuser, in unsere schöne schreckliche Welt. Oder ist er schon gekommen? Wird er kommen? Wird er wieder kommen? Wo ist er jetzt? Gottes Zeit bricht an inmitten der Weltzeit. Leise geschieht das, still, behutsam – Auftakt für die kommenden Wochen, die so still nicht sein werden.

So ähnlich würde ich mit ein paar Strichen das Geheimnis des ersten Sonntags im Advent umreißen. Advent – der Stoff, aus dem Liturgien sind. Müsste man meinen. Der Erlanger Universitätsgottesdienst beachtete zwar mit ein paar Elementen den Advent, widmete sich ansonsten aber einem Thema, das sich auch mit einiger Mühe nicht als adventlich identifizieren lässt. So las man im Internet: „2.12.07, 1. Advent, Am Pranger: Opfer und Täter". Dazu waren angekündigt die Predigerin und eine bekannte Gerichtsreporterin.

Auch dieser Gottesdienst war bestens besucht. Die Themenreihen finden generell großen Zuspruch. Einem kränkelnden Universitätsgottesdienst kam durch die thematische Ausrichtung neue Attraktivität zu. Ähnliche Beobachtungen kann man auch an anderen Orten machen. Die Frage steht im Raum, welche Option auch auf längere Sicht für die evangelische Kirche richtig ist: die entschlossene „Thematisierung" des Gottesdienstes oder der Aufbruch zu einem evangelischen Gottesdienst, der im Wechselspiel von Ordinarium und Proprium Liturgie wagt.

Ritualität vs. Metaritualität

Das evangelische Problem mit der Eigensprachlichkeit von Liturgie, wesentlich markiert durch Symbol und Ritual, wird explizit greifbar etwa bei Michael Meyer-Blanck. Geradezu emphatisch begrüßt er die entschlossene Wortorientierung in der Liturgik der Reformatoren:

Es ist damit nicht weniger als eine Kulturrevolution in Gang gesetzt. Die Kommunikation in Sachen Religion vollzieht sich nicht mehr rituell, sondern diskursiv. Religion ist nicht da, wo geheimnisvolle Rituale und Formeln ihren Platz haben, sondern da, wo man sich verständigt.

Michael Meyer-Blanck, Liturgie und Liturgik, 2001, 37.

Das ist, pointiert gesagt, die Ablösung des Rituals durch den Diskurs. Dafür, dass die symbolisch-rituelle Sprache der Liturgie nicht einfach substituierbar ist durch diskursive Sprache, führe ich die Poesie als Analogie an. Iris Radisch, die Literaturkritikerin, schreibt kritisch gegenüber gut gemeinten Versuchen der Gedichtinterpretation, aber durchaus auch selbstkritisch:

Und das, im Vertrauen gesagt, ist nun auch schon das Hauptproblem, das viele Leser, aber auch wir hauptamtlichen Literaturdeuter mit der modernen und gegenwärtigen Lyrik haben: Sie lässt sich so ungeheuer schwer ins Verständliche „übersetzen".

[...] Martin Walser hat dieses Verfahren, mit dem man sich Gedichte durch Nacherzählungen und Versfußstatistiken vom Leibe hält, das „Heruntersetzen des Lese-Risikos" genannt.

Iris Radisch, Nie wieder Versfüßchen, in: DIE ZEIT Nr. 22 vom 24.05.2007.

Scharfe Kritik also an Versuchen, Gedichte durch Erklärung verständlicher zu machen: Man setze dadurch das Lese-Risiko herunter. Ob nicht Vergleichbares geschieht bei Meyer-Blancks Versuch, „geheimnisvolle Rituale und Formeln" durch „Verständigung" zu ersetzen? Minimierung gar des Gottes-Risikos? Was spricht denn eigentlich dagegen, dass Rituale und Formeln des Geheimnisses voll, also „geheimnisvoll" sind?

Ich greife Alexander Deegs bibelhermeneutische Unterscheidung von Skripturalität und Metaskripturalität auf und behaupte, dass sich eine moderne Metaritualität zur genuinen Ritualität von Liturgie kontraproduktiv verhält. Entweder man ist *im* Ritual (Ritualität) oder man reflektiert *über* das Ritual (Metaritualität). Beides hat sein Recht. Aber alles zu seiner Zeit. Beides gleichzeitig – das dürfte auch gestandene Protestanten überfordern.

Georg Maurer, der ostdeutsche Poet und Inspirator von Poeten, wird von einem Feldstein angeregt, über die Spannung zwischen einem Lebensmoment und den Gedanken über das Leben zu sprechen:

Feldstein

Auf den Stein, noch wenig sonngewärmt,
legt ich meinen und sie ihren Schal.
Saßen aneinander so gedrängt,
daß sich Bein mit Bein genau besprach.

Bein an Bein weiß mehr als ich und du ...
Als wir standen, rückt ich übermütig
fort den Stein, auf dem wir so versanken:
schrecklich wimmelten dort die Gedanken.

Georg Maurer
1962

Liturgische Sequenzen wären demnach wie Steine, auf denen wir sitzen, stehen und gehen, während wir das Geheimnis feiern. Für die Zeit der Feier müssen wir nicht unter die Steine schauen, müssen dem Gewimmel der Gedanken über die Liturgie nicht unbedingt zusehen: dem Gewimmel der Gedanken, die wir vorher und nachher zu Recht haben. Freilich, dass das Nachdenken über Liturgie kaum abzuschalten ist, wenn man gerade mitten in der Liturgie steckt, weiß niemand besser als der professionelle Liturgiker. Trotzdem stellt sich mir nicht die Frage, ob das Ritual abzuschaffen sei, sondern ich frage umgekehrt, wie eine moderne Ritualität akzentuiert und gestärkt werden könnte.

Verständliche Fremdheit

Nicht alles am Ritual muss verständlich sein. Ein Ritual, das Gottes Geheimnis symbolisiert, darf auch fremd erscheinen.

Ungefährlich ist es allerdings nicht, auf einer gewissen Fremdheit von Liturgie zu beharren. In einer Zeit, in der manche Katholiken die Messe wieder demonstrativ auf Latein feiern, stellt sich die Frage, ob etwa die Fremdheit der Sprache die Fremdheit des Gottesgeheimnisses zur Geltung bringe. Der Journalist Burkhard Müller ist vorsichtig und nennt darum andere Gründe, die seiner Meinung nach für das Lateinische als mögliche Liturgiesprache stehen könnten:

Viele, und besonders solche, die mit Kirche und Latein gleichermaßen wenig zu tun haben, schätzen den lateinischen Ritus seiner geheimnisvollen Aura wegen; sie würdigen die Sprache als eine Art akustischen Weihrauch. [...]

Warum sollte die Kirche auf die lateinische Sprache völlig verzichten? Es ist die Sprache, die in der Geschichte der Kirche die längste und wichtigste Rolle gespielt hat, mit der sie das tiefste Gedächtnis verbindet. Es ganz zu vertilgen, wäre ein Akt dummen Undanks. Und dass es überhaupt noch, wenngleich im Hintergrund, existiert, erinnert sie an ihre Einheit über alle historischen und nationalen Grenzen hinweg. Die Gläubigen verstehen es alle miteinander nicht, das verbindet – und in gewisser Weise verstehen sie es eben doch, wie eine Melodie. Latein schwebt heute durch die Kirche fast wie ein musikalisches Motiv.

Burkhard Müller, Das Prinzip Verständlichkeit, in: SZ vom 07.07.2007.

Das Lateinische verbinde deshalb die Gläubigen, weil sie es alle miteinander nicht verstehen. Das ist vermutlich mehr Ironie als Argument.

Schon eher gleicht die eigentümliche Fremdheit der Liturgie der Fremdheit von Poesie, die unter die Prosa fällt:

Deswegen ist auch wahr, was oft behauptet wurde: Gedichte versteht man nur ganz, während man sie liest. Nicht davor und nicht danach. Das ist ähnlich wie mit der Musik. Gedichte sind keine Gegenstände, eher Zustände. Deswegen können wir sie auch schlecht zu uns herüberziehen in die Prosa unserer Verhältnisse. Wir müssen uns schon aufmachen, zu ihnen zu kommen. Nur so erfahren wir endlich einmal etwas vollkommen Neues.

Iris Radisch, Nie wieder Versfüßchen, in: DIE ZEIT Nr. 22 vom 24. 05. 2007.

Liturgie – fremd wie ein (modernes) Gedicht in der „Prosa unserer Verhältnisse"? Liturgie mit der ihr eigenen Sprache würde sich demnach nicht in allen Kontexten als unmittelbar verständlich erweisen. Wohl aber wäre eine ganze Menge zu verstehen, wenn man sich auf sie einlässt. Muss, so frage ich in analoger Weiterführung von Iris Radisch, muss Liturgie fremd sein, damit, wer sich auf sie einlässt, „endlich einmal etwas vollkommen Neues" erfährt?

Ich plädiere dafür, dass eine Liturgie mit eigener Sprache auch fremd sein darf. Sie besitzt die Kühnheit, Gottes Zeit inmitten der Weltzeit anzuzeigen. Deshalb kann sie nicht von allen immer und überall und in allen Stücken verstanden werden. Wohl aber wird, wer sich auf sie einlässt, nicht ohne Verstehen bleiben. Gottes Geheimnis ist nicht von elitärer Fremdheit wie Latein, sondern von einer verständlichen Fremdheit wie die Worte, Bilder und Geschichten der Bibel.

Ritual und Leben

Das Ritual hat seinen Wert. Das Leben auch. Rituale dienen dem Leben dadurch, dass sie Sicherheit und Geborgenheit gewähren. Ich gebe ein Beispiel für die symbolisch-rituelle Sprache beim Beten. Luise Rinser lässt in ihrem Briefroman „Abenteuer der Tugend" die Hauptperson, eine Frau, mit Blick auf ihren mit schweren Depressionen geschlagenen Partner schreiben:

Ich glaube, ich hatte unrecht, als ich, früher, dachte, man müsse mit eigenen Worten beten. Das Beten in fremden, in alten, erprobten, gültigen Worten ist gut; das Private wird darin eingeschmolzen, das Persönliche erhält in der geweihten Tradition tiefere und reinere Bedeutung. Ich glaube, daß einzig durch den intensiven Gebrauch dieser Worte ein Mensch verwandelt werden kann.

Luise Rinser, Abenteuer der Tugend, 1957, 201.

Es war ein Beten mit den geprägten Texten der Psalmen, das bei ihrem verschlossenen Partner wenigstens zeitweise den Grund der Seele berührte.

Dass auch das Gegenteil geschieht, dass symbolisch-rituelle Sprache eben keine Sicherheit oder gar Geborgenheit vermittelt, muss nicht verschwiegen werden. Martin Walser formuliert solch gegenteilige Erfahrung eindrücklich:

Die feierliche Amtssprache in der Kirche klang fremd. Kunstgewerbe-Vokabular. Luft aus einem Föhn. Glauben die Frommen, Gott höre sie nur, wenn sie beten, er habe keine Ahnung von den Worten, die sie sonst denken und sagen? [...] Mein Leben ist in der Gebetssprache nicht mehr unterzubringen. Ich kann mich nicht mehr so verrenken. Ich habe Gott mit diesen Formeln geerbt, aber jetzt verliere ich ihn durch diese Formeln. Man macht einen magischen Geheimrat aus ihm, dessen verschrobenen Sprachgebrauch man annimmt, weil Gott ja von gestern ist. Ich bin stumm, wenn ich beten will.

Martin Walser, Halbzeit, 1960, 354f.

Einwände wie dieser gehören dazu. Sie sind mit der liturgischen Neuentdeckung von Symbol und Ritual nicht aus der Welt. Es gibt in jedem Leben Phasen, in denen sich das Individuum gegen tradierte Formen sperrt. Solche Phasen sind nicht nur für das Individuum notwendig, sondern auch, so behaupte ich, für Symbol und Ritual im Leben der Kirche. Ohne Widerstände dieser Art würde das Ritual im Ritualismus erstarren.

Der Einwand mahnt zur Sensibilität, macht aber nicht die vielfältig bezeugte Erfahrung hinfällig, dass Rituale Sicherheit und Geborgenheit geben. Man kann die positiven Erfahrungen mit Ritualen auch humanwissenschaftlich erklären. So ging beispielsweise Erik H. Erikson psychologisch der Entstehung von Ritualen in der frühkindlichen Lebensphase nach. Insbesondere die Beziehung zwischen der Mutter und dem Säugling sei eine Grundsituation, aus der sich alle weiteren Ritualbildungen ableiten ließen. Begrüßung am Morgen, ein festes Schema der Handlungen vor dem Einschlafen, Stillen, Füttern, Reinigungsakte – in all dem stellen sich früh interaktionale Ritualisierungen ein. In ihrem Schutz entfaltet sich das von Erikson so genannte „Urvertrauen“. Ich kann mich dieser Ordnung und meiner Geborgenheit in ihr auch im späteren Leben versichern, indem ich durch den Vollzug von Ritualen jene frühen Situationen des Urvertrauens vergegenwärtige. Das Bedürfnis nach dem religiösen Ritual wiederholt jenes frühe Bedürfnis nach der schützenden und liebenden Mutter.

Das Ritual dient dem Leben aber nicht nur, indem es Sicherheit und Geborgenheit vermittelt, sondern auch, indem es Emotionalität und Spontaneität ermöglicht:

Ein Gottesdienst ist aber auch eine Feier des Lebens. Das wäre er nicht mehr, wenn vor lauter Förmlichkeit kein Kind mehr weinen dürfte und niemand mehr lachen. Dann wären Gottesdienste traurige Veranstaltungen.

Matthias Drobinski, Ritus und Religion, in: SZ vom 05. 04. 2007.

Kaum etwas ist so unangenehm wie Liturgen, die jede Leichtigkeit des Seins für eine Sünde wider den Heiligen Geist halten, die ihre Liturgie mit frommer Verbissenheit durchziehen und ein vergleichbares Verhalten auch von der Gemeinde erwarten.

Statt Störungen gleich als Regelverstöße zu brandmarken, würde ich lieber auf eine wunderbare Eigenschaft des Rituals hinweisen: dass es durch seine vorgegebene Ordnung dem Leben Raum lässt. Als Teilnehmer am Ritual kann ich nie wirklich aus dem Geschehen herausfallen, nur weil einmal ein Kind weint, weil ich an einer Stelle belustigt abschweife oder weil die Gedanken noch ganz benommen sind von der cineastischen Überwältigung des Vorabends. Möglich wird das durch die rituell festliegende Abfolge der Sequenzen und die Bekanntheit vieler Texte. Auf das Kyrie folgt das Gloria – unabhängig davon, ob ich heute in Kyrie-Stimmung bin oder in Gloria-Laune. Das ist beruhigend. Ich kann ins Ritual eintreten mit meinem Leben, wie es gerade ist. Ohne Angst, dadurch etwas vom religiösen Gang der Dinge zu versäumen. Ohne Angst, eine geistreiche Pointe oder eine den Ablauf betreffende Ansage des Liturgen zu überhören. Ohne Angst, durch Unaufmerksamkeit das Thema des heutigen Gottesdienstes zu verfehlen. Ohne Angst, meine unerklärliche Leichtigkeit des Seins an diesem Sonntagmorgen könnte dem Ernst der Liturgie geistlich nicht angemessen sein. Das Ritual, wenn es parataktisch offen bleibt und nicht hypotaktisch auf Linie gebracht wird – ein solches Ritual gibt und lässt dem Leben Raum.

Poesie ohne Zwecke

Manchmal vermindert sich die Differenz zwischen evangelischer Kirche und Telekom auf beunruhigende Weise. Die Telekom äußerte die Absicht, die Funk- und Fernsehtürme, die das Bild von Städten wie Berlin, München oder Stuttgart markant prägen, zu verkaufen, da sie in ihrer ursprünglichen Funktion nicht mehr gebraucht werden.

Der Journalist Gerhard Matzig macht gegen die rein funktionalen Überlegungen der Telekom das ästhetische Argument stark. Dabei avanciert der Pariser Eiffelturm zum Turm der Türme:

Nur den Stürmen des globalistischen Denkens könnten er und alle anderen Türme nun zum Opfer fallen. Weil sie markttechnisch nicht mehr auf der Höhe der Zeit sind – und seien sie noch so himmelhoch erbaut. Der Pariser Eiffelturm, seit

1889 Symbol aller Türme und als Versuchsstation drahtloser Telegraphie so etwas wie der erste Funkturm der Welt, wurde indes nicht errichtet, um besser telefonieren zu können, sondern, in den Worten Gustave Eiffels, „weil wir ihn errichten konnten". Solche Türme dienen nicht den Bilanzen, sondern dem Runtergucken und Angeschautwerden. Und dem Ansehen.

Gerhard Matzig, Das ist die Höhe, in: SZ vom 13. 09. 2007.

Verhält sich Kirche wie die Telekom? Manchmal schon. Beispielsweise wenn der traditionelle Gottesdienst beiseite geschoben wird, weil er seine angebliche Funktion, möglichst viele Menschen in der Kirche zu versammeln, nicht mehr erfülle. Gegenfrage: Ist das wirklich die Funktion von Gottesdienst? Muss er überhaupt, auch wenn die Kirche selbst ihn vorgäbe, zu irgendeinem Zweck funktionieren? Oder feiern wir, frei nach Gustave Eiffel, Gottesdienst, weil wir ihn feiern können?

Wenn der Gottesdienst Weg im Geheimnis ist, dann darf er nicht instrumentalisiert werden. Der Gottesdienst trägt seinen Sinn darin, dass er vollzogen wird: die Salutation als Salutation, das Credo als Credo, der Segen als Segen. Die neuere Einsicht in diese liturgische Grundgegebenheit geht, jedenfalls auf protestantischer Seite, auf Friedrich Schleiermacher zurück. Liturgische Handlungen sind nach Schleiermacher zu beschreiben als „darstellendes" im Unterschied zum „wirksamen Handeln". Dass er darstellendes Handeln sei, habe der Gottesdienst mit den Künsten gemein. Er bringt das religiöse Bewusstsein der versammelten Gläubigen zur Darstellung, hält es in Bewegung („Circulation") und verleiht ihm neuen Schwung. Das ist, wenn man so will, sein einziger „Zweck". Der aber liegt, anders als beim „wirksames Handeln", im Geschehen selbst.

Wenn das so ist, dann sollte der Gottesdienst gegen Instrumentalisierung von außen ebenso in Schutz genommen werden wie gegen eine Instrumentalisierung aus dem Binnenbereich der Kirche. Dafür lässt sich neben der ästhetischen Überlegung ein genuin theologischer Grund angeben: Das Gottesgeheimnis als die bewegende Mitte des liturgischen Geschehens ist inkompatibel mit menschlichen Zielsetzungen und Strategien.

Fulbert Steffensky hat den Gottesdienst ebenso eindringlich wie anschaulich als „Poesie ohne Zwecke" beschrieben. Ein solcher Gottesdienst bewegt sich im Spannungsfeld zwischen Kreation und Tradition, zwischen dem durchgestylten Themagottesdienst und dem verbissen vollzogenen Ritual. Irgendwo zwischen liturgischem Großraumbüro und allzu korrekter Hochkirche siedelt er sich an, der Gottesdienst als Poesie ohne Zwecke. Steffensky erzählt von einem analogen Sachverhalt im Bereich der Schule:

Ich hatte einen Lehrer, der Hölderlin liebte. Er lehrte uns natürlich, dessen Gedichte zu analysieren und diskursiv zu verstehen. Aber manchmal hatte er das, was wir „seine Tage“ nannten. Er sprach uns eines seiner Lieblingsgedichte vor. Er schrieb es Zeile für Zeile an die Tafel. Wir lernten es Zeile für Zeile auswendig. Er verlockte uns dazu, die Lippen zu bewegen, wenn wir es abschrieben. Er summte uns die Skandierungen auf einem Vokal vor. Wir verließen das Unterrichtsgebäude, gingen an einen Fluß und sprachen das Gedicht im Chor. Mit solchen Stunden, und sie waren zum Schrecken der Schulleitung nicht selten, verband dieser Lehrer überhaupt keine Absicht. Sie waren nichts anderes als das öffentliche Eingeständnis seiner Liebe zu Hölderlin. Zu evaluieren und Erfolg zu kontrollieren gab es nach solchen Stunden nicht viel.

Fulbert Steffensky, Feier des Lebens, 1984, 97f.

Lässt man die Analogie zu, dann wäre Gottesdienst ein Kunstwerk, vergleichbar einem Gedicht. Und die Weise, Gottesdienst zu feiern, wäre ähnlich jenem absichtslosen, spielerischem Unterricht durch den Lehrer, der Hölderlin liebte: keine Analyse, kein diskursives Verstehen, sondern einfach in den Text eintreten, sich umsehen, umhören.

Ich komme noch einmal zu Luise Rinser. Für sie liegen Kunstwerk und Spiritualität, die Schönheit eines Textes und seine Wahrnehmung als Gebet aufs engste beieinander:

Er fragte: Was liest du? Ich sagte: Psalmen. Warum liest du sie? fragte er. Weil sie schön sind, antwortete ich. Das ist nicht wahr, sagte er, du liest ja nicht, du betest.

Luise Rinser, Abenteuer der Tugend, 1957, 201.

Gottesdienst feiern – einfach so, wieder und wieder. Weil er hinreißend schön ist und ausreichend fremd. Wegen der Gottessignaturen, die ihm eingeschrieben sind. Wegen der Rituale, die dem Leben Raum geben und Gotteswirklichkeit repräsentieren.

Gottesdienst feiern, weil wir ihn feiern können? Was für Luise Rinser und Gustave Eiffel auf ihren Wegen recht war, kann für den Weg der Kirche im Geheimnis eigentlich nur billig sein.

Lesetipps

Werner Jetter, Symbol und Ritual. Anthropologische Elemente im Gottesdienst [1978], Göttingen ²1986, 87–121 (Der Gottesdienst als Ritual) und 140–199 (Der Gottesdienst als symbolische Kommunikation).

Manfred Josuttis, Der Gottesdienst als Ritual, in: Praktische Theologie [1982], hg. v. Friedrich Wintzer, Neukirchen-Vluyn ⁵1997, 43–57.

Fulbert Steffensky, Gottesdienst. Poesie ohne Zwecke, in: ders., Feier des Lebens. Spiritualität im Alltag [1984], Stuttgart ⁴1988, 91–101.

Von der Predigt zum Wort

Für einen evangelischen Gottesdienst

Bei der Heiligen Schrift schlug das Herz der Reformation. Die Frömmigkeit des Individuums wie der Gottesdienst der Gemeinde entfalteten sich als Weisen des Umgangs mit biblischen Texten. Dabei war die Bibel nicht als historische Urkunde maßgeblich, sondern als Buch gewordene Gestalt des Wortes Gottes. In den Worten, Bildern und Geschichten der Bibel wurde, prinzipiell für alle, das Gottesgeheimnis lesbar. Weltweit wurden wir Evangelischen zur „Kirche des Wortes".

Der evangelische Predigtgottesdienst erwuchs aus der reformatorischen Wortorientierung. Im Mittelpunkt stand das in der Predigt ausgelegte Bibelwort. Das Abendmahl wurde zur besonderen Feier mit eigener Frömmigkeit. Evangelischer Gottesdienst ist, keineswegs nur in der Außenperspektive, noch immer Wortgottesdienst mit der Predigt als Zentrum. Problem: Das biblische Wort verflüchtigt sich in die alles beherrschende Predigt, und unter der antirituellen Widerborstigkeit traditioneller Kanzelrede leidet die eigene Sprache der Liturgie.

Was ansteht, ist der Aufbruch vom Predigtgottesdienst der Tradition zu einem evangelischen Wortgottesdienst, den es noch nicht gab. Die Kirche des Wortes leistet vorerst am besten ihren Beitrag zu einer Liturgie der Kirche, wenn sie ihren Weg endlich konsequent geht: den Weg im Geheimnis des Wortes.

Beobachtungen

Für den evangelischen Predigtgottesdienst …

Fulbert Steffensky, ehemals Katholik, weiß genauer als andere, dass der evangelische Predigtgottesdienst nicht alles ist. Trotzdem findet er sehr freundliche Worte für diese weltweit etablierte Weise, Gottesdienst zu feiern:

Ich kann Gottesdienste gut ertragen, die von der Predigt bestimmt sind. Ich erlebe einfache Gottesdienste mit einfachen Predigten, und ich höre sie gern. Es gibt die ernsthafte Bemühung um die Auslegung eines Textes und um die Auslegung der Kontexte. [...] Ich liebe den guten protestantischen Schwarzbrotgottesdienst, in dem eine Gemeinde konzentriert ist; in dem die Gebete einfach sind, in dem viel gesungen wird und in dem die Pfarrer und Pfarrerinnen nicht mehr sagen, als sie sagen müssen. [...] Es wäre schade, wenn solche Gottesdienste die einzigen wären, aber sie sind schön. Das Wort ist ernst genommen. Wo das Wort und die Auslegung ernst genommen sind, da ist auch die Gemeinde ernst genommen.

Fulbert Steffensky, Schwarzbrot-Spiritualität, 2005, 84f.

Bibelwort und Predigt, Gebete und Lieder – der evangelische Predigtgottesdienst kann ernsthaft sein, schlicht und von eigener Schönheit.

... und gegen protestantische Geschwätzigkeit

Derselbe Steffensky, der dem schlichten Predigtgottesdienst Respekt zollt, beklagt, was ihm bei fehlender Schlichtheit auf die Nerven geht:

Woran aber leide ich in evangelischen Gottesdiensten und bei ihren Predigten? [...] Das erste [Leiden] ist das der Predigthäufung. Die Pfarrer predigen nicht nur auf der Kanzel. Sie begrüßen und hängen an ihre bescheidenen Sonntagsscherze noch eine kleine Besinnung. Sie verabschieden wortreich und oft banal. Sie haben eine Taufe, und es gibt eine neue Predigt. Es mag sein, dass es bei den Gemeinden gut ankommt, wenn der Gottesdienst auf diese Weise familiarisiert und verplappert wird. Aber das Schweigen geht verloren. Es wird erstickt unter dem Müll des Dahergesagten. Es geht das verloren, was zum Wesen eines Gottesdienstes gehört: die Anbetung.

Fulbert Steffensky, Schwarzbrot-Spiritualität, 2005, 85f.

Die Worte der Predigt und predigtähnliche Worte haben die Tendenz, das Gotteswort zu überlagern. Steffensky benennt, was allein die Pastorenworte in Grenzen halten und ausbalancieren könnte: Anbetung als gottesdienstliche Grundhaltung.

Abendmahl im Abseits

Der Predigtgottesdienst dominiert die Vorstellungen von Gemeinde und Personal so sehr, dass das Abendmahl in der Regel zum Appendix wird. Ein Gottesdienstbesucher berichtet:

Universitätsgottesdienst am Sonntagmorgen, 10 Uhr. Feierliche Musik. Eine lange Begrüßung führt ein ins Thema. Es geht, im Jubiläumsjahr 2007 nicht verwunderlich, um Paul Gerhardt. Die Gemeinde singt Choräle des lutherischen Dichters und Theologen, teilweise auf unbekannte, alte Melodien. Dann beginnt die Predigt. Und hört so schnell nicht auf. Auf dem Hintergrund der Zeitgeschichte wird ein Choral Paul Gerhardts gedeutet und theologisch entfaltet, mehrfach unterbrechen Musik und gemeinsamer Gesang die Predigtgedanken.

11 Uhr. Die Predigt ist noch immer nicht zu Ende. Nicht wenige Besucher haben schon mal verstohlen oder demonstrativ auf die Uhr gesehen. Noch acht Minuten, dann, für viele erlösend, das Amen. Ein Blick ins ausgeteilte Programmheft zeigt: Jetzt wird noch Abendmahl gefeiert. Wunderschön stimmt der Liturg die Präfation an, kräftig respondiert die Orgel. Aber die Gemeinde wirkt erschlafft. Immer wieder hört man das Schlagen der Kirchentür. Nicht wenige verlassen nach 75 Minuten den Gottesdienst: ohne die Gemeinschaft am Tisch des Herrn und ohne Segen.

Allein schon zeitlich wurde das Abendmahl ins Abseits gepredigt. Niemand kann erwarten, dass eine Gemeinde nach 75 Minuten thematisch ausgerichteter Präsentation den Sprung in die eucharistische Feier schafft. Diejenigen, die gingen, haben die Logik der Dramaturgie möglicherweise besser begriffen als diejenigen, die dem überaus protestantischen Predigtgottesdienst zu Paul Gerhardt auch noch ein Abendmahl in die Fußnoten schrieben.

Wort ohne Predigt

Oft bekommt das Wort der Bibel nicht die Chance, dass es ohne Auslegung durch den Pastor verkündigen kann. Dazu eine historische Reminiszenz. Wilhelm Stählin berichtet aus seiner Vikarszeit in Nürnberg-Steinbühl (1906–1909):

Einmal hatte ich die Beerdigung eines Selbstmörders zu halten. Es war ein höchst unerfreulicher Fall eines betrügerischen Bankrotts, und eine große Volksmenge erwartete eine Sensation. Ich bin nachher von vielen Leuten auf meine Grabrede angesprochen worden, die allgemein einen tiefen Eindruck gemacht hatte; ich hatte aber überhaupt keine Rede gehalten, sondern nur den 130. Psalm – allerdings auswendig! – gebetet.

Wilhelm Stählin, Via Vitae, 1968, 79f.

„Aus der Tiefe rufe ich, Herr, zu dir … Denn bei dem Herrn ist die Gnade und viel Erlösung bei ihm“ (Ps 130,1.7): Worte aus der Bibel statt einer kasus- und hörergerechten Predigt!

Im Anfang Worte

Liturgisch setzen die ersten Worte Zeichen für das, was kommt im weiten Wort-Feld zwischen Pastorenrede und Gotteswort. Aber nicht jedem Anfang wohnt ein Zauber inne:

Sonntagmorgen in der evangelischen Hauptkirche einer Großstadt. Stolzes Aufgebot an Mitwirkenden. Die Orgel hebt an, steigert sich zu brausendem Jubel. Einzug der Akteure. Stille. Jetzt muss etwas kommen, was den hoch gestimmten Ton aufnimmt. Richtig, der Pfarrer geht, am Lesepult vorbei, zum Altar. Das Faltblatt lässt den liturgischen Beginn „Im Namen des Vaters …“ erwarten.

„Seien Sie herzlich begrüßt am ersten Sonntag nach Trinitatis, hier im Dom. Übrigens – wussten Sie schon? Wussten Sie schon, dass das, was Sie heute Morgen tun, unmittelbar Ihrer Gesundheit zugute kommt?“ Es folgen, gestützt auf neueste Untersuchungen, Ausführungen über die therapeutischen Wirkungen der Religionsausübung. Etwa dass gläubige Christen viel rascher von Operationen genesen würden als andere. Recht unvermittelt dann die Modulation ins Ethischsoziale: Etwas bessere Menschen seien wir Christen schon, weil wir doch etwas besser als andere Bescheid wüssten über das, was Menschen eint und was sie trennt. Und dann die kabarettistisch gelungene, aber liturgisch traurige Pointe: „*Dazu* sind wir zusammengekommen im Namen des Vaters …“

Die besorgte Frage eines erwartungsvollen Besuchers: Wenn schon am Anfang so viele Worte gemacht werden, wie kann da der Gottesdienst noch zum Weg werden in dem Wort, das im Anfang war?

Meinungen

Sakrament des Wortes

Wo im Katholizismus das Sakrament seinen Ort hat, wird bei den Evangelischen gepredigt. Diesen Zusammenhang hat einst Karl Barth mit wünschenswerter Klarheit zur Sprache gebracht. Ganz so kategorisch muss man die Realität heute nicht mehr beschreiben. Aber Barths Formulierungen erklären noch immer, warum die Evangelischen die Predigt so über alles hoch halten:

Die Reformation hat es gewagt, das Verhältnis von *Sakrament* und *Predigt* umzukehren. Genau auf dem Höhepunkt des christlichen Gottesdienstes, auf dem in der katholischen Kirche die eucharistische Wandlung vollzogen wird, wird im Protestantismus *gepredigt*. Genau den ernsten beziehungsvollen, aber gegenüber dem eigentlichen kirchlichen Zentrum dogmatisch und kultisch unverkennbar nur supplementären Charakter, den dort die Predigt hat, haben bei uns die *Sakramente*.

Barth spricht dann vom Wagnis menschlicher Rede von Gott:

Und die protestantische Kirche wagt es – wahrhaftig das Mysterium ist zum mindesten nicht kleiner als das der eucharistischen Wandlung – dieses Paradox in das kirchliche Zentrum zu rücken.

Karl Barth, Menschenwort und Gotteswort in der christlichen Predigt, 1925, 96 u. 97.

„Mysterium" der Predigt – ein evangelischer Weg im „Geheimnis" kann sich auf Karl Barth berufen.

Wort und Sakrament

Wilhelm Stählin vertritt sehr bestimmt die Ansicht, der Protestantismus habe die Doppelformel von „Wort und Sakrament" stets beschwörend wiederholt, ohne ihr theologisch und liturgisch gerecht zu werden:

> Wir sind von der Reformation her gewohnt, „Wort" und „Sakrament" als die beiden Grundformen alles Gottesdienstes anzusehen, als die beiden Elemente, die nicht willkürlich gewählt und einander zugeordnet, sondern als Gabe und Aufgabe von Gott der Kirche auf ihren Weg mitgegeben sind. Doch ist es bis heute in der protestantischen Theologie nicht gelungen, das Verhältnis dieser beiden Größen „Wort und Sakrament" recht zu bestimmen, und es ist immer wieder der Versuch gemacht worden, eines auf das andere zurückzuführen und das Wort vom Sakrament her oder (das war freilich viel häufiger der Fall) das Sakrament vom Wort her zu verstehen. Diese Schwierigkeit hat ihre tiefste Wurzel darin, daß dieses so selbstverständlich gebrauchte Wortpaar „Wort und Sakrament" mehr einer fragwürdigen kirchlichen Tradition als der Heiligen Schrift entstammt.
>
> *Wilhelm Stählin, Mysterium, 1970, 115.*

Stählin markiert nicht nur einen fragwürdigen Sprachgebrauch, sondern weist zugleich auf die bis heute währende Schwierigkeit vieler Protestanten hin, das Abendmahl als eigene und unverzichtbare Weise der Gottespräsenz neben dem Wort zu würdigen.

Sakrament und Wort

Nach Peter Brunner, der dem lutherischen Agendenwerk der 1950er Jahre die Theologie mitgegeben hatte, kommt das Wort ausschließlich in seiner inneren Ausrichtung auf das Sakrament zu seiner eigentlichen Würde. Wo diese Ausrichtung nicht gegeben ist, drohen Defizite:

> Dieses Mißverständnis des Gottesdienstes als Fortsetzung der missionierenden Tätigkeit der Kirche muß sich mit einer gewissen zwangsläufigen Notwendigkeit einstellen, solange wir dieses rettende Wort in Isolierung vom heiligen Abendmahl ins Auge fassen. [...] Der selbständige Predigtgottesdienst, der seine verborgene Beziehung auf den Abendmahlsgottesdienst verliert, kann vor einer Rationalisierung seines Inhaltes und seiner Form kaum geschützt werden.
>
> *Peter Brunner, Zur Lehre vom Gottesdienst, 1954, 184f.*

Peter Brunner ist verlässlich klar: An der eucharistischen Feier lernen wir, was Gottesdienst ist; das Sakrament schützt den Gottesdienst vor Instrumentalisierung und Rationalisierung.

Rede ohne rituellen Rest

Jan Assmann entwirft aus der Beobachtung protestantischer Religionskultur eine Skizze des Predigers:

> Das Christentum, und insbesondere der Protestantismus, hat auch noch diese Reste des Rituellen abgestreift. Der Ausleger oder Prediger qualifiziert sich für sein Amt durch die Kenntnis der Schriften. Er versteht sie zu lesen und vorzulesen, er kann sie auswendig und weiß eine Stelle durch andere zu beleuchten, er versteht sie vor allem in die Lebenswirklichkeit einer jeweiligen Gegenwart zu übersetzen. Hier gibt es keine unmittelbare Interaktion mit der Natur. Das Gelingen seiner Amtsausübung bemißt sich am Grad der Beherzigung seiner Predigt, d. h. der Umsetzung von Text in Lebenspraxis.
>
> *Jan Assmann, Religion und kulturelles Gedächtnis, 2000, 154.*

Die Skizze geht davon aus, dass protestantische Kanzelrede ohne irgendwelche „Reste des Rituellen“ auskomme. Dann allerdings wäre sie ein Fremdkörper innerhalb der symbolisch-rituellen Sprache der Liturgie.

Vollgültige Liturgie

Der evangelische Schwerpunkt auf dem Wort hat sein Recht. Gottesdienst ohne Abendmahl avancierte seit der Reformation zum vollgültigen Gottesdienst. Das gilt insbesondere für die reformierte Tradition:

> Der reformierte Gottesdienst ohne Abendmahl, verbindliche Agende und Perikopenordnung, wie er in den Deutschschweizer reformierten Kirchen gefeiert wird, stellt keine liturgische Verfallsform dar, sondern ist eine vollgültige Liturgie. Diese soll nicht gegen die Messform oder andere Formen ausgespielt werden, sondern es gilt zu zeigen, welche Potenziale einer solchen Liturgie zukommen. Diese sind vor allem von der typisch reformierten Konzentration auf Bibeltexte her zu erschließen. Reformierte Gottesdienste sind als Inszenierungen biblischer Texte zu konzipieren.
>
> *David Plüss, Gottesdienst als Textinszenierung, 2007, 322.*

Im zentralen Punkt ist dem reformierten Liturgiker auch von lutherischer Seite zuzustimmen: Evangelischer Predigtgottesdienst ist keine Schrumpf- oder Verfallsform, sondern der genuine Beitrag der Reformation zur Gottesdienstkultur der Christenheit.

Skizzen

- Die Predigt und das Wort
- Gottesdienstkultur evangelisch
- Wort mit Sakrament
- Beim Wort genommen
- Ritual ohne Tempel
- Liturgie und Bibel
- Reden im Ritual

Die Predigt und das Wort

Man sagt, die Reformation habe das Wort zum Mittelpunkt des Gottesdienstes gemacht. Es ist gut, dass man das so sagen kann. Gleichwohl bleibt die Geschichte, wie das Wort zum Leitfaden der Liturgie wurde, ambivalent. Dieser Ambivalenz ist nachzugehen, wenn denn die Fallen der Vergangenheit nicht auch die Fallen der Zukunft sein sollen.

Bei der Suche nach einem evangelischen Gottesdienst der Zukunft hilft der Rekurs auf die liturgischen Schriften der Reformatoren nur bedingt weiter. Die Reformation war keine liturgische Reformbewegung:

Die Neuordnung des Gottesdienstes im Raum der lutherischen Kirche hat liturgisch keinen schöpferischen Neuansatz gebracht.

Rudolf Stählin, Die Geschichte des christlichen Gottesdienstes, 1954, 54.

Man hat Missstände beseitigt, die alte Ordnung modifiziert, neue Ordnungen entworfen, hat Akzente gesetzt, die auch ökumenisch nicht mehr übergangen werden konnten. Aber im Grunde entsprach dem theologischen kein liturgischer Aufbruch. An die Quellen der liturgischen Tradition jedenfalls ging man nicht:

Der Anschluß an die liturgische Ordnung der Alten Kirche, über die Fehlentwicklungen des Mittelalters hinweg, ist [...] nicht hergestellt worden.

Friedrich Kalb, Grundriß der Liturgik, 1965, 34.

Die biblischen Texte, die man bemühte, eigneten sich wohl für eine theologische Kritik am überkommenen Gottesdienst, nicht aber, wie sich zeigen sollte, als göttliche Baupläne für Liturgie.

Die Schweizer Reformation verfuhr einigermaßen radikal und kultivierte den Predigtgottesdienst reformierter Prägung. Für die lutherische Seite bedeutete die liturgische Tradition ein Stück gesamtkirchlicher Heimat, das man nicht mutwillig aufgeben wollte. Sie diente als Zeichenvorrat, aus dem man sich situationsbezogen nach dem Kriterium der Biblizität bediente. Insgesamt lag es nicht im Horizont der Reformatoren, mit einem Rückgang auf die relevanten Quellen einer Liturgie der Kirche neu auf die Spur zu kommen. Den ruhigen Atem, um in großen geschichtlichen Bögen und konfessionell zunehmend unpolemisch über den Gottesdienst der Kirche nachzudenken, fand man erst wesentlich später, etwa in Forschungen des 19. Jahrhunderts, in den liturgischen Bewegungen des 20. Jahrhunderts oder in den Bemühungen um das lutherische Agendenwerk der 1950er Jahre.

Wenn die Reformation auch keine liturgische Bewegung war, so glückten ihr doch wegweisende Reformen. Karl-Heinrich Bieritz verwies auf die veränderte gottesdienstliche Kommunikation:

> Ihr [= der Reformation] Erfolg hing nicht zuletzt damit zusammen, dass es ihr gelang, Formen gottesdienstlicher Kommunikation zu entwickeln, die dem gewandelten psychosozialen Horizont der Zeitgenossen gemäß und in der Lage waren, diesen Wandel entscheidend zu befördern.
>
> *Karl-Heinrich Bieritz, Liturgik, 2004, 446.*

Was die gottesdienstliche Kommunikation so entscheidend befördert hat, war zusammen mit dem aktiven Part, den jetzt die Gemeinde übernahm, der entschlossene Akzent auf den wortsprachlichen Vollzügen im Gottesdienst. Die Muttersprache als Sprache der Liturgie war die Option der Zukunft. Selbst die Gesänge waren jetzt mit deutschem Text unterlegt und konnten intensiv mitvollzogen werden. An den vormals stillen Gebeten des Klerus war nunmehr die Gemeinde beteiligt. Vor allem aber war es die Zentralstellung der Predigt, die dem evangelischen Gottesdienst maßgeblich Profil gab.

Mit alledem war die Reformation bei ihrer Sache. Die Überzeugung, dass Gottes Offenbarung worthafte Züge trägt und dass der Mensch als Person von der Offenbarung wesentlich durch das Wort erreicht werde, motivierte auch die reformatorische Liturgik. Greifbar wurde die Worthaftigkeit der Offenbarung maßgeblich im Buch der Bibel. Das ist zwar nicht identisch mit dem Wort Gottes, das „im Anfang“ (Joh 1,1) war und Mensch wurde. Aber genau dieses Wort wird in den Worten, Bildern und Geschichten der Bibel sozusagen lesbar. Es macht die bewegende Mitte des Geheimnisses aus, das auf dem gottesdienstlichen „Weg im Geheimnis“ begangen wird.

Mit ihren Neuerungen setzte die Reformation Wegmarken für eine moderne Weise gottesdienstlicher Kommunikation. Längst hat auch die katholische Kirche den Ball aufgenommen und im Zweiten Vatikanischen Konzil gerade den Wortteil der Messe entscheidend reformiert. Die Reformatoren hätten sich vermutlich gefreut, wie ihre Impulse – reichlich spät, dann aber entschlossen – aufgenommen und für eine Liturgie der Kirche entfaltet wurden.

Insgesamt freilich erwies sich der reformatorische Akzent auf „dem Wort“ als ambivalent. Der Konnex zwischen den Worten, die wir machen, und dem Wort, durch das wir ins Leben gerufen sind, wurde undeutlich. Die Worte verselbständigten sich gegenüber dem Wort. Das wird am deutlichsten greifbar in der Predigt als dem herausragenden Merkmal evangelischer Wortorientierung.

Einerseits führte die reformatorische Predigt mit ihren Worten ins Wort. Die reformatorische Predigt schloss die Bibel auf, machte Menschen in den Worten, Bildern und Geschichten der Bibel heimisch und bereitete den Boden für eine evangelische Gotteserfahrung im Wort. Die vielfältigen Formen von Bibelfrömmigkeit, die der Protestantismus entwickelte, müssen auch im Zusammenhang mit der Praxis evangelischer Predigt gesehen werden. Greifbar wird dieser Zusammenhang etwa bei Luther selbst, wenn er mit dem Begriff der *meditatio* sowohl die Bibelfrömmigkeit des Einzelnen wie die öffentliche Predigt repräsentiert sieht.

Andererseits aber führte die Predigt auch vom Wort weg. So sehr sie sich als Auslegung der biblischen Texte gab, so sehr drohte die pastorale Kanzelsprache allein schon durch die Länge der Rede und die Vielzahl der Worte das Wort zu ersticken, das sie eigentlich groß machen wollte. Nicht nur die biblische Textvorgabe verflüchtigte sich in die pastoralen Aktualisierungen auf der Kanzel. Auch die übrige Liturgie mit ihren durchgängig intensiven biblischen Bezügen konnte im Schatten des Kanzelgeschehens nicht mehr den Atem finden, den sie gebraucht hätte. Die gesamte Liturgie als Weg im Geheimnis des Gottesworts? Dieser Weg, wenn er denn im Blick gewesen sein sollte, wurde durch die zunehmende Dominanz der Predigt massiv beeinträchtigt oder gar blockiert.

Inzwischen ist es gar nicht mehr so sehr die Predigt allein, die den Weg im Geheimnis des Wortes so erschwert. Es ist ganz generell die Dominanz pastoraler Worte, die zunehmend Hürden errichtet. Über den ganzen Gottesdienstverlauf können sich die modernen Mutationen reformatorischer Wortorientierung ausbreiten. Der Bogen spannt sich vom Smalltalk schon bei der Begrüßung (geläufige Variante) bis zur diskursiven Erklärung des Rituals (seriöse Variante). Pastorale Worte dieser Art nehmen der eigenen Sprache von Liturgie mehr den Atem, als es die herkömmliche Kanzelrede je getan hat.

Reformatorische Wortorientierung war so nicht gedacht. Sie hätte prinzipiell befördern können, was es bis heute nicht verlässlich gibt: einen evangelischen Gottesdienst als Weg im Geheimnis des Gottesworts. Mit einer Predigt, die sich einfügt. Mit einer Liturgie, die ihre eigene Sprache sprechen darf. Und mit einer Gemeinde, die zusammen mit dem liturgischen Personal einen kategorial anderen Ton anstimmt als den von Diskurs oder Smalltalk.

Faktisch freilich hatten die Reformatoren andere Sorgen. Man behandelte die Gestalt des Gottesdienstes als Adiaphoron und pflegte den antirömischen Affekt. Luthers beiläufige Torgauer Formel avancierte mit der Zeit zum Kernsatz evangelischer Liturgik. Die Gebrauchsspuren sind zu besichtigen. Die Formel von Wort und Antwort erlitt ein ähnliches Schicksal wie Luthers Konzeption vom schöpferischen Gotteswort: Aus dem Gottesdienst als einem zwischen Himmel und Erde dialogisch bewegten Geschehen im Machtfeld des Heiligen Geistes wurde ein von Pastoren dominierter Wortwechsel.

Gottesdienstkultur evangelisch

Der Prozess um die Erneuerte Agende führte 1999 zum „Evangelischen Gottesdienstbuch“ der Vereinigten Evangelisch-Lutherischen Kirche Deutschlands (VELKD) und der Evangelischen Kirche der Union (EKU). Das EGB versuchte eine Bestandsaufnahme evangelischer Gottesdiensttradition. Auf formaler Ebene ist das auch gelungen. Die gottesdienstlichen Grundformen I und II repräsentieren den weiten liturgischen Spannungsbogen von der lutherischen Messform als dem einen bis zum Predigtgottesdienst südwestdeutscher Prägung als dem anderen Pol.

Die ursprüngliche Absicht, der gottesdienstlichen Vielfalt im deutschen Protestantismus erkennbar Struktur einzuzeichnen und ihr so wenigstens lockeren Anhalt an der liturgischen Tradition zu verleihen, muss man als gescheitert beurteilen. Es haben sich inzwischen so viele gottesdienstliche Experimente etabliert, die mit Grundform I oder II nichts zu tun haben oder auch gar nichts zu tun haben wollen, die aber längst das gottesdienstliche Profil des Protestantismus mitbestimmen. Und das keineswegs nur zu seinem Nachteil. Die deutschsprachigen Protestanten aber auf Grundform I oder II samt Zwischenformen einzuschwören, sie gar dafür zu begeistern – das ist nicht gelungen. Ein Grund dafür ist, dass Begriff und Konzept der „Struktur“ zu schwach waren, um auch an den Rändern oder gar jenseits der Agende Prägekraft zu entfalten.

Trotzdem will ich das Evangelische Gottesdienstbuch und damit die offiziell weithin gültige Agende erneut ins Spiel bringen. Dabei beziehe ich mich noch einmal auf die Grundformen I und II. Sie stehen für das, was sich im Protestantismus an liturgischer Tradition etabliert hat und wovon ich sage, dass es längst zur Gottesdienstkultur der Kirche gehöre. Es bildeten sich im Protestantismus Liturgietypen heraus, die Bestand haben. Sie können nicht nur die pure Faktizität oder eine lange Tradition, sondern darüber hinaus auch gute theologische Gründe für ihre Existenz geltend machen. Wenn es nicht so museal und nach UNESCO klänge, könnte man sagen, der Prozess, der zum Evangelischen Gottesdienstbuch führte, habe den evangelischen Gottesdienst in seiner traditionellen Spannweite auch als Kulturgut neu in den Blick gerückt.

Mit dem Evangelischen Gottesdienstbuch wurde eine beachtliche Bestandsaufnahme erarbeitet. Aber es hat samt Vorlauf im Prozess der Erneuerten Agende nicht vermocht, einem liturgischen Aufbruch den Weg zu bereiten. Dabei standen die Chancen gut. Die Praktische Theologie hatte seit den 1980er Jahren die Liturgik für sich entdeckt und unter ästhetischem Vorzeichen weiterentwickelt, das neue Gesangbuch versprach frischen Wind für die Kirchenmusik, gesamtgesellschaftlich wurde der Kult der Kirche als Element von Kultur wahrgenommen. Warum schafften wir Evangelischen nicht, was sich so vielfältig abzeichnete: einen liturgischen Aufbruch?

Ein Grund war vermutlich der, dass die kirchliche Diplomatie ein Ziel hatte, das sie mit gleichsam agendarischer Konsequenz verfolgte: die formalliturgische Einheit des deutschsprachigen Protestantismus. Was evangelischer Gottesdienst sei oder sein könne, wurde kaum gefragt. Das hätte, so die Befürchtung, nur alte Kontroversen belebt. Wenn erst das formale Dach stehe, würden sich die zerstreuten Protestanten schon sammeln, würden sich die verschiedenen gottesdienstlichen Spiritualitäten schiedlich und friedlich in dem Neubau mit klassischer Architektur einrichten, und selbst wilde Experimente würden sich bereitwillig ihr Eckchen suchen.

Theologische Einsprüche wie der von Manfred Josuttis verhallten ungehört. Man muss Josuttis' eigene liturgische Wegführung in „das Heilige" nicht unbedingt nachvollziehen, um seine grundlegenden Anfragen für wichtig zu halten:

> Natürlich ist die heile Welt kultischer Naivität für uns längst vorbei. […] Aber die Frage an das religiöse Bewußtsein bleibt: Kann man Gott verehren in einem Gottesdienst, der von Menschen gemacht ist? Kann man Gottesdienst feiern nach der Maxime: „Es geht auch anders, aber so geht es auch"?
>
> […]
>
> Ein Gottesdienst, der nicht mehr den Anspruch erhebt, sein Vollzug sei in Inhalt und Form lebensnotwendig, muß nicht mehr vollzogen werden.
>
> […]
>
> Man rechnet unbefangen damit, daß das Evangelium auf jeden Fall zur Verfügung steht und daß man sich im politischen Alltag wie im gottesdienstlichen Ablauf einfach darunter versammeln kann.
>
> *Manfred Josuttis, Die Erneuerte Agende und die agendarische Erneuerung, 1991, 510, 511 u. 511f.*

Das sind nicht alle, aber doch drei wichtige theologische Fragen: die fundamentaltheologische Frage nach der Bedeutung von Tradition, die ästhetische Frage nach der Gewichtung der Form und die hermeneutische Frage nach dem Verständnis von Gottes Wort. Alle drei Fragen wurden, als man eine neue oder wenigstens erneuerte Agende schmiedete, so gut wie nicht diskutiert. Die Kirche war daran aus kirchenpolitischen Gründen nicht interessiert, und die Praktische Theologie ging, aufs Ganze gesehen, kulturhermeneutisch oder funktionstheoretisch darüber hinweg. Die genuin theologische Frage, was denn evangelischer Gottesdienst sei, wurde nicht gestellt oder gar beantwortet.

In dieser Situation plädiere ich dafür, auf der Basis des Evangelischen Gottesdienstbuchs den Aufbruch zu einer Liturgie der Kirche zu wagen – diesmal freilich theologisch.

Wort mit Sakrament

Wort und Sakrament – zwei Begriffe, stets in einem lutherischen Atemzug genannt, so oft wiederholt und mit Inbrunst beschworen, dass man sie für Zwillinge halten konnte. Dabei ist die innige Verbindung der beiden Größen keineswegs so selbstverständlich. Es herrscht, im Gegenteil, breite Unklarheit über die genaue Zuordnung, theologisch wie liturgisch. Die gottesdienstliche Praxis im Lande macht die konzeptionelle Unklarheit manifest.

Das gilt für die Häufigkeit, mit der überhaupt das Abendmahl gefeiert wird. Da hat man mit der Quote 3:1 (Predigt- : Sakramentsgottesdienst) die Unklarheit nicht wirklich beseitigt. Letztlich sind alle Versuche, den Gottesdienst mit Abendmahl als Regelgottesdienst zu etablieren, gescheitert. Zwar feiern inzwischen die meisten lutherischen Gemeinden an einem Sonntag im Monat und an hohen Feiertagen das Abendmahl als integralen Teil der Liturgie. Aber im Bewusstsein der Evangelischen gilt mehrheitlich noch immer die Predigt als Inbegriff evangelischen Gottesdienstes.

Das gilt auch für die Gestaltung von so genannten Sakramentsgottesdiensten. Deutlich heben sich darin zwei sehr verschieden geartete Teile aus dem Gesamtgeschehen ab. Sie entsprechen den zwei Polen, durch die der evangelische Gottesdienst (lutherischer Prägung) theologisch bestimmt wird. Confessio Augustana VII kennzeichnet den Gottesdienst als die Versammlung der Gemeinde um die beiden Pole von Predigtwort und Sakrament. So richtig an der Formel ist, dass sie Predigt und Abendmahl, Wort und Sakrament einander gleichgewichtig zuordnet, so wenig eignet sie sich als Maxime konkreter Gestaltung. Jedenfalls ist das praktische Problem einer stimmigen Zuordnung von Predigt und Eucharistie landauf landab ungelöst. Allein die bloße Länge evangelischer Kanzelrede führt dazu, dass das Herrenmahl wieder und wieder ins Abseits gepredigt wird und als Appendix zum eigentlichen Gottesdienst erscheint. Wie schon der Name sagt: „Gottesdienst *mit* Abendmahl". Allemal würde die Formel „Wort *mit* Sakrament" die Realität besser beschreiben als die geläufige Zwillingsformel.

Der Befund ist nicht ermutigend. Auf der einen Seite steht die protestantische Normalpraxis, die selbstverständlich von der Predigt als Höhepunkt ausgeht. Auf der anderen Seite kann die biblisch-ökumenische Einsicht in die zentrale Bedeutung des Herrenmahls inzwischen auf breite Zustimmung zählen. Irgendwo dazwischen torkelt unsere gottesdienstliche Praxis. Der evangelische Gottesdienst steckt, ungeachtet der liturgischen Erneuerungen im 20. Jahrhundert, noch immer im Zwiespalt zwischen Wort und Sakrament.

Was wie eine bloße Gestaltungsfrage aussehen mag, reicht tiefer. Karl-Heinrich Bieritz hat das Problem mit hinreichender Klarheit diagnostiziert: Wer „das Wort" zur beherrschenden Meta-Regel, zum ausschlaggebenden Kriterium des gesamten Gottesdienstes mache, brauche sich nicht wundern, wenn die Leute nach der Predigt die Kirche verlassen. Das ist heute da und dort noch ein Problem. Aber das war es schon in Luthers Wittenberg. Georg Musculus, der dort am 28. Mai 1536 einen Gottesdienst besuchte, wunderte sich, dass der größte Teil der Gemeindeglieder nach der Predigt aus der Kirche ging. Bieritz beruft sich auf jenen frühen Gottesdienstbesucher und formuliert als liturgische Einsicht:

> Jenes Vorzeichen vor der Klammer, jene Meta-Regel gottesdienstlicher Kommunikation hat zur Folge, daß das Sakrament zu einem redundanten, das heißt, unter informativem Aspekt überflüssigen Element im gottesdienstlichen Zeichenprozeß wird. Das Abendmahl bietet nichts Neues mehr; was zu zeigen und zu hören war, haben andere Gestalten von *gottis wort* bereits hinlänglich übermittelt.
>
> *Karl-Heinrich Bieritz, Daß das Wort im Schwang gehe, 1985, 93.*

Solange weder theologisch noch spirituell geklärt ist und katechetisch nicht klar gesagt werden kann, was der Eigenwert des Sakraments gegenüber dem Wort ist, gibt es in dem spannungsvollen Miteinander von Wort und Sakrament stets den einen, den lachenden Dritten, der die Nase vorn hat: die pastoralen Worte.

Beim Wort genommen

In dieser Situation schlage ich vor, die regelmäßig punktuelle, routinemäßig misslingende Einbeziehung des Abendmahls nicht weiter zu verfolgen. Zunächst jedenfalls. Zunächst sollten wir uns ums Ureigene kümmern. Eine evangelische Kirche, die man nicht beim Wort nehmen kann, darf eigentlich beim Sakrament nicht mitsprechen. Ich plädiere dafür, den Predigtgottesdienst als protestantischen Beitrag zu einer Liturgie der Kirche zu werten, ihn sorgsam zu reformieren und ökumenisch selbstbewusst als „vollgültige Liturgie" (David Plüss) zu präsentieren.

Nach Lage der Dinge begegnet der Predigtgottesdienst in zwei Formen: als originärer Predigtgottesdienst und als die um den Sakramentsteil verminderte lutherische Messe. Bei letzterer handelt es sich um eine Mischform: nicht Predigtgottesdienst, nicht Messe, sondern eine Melange aus beidem. Als solche aber hat diese Form in der lutherischen Gottesdienstkultur so kräftige Wurzeln geschlagen, dass es unsinnig wäre, sie vorschnell einem liturgischen Reinheitsgebot zu opfern.

Mein Votum zugunsten des evangelischen Predigtgottesdienstes bedeutet jedoch nicht einfach „Weiter so!" Im Gegenteil. Was ansteht, ist ein veritabler Aufbruch: vom Predigtgottesdienst der Tradition zu einem evangelischen Wortgottesdienst, den es noch nicht gab. Es wird daher in den folgenden Kapiteln noch einiges zu bemerken geben, wie das Wort, etwa als gesungenes oder gelesenes Bibelwort, liturgisch Gestalt gewinnen kann. Hier will ich der im Entstehen begriffenen Skizze nur ein paar Striche einzeichnen, die fürs Ganze unerlässlich sind.

Der evangelische Wortgottesdienst der Zukunft ist Weg im Geheimnis des Wortes. „Wort" macht wesentlich die Signatur des Gottesgeheimnisses aus. Ein Missverständnis ist auszuschließen: als ob „Wort" einfach mit „Kommunikation" zu übersetzen sei. Wenn wir gottesdienstlich im „Geheimnis des Wortes" unterwegs sind, dann ist „Wort" eine Bezeichnung für die Gotteswirklichkeit, das Gottesgeheimnis. Es ist das Wort, das im Anfang war (Joh 1,1 f.). Gottes Schöpferwort und menschliche Kommunikation sind aufeinander bezogen, aber nicht identisch. Die liturgische Regel, die sich aus dieser Dialektik ableiten lässt: Sorge dafür, dass die menschlichen Worte in ihrer Relation zum göttlichen Wort kenntlich bleiben!

Ich verweise auf drei Implikationen dieser Grundregel:

(1) Es geht um *Wirklichkeit im Wort.* „Wort" steht für eine Wirklichkeit, in der man sich bewegt, nicht für ein Thema, das man erörtert. Der künftige evangelische Weg im Geheimnis kann nicht länger aus Worten über das Wort bestehen, sondern aus worthaften Vollzügen in und mit dem Wort. Oder, wie ich es im Kontext von Homiletik gerne mit kapriziöser Binneninitale sage: Es geht um RedenIn, nicht um RedenÜber.

Ein Pastor hielt sein pfingstliches Sündenbekenntnis (Confiteor) oder Vorbereitungsgebet für so gut, dass er es zur Publikation einsandte:

> „In den entscheidenden Augenblicken unseres Lebens kommt es darauf an, dass wir Geistesgegenwart bewahren.
>
> Um zur richtigen Zeit richtig zu reagieren, das treffende Wort zu finden und das Notwendige zu tun, müssen wir ganz da sein.
>
> Gott hat uns versprochen, mit seinem Geist unter uns gegenwärtig zu sein.
>
> Das kann er nur, wenn wir für ihn offen sind.
>
> Leider müssen wir zugeben, dass wir uns nicht immer von Gottes Geist leiten lassen. [...]
>
> Darum wenden wir uns an Gott und bitten um seine Vergebung."

Das ist nicht Reden *im* Heiligen Geist, sondern theologische Reflexion *über* den Heiligen Geist. Das ist nicht der Gestus des Menschen vor Gott, sondern der Gestus des Redners vor seinen Zuhörern. Allein schon die logisch verknüpfenden Konjunktionen (um, wenn) weisen auf das rhetorische Genre. Hier spricht sich nicht der Mensch mit allem, was ihn belastet, vorsichtig in die Gotteswirklichkeit hinein, sondern hier hält ein Liturg seiner Gemeinde eine Kurzpredigt zum Verhältnis von Pneumatologie und Ethik. Eine Kurzpredigt im Übrigen mit der typisch protestantischen Annullierung des *sola gratia*: Der Geist könne, so wird behauptet, nur dann unter uns gegenwärtig sein, „*wenn* wir für ihn offen sind".

(2) Es geht um *Legitimation durch das Wort*. Die Frage, die Liturginnen und Liturgen heftiger als üblich bedrängen sollte, lautet: Wie können wir, unterwegs im Geheimnis des Wortes, überhaupt eigene Worte wagen? Antwort: Wir sprechen uns in Gottes Wort hinein mit den Worten, Bildern und Geschichten der Bibel. Diese werden von der Kirche als Kanon, als Gotteswort in Gestalt eines Buches, als „Heilige Schrift" gewürdigt. Wir werten also die durch und durch menschlichen Texte der Bibel als Texte, die uns heilig sind. Genau in dieser Zwischenstellung zwischen Himmel und Erde legitimieren und präfigurieren die Worte, Bilder und Geschichten der Heiligen Schrift unsere menschlichen Worte auf dem Weg im Geheimnis.

In der Praxis müsste das Bemühen dahin gehen, die Worte, Bilder und Geschichten der Bibel in ihrer Würde als „Heilige Schrift" nicht nur zu benennen, sondern sinnenfällig werden zu lassen. Die Bibel als Druckerzeugnis ist nicht „heilig". Zur Heiligen Schrift wird das Buch erst durch den liturgischen Gebrauch. Dieser müsste die Gottesrelation der Texte, die da gelesen werden, bis ins Zeichensprachliche zum Ausdruck bringen: im Umgang mit dem Buch, in der Lesehaltung der Lektorin, in Einleitung und Beschluss der Lesung, in der Wahl der Textfassung ... Die Praxis der gottesdienstlichen Lesung aber ist oft so, dass man sich fragt, warum diese Texte überhaupt noch mit Andeutungen von Feierlichkeit gelesen werden. Eine Frage, die sich noch verschärft, wenn der Prediger nach der

Verlesung des Predigttextes die Bibel zuklappt. Der Gestus signalisiert: Jetzt kann ich endlich ungehindert durch die alten Texte sagen, was aktuell ansteht.

(3) Es geht um *Wirkung des Wortes*. Wenn Bibelworte auf erstaunliche Weise wirken, dann lassen sich dafür empirisch verifizierbare Gründe nennen. Man kann aber auch im Deutehorizont des Glaubens argumentieren und sagen, in den Spuren, die Losungsworte oder Konfirmandensprüche in Lebensläufen hinterlassen, werde etwas von der Selbstwirksamkeit des Wortes Gottes greifbar. In der Praxis freilich scheint das Vertrauen auf die Wirkung von Bibelworten nicht immer hinreichend ausgeprägt.

Im Gottesdienst am Ewigkeitssonntag werden vielerorts die Namen derer verlesen, die im zu Ende gehenden Kirchenjahr verstorben sind. Ein Pfarrer hatte in der Predigt vielfältig und mit eindrücklichen Lebensbeispielen die Seligpreisung ausgelegt: „Selig sind, die da Leid tragen; denn sie sollen getröstet werden" (Mt 5,4). Wer den Spruch noch nicht kannte, war am Ende der Predigt einigermaßen mit ihm vertraut. Warum aber tauchte die Seligpreisung dann, bei der Verlesung der Namen, nicht mehr auf? Warum zur Gliederung der Namenreihen zweimal neues geistliches Lied und einmal ein Text von Nelson Mandela? Statt einfach die Seligpreisung zu rezitieren? Und mit dem Bibelwort einen Raum zu eröffnen, in dem man die Verstorbenen geborgen wissen kann? Wo doch Gott mit diesem Bibelwort schon unendlich oft getan hat, was es sagt: „... denn sie sollen getröstet werden." Warum nur vertrauen wir den Worten eines Nelson Mandela oder der Dichterin XY mehr als den Worten der Heiligen Schrift?

Resümee: Man nimmt den evangelischen Gottesdienst nicht schon dann beim Wort, wenn man mit reformatorisch bebender Stimme reflexartig das „Wort Gottes" beschwört. Eine Kirche des Wortes nimmt ihren Gottesdienst dann beim Wort, wenn sie liturgisch Zeichen setzt: wie die Worte, die wir machen, in Relation stehen zu dem Wort, das im Anfang bei Gott war.

Ritual ohne Tempel

Die nächstliegende Analogie zum protestantischen Wortgottesdienst ist der Gottesdienst der Synagoge. Bibel und Gebet sind seine wesentlichen Komponenten, ein Sakrament hat in ihm keinen Ort. Die Gemeinde ist konstitutiv, der Rabbiner nicht, und jede Form von Priestertum ist zunächst ebenso Geschichte wie der Tempel zu Jerusalem. So oder so ähnlich lautet der Befund.

Gerne wird der jüdische Gottesdienst von christlicher Seite unter der Rubrik „Erbe" verhandelt. Zum Erbe aber gehört in der Regel, dass die,

die etwas vererben, sterben, bevor das Erbe auf seinen neuen Besitzer übergeht. „Erbe" im Blick auf den jüdischen Gottesdienst signalisiert also, dass die Erblasser tot seien und dass, Gott sei Dank, ihr Erbe im christlichen Gottesdienst weiter lebe. In der Tat wird in der herkömmlichen Liturgik der jüdische Gottesdienst lediglich als historisches Phänomen wahrgenommen.

Der christlich-jüdische Dialog der Gegenwart ist ein Zeichen dafür, dass sich in der christlichen Kirche das Bewusstsein dafür schärft, wie sehr wir unseren Glauben nicht als Erbengemeinschaft des antiken Judentums, sondern in der bleibenden Gegenwart Israels leben. Die rasch wachsenden jüdischen Gemeinden in Deutschland machen dieses Faktum auch vor Ort unübersehbar. Die Situation hat sich geändert, und die Liturgik beginnt sich darauf einzustellen.

Allmählich werden wir uns dessen bewusst, dass in der Synagoge von nebenan bestimmte liturgische Sequenzen mindestens ebenso selbstverständlich ihren Sitz im Leben haben wie bei uns. Ich nenne Beispiele:

- Die Lesungen sind das Zentrum des synagogalen Gottesdienstes. In den Lesungen aus der Hebräischen Bibel, unserem „Alten" Testament, ist die Kirche inhaltlich mit der Synagoge vernetzt. Es sind vor allem und mit deutlichem Abstand vor anderen Texten die Texte der Tora, die die synagogalen Lesungen bestimmen. Frage am Rand: Nehmen wir die biblischen Bücher von Genesis bis Deuteronomium liturgisch ausreichend wahr?
- Das Achtzehn-Bitten-Gebet preist in der zweiten Bitte die Macht Gottes, der die Toten auferweckt. In der dritten Bitte folgt das „Heilig, heilig, heilig" nach Jes 6,3, die Keduscha. Zwar ist das Sanctus der Abendmahlsliturgie um alttestamentliche Stücke erweitert, die im Neuen Testament als Hinweise auf Christus eine Rolle spielen. Aber die Funktion von Jes 6,3 ist hier wie da gleich: Das Dreimalheilig der Bibel lässt die betende Gemeinde in das Gotteslob der Engel einstimmen.
- Der Aaronitische Segen (Num 6,22–24) hat im Gottesdienst der Synagoge ebenso seinen Ort wie im christlichen Gottesdienst, zumal in dem der lutherischen Kirchen.

Neben der Frage nach Gemeinsamkeiten in der Textbasis interessiert in unserer Perspektive vor allem die Frage nach der Art und Weise, in der Israel gottesdienstlich feiert.

Ähnlich wie der evangelische Gottesdienst stellt sich auch der Gottesdienst der Synagoge durch seinen maßgeblichen Bezug auf eine Heilige Schrift als Wort-Gottesdienst dar. Die Zeichensprache der Liturgie signalisiert: Von der Schrift mit dem Zentrum der Tora und ihrer gemeinschaftlichen Aneignung im Gottesdienst erwartet sich das Judentum ein und alles. Gerade wir Evangelischen, einst angetreten im Zeichen der Bibel, könnten von der Synagoge wieder lernen, was das heißt: von der Heiligen Schrift, einem Buch, Gott und die Welt erwarten.

Die synagogale Feier repräsentiert ein Ineinander der Zeiten. Sie geschieht in der Gegenwart dessen, dessen Name nicht ausgesprochen wird; sie trägt markant die Signatur der Geschichte Israels und wird bewegt von der Erwartung der Zukunft Gottes. Die Gemeinde als wanderndes Gottesvolk – was bei uns blasse Metapher geworden ist, bedeutet im Judentum hautnahe Wirklichkeit.

Christliche Liturgie hat ihre eigene symbolisch-rituelle Sprache ausgebildet. Sucht man nach dem Grundmodell solcher „Sprache", so wird man gerne auf die Feier der Eucharistie verwiesen: Im Sakrament sei die Eigensprachlichkeit von Liturgie am deutlichsten ausgebildet. Dieser Hinweis hilft freilich für die Frage nach einem eigenständigen Wort-Gottesdienst nicht ausreichend weiter.

Dagegen haben wir im Gottesdienst der Synagoge Vollzüge vor Augen, deren symbolisch-rituelle Eigensprachlichkeit sich ganz vom Wort her und auf das Wort hin entfaltet hat. Das Judentum entwickelte für den Umgang mit der Tora Rituale von hoher Symbolkraft, etwa die Aushebung der bekleideten Torarolle aus dem Toraschrein, die Prozession der Tora durch die Gemeinde oder die Lesung in feierlicher Kantillation unter Benutzung des Torazeigers (Jad). Vor allem erwuchs dem Judentum für die Art und Weise des Betens eine beeindruckende Ritualität des Wortes. Das in seinen Abläufen geprägte, in seinen Formulierungen wesentlich biblische Gebet kommt in bestimmten Rhythmisierungen zur Ausführung; körperliche Gesten und die Ausrichtung nach Jerusalem unterstützen den ganzheitlichen Charakter des Betens. Dazu kommt, jedenfalls an Werktagen, mit Tallit und Tefillin eine spezielle Gewandung. Insgesamt bestimmen Lesung und Gebet die Wort-Handlung der synagogalen Versammlung. Eine Predigt ist möglich, aber nicht unbedingt notwendig; das Lehren und Lernen der Tora hat eigene Zeiten und Orte.

Vielzahl und Art der angeführten Riten erscheinen insbesondere uns Evangelischen fremd, die wir bisweilen schon Schwierigkeiten haben, das Vaterunser stehend zu vollziehen. Sicher, die konkreten Vollzüge gehören Israel und der Synagoge. Es geht hier nicht um Übernahme, mag sie auch noch so freundlich gedacht sein. Was uns zu denken geben sollte, ist der Kern, aus dem die konkreten Riten verstanden werden können: das Geheimnis Gottes in seiner Dialektik von Verborgenheit und Offenbarung, von Fremdheit und Nähe.

Für uns Christen bliebe demnach die Bibel, so sehr sie als menschliches Buch gelesen wird, doch auch das fremde Buch, eine Gestalt des Wortes Gottes. Gerade in Sachen Fremdheit haben wir Evangelischen einigen

Nachholbedarf. Die Worte, Bilder und Geschichten der Bibel stehen gottesdienstlich im Spannungsfeld zwischen den Worten, die wir machen, und dem Wort, das im Anfang bei Gott war. Wir haben die Bibel in fünf Jahrhunderten der Predigtdominanz zu sehr auf die Seite unserer Worte gezogen.

Ich habe der Einfachheit halber bis jetzt vom jüdischen „Gottesdienst" gesprochen. Das ist nicht ganz korrekt. Darauf weist schon die Tatsache, dass es im Hebräischen eigentlich kein Wort für „Gottesdienst" gibt. Juden gehen nicht zum „Gottesdienst", sondern zum „Gebet". Solches „Gebet" findet nicht nur am Schabbat, also einmal in der Woche statt, sondern täglich, und zwar mehrmals am Tag. „Gebet" umfasst, anders als unser „Gottesdienst", nicht nur das öffentliche, sondern auch das private Beten. Zwar ist das „Gebet" am Schabbat das wichtigste. Aber auch dieses ist nichts anderes als eben „Gebet" – ein wichtiges Gebet unter vielen anderen Gebeten, die die Zeit strukturieren und auf Gott hin durchsichtig werden lassen. Dass sich im Deutschland des 19. Jahrhunderts, als sich das reformorientierte Judentum stark am Protestantismus ausrichtete, das Gebet am Schabbat zum Gottesdienst schlechthin entwickelte, steht auf einem anderen Blatt. Dem jüdischen Verständnis vom Gebet, welches das Leben des Einzelnen, der Familie und der Gemeinde strukturierend begleitet, entspricht diese Entwicklung nicht.

Als evangelische Christen finden wir im jüdischen „Gebet" oder Gottesdienst eine Weise vor, wie man, wenn es keinen Tempel gibt und das Sakrament zunächst auf einem anderen Blatt steht, mit den Worten der Bibel liturgisch umgehen kann. Ich versuche den jüdischen Weg im Geheimnis so zu charakterisieren: In Gebet und Lesung dem heiligen Gott nahen. Eine vergleichbare Leitformulierung würde einem evangelischen Wort-Gottesdienst der Zukunft die herkömmliche Kopflastigkeit nehmen, ihn zu einer neuartigen Ritualität des Wortes bewegen und seine Gestalt als Wort-Gottesdienst hinreichend begründen.

Liturgie und Bibel

Liturgie und Bibel sind aufs Engste miteinander verwoben. Die Liturgien der Kirchen haben sich aus biblischen Sprachvorgaben entwickelt und bilden ein dichtes Gewebe aus biblischen Referenzen und kirchlichen Entfaltungen. Wenn ich auf die (lutherische) Messe blicke, dann beginnt die biblische Textur mit der Salutation und führt über die fünf großen Sequenzen des Messordinariums zum Segen. Ganz zu schweigen von gesungenen oder gesprochenen Psalmen, Gemeindechorälen und Chorsätzen, den Lesungen, der Predigt, den Abendmahlsgebeten oder dem Vaterunser. Bis in kleinste Voten und Gebetsformeln hinein sind biblische Bezüge greifbar. Und das in vielerlei Modi: gebetet, gelesen, ausgelegt, gesungen, reflektiert. Die liturgische Tradition geht davon aus, dass das Bibelbuch die Sprache enthalte, deren wir uns sinnvollerweise bedienen, wenn wir gottesdienstlich im Geheimnis unterwegs sind.

Ganz abgesehen davon, dass die Worte, Bilder und Geschichten der Bibel großartig sind und allein schon als Weltliteratur kaum zu toppen – der dogmatisch Ausschlag gebende Grund für die biblische Textur der Liturgie ist der, dass wir Menschen von uns aus keine Worte finden, um uns „richtig" im Gottesgeheimnis zu bewegen. Gott selbst muss die Worte geben, mit denen er gelobt werden kann. Die Würde einer Gestalt des Wortes Gottes wird den Worten der kanonischen Schriften der Bibel gemeinchristlich zuerkannt. So lebt die Liturgie der Kirche von der Heiligen Schrift. Die Bibel liefert Grundwortschatz und Grammatik der Sprache, aus der die Liturgie ist.

Der Konnex gilt aber auch umgekehrt. Dass die Bibel als Heilige Schrift gilt, verdankt sie der Tatsache, dass sie liturgisch in Gebrauch ist. Ohne ihren Gebrauch in der Liturgie wäre die Bibel möglicherweise ein wichtiges Buch, aber nicht die Heilige Schrift. Im Gottesdienst der Kirche hat die Bibel ihren ursprünglichen und maßgeblichen Sitz im Leben:

> Zur Heiligen Schrift, d. h. nun aber auch zum Medium des Wortes Gottes, wird die Bibel allerdings erst durch ihren aktuellen Gebrauch. Nicht als solche, sondern als gottesdienstlich rezitierter bzw. als Anrede Gottes ausgelegter Text wird die Bibel zur heiligen Schrift bzw. zum Wort Gottes.
>
> *Ulrich H.J. Körtner, Theologie des Wortes Gottes, 2001, 311.*

Insgesamt ist der Zusammenhang von Bibel und Liturgie undeutlich geworden, im Protestantismus zumal. Die Prioritäten haben sich in der Neuzeit dramatisch verschoben. In der Ausbildung künftiger Pfarrerinnen und Pfarrer spielt die wissenschaftlich analysierte Bibel eine ungleich wichtigere Rolle als die liturgisch gebrauchte Heilige Schrift. Nicht dass ich kritischer Bibelwissenschaft ins Handwerk pfuschen wollte. Aber die Frage stellt sich, ob die biblischen Texte als reine Textdokumente ohne ihren liturgischen Sitz im Leben überhaupt angemessen bearbeitet werden können. Ob nicht auch historisch seriöse Arbeit der Tatsache Rechnung tragen müsste, dass die Bibel nur als liturgisch gebrauchtes Buch ist, was sie ist. Warum, zum Beispiel, setzt ein Kommentar zu Jes 6 nicht beim Gebrauch des Trishagion („Dreimalheilig") in christlicher und jüdischer Liturgie ein? Und warum spielt die Predigtgeschichte in der Regel keine Rolle? Historische Rekonstruktion dominiert die theologische Interpretation. Die beiden Auslegungsrichtungen spielen nicht zusammen. Mit fatalen Folgen für die Kirche des Wortes. Denn man kann den Kanon historisch hinterfragen, historisch in Geltung setzen kann man ihn nicht.

Den Studierenden der Theologie und künftigen Liturginnen und Liturgen wäre nicht eine Sammlung antiker Texte, sondern die Bibel als liturgisch und kirchlich gebrauchtes Buch, eben als die Heilige Schrift zu präsentieren. Und das zu durchaus kritischer Lektüre.

Bibel und Liturgie sind aufs Engste miteinander verwoben. Demnach müsste sich eine Kirche, eine „Kirche des Wortes" zumal, wesentlich danach beurteilen lassen, wie die Bibel ihren Gottesdienst bestimmt. Das hoffentlich nicht statistisch: Wie oft zitiert ihr die Bibel? Nicht Quantität zählt, sondern Qualität: Wie wird die Bibel im Gottesdienst als eine Gestalt des Wortes Gottes kenntlich? Die Frage nach dem liturgischen Gebrauch der Bibel ist an jede Liturgie der Kirche zu stellen. Sie dient als Leitfrage auch bei der Suche nach dem evangelischen Wortgottesdienst der Zukunft. Evangelischer Gottesdienst ist in jedem Fall beim Wort zu nehmen.

Reden im Ritual

Selbstverständlich gehört auch die Predigt zum gottesdienstlichen Weg im Geheimnis. Zwar avancierte *sacramentum* zum lateinischen Äquivalent von griech. *mysterion*. Die Terminologie und die dadurch repräsentierte Entwicklung scheint ausschließlich das Sakrament im Geheimnis zu verorten. Aber die biblischen Zusammenhänge lassen keinen Zweifel, dass Verkündigungswort und Sakrament in gleicher Weise im Mysterium oder Geheimnis zu Hause sind. Wilhelm Stählin rückte diese Verbindung an vielen Stellen ins Bewusstsein:

> Das Mysterium ist die Form des Logos, der Logos der Inhalt des Mysteriums. Indem aber dieser biblische Zusammenhang zerrissen und das „Wort" dem „Sakrament" gegenübergestellt wird, vergißt der Prediger nur allzu leicht, daß es das *mysterion* ist, das er auch durch das Wort der Predigt weiterzugeben hat. Das Wort der Kirche ist Mysterienrede, ist Mysterium in der Form des gesprochenen Wortes. Niemand soll sich unterwinden, diesen „Dienst am Wort" auf sich zu nehmen, der sich nicht darüber klar ist, wie enge Grenzen diesem Versuch gezogen sind und wie wenig ein *mysterion* durch das gesprochene Wort allein mitgeteilt und weitergegeben werden kann. Die Einsicht in diese Grenzen ist eine unentbehrliche Voraussetzung der christlichen Predigt. Wo diese demütige Einsicht durch die Meinung verdrängt ist, man könne alles in Begriffe fassen, aussprechen, sagen, mitteilen, veröffentlichen, da muß die Predigt zur Vortragsveranstaltung oder zur Unterrichtsstunde entarten.
>
> *Wilhelm Stählin, Der Pfarrer und seine Predigt, 1949, 19.*

Stählin expliziert schön, wie die theologische Verortung der Predigt im Gottesgeheimnis Konsequenzen für ihre Gestaltung mit sich bringt. Predigt ist dann eben nicht, so würde ich es nennen, „RedenÜber" in der

Sprache theologischer Begriffe, sondern „RedenIn“ an der Grenze zwischen den Worten, die wir machen, und dem Wort, das im Anfang war. Entsprechend der Dialektik aus Fremdheit und Nähe, die zur Signatur des Geheimnisses gehört, bewegt sich die Predigt auf der Grenze zwischen dem, was zu sagen ist, und dem, was nicht gesagt werden kann. Wobei das, was nicht gesagt werden kann, dennoch homiletische Repräsentanz fordert. Die Predigt muss mit dem, was zu sagen ist, hinweisen auf das, was nicht gesagt werden kann. Entzieht sie sich dieser Dialektik, ist sie nicht mehr „Mysterienrede“ (Stählin). Wenn eine Predigt nur noch sagt, was zu sagen ist, wird sie bedeutungslos. Kurz und positiv: Predigt ist eine Etappe auf dem Weg im Geheimnis.

Mit einer solchen Formulierung wird die Predigt prinzipiell ins übrige liturgische Geschehen integriert. Der Blick auf die realen Predigthandlungen zeigt Gegenteiliges:

In der liturgischen Gesamtbewegung des Gottesdienstes wirkt die Predigt als Unterbrechung. Für die Zeit von zehn bis zwanzig Minuten bringt sie die Liturgie verlässlich zum Stillstand. Kein betendes Gespräch mehr mit Gott, kein Gesang, kein Aufstehen und kein Knien, kein Wechsel der handelnden Personen, keine Kommunikation mehr innerhalb der Gemeinde und keine Musik. Jetzt ist Predigt. Erst danach darf wieder gesungen werden, erst danach kommt wieder Bewegung in die Gemeinde.

Zeichensprachlich besteht eine massive Differenz zwischen der Predigt und dem sie umgebenden Ritual. Zwei polare homiletische Konsequenzen aus diesem Befund sind denkbar. Entweder die Predigt wird bescheiden, entledigt sich ihrer Jahrhunderte währenden Dominanz und beginnt, sich als Sequenz im Ritual zu verstehen. Oder sie verhält sich entschlossener als je zuvor so, wie es die Zeichensprache des Kanzelauftritts signalisiert, und stilisiert sich dominant als Sequenz gegen das Ritual.

Wo sich die Predigt als *Sequenz im Ritual* versteht, könnte man vom katholischen Typ sprechen. Die Predigt fügt sich als, wie die Katholiken sagen, „Homilie“ organisch in den liturgischen Ablauf ein. Dazu braucht es das Besteigen einer Kanzel nicht. Schon dieser Ort würde die Predigt ungebührlich aus dem liturgischen Geschehen der Messe herausheben. Tendenziell kann eine solche Predigt in der Liturgie aufgehen. Sie ist für das symbolisch-rituelle Geschehen der Liturgie nicht in allen Fällen notwendig. In dieser Perspektive gibt es durchaus Liturgien, die, wie etwa das Stundengebet, ihren Sinn auch ohne Predigt erfüllen. Wenn ich diesen Typ den katholischen Typ nenne, dann heißt das nicht, dass er nur im katholischen Raum begegnet. Spuren einer solchen Predigt gibt es durchaus auch im Protestantismus. Freilich ist zuzugeben, dass der Protestantismus gerade auf dieser Seite des Spannungsbogens noch eine Menge lernen kann. Eine liturgisch motivierte Bescheidenheit der Rede fällt dem evangelischen Pastor, der sich primär als Prediger versteht und als solcher auch in der Öffentlichkeit wahrgenommen wird, gemeinhin schwer.

Wo sich, auf der anderen Seite, die Predigt als *Sequenz gegen das Ritual* versteht, könnte man vom evangelischen Typ der Predigt sprechen. Scharfe Antiritualität ist zwar nicht die derzeit vorherrschende Attitüde evangelischer Predigt. Aber in ihrem Erbgut trägt sie doch ein gehöriges Maß an antirituellen Genen. Das faktisch antirituelle Gebaren einer Predigt, die mit ihren Worten der Liturgie das Wort abschneidet, spricht für die Existenz solcher Gene. Von „antikultischer" Zielsetzung sprach einst Götz Harbsmeier und verband damit sehr direkt das Proprium evangelischer Predigt. Er bringt radikal auf den Punkt, was weit weniger radikal landauf landab in der gottesdienstlichen Praxis anzutreffen ist:

> *Wenn* die Reformatoren den entscheidenden Wert auf die Predigt im Gottesdienst legten, so haben sie damit gewußt, was sie taten. Auch an dieser Stelle kommt zum Ausdruck, daß es den Reformatoren um die Entkultung des Gottesdienstes ging. [...]
>
> Denn was in diesem Aufsatz über das rechte Verständnis des Kultischen gesagt ist, das muß eben die Predigt sagen. Sie muß den Gott verkündigen, der da ist, der er ist. Sie muß den Glauben verkündigen, der wider den Augenschein glaubt. Sie muß auch verkündigen, daß die Selbstbehauptung des Menschen vor Gott gerade auch in den Kulten praktiziert wird, und daß christlicher Gottesdienst etwas ganz anderes ist. Sie muß in diesem Sinne alles das sagen, was ich in diesem Aufsatz gesagt habe.
>
> *Götz Harbsmeier, Das Problem des Kultischen im evangelischen Gottesdienst, 1949, 118f.*

Die Spitze ist klar: Kult oder Liturgie ist hybride Selbstbehauptung des Menschen, Predigt dagegen Verkündigung der reinen Gnade Gottes.

Wo freilich die Predigt ohne kämpferische Antiritualität im Mittelpunkt steht, da haben wir den evangelischen Predigtgottesdienst vor uns, wie ihn die Grundform II des Evangelischen Gottesdienstbuchs festhält. Eine Predigt kann in diesem Rahmen auch ohne eigentliche Liturgie auskommen. Es handelt sich dann um eine Kanzelrede, die durch Musik, Gebet und Segen einen sinnvollen geistlichen Rahmen hat. Für viele evangelische Predigten, die allein schon durch ihre Länge, aber auch durch Inhalt und Sprache das Ritual sprengen, wäre es angemessener, sie würden in einem solchen Rahmen präsentiert als im Kontext einer Liturgie, deren eigene Sprache sich vor lauter Kanzelrede nicht entfalten kann.

Die Predigt, die angesichts des Rituals überflüssig wird, und die Predigt, die aus ihrer antirituellen Einstellung geradezu ihre Existenzberechtigung ableitet – die beiden Positionen markieren einen zum Äußersten gespannten Bogen. Freilich werden sich die wenigsten Predigten an den äußersten Enden des skizzierten Spannungsbogens ansiedeln, sondern irgendwo zwischen den beiden Polen. Die scharf gezeichnete Polarität sollte nur Tendenzen anzeigen. In aller Regel entsprechen weder die katholischen Predigten klar dem „katholischen" noch die evangelischen klar dem „evangelischen" Typ.

Eine Position, die etwa in der Mitte des Bogens anzusiedeln wäre, ist die einer Predigt als *Kontrapunkt zum Ritual.* „Kontrapunkt" heißt nicht Gegensatz, sondern spannungsvolles und spannendes Miteinander. Hier mag der Prediger oder die Predigerin gegebenenfalls die Kanzel besteigen. Hier muss sich die Predigtrede nicht restlos ins Ritual einfügen. Hier kommen auch Elemente zur Geltung, die die eigene Sprache der Liturgie durch eine eigene Sprache der Predigt ergänzen und kontrastieren – und das zum beiderseitigen Vorteil:

> Dann macht Predigt das, was das Ritual nicht kann oder womit es sich schwertut: aktuelle Ereignisse zur Sprache bringen, anstehende Probleme besprechen, über Gott und die Welt nachdenken, Gläubige und Ungläubige zum Lachen bringen.
>
> Die Predigt führt ins Mysterium gelebter Liturgie – und mystifiziert nicht. Die Predigt freut sich über die Nähe zum Ritual – und erstarrt nicht in rituellen Wendungen. Die Predigt sehnt sich nach Gotteswirklichkeit – und kann das Denken nicht lassen. Predigt ist fasziniert von der Gotteszeit – und geht dem Zeitgeist nicht ängstlich aus dem Weg. Predigt setzt in die Bilder der Bibel – und lässt sich von den Bildern im Fernsehen bewegen. Predigt überlässt sich der liturgischen Gesamtbewegung – und hat ihr konstruktiv etwas entgegenzusetzen.
>
> *Martin Nicol/Alexander Deeg, Im Wechselschritt zur Kanzel, 2005, 161.*

Predigt als Kontrapunkt zum Ritual – es muss Sequenzen im Gottesdienst geben, in denen auch Tagesaktualitäten ihren Ort haben und in denen eben nicht oder nicht nur die gebundene Sprache des Rituals, sondern in großer Freiheit die Sprache wacher Zeitgenossenschaft gesprochen wird.

Predigt als Kontrapunkt zum Ritual – die Position hat Potenzial nach beiden Seiten des Spannungsbogens. Für einen evangelischen Wort-Gottesdienst der Zukunft könnte sie die geeignete Ausgangsposition darstellen.

Lesetipps

Ulrich Kühn, Wort und Antwort? Ökumenische Herausforderungen an das lutherische Verständnis von Gottesdienst, in: Herausforderung: Gottesdienst, hg. v. Reinhold Morath/Wolfgang Ratzmann, Beiträge zu Liturgie und Spiritualität Bd. 1, Leipzig 1997, 143–156.

Annette Böckler, Jüdischer Gottesdienst. Wesen und Struktur, Berlin 2002.

Alexander Deeg, Gottesdienst in Israels Gegenwart. Liturgie als intertextuelles Phänomen, in: LJ 54 (2004), 34–52.

Michael Meyer-Blanck, Die Dramaturgie von Wort und Sakrament. Homiletisch-liturgische Grenzgänge im ökumenischen Horizont, in: PTh 96 (2007), 160–171.

Wort und Sakrament

Für eine eucharistische Liturgie

In der Liturgie der Kirche kommt der Eucharistie eine herausragende Rolle zu. Sie ist Auftrag des Herrn und seit frühester Zeit selbstverständliche Praxis. Im Spannungsfeld von Anamnese und Doxologie, von erinnernd vergegenwärtigter Vergangenheit und rühmend erahnter Zukunft, repräsentiert sie in der ihr eigenen Zeichensprache von Essen und Trinken das fremde Geheimnis.

Im evangelischen Bereich haben der ökumenisch geweitete Blick auf die Eucharistie und die intensive theologische Reflexion allenfalls ansatzweise zu einer liturgisch stimmigen Gestalt gefunden. Eine eucharistische Spiritualität, die mit der Signatur der Reformation auf eine Liturgie der Kirche ausgerichtet wäre, beflügelt die Gemeinden im Land derzeit kaum.

Die evangelischen Kirchen täten gut daran, vorerst zweigleisig zu verfahren. Einerseits ist es ihre Aufgabe, das Proprium beim Wort mit gutem Gewissen und neuen Einsichten zu kultivieren. Andererseits sollten sie punktuell den eucharistischen Weg begehen, als ob sie Neuland beträten – behutsam, respektvoll, mit neuer Aufmerksamkeit auf das, was bekannt scheint. Beide Wege, Wort und Sakrament, sind Wege im Geheimnis. Beide laufen jetzt schon vielfältig ineinander. Beide haben ihren eschatologischen Fluchtpunkt bei der Eucharistie im vollendeten Reich Gottes.

Beobachtungen

Zwischen Hörbuch und Hostie

Was ist evangelischer, was ist katholischer Gottesdienst? Das folgende Gespräch lässt keinen Zweifel:

Ein evangelischer Theologe und eine Theologin unterhalten sich. Es geht um die Gemeinde, in der sie Pfarrerin ist. Das Gespräch kommt auf die Frage, ob beim Gottesdienst der Gemeinde in irgendeiner Weise an die kranken Menschen gedacht sei, die nicht in die Kirche kommen können. Ergebnis: Was nimmt man kranken Protestanten vom Gottesdienst mit? Eine Hörkassette. Was bringt man kranken Katholiken aus der Messe mit? Die geweihte Hostie.

So ist es Brauch in manchen evangelischen Gemeinden, wo Hörkassetten vom Gottesdienst an Kranke verteilt werden. So ist es Brauch etwa in katholisch geführten Krankenhäusern, wo nach der Messe geweihte Hostien auf die Zimmer gebracht und an Patientinnen und Patienten, jeweils im Rahmen eines kleinen Rituals, gereicht werden. Klarer kann man die Differenz in der evangelischen und katholischen Auffassung, was Gottesdienst sei, kaum benennen.

Kommunion auf sinkendem Schiff

Die evangelische Praxis der Kommunion oder Austeilung trägt vielerorts groteske Züge. Der Frömmigkeit muss das, Gott sei Dank, keinen Abbruch zu tun. Die folgende Karikatur wagt es, die Groteske ins Relief zu heben:

Der Wortgottesdienst hat, wie immer, seine Stunde gedauert, die Präfation eröffnete das große Abendmahlsgebet, nach einem etwas ungelenken Friedensgruß und einem mäßig inspirierten Agnus Dei geht es zur Austeilung. Halt! Jetzt muss erst erklärt werden, was in dieser Gemeinde der Brauch ist und dass willkommen ist, wer glaubt, und dass in der ersten Runde Saft gereicht wird … Und dies und das. Endlich formiert sich die erste Gruppe im Kreis um den Altar, die Hostie wird ausgeteilt, Saft gereicht, der Kelchrand nach jeweils einer Drehung sorgfältig gereinigt. Währenddessen bemüht sich die Organistin, die Leute, die noch nicht die Kirche verlassen haben und in den Bänken verblieben sind, zum Singen eines Chorals zu animieren. Die Wenigen, die zunächst noch mitsingen, geben nach und nach auf. Der Gesang ist zu kümmerlich, die Aufmerksamkeit zu sehr darauf gerichtet, bei der nächsten Gruppe dabei zu sein. Derweilen macht das Geschehen im Altarraum langsame Fortschritte. Gerade haben der Pfarrer und die Kommunionhelfer an die Kommunikanten Brot und Saft ausgeteilt, nun soll man sich an den Händen fassen. Es folgen ein Bibelspruch und ein Friedenswunsch für die Gruppe. Dann ist es so weit, die erste Gruppe geht, die zweite Gruppe stellt sich zum Kreis. Der Choral verebbt jetzt endgültig. Denn diejenigen, die bereits kommuniziert haben, fanden sich zwar wieder an ihren Plätzen ein, konnten aber nicht mehr herausbekommen, in welcher Strophe nun welcher Choral gerade steckte. So geht das eine lange Weile. Mittlerweile ist die vierte und letzte Gruppe an der Reihe. Ende in Sicht. Aber, halt, nicht so schnell! Nun kommunizieren erst einmal die Kommunionhelfer, bis dann endlich – dem Kapitän gleich, der als letzter von Bord geht – einsam dem Pfarrer von einer Helferin Brot und Wein gereicht werden.

Übertrieben? Ich fürchte: nein. Evangelische Kommunionpraxis hat eine fatale Tendenz, die bereits ins Abseits gepredigte Eucharistie durch die Weise der Austeilung zusätzlich zu paralysieren.

Individuum und Kirche

Für die evangelische Weise, Brot und Wein mit einer Spendeformel zu reichen, ist folgender Wortwechsel charakteristisch:

Christi Leib, für dich gegeben – Amen.
Christi Blut, für dich vergossen – Amen.

Was daran so auffällig sein soll, wird richtig deutlich erst beim Vergleich mit der katholischen Kommunionpraxis:

Leib Christi – Amen.

Nicht dies ist bemerkenswert, dass in der katholischen Kirche nur die Hostie gereicht wird. Das ist zwar reguläre Praxis, aber nicht absolutes Gebot. Bemerkenswert hingegen ist, dass in der evangelischen Austeilung das Individuum eigens angesprochen wird: „für dich", während die katholische Seite die ekklesiologische Konnotation von „Leib Christi" mithören lässt.

Wieder und wieder predigen

Die Gruppe stand nach Empfang des Abendmahls noch im Kreis, hielt sich an den Händen und erwartete das abschließende Ritual durch den Pfarrer: Bibelspruch mit Segenswort oder Friedenswunsch. Der aber nutzte die Gelegenheit und „predigte" noch einmal (kursiv):

„Der Herr Christus, *der sich uns in Brot und Wein schenkt zur Vergebung unserer Sünden,* der gebe Euch seinen Frieden!"

Das gesamte eucharistische Gebet, Einsetzungsworte inklusive, hatte ihm, so scheint es, nicht ausgereicht, den Sinn des Abendmahls in Erinnerung zu rufen. Schade, wo doch aufs Ritual Verlass gewesen wäre!

Meinungen

Eucharistische Mitte

Peter Brunner ordnet von lutherischer Seite – darin der katholischen Position sehr nahe – alles gottesdienstliche Handeln der Kirche auf die Eucharistie hin:

> [...] Gottesdienste, in denen die Feier des Abendmahls auch nicht beabsichtigt ist, werden grundsätzlich als Ausgliederung von gottesdienstlichen Elementen zu verstehen sein, die in dem Gottesdienst wurzeln, in dem das Abendmahl gefeiert wird. Solche Gottesdienste führen zum Abendmahlsgottesdienst hin, was besonders von dem Predigtgottesdienst gilt; sie kommen vom Abendmahlsgottesdienst her, was besonders vom Stundengebet gelten dürfte. So ist der Abendmahlsgottesdienst die verborgene lebendige Mitte aller Gottesdienste. Lösen sie sich von dieser Mitte, wird der Abendmahlsgottesdienst nicht mehr als die das ganze gottesdienstliche Leben tragende Mitte bewahrt, dann werden die so losgelösten Gottesdienste auch ihrerseits notwendig verkümmern und verderben.
>
> *Peter Brunner, Zur Lehre vom Gottesdienst, 1954, 185.*

Ein sonntäglicher Wort- oder Predigtgottesdienst, der aus sich heraus Bestand hätte, ist in diesem Konzept eigentlich nicht denkbar. Die „so losgelösten Gottesdienste“ hätten, ginge es nach Brunner, schon längst „verkümmern und verderben“ müssen. Was aber nun wirklich nicht behaupten kann, wer unvoreingenommen auf die Geschichte des evangelischen Gottesdienstes blickt.

Visionär, uneingelöst, reformiert

Selbst Karl Barth, der so vehement für die sakramentale Qualität der Predigt eintreten konnte, plädierte für die wechselseitige Zuordnung von Wort und Sakrament im liturgischen Vollzug:

> Es wird vielleicht eine von den dem Protestantismus gestellten Entscheidungsfragen der nächsten Zukunft bilden, ob es gelingt, den evangelischen Gottesdienst seiner von Luther wie Calvin intendierten Ganzheit entgegen zu führen, d.h. die unsinnige Trennung von Predigt und Sakrament aufzuheben und ihre natürliche Zusammenordnung wiederherzustellen.
>
> *Karl Barth, Kirchliche Dogmatik I/2 [1938], 853.*

Sätze wie diese bräuchten wir öfter und von allen Seiten, um zwischen Realität und Vision die Hoffnung nicht zu verlieren.

Der aktuell gültige Katechismus der Katholischen Kirche formuliert wieder römisch klar:

274. Welche Bedeutung hat die Eucharistie im Leben der Kirche?

Sie ist Quelle und Höhepunkt des ganzen christlichen Lebens. In der Eucharistie gipfelt das heiligende Handeln Gottes uns gegenüber und unsere Verehrung ihm gegenüber. Die Eucharistie enthält das Heilsgut der Kirche in seiner ganzen Fülle: Christus selbst, unser Osterlamm. Die Teilnahme am göttlichen Leben und die Einheit des Volkes Gottes werden durch die Eucharistie bezeichnet und bewirkt. Durch die Eucharistie vereinen wir uns schon jetzt mit der Liturgie des Himmels und nehmen das ewige Leben vorweg.

Katechismus der Katholischen Kirche. Kompendium, 2005, 108.

Formulierung steil, Anspruch hoch. Warum eigentlich nicht, wenn die Sache danach ist?

Skizzen

- „Das tut!"
- Mit der Antwort ins Wort fallen
- Aufregend normal
- Wie Worte Welt bewegen
- Mit dem Wort warten
- Kirche, Kelch und Kommunion
- Wort, Sakrament und Geheimnis

„Das tut!"

Warum sollten wir Evangelischen Sonntag für Sonntag das Abendmahl feiern? Haben wir am Wort nicht alles, was wir zum Leben und Sterben brauchen, nur eben in anderer Gestalt? Sicher, die Gestalt des Abendmahls ist, mit einem nicht mehr ganz modischen Modewort, „ganzheitlicher“ als das bloße Wort: Gehen, Stehen, spürbare Gemeinschaft, Essen und Trinken, leiblich eben. Aber letztlich kommt, nach Luthers kanzelfreundlicher Übersetzung, der Glaube „aus der Predigt“ (Röm 10,17). Konsequent hieße das auch: unabhängig von Äußerlichkeiten wie Essen und Trinken, aus dem bloßen Hören. Warum sollte das Sakrament unabdingbar sein?

Peter Brunner machte, von lutherischer Seite, in einem steilen Kontext einen einfachen Vorschlag:

Alle Versuche, die innere geistliche Notwendigkeit des Gottesdienstes aufzuzeigen, bleiben so lange nicht nur unvollkommen, sondern auch problematisch und vor Mißverständnissen ungeschützt, als sie an dem Gebot „Solches tut zu meinem Gedächtnis“ vorbeigehen.

Peter Brunner, Zur Lehre vom Gottesdienst, 1954, 184.

Wenn ich den Auftrag Jesu schlicht akzeptiere, dann enthebt mich das, zunächst jedenfalls, aller Begründungen. Ich muss nicht historisch belegen, dass das soteriologisch zu deutende Abendmahl in der Fluchtlinie der Verkündigung Jesu lag. Ich muss nicht einsichtig machen, dass das Abendmahl anthropologisch eine gute Sache ist oder dass aus liturgiegeschichtlicher Sicht kein Weg daran vorbeiführt. Nein, wir Evangelischen würden das Abendmahl völlig selbstverständlich annehmen als eine Wegstrecke auf dem Weg im Geheimnis. Warum? Der Herr hat's geboten. Es liegt am Weg.

Freilich kann, wenn das klar ist, das theologische Nachdenken nicht ausgespart bleiben. Bei näherer Betrachtung wird klar, dass mit dem Auftrag „Das tut!“ eine Handlung etabliert ist, aus der sich in der ihr eigenen symbolisch-rituellen Sprache Liturgie entfalten konnte. Nicht das Predigen hat Jesus an dieser Stelle zur Wiederholung aufgetragen, sondern das Tun: „Das *tut* zu meinem Gedächtnis!“ (Lk 22,19; 1Kor 11,24f.). Die diesem Auftrag entspringende Handlung erfüllte sehr schnell die Voraussetzungen des religiösen Rituals: ein vorgegebener, eingespielter und Gotteswirklichkeit repräsentierender Handlungsablauf.

Die protestantische Forschung hat lange nicht wahrhaben wollen, dass in dieser Handlung der Kern christlicher Liturgie greifbar sein sollte. Man nahm vielmehr zwei Typen von Gottesdienst an: Wortgottesdienst und Sakramentsgottesdienst, die längere Zeit gleichberechtigt nebeneinander existiert hätten. Jürgen Roloff bringt das durchsichtige Forschungsgebaren süffisant zur Sprache:

Der in der älteren protestantischen Forschung selbstverständlichen Auffassung vom Nebeneinander zweier Versammlungstypen, deren unbewusste ideologische Vorgabe der Wunsch gewesen sein dürfte, den reformatorischen Wortgottesdienst biblisch verankert zu sehen, setzt Albert Schweitzer die apodiktische These entgegen: „Jeder Versuch, für die Urgemeinde ein Nebeneinander von Mahlfeier und Wortgottesdienst anzunehmen, führt zu einem Gefasel.“

Heute kann niemand mehr den protestantischen Predigtgottesdienst als Regelgottesdienst historisch rechtfertigen. Die liturgisch relevante Arbeit der Bibelwissenschaft hat ökumenisch zu einem Konsens geführt:

Die Normalgestalt der wöchentlichen gemeindlichen Versammlung war die Herrenmahlsfeier!

Jürgen Roloff, Der Gottesdienst im Urchristentum, 1994, 61 u. 62.

Die Begründungslinien für den Predigt- oder Wortgottesdienst am Sonntagmorgen müssen anders laufen: über die gottesdienstliche Tradition des Protestantismus, besonders des Luthertums. Auf dem Hintergrund der reformatorischen Theologie des Wortes Gottes und einer neuartigen Bibelfrömmigkeit entwickelte sich eine gottesdienstliche Spiritualität, die ganz auf das Wort gerichtet war. Die Feier des Heiligen Abendmahls konzentrierte sich zunehmend auf bestimmte Höhepunkte im Kirchenjahr und fand zu eigener liturgischer Gestalt. Eine Spiritualität des Wortes trat in Spannung zu einer Spiritualität des Abendmahls.

Ich werte diese Spannung positiv: Das Wort bleibt auf das Sakrament hin ausgerichtet, das Sakrament auf das Wort. Es lohnt sich, die Spannung zu reflektieren, bewusst im Spannungsfeld zu agieren und vorsichtige Weichenstellungen vorzunehmen, dass zusammen kommen kann, was zusammen gehört. Der Auftrag des Herrn „Das tut!“ setzt uns in Spannung, aber nicht ungebührlich in Eile. Es hat sich nicht bewährt, die Spannung vorzeitig in einem „Gottesdienst mit Abendmahl“ bzw. „Sakramentsgottesdienst“ als Regelform aufzulösen. In eucharistischer Perspektive stellt sich der evangelische Predigtgottesdienst als ein Provisorium mit eigener Würde dar. Mit ihm wie mit unserer eigentümlich evangelischen Abendmahlsfrömmigkeit waren und sind wir unterwegs in die Richtung, die der Auftrag vorgibt.

Mit der Antwort ins Wort fallen

Es stellt sich die Frage, welche liturgische Leitformel für die Feier des Abendmahls in Frage käme. Als Schema zur Deutung des gesamten gottesdienstlichen Geschehens dominiert noch immer Luthers Torgauer Formel: Wort und Antwort.

Die Formel wird zuweilen recht plump angewendet, als ob die Tätigkeiten des Pfarrers verkündigendes Wort und die Tätigkeiten der Gemeinde die dankbare Antwort wären. Ein differenzierter Gebrauch der Formel verteilt Wort und Antwort nicht auf die verschiedenen Subjekte und auch nicht auf einzelne Sequenzen der Liturgie, sondern versteht sie als Dimensionen des gesamten liturgischen Geschehens. Ein gesungener Liedvers kann demnach gleichzeitig anredendes Wort wie lobpreisende Antwort sein. Insofern kommen Wort und Antwort dem sehr nahe, was die katholische Liturgik gerne als katabatische und anabatische Dimension bezeichnet. Es ist von analytischem Wert, sich diese Dimensionen an den einzelnen Sequenzen und am großen Ganzen der Liturgie klarzumachen: wie da, je nach Blickwinkel, etwas von Gott her oder zu Gott hin geschieht. Während die Liturgik Texte und Handlungen der Liturgie nach Inhalt und Zeichensprache untersucht und letztlich immer ein Ineinander und Miteinander der Dimensionen wahrnehmen wird, ist dogmatisch in jedem Fall festzuhalten, dass die göttliche Aktion prinzipiell jeder menschlichen Reaktion vorausgeht. Das war wohl auch die primäre Aussagerichtung von Luthers Torgauer Sätzen.

Ich meine, das Schema von Wort und Antwort sei dogmatisch korrekt, aber zur Deutung dessen, was konkret im Gottesdienst geschieht, nur bedingt tauglich. Spätestens beim Abendmahl kommt die Formel in ihrer üblichen Ausrichtung an ihre Grenzen. Es ist wohl kein Zufall, dass Luther selbst in seiner Torgauer Formel das Abendmahl gar nicht explizit erwähnt. Inzwischen ist das Schema von Wort und Antwort massiv mit den Gegebenheiten des Predigtgottesdienstes konnotiert. Es steht in Gefahr, das Sakrament ganz aus dem Gottesdienst zu verdrängen oder es zumindest in seiner Eigensprachlichkeit homiletisierend zu verengen. Die Formel von Wort und Antwort kann theologisch erhellend wirken, wenn „Wort“ nicht auf den einzelnen Wortvollzug verengt, sondern von dem Wort her verstanden wird, das im Anfang war. Ästhetisch aber wird sie dem, was die Liturgie an Formen und Haltungen bereithält, nicht wirklich gerecht.

Wie sollte ich denn im starren Schema von Wort und Antwort erklären, was das Proprium jenes großen eucharistischen Gebets von der Präfation bis zur Anamnese eigentlich ist? Im Gestus aller Beteiligten ist es jedenfalls nicht Wort im Sinne von Verkündigung. Dankgebet für empfangenes Heil? Wäre zu wenig. Es müsste doch auch in den Blick kommen, dass es hier um die Präsenz des auferstandenen Herrn geht. Um ein eigentümliches Ineinander von Vergangenheit, Gegenwart und Zukunft. Um ein Geschehen zwischen Himmel und Erde. Um Segenswort, Dankgebet, Bitte, Lobpreis und Verkündigung in einem. Ein Gebet, zu dem ich stehe oder knie, mit so oder so gefalteten Händen. Ein Gebet, das nicht unmittelbar Reaktion ist oder Antwort, sondern Lobpreis. Lobpreis, der nur deswegen laut wird, weil er an der Zeit ist: am Sonntagmorgen, am Tag der Auferstehung, am ersten Tag der Woche.

Liturgisch lasse ich mich ins eucharistische Gebet hinein nehmen, weil es am Weg liegt. Der Weg im Geheimnis leitet mich, regelmäßig oder punktuell, eben auch auf eucharistische Wegstrecken. Wort und Antwort? Liturgie ist zu anders, als dass sie einfach in das geläufige Schema eingepasst werden könnte. Ich will trotzdem versuchsweise die Formel anwenden. Dann rückt liturgisch der Fall in den Blick, der uns Protestanten schwer fällt oder gar unmöglich scheint: dass ich ins Wort falle, indem ich lobe. Und eben gerade nicht, was man sich landläufig unter Wort und Antwort vorstellt: dass ich lobe, weil mich das Wort erreicht hat.

Die Formulierung „ins Wort fallen“ ist also mehrdeutig. Positiv meint sie so viel wie „überraschend ins Wort geraten“, in die katabatische Dimension, in der von Gott her etwas geschieht. Zugleich hat sie eine kanzelkritische Ausrichtung: Die Gemeinde fällt dem Prediger ins Wort. Sie ist, indem sie lobt, dem Wort im Sinne von Anrede, Verkündigung oder gar Predigt von Zeit zu Zeit voraus; sie naht Gott im Lob, und Gott lässt sie in seine Nähe. Die Gemeinde fiele also dergestalt mit ihrer Antwort ins Wort, dass sie dem Predigtwort zuvor kommt und dem Gotteswort in die Arme läuft.

Man kann also das gottesdienstliche Geschehen schon mit der Formel von Wort und Antwort deuten. Aber eben nicht einseitig: vom Wort zur Antwort. Sondern immer auch umgekehrt: von der Antwort zum Wort. Pneumatologisch handelt es sich ohnehin um ein Wechselspiel, bei dem die Regie in ein und derselben Hand liegt.

Aufregend normal

Mit der Antwort ins Wort fallen – klingt nicht gerade aufregend. Muss es auch nicht. Der Weg im Geheimnis verläuft meistens undramatisch. Macht gar nichts. Es wäre schlicht unrealistisch, Gotteserfahrung notwendig mit dramatischen Erhebungen der Seele zu verbinden. Der Weg im Geheimnis führt eher beiläufig an Punkte in der Landschaft, an denen die einen ins Staunen geraten und die anderen vorbeigehen, als wäre nichts gewesen. Oder heute so, morgen so, mal erregt, mal gelangweilt. Der Weg im Geheimnis lässt dem Menschen Freiheit. Es ist nicht wie im Klavierkonzert, wo ich, angestrengt mit Hustenvermeidung beschäftigt, eine Sternstunde verpasse. Die Sternstunde kehrt nicht wieder. Der Gottesdienst schon, spätestens am nächsten Sonntag.

Trotzdem ist die Versuchung zu einer Dramaturgie der Höhepunkte oder gar des Höhepunkts beim großen Abendmahlsgebet besonders groß. Demgegenüber behaupte ich: Wer penibel festlegen will, wo der konsekratorische Höhepunkt sei im eucharistischen Gebet, wer genau wissen will, ob die Einsetzungsworte nun Verkündigung seien oder Dankgebet, wer Wort und Antwort säuberlich verteilen will, geht durch dieses Gebet, als ob es ein geistlicher Parcours wäre: mit Stationen, Steigerungen und Höhepunkten. Ich verstehe es lieber als eine Wegstrecke, bei der Wegzeichen und Schilder unterschiedlichster Herkunft die Seiten säumen. Bisweilen erscheinen mir die Aufschriften disparat, bisweilen übersehe ich sie, bisweilen ergeben sich überraschende Verknüpfungen. Der eucharistische Lobpreis, das große Abendmahlsgebet ist ein vielgestaltiger Gebetsakt. Seine Logik erschließt sich nicht ohne weiteres. In der Frömmigkeit geraten Sequenzen ineinander, während sie in der theologischen Reflexion zu unterscheiden sind:

> Die Abendmahlshandlung wäre dann als performatives Geschehen zu beschreiben, das verschiedene Akte des Redens und Handelns im Vollzug der Aufführung vereinigt, die dogmatisch zu trennen sind.
>
> *Klaus Raschzok, Der Streit um das Eucharistiegebet in den Kirchen der Reformation, 2005, 170.*

Man kann Entdeckungen machen im eucharistischen Gebet, jener merkwürdig vielgestaltigen, kantigen, disparaten Sprachhandlung. Aber in der Regel läuft die Sequenz ab wie immer. Ich bete eben mit, weil ich das schon immer getan habe und weil ich es auch heute nicht missen möchte.

Dass die Normalität mitunter aufregend sein kann, will ich nicht in Abrede stellen. Es kann sein, dass ich mich ganz selbstverständlich auf dem Weg im Geheimnis bewege. Alles scheint normal. Und plötzlich befinde ich mich anderswo: im fremden, unterhaltsamen, verwunderlichen und sehr absurden Gottestheater. Plötzlich geraten Texte ins Wechselspiel, die ich unzählige Male nebeneinander wahrgenommen habe, aber noch nie miteinander, ineinander, gegeneinander. Heilig, heilig, heilig ... Hosianna in der Höhe ... Gelobt sei, der da kommt ... Auf einmal fällt auch geistlich in eins, was liturgisch zusammen gehört und dogmatisch möglicherweise nicht zusammen passt – Intertextualität als religiöses Highlight.

Wie in einem unangenehmen Traum beginnt das Sanctus der Messe. Jedenfalls wenn ich bei „Heilig, heilig, heilig" (Jes 6,3) den Kontext aus dem Jesajabuch mithöre:

> Wir befinden uns im himmlischen Thronsaal. Er ist voll von Engeln. Die singen und singen, machen herrliche Musik. Überirdisch schön singen sie: „Heilig, heilig, heilig". Engel unter sich. Der Allerhöchste selbst hört zu. Aber einer, ein Fremder kam doch hinein, wie im Traum, ein Mensch, der Prophet Jesaja, einer, der da nicht hingehört. „Weh mir", ruft er laut, „weh mir, ich vergehe!" Ein Mann im Himmel, ein Erdenbürger unter lauter Engeln, ein sündiger Mensch im Thronsaal Gottes. Mit all dem, was zu seinem Leben gehört, passt er dort nicht hin. Im Menschengewand beim Himmelsfest. Vollendete Peinlichkeit. Absurdes Theater.

Noch kein Ende der Absurditäten. Benedictus – „Gelobt sei, der da kommt im Namen des Herrn." Da ist auf einmal eine andere biblische Szene im Spiel, der Palmsonntag mit dem Einzug in Jerusalem (Mt 21,5–9):

Freundliche Folklore fällt mir ein: Palmzweige, Hosianna, Märchenesel. Da standen sie an den Straßen und Plätzen der Stadt, schwenkten die Palmzweige, jubelten, erwarteten sehnsüchtig den, der da kommen sollte. Und dann kam er. Kam geritten. Kam einfach daher geritten. Auf einem Esel. Auf einem Esel ritt er in die Stadt.

Eigentlich war die Szene schon damals absurd. Im Sanctus der Messe steigert sich die Absurdität. Jedenfalls dann, wenn man Jesaja und Matthäus ineinander klingen lässt:

Jetzt ist Jerusalem zur himmlischen Stadt geworden. Wir befinden uns im Zentrum der kosmischen Macht, im himmlischen Thronsaal selbst. Der Saum vom Gewand dessen, der auf dem Thron sitzt, füllt den weiten, prächtigen Raum. Jetzt ist es nicht mehr die Menge am Straßenrand, jetzt sind es die Engel selbst, die da jubeln, ihr Dreimalheilig singen und Hosianna. Da reitet er ein. Da reitet ER ein. Auf seinem Eseltier. Auf dem Esel in den Himmel: Verrückter geht's nicht. Absurdes Theater.

Verrückt, absurd. Aber beim Abendmahl, bei der Messe singen wir das Sanctus, ohne mit der Wimper zu zucken. Obwohl es doch ein Gesang ist, der Raum und Zeit durcheinander wirbelt:

Der Pfarrer, die Pfarrerin stimmt den Lobgesang an: „Wahrhaft würdig und recht ist es, billig und heilsam …" Der Gesang wächst an, löst sich von der Erde, schwingt sich zum Himmel empor: „Dich preisen die Mächte des Himmels mit einhelligem Jubel." Die Engel singen da, die Mächte des Himmels. Und dann die Aufforderung: „Mit ihnen lass auch unsere Stimmen uns vereinen und ohne Ende bekennen …" Da passiert es. Da stimmt die Gemeinde ein in den kosmischen Gesang der Engel. Die ganze Gemeinde, ungezählte Menschen auf der Erde – gemischter Chor aus irdischer Gemeinde und Engeln des Himmels. Absurd: Da singen die Engel – und ich bin dabei.

Da zieht er in den Himmel ein: der Eselreiter, Bettelkönig, Anwalt der Mühseligen und Beladenen. Benedictus. Mit diesem Einzug scheint sich der Himmel zu verändern. Zuvor sangen die Engel, wie sie immer gesungen haben. Seitdem ist nichts mehr, wie es war. Seitdem gibt im Himmel das Leise, Zarte, Verletzliche den Ton an. Benedictus. Seitdem ist der Mensch das Geheimnis des Himmels. Benedictus. Von diesem Geheimnis singen die Engel, singen Gemeinden in aller Welt. Benedictus. Von diesem Geheimnis schwingen und klingen Erde und Himmel. Von nun an. Ein ganzes Sanctus lang. Mischung seltener Bilder. Herrlich absurdes Theater. Der Mensch als Geheimnis des Himmels.

Das ist schon absurd genug. Absurd, obwohl das, was sich linearer Zeitwahrnehmung entzieht, hier immerhin noch als Vorgang in der Zeit erzählt wird („zuvor", „seitdem"). Eigentlich müsste von Sanctus und Benedictus noch ganz anders erzählt werden: gleichzeitiger, unzeitiger, zeitloser, mehr Gottestheater eben.

Vom „Hochgebet“ wieder auf den Boden zu kommen, ist gar nicht so schwer, wie Manfred Josuttis meint. Ein intertextuelles Wechselspiel der Texte ist nicht notwendig ein mystisches Erlebnis. Es gehört zu den Eigentümlichkeiten des Weges im Geheimnis, dass er so aufregend sein kann und so normal. Gleichzeitig. Und niemand, Gott sei Dank, niemand misst den Pegelstand religiöser Erregung.

Wie Worte Welt bewegen

Wort und Sakrament bilden im Protestantismus ein problematisches Gespann. Einerseits wurden sie zum Gegensatzpaar stilisiert. Das war etwa dort der Fall, wo man sich eine „Entkultung des Gottesdienstes“ (Götz Harbsmeier) auf die Fahnen geschrieben hatte: Mit dem Wort gegen katholischen Sakramentalismus oder eben „Kult“! Auf der anderen Seite sah man die beiden Größen so harmonisch beieinander, dass „Wort & Sakrament“ geradezu als Zwillingsformel gebraucht wurde. Dabei geriet die Tatsache aus dem Blick, dass die evangelischen Kirchen mit dem Sakrament keineswegs so viel anzufangen wussten wie mit dem alles dominierenden und protestantische Identität stiftenden Wort.

Wie Wort und Sakrament zusammen gehören, ist also keineswegs so klar, wie es scheinen mag. Es geht, wo man sich um Klärung bemüht, um eine theologisch grundsätzliche Verhältnisbestimmung, zugleich aber auch um das Verhältnis von evangelischem Predigt- bzw. Wortgottesdienst und katholischer Messe. Wer möchte, dass die Eucharistie den Platz, der ihr theologisch und geschichtlich zukommt, auch in der evangelischen Gottesdienstpraxis einnimmt, muss Wort und Sakrament ins Verhältnis setzen. Wenigstens den Versuch will ich machen.

In jedem Fall repräsentieren beide, Wort und Sakrament, das Geheimnis, das wir auf unseren gottesdienstlichen Wegen begehen. Wo sie sich nicht gleichermaßen im Gottesgeheimnis gründen, verlieren sie ihren gemeinsamen Wurzelboden. Dann bleiben vom Wort die bloßen Worte und vom Sakrament die bloßen Dinge. Dann ist der Vorwurf an uns Evangelische, wir seien eben *solo verbo* geschwätzig, ebenso berechtigt wie der Vorwurf an die Gegenseite, Katholiken pflegten eben *ex opere operato* eine verdinglichte Frömmigkeit. Wie aber beziehen sich, gleichermaßen gegründet im Gottesgeheimnis, Wort und Sakrament aufeinander?

Beim Sakrament ist die Sachlage relativ einfach. Die Dinge und Handlungen, die klassisch die „Materie“ des Sakraments ausmachen, kommen aus dem, was zur Hand ist oder zur Hand war. Der Katholische Katechismus gibt Auskunft:

Woher kommen die sakramentalen Zeichen?

Einige kommen aus der Schöpfung (Licht, Wasser, Feuer, Brot, Wein, Öl), andere aus dem menschlichen Zusammenleben (waschen, salben, das Brot brechen), wieder andere aus der Heilsgeschichte im Alten Bund (die Pascha-Riten, die Opfer, die Handauflegung, die Weihen) [...].

Wichtig bleibt, selbstverständlich auch katholisch:

Welches Verhältnis besteht in der sakramentalen Feier zwischen Handlungen und Worten?

In der sakramentalen Feier sind Handlungen und Worte eng miteinander verbunden. Auch wenn die symbolischen Handlungen schon an und für sich eine Sprache sind, ist es dennoch nötig, dass die Worte des Ritus diese Handlungen begleiten und lebendig machen. In der Liturgie können Worte und Handlungen nicht voneinander getrennt werden [...].

Katechismus der Katholischen Kirche. Kompendium, 2005, Nr. 237 u. 238.

Die sakramentalen Dinge und Handlungen sind also auf das Wort hin ausgerichtet. Ohne Wort kein Sakrament!

Nicht so einfach ist die Sachlage beim Wort. Man hat immer wieder, in der Reformation zumal, die Zugehörigkeit des Wortes zur geistigen Welt betont. Was natürlich stimmt. Aber den Geist des Wortes gibt es eben nicht ohne die Materialität der Dinge. Die Gottespräsenz im Wort ist ähnlich inkarnatorisch zu denken wie die Gottespräsenz im Sakrament. Nur dass wir uns das gemeinhin nicht klar machen. Man spricht, mit Bezug auf Luther, gerne von der „lebendigen Stimme des Evangeliums" (viva vox Evangelii). Aber dass „Stimme" auch ganz wörtlich die menschliche Stimme meint, wird selten thematisiert. Der Schweizer Praktische Theologe Bernard Reymond spricht im Blick auf die Predigt geradezu von der „Sakramentalität" menschlicher Stimmvorgänge. Das menschliche Wort betrifft keineswegs nur den Intellekt, sondern reicht, wie die Sakramente auch, weit in den leiblichen und affektiven Bereich. Reymond benennt als „Materie" des sakramental verstandenen Wortes die menschliche Stimme:

Und schon befinden wir uns jenseits der simplen Entgegensetzung [...] zwischen angeblich immateriellen Worten und angeblich materiellen Zeichen. Sobald das Wort mit der Stimme vermittelt wird, hat es ebenso viel Materialität wie die Zeichen – und die Zeichen, sobald sie mit sakramentaler Bedeutung aufgeladen sind, haben ebenso viel Immaterialität wie die Worte.

Bernard Reymond, De vive voix, 45 [Übers. MN].

Was der Taufe das Wasser oder der Eucharistie Brot und Wein, ist dem Wort die Stimme. Auch die worthaften Vollzüge sind sakramental disponiert. Ohne Sakramentalität kein Wort!

Wort und Sakrament sind also strukturell keineswegs so verschieden, wie es manchmal scheint. Im Gegenteil. Darüber hinaus konvergieren oder interagieren die beiden Größen aber auch inhaltlich. Das lässt sich gut zeigen an einer zentralen Formulierung der Abendmahlsliturgie: „Das ist mein Leib."

Wir haben längst gelernt, Worte als Handlungen zu sehen. „Das ist mein Leib" gilt dann als performativer Akt: Das Deutewort des Liturgen verändert („performiert") vorfindliche Wirklichkeit. Auch wenn man jede Transsubstantiation ausschließt, ist die Hostie nach dieser Formel anders konnotiert als vorher. Das Wort, das der Liturg sagt, „macht etwas" mit der Sache, die er in Händen hält, und mit den Menschen, die mitfeiern. Es handelt sich um Worte, die Welt bewegen.

Ich nehme den Vorgang näher in den Blick und konstatiere wenigstens drei Wirklichkeiten, die bei der Rezitation der Einsetzungsworte präsent sind:

(1) Im Blick auf die *soziale Wirklichkeit* von Kirche und Gemeinde begegnet das Bild vom Leib und den Gliedern. Paulus versucht damit Einheit und Vielfalt der Gemeinde auszubalancieren (vgl. 1Kor 12). Das Bild, das aus unmittelbarer Anschauung seine Evidenz bezieht, trägt zur Klärung eines problematischen Sachverhalts bei; es hat regulative Funktion in sozialem Kontext.

(2) Die *soteriologische Wirklichkeit* des Kreuzesgeschehens ist im eucharistischen Vollzug vielfältig präsent, von der Symbolik des Blutes bis zu der dichten Kurzformel der Heilsbedeutung des Todes Christi („für euch"): „Das ist mein Leib, der für euch gegeben wird."

(3) Die *materiale Wirklichkeit*, wie wir sie klassischerweise beim Sakrament erwarten, ist mit Brot oder Hostie handgreiflich gegeben.

Exegetisch gesehen war „Leib Christi" zunächst ein Bild für die Sozialität von Gemeinde und Kirche: „Ihr aber seid der Leib Christi und jeder von euch ein Glied" (1Kor 12,27). In späteren Schriften des Neuen Testaments begegnet „Leib Christi" zwar auch noch im sozialen Kontext, das aber charakteristisch anders als beim genuinen Paulus. Im Epheserbrief wird Christus gerühmt als „das Haupt der Gemeinde [...], die er als seinen Leib erlöst hat" (Eph 5,23). Hier trägt das herkömmliche Bild vom Leib und den Gliedern nur insoweit, als das Verhältnis Christi zu seiner Gemeinde wie das vom Haupt und den Gliedern eines Menschen beschrieben wird. Die Aussage, das Haupt habe die Gemeinde „als seinen Leib erlöst", führt über das ursprüngliche Bild hinaus. Hier kommen dem „Leib" Konnotationen zu, die nicht aus der unmittelbaren Anschauung bzw. aus dem antiken Bild von Haupt und Gliedern ins Spiel gekommen sein konnten.

Dazwischen, nämlich etwa zwischen 1Kor 12,27 und Eph 5,23, liegt ein aufregender Vorgang: wie die sakramentale Rezitation der Einsetzungsworte Welt bewegt. In der eucharistischen Feier schoben und schieben sich die Wirklichkeiten, die ich eben noch analytisch auseinander gehalten habe, ineinander. Ich spreche von einem performativen Akt. Die Exegese sekundiert historisch: Die urchristliche Rede vom „Leib Christi" sei wesentlich eucharistisch konnotiert. Jürgen Roloff macht eindrücklich klar, wie sich im Vollzug der eucharistischen Austeilung der Hostie (3) aus dem „für euch" gegebenen „Leib" der Passion (2) der „Leib" von Gemeinde und Kirche (1) bildet.

Alle drei Wirklichkeiten schieben sich in maximaler Verdichtung zu einer Spitzenformulierung ineinander: „Denn ein Brot, ein Leib sind wir, die Vielen" (1Kor 10,17a). Kürzer und prägnanter geht es nicht; Roloffs Übersetzung bringt das gut zum Ausdruck. Wieder haben wir die drei Wirklichkeiten: die materiale (3) im Brot, die soteriologische (2) in „die Vielen" (vgl. Mk 10,45) und die soziale (1) im „Leib". Wir haben die drei Wirklichkeiten diesmal auf so kleinem Raum, dass sie gewissermaßen schon deshalb interagieren müssen. Oder liturgisch präziser: In der performativen Worthandlung „Das ist mein Leib" gerieten und geraten die drei Wirklichkeiten so ins Wechselspiel, dass eine neue Wirklichkeit daraus wird.

Jürgen Roloff hebt bei der Analyse von 1Kor 10,17a auf die Verschränkung der sozialen und der soteriologischen Wirklichkeit ab. Er wendet sich gegen eine isolierte Ausrichtung der eucharistischen Gaben auf das Heil des Einzelnen und konstatiert:

> Nicht was der individuelle Christ an der Gabe des Sakraments *hat*, sondern was die Kirche auf Grund der Gabe Jesu *ist*, sagt v. 17a aus! [...] Mit anderen Worten: Paulus interpretiert das Herrenmahl, indem er auf die Gemeinde verweist.
>
> *Jürgen Roloff, Heil als Gemeinschaft, 1970, 191.*

Man kann den Satz auch umkehren: Paulus interpretiert die Gemeinde, indem er auf das Herrenmahl verweist. Das hat Konsequenzen: In der eucharistischen Austeilung des „Leibes Christi" aktualisiert sich Kirche als Leib Christi. Soteriologische und soziale Wirklichkeit werden füreinander durchsichtig. Beide zusammen werden zeichenhaft ansichtig und greifbar im Brot: die Hostie als Zeichen für den zwischen Heil und Gemeinschaft, zwischen Christusleib und Kirche oszillierenden „Leib". Kurz: Die Metapher vom „Leib Christi" steht prägnant für den komplexen Vorgang, in dem ein paar Worte Welt bewegen.

Wort und Sakrament? Nach den Überlegungen zum „Leib Christi" erscheint es immer abwegiger, auf die Differenz zwischen den beiden Größen abzuheben. Ins Auge fällt vielmehr eine fundamentale Konvergenz: Das Sakrament braucht das Wort, und das Wort braucht sakramentale Haftung an der Welt und den Dingen. Prinzipiell ist die Differenz nur als unterschiedliche Akzentuierung namhaft zu machen.

In der liturgischen Praxis freilich bedeuten die Akzente auch Aufgaben. Die Kirchen sind unterschiedlich damit beschäftigt – oder sollten es sein. Jedenfalls hat die katholische Kirche die worthafte Seite am Sakrament mit dem letzten Konzil zur Chefsache gemacht, während wir Evangelischen im Blick auf die sakramentale Bodenhaftung des Wortes, so scheint mir, noch einigen Nachholbedarf haben.

Mit dem Wort warten

Mit dem Wort warten: Die Formulierung ist bewusst doppeldeutig. Zum einen verweist sie uns Protestanten zurück an das Wort, mit dem wir einst angetreten sind: Wartet ab, wartet in, mit und unter dem Wort, lasst euch Zeit, gebt euch mit dem Wort noch einmal alle Mühe! Zum anderen setzt sie eine gerade für Protestanten nötige Grenze: Wartet mit dem Wort, meint nicht, ihr könntet alles sagen, lasst dem Sakrament seine eigene Sprache! Mit dem Wort warten – wie das gehen könnte, will ich erläutern.

Mindestens formal lockt der Gottesdienst der Synagoge zum Vergleich. Israel konnte und kann in der Synagoge den Kult des Wortes pflegen und zugleich die endzeitliche Restitution des Kultes im Tempel erwarten. Es ist für weite Teile des Judentums kein Widerspruch, ganz aus und mit dem Wort zu leben und gleichzeitig jeden Morgen mit der 17. Bitte des Achtzehnbittengebets für die Restitution des Tempelkults zu beten:

> Laß Dir wohlgefallen, Ewiger, unser Gott, Dein Volk Israel und sein Gebet, und führe zurück den Tempeldienst in Deine heiligen Hallen, die Feueropfer Israels, und sein Gebet nimm in Liebe an mit Huld, und zum Wohlgefallen stets vor Dir sei der Gottesdienst Israels, Deines Volkes.
>
> *Gebete der Israeliten, ed. Sachs, 73.*

Ganz so endzeitlich muss sich die Kirche des Wortes nicht nach dem Sakrament sehnen. Wir Evangelischen feiern das Abendmahl. Nicht jeden Sonntag, aber doch recht oft im Vergleich zu früher. Auch früher wurde es gefeiert, nicht so oft, aber durchaus selbstverständlich. In vielen Regionen gab es zu den kirchenjahreszeitlichen Höhepunkten am Nachmittag, am Abend oder im Anschluss an den sonntäglichen Predigtgottesdienst eigens „Beichte und Feier des Heiligen Abendmahls“. In den Kirchen der Reformation hatten sich, gerade im Zusammenhang mit solchen eigenen

Feiern, tiefgründige und ernsthafte Formen von Abendmahlsfrömmigkeit ausgebildet, die dem evangelischen Respekt vor dem Sakrament Gestalt verliehen. Wir Evangelischen haben in Sachen Abendmahl kein prinzipielles Defizit.

Freilich ist aktuell zu konstatieren, dass sich das Abendmahl als integraler Teil des Sonntagsgottesdienstes nicht wirklich etabliert hat. Theologische Unsicherheit und Mangel an liturgischer Kompetenz sind nur zwei von vielen Gründen, warum sich protestantische Frömmigkeit aufs Ganze gesehen noch immer mit dem herkömmlichen Predigtgottesdienst identifiziert. In dieser Lage schlage ich für die evangelischen Kirchen ein zweigleisiges Verfahren vor.

Weg ins Wort

Wir verweilen noch für eine Weile im Geheimnis bei der Wegstrecke, die durch das Wort markiert ist. Wir warten also bei und mit dem Wort. Langeweile wird nicht aufkommen. Die Bemühungen, von einer selbstverständlichen Fixierung auf die Predigt weg und zu einer konsensfähigen Ritualität des Wortes zu kommen, haben noch nicht einmal begonnen. Die Kirche des Wortes sollte heftige Anstrengungen unternehmen, ihrem Namen Ehre zu machen. Mit einem Wortgottesdienst, wie es ihn noch nicht gab, würden wir als evangelische Kirche unseren Beitrag leisten zu einer Liturgie der Kirche.

Weg ins Sakrament

Wir begeben uns von Zeit zu Zeit auf die Wegstrecke, die durch das Sakrament markiert ist. Dann aber bitte richtig! Solche punktuellen „Sakramentsgottesdienste“ müssten von Grund auf als solche gestaltet sein. Dem Schicksal, zusätzlich zum „eigentlichen“, dem Predigtgottesdienst noch einen eucharistischen Appendix durchstehen zu müssen, sollte niemand mehr ausgesetzt werden. In der geläufigen Praxis entwickeln sich der sorgenvolle Blick auf die Uhr und die Sprungbereitschaft in Richtung Ausgang, aber keine eucharistische Spiritualität. Lasst uns also punktuell und professionell evangelische Messen gestalten! Lasst uns das in einer Weise tun, dass Wort und Sakrament mit ihrem je eigenen Akzent, vor allem aber in ihrer fundamentalen wechselseitigen Bezogenheit zur Geltung kommen! Lasst uns bei solchen Gelegenheiten die Predigt klein halten, damit Wort und Sakrament groß werden!

Zusätzlich wäre zu erwägen, den bewährten, aber völlig aus der Praxis gekommenen evangelischen Brauch eigener Abendmahlsfeiern bei seltenen Anlässen wieder zu etablieren. Ob das dann auch Feiern mit vorlaufender Beichte sein könnten, müsste geprüft werden; theologisch hat sich diese lange gepflegte Kombination eher als einengend für die Eucharistie erwiesen. Aber prinzipiell wären gesonderte Abendmahlsfeiern eine zusätzliche Gelegenheit, eine evangelische Abendmahlfrömmigkeit in ökumenischer Ausrichtung auszubilden. So etwas braucht Zeit.

Zweigleisig fahren

Warum nicht für eine gewisse Zeit zweigleisig fahren? Das eine tun, das andere nicht lassen – und jedes zu seiner Zeit?

Warum nicht, beispielsweise, die Gottesdienste der Passions- oder Fastenzeit als Wortgottesdienste gestalten? Das würde Sorgfalt erfordern, wäre aber der Mühe wert: mit Lesungen, Liedern, Gebeten, Predigten den Weg im Geheimnis der Passion Christi zu gehen, langsam, Sonntag für Sonntag. Um dann zu Gründonnerstag, am Abend, die Einsetzung des Abendmahls feierlich zu begehen. Am Karfreitag wäre wieder ein Wortgottesdienst angesagt. Dann der Ostermorgen, Termin par excellence für die Feier der Eucharistie. So kämen in einem überschaubaren Zeitraum Wort und Sakrament mit ihrer Eigenart und in ihrer fundamentalen Konvergenz zum Leuchten.

Wenn wir in der angedeuteten Weise mit dem Wort warten können, wird uns die eucharistische Feier zufallen: evangelisch, ökumenisch, liturgisch. Jede Hast ist kontraproduktiv.

Kirche, Kelch und Kommunion

Es wäre auf dem Weg zu einer evangelischen Messe eine ganze Reihe von sensiblen Punkten zu bedenken. Zu den sensibelsten Punkten gehört die Form der Austeilung bzw. des Kommunionempfangs.

Unter „Beobachtungen“ habe ich eine evangelische Kommunion beschrieben: Austeilung von Brot und Wein, während die Lieder verebben, die Gemeinde schwindet und das Geschehen um den Altar kein Ende nimmt – eine Art liturgischer Abschiedssymphonie. Sollte ich damit nicht nur karikiert, sondern maßlos übertrieben haben, möge man mir verzeihen. Wenn meine Schilderung aber vielerorts auch nur annähernd die Realität trifft, dann möge man für Abhilfe sorgen.

Diese Art der Kommunion ist des Sakraments unwürdig. Die entsprechenden Formen der Austeilung haben ihre Wurzel in einem Setting, in dem für das Abendmahl mehr und eigens Zeit war. In vielen Fällen handelte es sich um die Feier von Beichte und Abendmahl außerhalb des regulären Predigtgottesdienstes. Da war es angemessen, die Austeilung entsprechend auszugestalten. Aber als integraler Bestandteil einer Feier, die Wort und Sakrament mit gleicher Sorgfalt Gestalt geben möchte, ist eine solche Weise der Kommunion, mag sie auch gemeinhin als besonders intensiv erlebt werden, kontraproduktiv. Was Menschen dazu treibt, die Kirche zu verlassen oder sich in den Bänken zu langweilen, dient nicht der Würde, mit der das Sakrament zu feiern wäre. Eine falsche Dramaturgie befördert die Eucharistie nicht nur zeitlich, sondern auch theologisch ins Abseits. Drei problematische Punkte der evangelischen Kommunionspraxis greife ich heraus.

„Für dich gegeben“

Die Spendeformel „für dich gegeben“ bzw. „für dich vergossen“ lässt die ekklesiologische Dimension des „Leibes Christi“ außer Acht. Von den Einsetzungsworten wird für Brot und Wein der Plural vorgegeben: „für euch“. Warum also diese Individualisierung der Spendenformel? In der (Hin-) Gabe des Leibes Christi aktualisiert sich die korporative Größe „Leib Christi“. Es geht in der Kommunion um Gemeinde oder Kirche, erst in diesem Kontext um das Individuum. Merkwürdig auch, wie die individuelle Formulierung vielerorts in augenfälligen Kontrast gerät zu der Gemeinschaft, die in den Kommunikantengruppen inszeniert wird. Entweder kamen hier Zeichen aus verschiedenen Kontexten unvermittelt zusammen. Oder aber der moderne Protestant sucht eine Weise, in Gemeinschaft allein zu sein: im Kreis zwar und an den Händen gefasst, zugleich aber allein mit sich und seinem Gott. Das ist zwar im Einzelfall nur zu gut verständlich, aber als Leitlinie für die Gestaltung des Kommunionempfangs wenig tauglich. Warum nicht die schlichten Worte: „Leib Christi“? Diese Formel lässt den Spannungsbogen offen: vom dahingegebenen Leib Jesu bis zur Kirche als dem Leib Christi. Schlichtes „Leib Christi“ wäre theologisch in Ordnung – und ließe dem modernen Protestanten gleichzeitig die Freiheit, sich irgendwo zwischen Herzensreligion und Kirchengemeinschaft zu verorten.

Schon wieder Worte

Jedes Wort neben der Spendenformel ist ein Wort zu viel. Kann ein tröstlicher, aber der Eucharistie denkbar ferner Bibelspruch mehr sagen, als ohnehin schon entfaltet im eucharistischen Gebet und verdichtet in der Spendenformel zur Sprache kam? Und was soll ein Friedenswunsch nach der Austeilung, wenn doch vorher der Friedenswunsch, die Pax, bereits ihren Ort hatte? Bei aller Konvergenz von Wort und Sakrament, aber das ist nun wirklich ein Fall feindlicher Übernahme von Seiten des Wortes! Alles ist gesagt, jetzt müsste nur noch gehandelt werden. Aber schon wieder wird gepredigt. Ganz in der Spur Luthers, der nichts dahinter fand, „Präfation“ (Vorrede) mit philologischer Gewalt als „Anrede“ zu verstehen und die Chance zu einer weiteren kleinen Predigt in Form einer, wie er es nannte, „Abendmahlsvermahnung“ zu nutzen.

Sperriger Kelch

Die Vorschläge zum Kelch mache ich, wohl wissend, dass ich besonders sensibles Gebiet betrete. Aber um überhaupt eine Revision der Kommunion anzustoßen, bedarf es vermutlich massiver Impulse. Mein Vorschlag geht zunächst auf die Wandelkommunion als Regelform: Die Elemente werden an (mindestens) zwei Orten ausgeteilt, und die Kommunikanten machen sich auf, am einen Ort das Brot und am anderen Ort den Wein zu empfangen. Prinzipiell ist die Wandelkommunion auch im evangelischen Bereich praktizierbar. An einigen Orten ist sie nicht mehr befremdlich.

Neben der Wandelkommunion könnte man auch die Intinctio mehr in Gebrauch nehmen: das Eintauchen der Hostie in den Kelch mit Wein. Auch diese Weise der Kommunion bietet eine Reihe von Problemen. Aber sie scheinen leichter lösbar als das große Problem einer ungebührlichen Verzögerung der Austeilung durch die Kelchkommunion.

Nun aber der provokante Vorschlag: Warum nicht, bei entsprechenden Gelegenheiten, die Kommunion *sub una*? Also nur die Hostie? Wie die katholische Kirche den Laienkelch prinzipiell erlaubt hat, ihn aus praktischen Gründen aber nur bei besonderen Gelegenheiten praktiziert, so könnten wir auf den Kelch für alle verzichten, wenn, etwa bei Großgottesdiensten, die Austeilung von Wein organisatorisch zu schwierig, zu wenig hygienisch oder zu zeitaufwendig wäre. Zur theologischen Begründung braucht man keineswegs die scholastische Konkomitanz zu bemühen, derzufolge im Leib Christi das Blut mit enthalten sei. Es genügt der exegetische Befund. Der macht deutlich, wie spätestens im hellenistischen Bereich der „Leib“ Bestimmungen des „Blutes“ an sich zieht und wie sich Paulus für seine Argumentationen im Kontext des Herrenmahls fast ausschließlich auf den „Leib“ stützt. Es gibt Gegenargumente, ich weiß. Vor allem die Schriftgemäßheit der Austeilung in zweierlei Gestalt ist Ansporn, nach ebenso schnellen wie würdigen Weisen der Kelchkommunion zu suchen. Aber ich wollte den Vorschlag einer evangelischen Kommunion *sub una* zunächst so stehen lassen. Antikatholischen Affekt jedenfalls könnten wir Evangelischen ebenso begraben, wie die katholische Kirche ihren antiprotestantischen Affekt gegen eine gelassene Haltung eingetauscht hat: im Prinzip *sub utraque*, in der Regel *sub una*.

Man mag einwenden, dass der Vorschlag doch reichlich pragmatisch motiviert sei. Richtig. Aber in der Liturgik ist die Praktikabilität zuweilen ein Kriterium mit theologischer Reichweite. Was nützt es, stiftungsgemäß und theologisch richtig Brot und Wein auszuteilen, wenn durch die praktischen Probleme der Kelchkommunion die Würde des Sakraments Schaden nimmt?

Wort, Sakrament und Geheimnis

Wie gründen, auf ihre je eigene Weise und beide gemeinsam, Wort und Sakrament im Gottesgeheimnis? Liturgisch geht es um das Verhältnis von Wortgottesdienst und eucharistischer Feier. Bei aller Konvergenz sind doch auch deutliche Unterschiede festzustellen. Und das mit bloßem Auge:

Mit dem Beginn des Sakramentsteils ändert sich die liturgische Zeichensprache massiv: Der (Altar-) Tisch ist gedeckt, Geräte wie Kelch und Patene kommen ins Spiel, das Gegenüber von Pfarrer und Gemeinde wandelt sich in die gemeinsame Haltung des Betens, in den Fokus der Aufmerksamkeit treten Brot und Wein, die Gemeinde steht bei bestimmten Passagen der Liturgie, man reicht einander die Hand zum Friedensgruß, zur Austeilung verlassen die meisten Gemeindeglieder die Bänke und machen sich auf in Richtung Altar, aus Einzelnen formieren sich Gruppen, Reden und Hören werden abgelöst durch Essen und Trinken. So oder so ähnlich.

Die Frage ist, ob sich mit der veränderten Zeichensprache auch ein anderer Bezug zu dem Geheimnis ergibt, in dem wir uns gottesdienstlich bewegen.

Ich gehe davon aus, dass sich das Geheimnis Gottes in der Dialektik des göttlichen Namens beschreiben lässt. Dann stellt sich das Geheimnis dar in der Spannung von Offenbarung und Verborgenheit, von Vertrautheit und Fremdheit.

Für die Wortdimension des Gottesdienstes bedeutet die Dialektik im Umgang mit dem Namen Gottes: Man kann „im Namen" Gottes nur reden oder schweigen. Oder beides gleichzeitig. Im Judentum wird der Name selbst verschwiegen. Aber Lob, Klage, Bitte, Erzählung, Poesie werden trotzdem oder gerade deswegen laut. Israel vermeidet es, Gott beim Namen zu nennen. Aber weder verschweigt es Gott in der Welt noch verschweigt es ihm gegenüber Freude und Not. Schweigen und Reden sind wechselseitig aufeinander bezogen. An dieser Dialektik ändert sich mit der Christusoffenbarung grundsätzlich nichts.

Liturgisch gibt es jenseits von Reden und Schweigen ein Drittes. Die Zeichensprache der Eucharistie weist den Weg. Ich beziehe mich auf genau die Sequenz der Eucharistie, mit der sie sich am weitesten von der Zeichensprache der übrigen Liturgie entfernt. Ich meine die Sequenz, wo Wort und Antwort, Reden und Hören aufhört, aber auch nicht Schweigen einsetzt. Ich meine Essen und Trinken. Im Essen und Trinken bedient sich die Liturgie einer Zeichensprache jenseits von Reden und Schweigen. Heinrich Assel spricht pointiert davon, Christus sei im Abendmahl als der „leibliche Name Gottes“ (S. 361) gegenwärtig. Er resümiert sakramentstheologisch:

> Das Sakrament ist, als Gedächtniszeichen und als reale Vergegenwärtigung des auferweckten Gekreuzigten, Zeichen ikonischer Hoffnung des noch nicht aussagbaren Geheimnisses des göttlichen Namens.
>
> *Heinrich Assel, Sakrament und Geheimnis, 2001, 3.*

Demnach wäre also, auch jenseits von Reden und Schweigen, das Geheimnis des göttlichen Namens präsent, nunmehr im Essen und Trinken. Eine ebenso alltägliche wie wunderbare Zeichensprache. Das Geheimnis wird sozusagen dort essbar und trinkbar, wo es noch nicht sagbar ist. Der Name ist leiblich präsent, wird aber noch immer nicht ausgesprochen.

Ich habe hier eine namenstheologische Beschreibung nur angedeutet. Die Skizze ist mehr als unvollständig, indem sie etwa die Soteriologie ausklammert. Dafür nimmt sie Wort und Sakrament ästhetisch, also mit ihren jeweiligen Zeichen, in den Blick. Demnach wären Wort und Sakrament so aufeinander bezogen, wie der Gottesdienst begann: „im Namen“. Gleichzeitig würden Wort und Sakrament in ihren je eigenen „Sprachen“ kenntlich. Die leiblichen Zeichen von Brot und Wein hätten gegenüber den wortsprachlichen Zeichen keine höhere, aber eine andere Qualität. Sie wären aber in jedem Fall deutlich mehr als nur die sinnliche Form dessen, was zuvor schon im Wort verlautete.

Mit Essen und Trinken sind wir noch einmal auf überraschend andere Weise im Geheimnis unterwegs. Und dem Ziel einen entscheidenden Schritt näher. Denn erst mit dem eucharistischen Mahl wird von Ferne erkennbar, wie es sein könnte, wenn er mit uns und anderen Mahl hält in seines Vaters Reich (vgl. Mt 26,29).

Lesetipps

Heinrich Assel, Geheimnis und Sakrament. Die Theologie des göttlichen Namens bei Kant, Cohen und Rosenzweig, FSÖTh 98, Göttingen 2001, 1–22 (Unendlicher Name und ikonische Hoffnung) u. 361–371 (Leiblicher Name – Gebet im Geist. Zur evangelischen Lehre vom Sakrament).

Klaus Raschzok, Der Streit um das Eucharistiegebet in den Kirchen der Reformation, in: Mehr als Brot und Wein. Theologische Kontexte der Eucharistie, hg. v. Winfried Haunerland, Würzburg 2005, 145–172.

Cyprian Krause, Mysterium und Metapher. Metamorphosen der Sakraments- und Worttheologie bei Odo Casel und Günter Bader, LQF 96, Münster 2007, XIII–XXX u. 564–581.

Präsenz und Bedeutung

Für eine zweite Kultfähigkeit

Zur Religion gehört ihre Ausübung im Kult. Dabei sind die Rezeptionsmodi kultischer Gotteswirklichkeit unterschiedlich. Die Skala reicht von unkritisch erlebter Gottespräsenz bis zu kritisch vermittelter Bedeutung der kultischen Zeichen. Auch wenn theurgische Implikationen von „Kult" theologisch zur Vorsicht mahnen, so erhellt der Begriff doch zu Recht Analogien christlicher Liturgie mit kultischen Vollzügen in den Religionen. Das Gottesgeheimnis braucht einen kultisch gespurten Weg, um begehbar zu sein.

Eine unkultische Liturgie ist eigentlich ein Selbstwiderspruch. Die Kirchen der Reformation haben es trotzdem geschafft. Unter mancherlei kultischem Beiwerk kultivierten sie eine gottesdienstliche Spiritualität, die im Ergebnis unkultisch ist. Zwinglis „Significat" im Streit um das Abendmahl präludiert die moderne Verschiebung von der Präsenz zur Bedeutung. Sie bedeutet eine Gradminderung in der liturgischen Wahrnehmung von Gotteswirklichkeit.

Leitziel liturgischer Erneuerung wäre eine zweite, doxologisch erneuerte Kultfähigkeit. Dass der Gottesdienst wieder geschieht, wie er beginnt: „Im Namen des Vaters und des Sohnes und des Heiligen Geistes". Dass Gott doxologisch präsent und zum Amen-Sagen wirklich wird. Ohne erneuerte Kultfähigkeit würde sich der Gottesdienst massiv wandeln: katholisch zur religiösen Folklore, protestantisch zum Glaubensseminar mit Musik.

Beobachtungen

Frischer Wind und Heiliger Geist

Die Bilder von der Trauerfeier für den verstorbenen Papst waren noch frisch. Eines davon griff die Pfarrerin für eine Andacht auf. Sie evozierte das Bild gekonnt mit ein paar sprachlichen Strichen, um dann den Bogen zur Pneumatologie zu schlagen:

Während der Trauerfeier für Papst Johannes Paul II. kam ein frischer Wind auf. Er blätterte in dem Evangelienbuch auf dem Holzsarg. Er bauschte die Gewänder

der Kardinäle zu einer roten Woge. Es war trotz der Trauerfeier ein fröhliches Bild.

So ist es mit dem Pfingstgeist – schoss es mir durch den Kopf. Ein Wind, der Schwung bringt in lauter verkrustete Strukturen.

„So ist es mit dem Pfingstgeist“ – ein bloßer Vergleich. Wenn er es aber wirklich war? Wenn der Pfingstgeist selbst im Evangelienbuch geblättert und die Gewänder der Kardinäle gebauscht hätte? Die Frage ist gestellt: Wie verhalten sich frischer Wind und Heiliger Geist zueinander?

Protestantismus mit Accessoires

In Kultfähigkeit üben sich auch Protestanten. Vereinzelt kommt sogar Weihrauch zur Anwendung:

In St. Trinitatis in Hamburg riecht es anders als in den meisten evangelischen Kirchen. An Epiphanias schwenkte Pastor Michael Fridetzky eine kleine Hohlkugel mit Weihrauch. Der Gottesdienst sei ein Fest für alle Sinne, sagt Fridetzky. „Ein schöner Duft gehört dazu.“

Anders als bei den Katholiken und Orthodoxen ist Weihrauch in evangelischen Kirchen noch ungewöhnlich. Doch die Kieler City-Kirche St. Nikolai verwendet ihn ebenso wie die Kölner Antoniter-Kirche. Auch im ehrwürdigen Meißner Dom und in der Hamburger Hauptkirche St. Jacobi roch es schon nach Weihrauch.

Thomas Morell, Weihrauch für Protestanten?, in: Evangelisches Sonntagsblatt für Bayern vom 15.01.2006.

In Hamburg und anderswo wird der Versuch gemacht, die Evangelischen kultfähiger zu machen. Das ist erfreulich. Aber hier ein wenig Weihrauch, dort eine kunterbunte Stola – ob das „Fest für alle Sinne“ ausreicht, um solche Veränderungen der liturgischen Zeichensprache zu begründen? Das Bild, das sich mancherorts von des Protestanten neuer Kultfähigkeit abzeichnet, überzeugt noch nicht wirklich.

Zitat von Religion

DIE ZEIT stellte Anfang 2007 Woche für Woche die großen Weltreligionen umfänglich dar. Harald Martenstein glossiert die Darstellung des Christentums:

Das Christentum ist die einzige Religion, die sich selbst nicht mehr ganz ernst nimmt. Dafür wird das Christentum häufig gelobt, vor allem von den Ungläubigen. Muslime glauben aus dem Bauch heraus, könnte man sagen, der Christ benutzt seinen Kopf dazu. Christen lesen ihre Heilige Schrift nicht wie das ewig gültige Wort Gottes, sondern wie ein historisches Dokument, das man so oder so interpretieren kann, und wenn sie in ihrem Ritus angeblich das Fleisch Christi essen, dann ist den meisten von ihnen bewusst, dass es sich dabei lediglich um ein Sinnbild handelt.

Das Christentum ist durch die Reformation und den Skeptizismus der Aufklärung so weit verdünnt worden, dass seine Feinde sich nicht mehr vor ihm fürchten müssen. Es hat nichts Fanatisches, das ist beruhigend, gewiss, aber weil es für alles auf der Welt einen Preis gibt, musste auch das Christentum für seine Verharmlosung einen Preis zahlen. Es wirkt jetzt eher wie das Zitat einer Religion, die es früher einmal gegeben hat. Oder wie Folklore. Eine Tradition, ein Brauch, den man respektvoll, aber lauwarm ausführt, bei dem es nicht mehr wirklich um etwas geht, weil sich weder große Ängste noch große Hoffnungen damit verbinden. Man ahnt als Christ, dass Gott einen nicht strafen wird, da kommt kein Blitzstrahl von oben, egal, was man tut.

Harald Martenstein, Ihr Christen!, in: DIE ZEIT Nr. 7 vom 08.02.2007.

Das Christentum – Religion in Anführungszeichen: nicht Religion, auch nicht mehr Antireligion, sondern nur noch „Religion"?

Religion, Ritus, Reformation

Die „Bertelsmann Stiftung" fragte nach dem Sinn der Religionen. 32 Männer und zwei Frauen, Prominente aus verschiedenen Professionen, waren versammelt. Immer wieder kam die Rede auf das Verhältnis von Religion und Ritual. So auch bei Bischof Wolfgang Huber, dem Ratsvorsitzenden der EKD:

Ein Fehler sei es gewesen, die Anziehungskraft „großer Riten" zu unterschätzen; schließlich, so Huber, stamme das Wort Religion nicht, wie lange behauptet, von Rückbindung, religare, sondern weit eher von religere, dem steten Wiederholen. Kurz gefasst: Religion ist Ritus. Ob diese Erkenntnis in der zuweilen sehr redseligen Evangelischen Kirche verfängt?

Alexander Kissler, Rettungsinseln in Seenot. Die Bertelsmann Stiftung fragt nach dem Sinn der Religionen, in: SZ vom 25.01.2006.

Etymologie hin oder her, das Fazit zählt: Religion ist Ritus. Mit der Frage nach Ritus bzw. Ritual steht die Kultfähigkeit der Evangelischen zur Diskussion. Ob die Einsicht an der Spitze Folgen zeitigt für den evangelischen Gottesdienst im Lande?

Meinungen

Weltloser Glaube

Friedrich Gogarten kam aus der Dialektischen Theologie. Er machte unter dem Stichwort der Säkularisierung den Konnex von Glaube und Welt zu seinem Thema. Im Mittelpunkt seines Konzepts steht ein der Welt zugewandter, aber selbst weder in der Welt wurzelnder noch sonst welthaft vermittelter Glaube. In Aufnahme von Formulierungen Luthers beschreibt Gogarten einen weltlosen Glauben, wie er von Jesus und Paulus intendiert gewesen sei:

Vor der Gotteserfahrung, mit der Luther sich auseinanderzusetzen hatte und die alle welthaften Bedingtheiten durchbrach, wurden auch die sakramentalen Kräfte unwesentlich. In ihr ging es nur noch um den Menschen selbst, wie er nackt und bloß, „allein und einsam außer dem Haus" der Welt, auch außer dem durch seine Sakralisierung der Welt eingefügten Haus der Kirche vor Gott steht.

Die weltlose Verfasstheit des reformatorischen Glaubens stellt alles, was in der Welt der Religion „Kult" ist, unter Verdikt. In den Religionen wie im Katholizismus bedeute der Kult eine unzulässige Bindung des Glaubens an weltliche Dinge und Vollzüge:

Der Glaube ist nicht mehr das Einzige und Entscheidende. Neben ihn oder überhaupt an seine Stelle tritt wieder der Kultus.

Dabei kann Gogarten „Kult" ganz generell nicht anders denken als in den Kategorien des *Do ut des,* der wechselseitigen Abhängigkeit von Gott und Mensch:

Die Götter waren Gestalten und Erscheinungen der Welt und in ihrem sein ganzes Leben in allen seinen Äußerungen durchdringenden Kultus wirkte der Mensch ebenso auf sie ein, wie er ihre Gaben empfing.

Friedrich Gogarten, Die Verkündigung Jesu Christi, 1948, 308f., 287 u. 528.

Gogartens Theologie macht *e negatione* klar, dass Kultfähigkeit wesentlich davon abhängt, wie Glaube und Welt zusammen gelebt und gedacht werden. Über sein Programm der Säkularisierung ist die Theologiegeschichte hinweg gegangen. Sein radikales Konzept eines weltlosen Glaubens aber lohnt noch immer die Lektüre, weil es die auffällige Kultunfähigkeit in weiten Teilen des modernen Protestantismus diagnostizieren hilft.

„Entkultung" als evangelisches Programm

Götz Harbsmeier, später Professor für Praktische Theologie in Göttingen, veröffentlichte 1949 einen vehement polemischen Aufsatz, bei dem, anders als bei Gogarten, der Gottesdienst das Thema ist. Es ging ihm um die „Entkultung" des evangelischen Gottesdienstes. Das bräunlich gefärbte Wort weckt heute schlimme Assoziationen. Ich verweise dennoch auf diesen Aufsatz, weil er durch seine Schärfe sehr deutlich zeigt, wie massiv die Vorbehalte waren, die sich im Protestantismus gegen jede Art von „Kult" angestaut hatten.

Traditionell habe der Protestantismus, so Harbsmeier, die Predigt antikultisch in Stellung gebracht:

> *Wenn* die Reformatoren den entscheidenden Wert auf die Predigt im Gottesdienst legten, so haben sie damit gewußt, was sie taten. Auch an dieser Stelle kommt zum Ausdruck, daß es den Reformatoren um die Entkultung des Gottesdienstes ging.

Im evangelischen Gottesdienst gebe es noch kultische Elemente. Aber die seien Relikt:

> Es ist aber auch erstaunlich zu sehen, wie Luther hier zwischen dem damaligen Kultchristentum und den Bilderstürmern und den heutigen Kultreformen der Kirche den richtigen Weg gegangen ist, den Weg der Freiheit vom Kultischen, aber doch auch den Weg der Armut der Kirche, die in ihrer irdischen Gestalt dieses irdischen Gefäßes des Kultischen nicht ganz entraten kann.

Warum also die paar kultischen Reste? Die Antwort mag man sehen, wie man will – als aufgeklärt nüchtern, typisch lutherisch oder schlicht enttäuschend:

> Das, was wir im evangelischen Gottesdienst das Kultische nennen, ist nichts anderes als die Ordnung des Gottesdienstes. Wo die Gemeinde zusammenkommt, da muß es ordentlich zugehen.
>
> *Götz Harbsmeier, Das Problem des Kultischen im evangelischen Gottesdienst, 1949, 118, 108 u. 123.*

Vieles, was von Götz Harbsmeier so klar benannt wird, ist noch immer latent vorhanden und erschwert die Wiedergewinnung einer neuen, modernen protestantischen Kultfähigkeit. Harbsmeier hat sozusagen ein genetisches Problem des Protestantismus explizit gemacht.

Moderne Kultunfähigkeit

Als das Konzil das Problem der Liturgie bereits entschlossen angepackt hatte, stellte Romano Guardini innerkatholisch noch einmal die grundsätzliche Frage, ob eine Liturgiereform an der Kultunfähigkeit des modernen Menschen wirklich etwas ändern könne. Er konstatierte, wie Kult eigentlich geschehen müsste:

> Also nicht dadurch, daß dazugesagt oder dazugedacht wird: „das bedeutet das und das", sondern das Symbol wird vom Ausübenden als religiöser Akt „getan" und vom Anwohnenden in einem analogen Akt „gelesen", der innere Sinn im Äußeren angeschaut. Sonst ist alles nur Vergeudung von Zeit und Kraft, und man täte besser, das Gemeinte einfach zu „sagen".

Und dann formulierte er die Frage, vor die alle gestellt sind, die sich um liturgische Erneuerung bemühen:

> Sollte man sich nicht zu der Einsicht durchringen, der Mensch des industriellen Zeitalters, der Technik und der durch sie bedingten soziologischen Strukturen sei zum liturgischen Akt einfach nicht mehr fähig?
>
> *Romano Guardini, Der Kultakt und die gegenwärtige Aufgabe der liturgischen Bildung, 1964, 104 u. 106.*

Guardini profilierte die Aufgabe liturgischer Bildung. Das Problem lösen konnte er nicht. Die Aufgabe liturgischer Bildung stellt sich heute vermutlich noch weit drängender als damals.

Kerygma und ein bisschen Kult

Die postmoderne Sehnsucht nach Remythisierung der Welt, nach religiösem Erlebnis und ritueller Geborgenheit hat an der von Guardini diagnostizierten Kultunfähigkeit offenbar nichts wirklich geändert. Michael Kunzler beschreibt das Problem als unsachgemäße Unterordnung des Kults unter das Kerygma:

> Feststeht, dass für viele Theologen ein Rest kultischer Versatzstücke lediglich einen medialen Sinn hat zur besseren Vermittlung von kerygmatischen Inhalten [...].
>
> [...] Sakramente – und mit ihnen die ganze Liturgie – sind durch äußere Zeichenhandlungen potenzierte Wortproklamationen, in denen die ein für allemal ergangene Heilstat und Heilszusage Gottes in Christus in eine konkrete Lebenssituation eines Menschen hinein zugesagt wird. Die äußeren Handlungen zielen auf

den aufnehmenden Glauben; die Frage, inwiefern sie das Heil vermitteln, bleibt weitgehend unbeantwortet oder wird stillschweigend umgangen.

Michael Kunzler, Bleibt die Liturgie?, 2006, 51.

Sind die liturgischen Handlungen konstitutiv für das liturgisch intendierte Geschehen oder ist Kult nur Verpackung fürs Kerygma? Die Frage geht nicht nur an Katholiken.

Skizzen

- In Gottes Namen
- Im Alsob-Modus
- Gebrochen kultfähig
- Wie das Amen in der Kirche
- Est und Significat
- Doxologische Wirklichkeit
- Zweite Kultfähigkeit

In Gottes Namen

Der Gottesdienst beginnt mit der Formel „Im Namen des Vaters und des Sohnes und des Heiligen Geistes“. Eigentlich. Häufig hört man die Formel etwas anders: „*Wir beginnen diesen Gottesdienst* im Namen des Vaters und des Sohnes und des Heiligen Geistes.“

„Wir beginnen diesen Gottesdienst …“: Mit solchem Beginn ist die Formel keine Anrufung mehr, kein Aufrufen einer unanschaulichen, aber sehr wirklichen Wirklichkeit, keine Proklamation. Hier ist aus der Proklamation Information geworden: Information darüber, dass wir eben im Namen des dreieinigen Gottes beginnen. Hier wird konstatiert und informiert, nicht mehr evoziert und proklamiert, gar beschworen. Der Kult ist verlassen, das Glaubensseminar hat begonnen.

Wofür aber steht die Formel wirklich? In einem katholischen Handbuch lese ich:

Die Messe beginnt: „Im Namen“; „eis to onoma“, sagt die griechische Vorlage. Das heißt: in den Namen hinein. Wie die Taufformel zum Sakrament gehört, das uns in das Leben und Wesen Gottes hineintaucht, so will auch die Eucharistie in ihrer Weise uns in den Namen Gottes tauchen. Namen, dieses Wort hören wir hier wie: in das Wesen – in das Sein – in das endlose Meer der Herrlichkeit.

Theodor Schnitzler, Was die Messe bedeutet, 1976, 49.

Bestimmungen wie „Wesen“ und „Sein“ mag man kritisieren und durch dynamische oder geschichtliche Bestimmungen ersetzen. Es bleibt die Beobachtung, dass der „Name“ eine Wirklichkeit repräsentiert, die Gotteswirklichkeit, über die man im Vollzug von Liturgie nicht redet, sondern in der man sich Schritt für Schritt bewegt. Und es bleibt der Hinweis, dass sich die initiale Im-Namen-Formel dem Taufgeschehen verdankt (vgl. Mt 28,16–20). Der Mensch, der „auf den Namen“ (wie es beim Taufritus statt „im Namen“ heißen sollte) oder wörtlich „in den Namen hinein“ getauft wurde, vergewissert sich zu Beginn eines jeden Gottesdienstes, dass er sich „im Namen“ befindet, im Status der Getauften, im Machtbereich Christi, in der Wirklichkeit des dreieinigen Gottes.

Im Evangelischen Gottesdienstbuch findet sich die Formel unter der Rubrik „Votum“, einer evangelischen Bezeichnung für kurze rituelle, meist wörtlich der Bibel entnommene Wendungen. In den einschlägigen Handbüchern sucht man vergeblich nach Aufklärung, was denn ein „Votum“ sei. Es bleibt der Eindruck, „Votum“ sei das Sammeletikett für rituelle Fundstücke, die man als Füllstücke an Übergängen braucht.

In katholischen Handbüchern findet sich die Formel unter der Rubrik „Kreuzzeichen“. Sie ist also von Anfang an mehr als Wort, sie ist Gestus mit Wort und geht seit dem 14. Jahrhundert der Salutation voraus. In diesem Wortgestus treffen sich vor allem zwei Linien. Einerseits vergegenwärtigt er die Taufe, in deren Vollzug der Täufling mit dem Kreuz bezeichnet und mit der Namen-Formel der Herrschaft Christi unterstellt wurde. Andererseits repräsentiert das kleine Ritual die alte Sitte der Selbstbekreuzigung vor dem Beten. Es wird zum Symbol dafür, dass der Beter mit Verstand, Herz und Gemüt, mit Armen und Händen, kurz: mit Leib und Seele in der Wirklichkeit steht, um die es beim Beten geht. Die Kombination von Gestus und Wort macht Sinn. Von Anfang an ist klar: Es geht bei der Wirklichkeit des „Namens“ nicht nur um eine gedachte, sondern um leibhaft wirkliche Wirklichkeit.

Auf protestantischer Seite ist der Gestus weggefallen, die Worte blieben. Dass da außer Worten noch etwas sein müsste, macht heute nur noch die unentschlossene Haltung des Liturgen oder der Liturgin deutlich. Hände falten? Hände nach Art des Segens zur Gemeinde wenden? Hände nach Thomas Kabel im „mittleren Raum“ des Körpers ineinander gelegt halten? Oder einfach die Arme hängen lassen? Die Worte rufen nach dem Gestus. Da nach protestantischer Lage der Dinge die Selbstbekreuzigung des Liturgen ausfällt, bleibt eine Lücke. Und die füllen wir, wie es eben unsere Art ist, mit Worten: „*Wir feiern diesen Gottesdienst* im Namen …“

Im Alsob-Modus

Kultunfähigkeit manifestiert sich vielfältig. In einer Osterpredigt zu Beginn der 1960er Jahre bezog sich Wilhelm Stählin auf die landläufige Rede von der Auferstehung:

> Viel bedenklicher ist es, wenn man davon redet, *als ob* da etwas Reales wäre, wenn man feierlich bekennt, was man doch im Grunde nicht glaubt [...]. Die allgemein menschliche Neigung, so zu tun „als ob", mit den Worten gerade das nicht wirklich zu meinen, was sie eigentlich besagen und bedeuten, feiert auf dem Gebiet des religiösen Lebens Triumphe. Die Falschmünzerei mit großen Worten ist nirgends so verbreitet und nirgends so bedenklich wie im Bereich der religiösen Aussagen. So wie wir den Fluch des Papiergeldes reichlich kennengelernt haben, daß nicht mehr gilt, was darauf gedruckt ist, so gibt es ein noch billigeres Wortgeld, das keine Valuta, keine Deckung hat. [...]
>
> Es liegt genau auf der Linie dieser Falschmünzerei, wenn man die großen Worte so umdeutet, daß sie nicht mehr das meinen, was sie eigentlich bedeuten. Man singt fröhliche Osterlieder und denkt bei dem Wort Auferstehung an das frühlingshafte Sprießen in der Natur, an das neue Leben, das allenthalben und immer wieder aus der Todesstarre erwacht, an die Auferstehung des Volkes aus den Tiefpunkten seiner Geschichte oder was immer sich als Auferstehung bezeichnen läßt. Die ehrliche Leugnung der Totenauferstehung ist eine relativ gute und anständige Sache gegenüber solch beliebten Verfälschungen, die ein großes Wort seines eigentlichen Sinns berauben und es zu einer allgemeinen Welterfahrung einwalzen.
>
> *Wilhelm Stählin, Das Osterlied, 1963, 146f.*

Statt „als ob" solle man lieber gleich „nein" sagen zur Auferstehung; das sei ehrlicher. Im problematischen „Als ob" christlicher Rede, so Stählin damals, stimmten die Worte und ihre Bedeutung nicht mehr zusammen. Etwa so: Ich sage „Auferstehung" – und denke an die Frühlingssignale der Natur. Ich sage, dies sei ein „Gotteshaus" – um gleich hinzuzufügen, dass das für eine besondere Präsenz Gottes in diesem Haus natürlich nichts bedeute. Ich sage, dieses Buch sei die „Heilige Schrift" – um im nächsten Satz klarzustellen, dass wir es natürlich mit Texten einer vergangenen Zeit zu tun hätten.

Das ist Rede im Modus des Alsob. „Falschmünzerei" nennt es Stählin und etabliert damit ein Feld theologischer Kriminalität. Den Zorn des Professors und Bischofs, der sein theologisches Leben lang solcher „Falschmünzerei" entgegenzuwirken versuchte, kann man verstehen. Aber es handelt sich um ein Problem der Moderne, das nicht einfach wegzupredigen ist. Durch „Kriminalisierung" einzelner Menschen und durch Appelle an das religiöse Subjekt verschwindet es nicht aus der Welt.

Der umrissene Alsob-Modus vermag dem einzelnen Menschen in vielen Fällen eine gangbare Brücke zwischen Glaube und Zweifel zu bauen. Aber spätestens bei der religiösen Erziehung der Kinder oder im kirchlichen Unterricht erweist sich, dass ein Alsob kaum zu vermitteln ist. Wie soll ich erklären, dass man in der leeren Kirche Stille bewahrt? Wie soll ich erklären, dass man den Gottesnamen eben nicht im Munde führt? Und wie soll ich erklären, dass es Sinn macht, die Liturgie in der üblichen Form mitzufeiern? Wenn doch alles nur im Alsob-Modus geschieht und wenn es problemlos auch ganz anders sein könnte.

Die Option freilich, das problematische „Als ob" autoritär in ein „So und nicht anders" umzupolen, funktioniert auch nicht. Was aber, wenn man mit dem unverbindlichen „Als ob" geistlich nicht mehr leben kann und mit einem autoritären „So und nicht anders" unter keinen Umständen leben will?

Gebrochen kultfähig

Götz Harbsmeier vertrat einst programmatisch und in hilfreicher Schärfe eine nicht nur gebrochen kultische oder unkultische, sondern straff antikultische Position. Er erhebt offen das von Stählin gebrandmarkte „Als ob" zum Programm und ruft dazu Paulus als Zeugen auf (vgl. die Formulierungen 1Kor 7,29ff.):

Will aber die Kirche sich gegen dieses Mißverständnis zur Wehr setzen, so muß sie zeigen, wieso sie sich des Kultischen bedient als täte sie es nicht, wieso ihr Kult doch gerade im Entscheidenden nicht Kult ist.

Götz Harbsmeier, Das Problem des Kultischen im evangelischen Gottesdienst, 1949, 101.

Bei solcher „Entkultung" des Gottesdienstes wird grundsätzlich „das Wort" gegen „den Kult" ins Spiel geführt. Dem Wort allein komme Gotteswirklichkeit zu, dem Kult nur eine scheinbare, eine vom Menschen behauptete und usurpierte Präsenz des Heiligen. Auch wenn ein derartiger Antagonismus von Wort und Kult unterschwellig noch immer virulent ist, so haben wir doch in Sachen Kult dazugelernt. Und das von vielen Seiten: theologisch, spirituell, ökumenisch. Vor allem der Wert symbolisch-ritueller Sprache, wesentliches Element von Kult, gehört in der Liturgik inzwischen zu den Essentials.

Michael Meyer-Blanck als ausgewiesener Liturgiker weiß sehr wohl um den Wert von Symbol und Ritual. Er rekurriert zunächst auf ein Phänomen, das man nicht wegreden kann:

Auch beim Feiern eines begeisternden Gottesdienstes gibt es Momente, in denen ich ritualtheoretisch neben mich selbst trete und denke: Ach ja, jetzt feiern wir die Nähe Gottes und glauben an seine Verheißung, unter uns zu sein. Unser eigenes Bewußtsein ist Thema und läßt sich höchstens zeitweise abstellen.

Als moderne Menschen, zumal als Protestanten, tun wir uns schwer mit kultischem Verhalten. Für den professionellen Liturgiker ist es erst recht unmöglich, die berufsmäßige Reflexion während der Liturgie auszuschalten. Letztlich vollziehen wir alle miteinander den Kult in gebrochener Ritualität. Doch wo ich eine Not konstatiere, scheint Meyer-Blanck eine Tugend zu preisen:

Wir Protestanten sind „Ritualisten in 1. Ableitung". Das ist unsere Schwäche wie unsere Stärke. Schwäche deswegen, weil uns die katholische religiöse Unmittelbarkeit abgeht, welche in der tiefverwurzelten Überzeugung der Stufenfolge von Natur und Gnade begründet ist. Unsere Stärke ist dieses Denken über den Gottesdienst, weil der kritische Geist auch der Geist der Neuzeit und der Gegenwart ist und jeder, der sich auf Gottesdienst einläßt, mindestens zeitweise so fragt, gerade auch katholische Christenmenschen. […]

Zusammengefaßt: Evangelische Christen feiern Gottesdienst, indem sie immer zugleich Ritualtheoretiker sind, dieses wissen und dabei kein schlechtes Gewissen haben.

Michael Meyer-Blanck, Inszenierung des Evangeliums, 1997, 44f. u. 45.

Stärke oder Schwäche – das sei dahin gestellt. Jedenfalls beschreibt Meyer-Blanck mit seinem „Ritualismus in 1. Ableitung" treffend das protestantische oder gar moderne Problem: Wir gehen gebrochen kultfähig unseren Weg im Geheimnis. An dieser Einsicht kommt niemand vorbei, der sich mit Liturgik beschäftigt.

Vielleicht hilft ein Vergleich weiter. Auch beim Musikhören gibt es diejenigen, die sagen, man müsse einfach die Augen schließen und sich emotional dem Fluss der Musik überlassen. Und es gibt die anderen, die sich große Musik durch eine gehörige Portion an Reflexion erschließen und die beim Hören einer CD gleichzeitig in Handbüchern zum Thema blättern. In der Zwickmühle: der Kritiker, dessen Herz bei der Musik höher schlägt, der aber auch eine Menge weiß und noch am Abend des Konzerts seinen Text an die Redaktion geben muss. Er ist bestimmt nicht der „kultfähigste" Hörer. Joachim Kaiser, zeitlebens in der Zwickmühle, plädiert für eine Einbeziehung der Reflexion ins Erleben von Musik:

Ich habe Schuberts berühmtes a-Moll-Streichquartett DV 804 oft schwärmerisch begeistert gehört – mir aber, betört vom sinnfälligen Melos, kaum je analysierende Gedanken dazu gemacht. Warum auch. So begriff ich fühlend immer dasselbe – und immer dasselbe nicht …

Wer sich nie mit dem Text und dem Klavier-Auszug einer Oper auseinandersetzt, kann sie zehnmal hören, ohne sie „besser" zu verstehen.

Was nun Schuberts a-Moll-Quartett angeht: Seit ich mich eindringlich in das Werk vertiefen musste, wurden mir seine Rätsel überhaupt erst deutlich.

Joachim Kaiser, Schubert-Rätsel, in: SZ vom 27.05.2008.

Nach dieser Aussage muss es eine Weise des Musikhörens geben, die irgendwo zwischen reiner Emotionsgewissheit und rein intellektueller Erschließung des Kunstwerks liegt. Bei Joachim Kaiser vertieft eine vergleichsweise abständige Reflexion das emotionale Erleben. Ähnliches sollte auch zu der „zweiten Kultfähigkeit" gehören, wie ich sie liturgisch intendiere.

Wie das Amen in der Kirche

Der Dirigent Sergiu Celibidache sprach von Reaktionen auf sein Musizieren:

[...] wenn du nach einer Symphonie zu mir kommst und sagst – nicht so in der Agentensprache „noch nie habe ich das so schön gehört, Sie sind wunderbar, keiner kann Ihnen das nachmachen ..." – sondern einfach: *es ist so* – dann weiß ich, daß du über das Schöne hinausgekommen bist. Und was hast du erlebt? Das, was nicht weiter definierbar bleibt: Wirklichkeit. *Es ist so.*

Das war auch das schönste Kompliment meines Lebens, von einer Prinzessin aus Hannover. Ich war sehr jung, meine Karriere war zwei Jahre alt. Und nach dem Konzert kommt sie zu mir, wunderbar friedlich, irgendwie geschlossen, und sagt: „Es ist so." [...] Nicht: „Es ist schön, es ist wunderbar" – das sind tausend Ausdrücke, die nicht die Wirklichkeit treffen – aber: „Es ist so." Ich hätte es nicht besser formuliert, und bis heute denke ich, das ist das Schönste, was ich von einem anderen Menschen, der mit mir zusammen musiziert hat, gehört habe.

Sergiu Celibidache, in: Celibidache. Man will nichts – man läßt es entstehen, 1992, 16.

„Es ist so" – Zustimmung, so Celibidache, sei das, die nicht weiter erklärt werden könne. Eine Zustimmung, die anders ist als ein ästhetisches Urteil im landläufigen Sinn („Es ist schön"). Schlicht Zustimmung zur Wirklichkeit: „Es ist so." Das ist kein autoritäres Dekret, wie Wirklichkeit zu sein habe. Das ist die freie Anerkennung von Wirklichkeit, wie sie im Erleben von Musik zum Ereignis geworden war.

Wer sich gerne der Musik überlässt, wird bestätigen, dass es Momente von Evidenz gibt, in denen man sagen muss: „Es ist so." In der Musik resultiert solche Zustimmung nicht nur, aber doch zu einem guten Teil aus Emotionsgewissheit. Man hat etwas erlebt. Das Erlebnis war von der Art, dass es an den Grund der Existenz rührte. Rückmeldung: „Es ist so."

Celibidaches „Es ist so" heißt in der Liturgie „Amen". Beide Formeln bringen Zustimmung zum Ausdruck; sie bestätigen, was voranging. Neben der Analogie fällt aber sofort die Differenz ins Auge. Das Amen in der Kirche wird zum wenigsten als Reaktion auf Momente emotionaler Evidenz gesagt. Spontane Äußerungen wie in afroamerikanischen Gottesdiensten sind im Sonntagsgottesdienst in Deutschland nicht ernsthaft zu erwarten. Das Amen hat seinen Ort an bestimmten Stellen der Liturgie. Dort wird es gemeinhin ohne Anzeichen von Überwältigung gesprochen. Niemand sagt zum Abschluss des Vaterunsers „Amen", weil jetzt, in diesem Moment das Reich und die Kraft und die Herrlichkeit spürbar gewesen wären. Das Amen wird gesprochen, weil es im Ablauf der Liturgie dran ist. Nichts, so das Sprichwort, ist sicherer als das Amen in der Kirche. Was bei Celibidache emotionsgewisse Zustimmung zu erlebter Wirklichkeit war, ist in der Liturgie rituell angezeigte Zustimmung zu geglaubter Wirklichkeit.

Es lohnt sich, das Amen in der Kirche etwas genauer in den Blick zu nehmen. Seinen eigentlichen Ort hat es, so Kurt Frör in seinem Leiturgia-Artikel, nach Doxologien. Das verwundert, kennen wir doch das Amen vor allem als Signal, dass ein Gebet oder gar die Predigt zu Ende sei. Frör spricht im Blick auf solche Praxis treffend von der „Degradierung des Amen zu einem liturgischen Interpunktionszeichen" (595). Diese Praxis ist zwar früh nachweisbar, aber sekundär. Seinen genuinen Ort hat das Amen also nach Doxologien, jenen Sprechhandlungen, in denen Gottes zukünftige Herrlichkeit feierlich als bereits gegeben ausgerufen, bekannt und anerkannt wird: „Denn dein ist das Reich und die Kraft und die Herrlichkeit in Ewigkeit." In der Doxologie wird als präsent benannt, was für den Glauben noch aussteht, was er nicht sieht und an dessen Realität er nicht selten zweifelt. Das Amen bestätigt und bekräftigt so etwas wie doxologische Wirklichkeit.

Doch schon die Septuaginta und ihr folgend die Vulgata übersetzen das hebräische Amen mit griechisch „génoito", lateinisch „fiat": „Es soll geschehen". Vermutlich steht hinter dieser Übersetzung eine Praxis, die das Amen nicht auf eine Doxologie, sondern auf Bitten folgen ließ. Die Doxologie fiel weg, das Amen blieb. Es ist nur konsequent, dass sich damit die Bejahung doxologischer Wirklichkeit in den Wunsch verwandelt, die geäußerten Bitten möchten Wirklichkeit werden. Ein Amen, das ursprünglich der proklamierten Gegenwart galt, gilt nunmehr der erbetenen Zukunft.

Ein Amen beschließt üblicherweise auch die Predigt. Aber auch hier ist auf eine traditionelle Praxis zu verweisen, die die Predigt in eine Doxologie münden ließ. Die dadurch evozierte Gotteswirklichkeit konnte die Gemeinde getrost mit ihrem Amen bestätigen. Vor diesem Hintergrund mutet die aktuell übliche Praxis geradezu absurd an: Der Prediger schließt selbst die Worte seiner Predigt ab mit „Es ist so" oder „Es soll so sein". Das dürfte, beim Wort genommen, allen Beteiligten nicht immer leicht fallen. Als Prediger bin ich mir meiner möglicherweise nicht so sicher. Dann wird das abschließende Amen zum Zeichen der Selbstermunterung. Oder aber einzelnen Hörerinnen und Hörern sind die Kanzelansichten des Predigers so wenig geheuer, dass ein Amen eigentlich ein falsches Signal wäre. Nach manchen Predigten wünschte man sich ja genau das Gegenteil von Amen: „Nein, so ist es nicht und so soll es auf keinen Fall sein."

Sinnvoll wäre es noch immer, ein Amen nicht der Predigt, sondern einer sie abschließenden Doxologie folgen zu lassen. Da es aber nicht im Sinne erwünschter Authentizität wäre, wenn ein Prediger eine ganz und gar nicht doxologische Predigt plötzlich in eine Doxologie münden ließe, empfiehlt sich die katholische und vom Evangelischen Gottesdienstbuch vorgesehene Praxis, das Credo auf die Predigt folgen zu lassen. Das Credo trägt, auch wenn das erst wieder neu ins Bewusstsein zu heben wäre, durch und durch doxologischen Charakter und präsentiert eine Wirklichkeit, die sich kein Prediger ausgedacht hat. Darauf lässt sich mit gutem Gewissen Amen sagen.

Bisher habe ich Celibidaches „Es ist so" und das „Amen" in der Kirche vor allem in ihrer Differenz betrachtet. Es lohnt sich, noch einmal die Analogie in den Blick zu nehmen. Beide Kurzformeln bestätigen, was ihnen vorausgeht: Das „Es ist so" nach dem Konzert bekräftigt erlebte Evidenz, das Amen in der Kirche geglaubte Wirklichkeit. Beide Formeln geben zu ihrer Vorgabe kein differenziertes Urteil ab, sondern sie bestätigen schlicht und einfach Wirklichkeit. Und das mehr oder minder einsilbig. Bei genauerer Betrachtung vertieft sich die Analogie. Auch für das rituelle Amen gibt es so etwas wie emotionale Evidenz. Nur dass sie nicht präzise dem Sprechakt zukommt, der vorausging: Das Vaterunser – das hat mir heute aber eingeleuchtet, Amen! Die emotionale Evidenz, in der das Amen wurzelt, lässt sich nicht an einzelnen liturgischen Sequenzen festmachen, sondern an der gottesdienstlichen Gesamtsituation. Man macht sich aus dem häuslichen Kontext auf, begibt sich in den Kirchenraum und lässt sich ein auf alltagsfremde Liturgie. Damit verortet man sich in einem Kontext eigener Art, einem Kontext, der vielgestaltig mit Gotteswirklichkeit konnotiert ist. Eine durchaus auch emotionale Gestimmtheit geht mit dem prinzipiellen Gottesbezug von Liturgie einher. Im Gottesdienst sagt man mit gutem Gefühl „Amen", wo man zwei Stunden später möglicherweise ganz anders reagieren würde: „Damit habe ich meine Probleme."

Das Amen in der Kirche verdrängt die mitunter höchst schmerzliche Differenz von Welterfahrung und Gotteswirklichkeit nicht aus dem Gottesdienst. Sie wird etwa in der Predigt und in den Fürbitten eigens thematisiert. Aber eine solche Thematisierung der Differenz geschieht immer im Rahmen des prinzipiellen Gottesbezugs von Liturgie. Besonders in den doxologischen Sprechhandlungen der Liturgie ist die Differenz von

Welterfahrung und Gotteswirklichkeit aufgehoben. Darauf lässt sich Amen sagen. In der Doxologie ist Gott zum Amen-Sagen wirklich.

Eine doxologisch verwurzelte Spiritualität könnte etwa folgendermaßen aussehen: Ich bedeute meinen Kindern, dass dies ein „Gotteshaus" sei – um sogleich, indem ich beim Eintritt die Kopfbedeckung abnehme, mein Amen nonverbal zum Ausdruck zu bringen. Ich höre im Gottesdienst Worte aus der „Heiligen Schrift" – um mit „Lob sei dir, Christus" zu bekräftigen, dass ich jetzt nicht historische Texte gehört habe, sondern Gottes Wort. Ich bekenne mit dem Credo Christus als „am dritten Tage auferstanden nach der Schrift" – und sage dazu Amen. Ich höre die Worte aus Num 6,24 ff. „Der Herr segne dich …" – und bekräftige mit meinem Amen, dass ich den Segen Gottes empfangen habe.

Wir tun das alles, während wir es tun, eben gerade nicht im Modus des Alsob. Wir tun das vielmehr so, dass wir „Amen" sagen oder doch prinzipiell sagen könnten. Um dann aber, wenn der Gottesdienst vorbei ist, über das, was theologisch und liturgisch geschah, konstruktiv und kritisch nachzudenken. Das Amen bestätigt doxologische Wirklichkeit im Rahmen der Gottessituation von Liturgie. Dass Menschen dagegen im Alltag einfach Ja und Amen sagen, gilt mit Recht als wenig wünschenswert. So hat beispielsweise im Hörsaal der Universität, wenn über „heilige" Orte, über die Bibel als Kanon, über das Credo oder den Segen geredet wird, ein Amen nichts zu suchen. Da darf allenfalls geklopft werden.

Est und Significat

Zu dem Problem, das insbesondere wir Protestanten mit kultischen Vollzügen haben, gehört das Verhältnis von Gotteswirklichkeit und sinnlich erfasster Wirklichkeit.

Als Beispiel nehme ich wieder die Formel, die den Gottesdienst einleitet: „Im Namen des Vaters und des Sohnes und des Heiligen Geistes". Wenn wir die Formel nicht gleich zur Information umfunktionieren, dann sprechen wir sie häufig, *als ob* damit die allumfassende Wirklichkeit des dreieinigen Gottes proklamiert sei. Gestus gar? Sich bekreuzigen? Gott bewahre! Von solch massiver Sinnlichkeit haben wir die Worte, die den Gottesdienst einleiten, schon lange befreit. Der Protestantismus führte – hier mehr, dort weniger, aber letztlich unverdrossen – das geistige Wort gegen den sinnlichen Kult ins Feld. Er übersah die Medialität und Materialität des Wortes. Erst allmählich dämmert uns, dass auch Worte – gesprochen, gesungen, gehört, gedruckt, gelesen – sinnlicher Vollzug sind, dass sich die Performativität von Worten, so gesehen, nicht von der Performativität von Gesten unterscheidet. Nur weil man das in der Reformation so geflissentlich übersah, konnte man, meint Hans Belting, so emphatisch das Wort gegen das Bild in Stellung bringen, geistige gegen sinnliche Wirklichkeit. „Im Namen des Vaters und des Sohnes und des Heiligen Geistes“ – ohne Gestus, ohne sinnliche Beimischung, rein geistig, lediglich „als ob“ die bezeichnete Wirklichkeit des dreieinigen Gottes elementar etwas zu tun habe mit der Wirklichkeit, in der ich lebe?

Spätestens im Abendmahl wird das Alsob eines solchen Anfangs auf die Probe gestellt: Was ist, wenn im Abendmahl ausgerechnet Brot und Wein die Gotteswirklichkeit repräsentieren, wenn Sinn sinnlich wird und ein Ineinander von geistiger und sinnlicher Wirklichkeit nicht zu vermeiden ist?

Darüber wurde einst heftig gestritten. Kern des Streits der Reformatoren war die Frage, wie die Präsenz Christi in Brot und Wein zu bestimmen sei. Dabei ging es, wie wir heute sehen, keineswegs nur um ein Binnenproblem der Sakramentstheologie. Es ging auch um ein kulturelles Problem. Es ging für den christlichen Glauben darum, sich in der veränderten Wirklichkeit der frühen Neuzeit neu zu orientieren. Wie verhalten sich Gotteswirklichkeit und Weltwirklichkeit? Ist die Welt weltlich und Gott göttlich, wir auf Erden und er im Himmel? Oder kann man von einer Weltwirklichkeit Gottes reden? Und wenn ja, wie?

Die Confessio Augustana formulierte:

De coena Domini docent, quod corpus et sanguis Christi vere adsint et distribuantur vescentibus in coena Domini.

Vom Abendmahl des Herrn wird so gelehrt, daß der wahre Leib und das wahre Blut Christi wirklich unter der Gestalt des Brotes und Weines im Abendmahl gegenwärtig ist und dort ausgeteilt und empfangen wird.

Confessio Augustana (1530), Artikel X, deutsche Fassung nach dem EG (Bayern/Thüringen).

Auf lutherischer Seite behauptete man mit Verweis auf das *Est* der Einsetzungsworte die Präsenz („wirklich gegenwärtig“) „unter der Gestalt des Brotes und Weines“. Die Reformierten dagegen behaupteten im Sinne eines *Significat*, Brot und Wein seien lediglich sichere Zeichen („gewisse Wahrzeichen“) für die in ihnen zum Ausdruck gebrachte Wirklichkeit:

Wie wirst du im heiligen Abendmahl erinnert und gewiß gemacht, daß du an dem einzigen Opfer Christi am Kreuz und allen seinen Gaben Anteil hast?

Christus hat mir und allen Gläubigen befohlen, zu seinem Gedächtnis von diesem gebrochenen Brot zu essen und von dem Kelch zu trinken. Dabei hat er verheißen: Erstens, daß sein Leib so gewiß für mich am Kreuz geopfert und gebrochen und sein Blut für mich vergossen ist, wie ich mit Augen sehe, daß das Brot des Herrn mir gebrochen und der Kelch mir gegeben wird. Zweitens, daß er selbst meine Seele mit seinem gekreuzigten Leib und vergossenen Blut so gewiß zum ewigen Leben speist und tränkt, wie ich aus der Hand des Dieners empfange und leiblich genieße das Brot und den Kelch des Herrn, welche mir als gewisse Wahrzeichen des Leibes und Blutes Christi gegeben werden.

Heidelberger Katechismus (1563), Frage 75.

Lutherisch behauptete man also die Präsenz der Gotteswirklichkeit in enger Bindung an die sinnlich erfassten Elemente. Reformiert gestand man den Elementen lediglich Zeichencharakter zu. Das *Est* der einen stand gegen das *Significat* der anderen. Um das Ergebnis vorwegzunehmen: Die reformierte Position war eindeutig die modernere und hat sich als Grundmuster in der Wahrnehmung von Gotteswirklichkeit in der Liturgie durchgesetzt. Und das selbstverständlich, trotz gegenteiliger Behauptungen, auch im Bereich des Luthertums. Auch auf lutherischer Seite leben wir liturgisch längst so, „als ob“ sinnliche Dinge und Vollzüge Gotteswirklichkeit „wirklich“ repräsentierten. Zwar sind Brot und Wein als Elemente des Abendmahls nicht austauschbar; dem steht ihre Biblizität entgegen sowie die christliche Identität, die sich in ihnen manifestiert. Aber ansonsten gehen wir mehrheitlich davon aus, die sinnliche Gestalt von Religion sei lediglich Ausdruck denkbarer Sachverhalte, für die man auch beliebig andere Formen gebrauchen könne. Die sinnlich erfassten Vollzüge der Liturgie wurden zum variablen Ausdruck eines reflexiv erhobenen Gottesbezugs. Das ist unsere moderne Kultunfähigkeit.

Doxologische Wirklichkeit

Das lutherische *Est*, so behaupte ich, könne sich, entsprechend reformuliert, als hilfreich erweisen bei der Suche nach einer zweiten Kultfähigkeit des Protestantismus. Es zeigt so etwas an wie doxologische Wirklichkeit.

Katholische Theologie und Kirche haben schon immer weit bestimmter und konkreter auf einem *Est* bestanden, als das die lutherische Seite wollte und konnte. Die Anschauung von der Transsubstantiation, einer Wesensverwandlung der Elemente, prägte die Frömmigkeit. Auf dieser Ebene gibt es im katholischen Bereich einen spezifischen Umgang mit den konsekrierten Elementen. Die Hostie „ist“ dort in der Weise Leib Christi, dass sie auch außerhalb der eucharistischen Feier als Ort greifbarer Weltwirklichkeit Gottes verehrt wird.

Die katholische Position ist in gewisser Weise konsequenter als die lutherische. Sie ignoriert nicht den Bezug Gottes zur sinnlich wahrnehmbaren Welt. Im Gegenteil, sie bringt leicht fasslich zum Ausdruck, dass auch der Kosmos in die Dynamik der Gottesherrschaft einbezogen ist. So Joseph Ratzinger:

Daß das Sakrament [...] eine Dynamik in sich trägt, die auf die Umwandlung der Menschheit und der Welt in neuen Himmel und neue Erde, in die Einheit des auferstandenen Leibes Christi hinein abzielt [...].

Oder noch fundamentaler:

Die geschichtliche Liturgie des Christentums ist und bleibt – ungetrennt und unvermischt – kosmisch, und nur so steht sie in ihrer ganzen Größe.

Joseph Ratzinger, Der Geist der Liturgie, 2000, 76 u. 29.

Das Reich Gottes in kosmischer Weite – wenn man die in Frage stehenden Vollzüge katholischer Frömmigkeit so liest, kann man sie durchaus mit dicken Linien der biblischen Tradition in Einklang bringen. Das stellt uns Evangelische vor die Frage, wie wir es mit dem Gotteshandeln in der Welt und am Kosmos halten: Hat in der Auferstehung Jesu Christi die Verwandlung der Welt bereits begonnen? Wenn ja, wie findet dieser Glaube liturgisch seine Gestalt? In welchem Modus bringen Ritual und Symbol, Gestus und Wort als sinnlich erfasste Gestalten der Liturgie die Weltwirklichkeit Gottes zur Geltung?

Das lutherische *Est* befand sich von Anfang an in einer Mittelstellung und hatte es deswegen noch nie leicht. Nach der einen Seite drohte ein reformiertes *Significat*. Das wäre der eigenen Vorstellung von Gottes Weltwirklichkeit nicht gerecht geworden. Nach der anderen Seite wollte die lutherische Position unter allen Umständen vermeiden, was in Randbereichen katholischer Frömmigkeit nicht zu umgehen ist: Phänomene „fetischistischer Heiligkeit" (Aharon R. E. Agus). Dass also Dinge und Vollzüge an sich als heilig gelten und als heilig verehrt werden. Dass eine Heiligkeit, die an den Glauben gebunden sein sollte, sich verselbständigt. Dass, streng gesagt, Weltliches zum Objekt der Verehrung wird. Dass Beter sich dem Bild selbst zuwenden statt mit dem Bild der in ihm repräsentierten Wirklichkeit. Lutherische Theologie hat das Problem so zu lösen versucht, dass sie einen Vorbehalt einbaute: Brot und Wein seien im Glauben der feiernden Gemeinde Leib und Blut Christi.

Ich versuche eine Präzisierung der lutherischen Position, indem ich vom liturgischen Gebrauch des Amen ausgehe. Dabei beziehe ich mich auf den Spendedialog bei der Kommunion: „Leib Christi" – „Amen". Oder in der evangelisch üblichen Form: „Christi Leib, für dich gegeben" – „Amen". Hier ist das Amen die Bestätigung einer Wirklichkeit, die sich in doxologisch mit der Gotteswirklichkeit konnotierter Materie sowie in der leibhaften Anwesenheit einer glaubenden Gemeinde präsentiert. In der Gemeinschaft der Glaubenden und im Ensemble dessen, was die Stimme sagt, das Ohr hört, das Auge sieht, die Hand fühlt und der Gaumen schmeckt, steckt ein Moment der Weltwirklichkeit Gottes.

Der evangelische Glaubensvorbehalt scheint katholischer Hostienverehrung zu widersprechen. Vielleicht aber ließe sich die für Protestanten stets anstößige Praxis auch so deuten: als außereucharistische Wiederholung des „Amen", mit dem man in der Kommunion die Weltwirklichkeit Gottes anerkennt. Ausdrücklich Raum dafür, dass der Glaube sein Amen sagen kann, bietet die Austeilung der konsekrierten Hostie an Kranke im Rahmen einer kleinen Gebetshandlung.

Ich richte den eucharistisch geschärften Blick noch einmal auf den Beginn des Gottesdienstes. Dort bestätigte das Amen die Proklamation der Gottespräsenz: „Im Namen des Vaters und des Sohnes und des Heiligen Geistes" – „Amen". Leibhaftes Wort doxologischer Ausrichtung, möglicherweise eine leibhafte Geste und in jedem Fall die Gemeinschaft der leibhaft versammelten Gläubigen – in dieser Situation wird das „Amen" zur Bekräftigung, dass Gott präsent ist „in, mit und unter" (Luther) den leibhaften Gegebenheiten der Liturgie. Die Weltwirklichkeit wird nicht ontologisch zur Gotteswirklichkeit erklärt und auch nicht kritisch mit der Gotteswirklichkeit vermittelt, sondern doxologisch als Gotteswirklichkeit anerkannt. Gott – zum Amen-Sagen wirklich: Das ist doxologische Wirklichkeit. Wer den kurzen Wortwechsel zu Beginn in der angedeuteten Weise mitvollziehen kann, ist potenziell kultfähig für das, was folgt.

Zweite Kultfähigkeit

Eine erste Kultfähigkeit sieht das sinnliche Zeichen und seine Bedeutung in eins. Die Zeichen der Liturgie vergegenwärtigen die Wirklichkeit, die sie ansagen. Das ist das Modell der Präsenz. Die Kritik daran trennt Zeichen und Bedeutung. Im Modus des Alsob sind die Zeichen „nur noch" austauschbare Zeichen für die auf anderem Weg erhobene Gotteswirklichkeit. Das ist unsere aktuelle Situation weitgehender Kultunfähigkeit. Naive Behauptungen, als gäbe es keine Differenz zwischen Welterfahrung und Gotteswirklichkeit, sind in der Moderne nicht mehr tragfähig. Insofern wird sich nach dem Verlust kultischer Unmittelbarkeit auch keine erste und ursprüngliche Kultfähigkeit mehr einstellen.

Was aber geschehen könnte: dass aus der liturgisch eingeübten doxologischen Sprachfähigkeit so etwas wie eine „zweite Kultfähigkeit" erwächst. Der Begriff lässt die „zweite Naivität" von Paul Ricoeur anklingen und entwirft die Umrisse einer durch die neuzeitliche Kritik gegangenen Kultfähigkeit. Sie weiß die im liturgischen Zeichen repräsentierte Wirklichkeit mit Amen zu bekräftigen. Und sie weiß dem liturgisch praktizierten Konnex von Zeichen und Bedeutung kritisch nachzudenken. Jedes zu seiner Zeit.

Eine zweite Kultfähigkeit entwickelt sich, anders als es dem religiösen

Subjekt von seinen modernen Biografen zugeschrieben wird, nicht von innen nach außen, sondern von außen nach innen, von der rituellen Praxis zur individuellen Aneignung. Ein Ritual zu vollziehen, das wir noch nicht verstanden haben, fällt uns Protestanten schwer. Aber genau darin liegt die Wende, auf die es ankommt. An ihr entscheidet sich, ob die Suche nach einer zweiten Kultfähigkeit erfolgreich verläuft. Schließlich wird der Weg im Geheimnis nicht erdacht, sondern gegangen. Wenn eine zweite Kultfähigkeit aus der Doxologie der Liturgie erwächst, dann kann sie nur durch Übung erworben werden.

Was beispielsweise geübt werden muss, ist das andere, fremde Zeitgefüge. In der Doxologie kommen die Zeiten und Zeitformen sehr grundsätzlich ins Purzeln:

„Im Namen des Vaters und des Sohnes und des Heiligen Geistes." Die Formel erinnert an die Taufe und daran, dass meine begrenzte Lebenszeit aufgehoben ist in der Gotteszeit. Biografie birgt sich in die Doxologie.

„Denn dein ist das Reich und die Kraft und die Herrlichkeit in Ewigkeit." Der doxologische Beschluss des Vaterunsers evoziert die vollendete Gotteszeit der Zukunft, tut das aber im Präsens.

„Wie [es war] im Anfang, so auch jetzt und alle Zeit und in Ewigkeit." Die Formel schlägt den Bogen vom allerersten Anfang bis in die Ewigkeit. Alle Zeit wird präsent im Jetzt.

„... die er gerecht gemacht hat, die hat er auch verherrlicht." So höre ich Paulus bei der Epistellesung sagen (Röm 8,30) – im Perfekt. Und würde doch nach meinem Zeitempfinden lieber ein Futur hören: „... die wird er auch verherrlichen". Es kommt zu einer Kollision der Zeiten.

Nein, auf die tagtäglich bewährte Zeitenfolge ist im Gottesdienst kein Verlass. Da purzelt durcheinander, was sonst der Zeitstrahl in Ordnung hält. Da gebraucht die Heilige Schrift ein doxologisches Perfekt, wo der kritische Glaube insgeheim sein Futur setzt und wo wir landläufig, verwirrt vom himmlischen Durcheinander der Zeiten, lieber gleich den Als-ob-Modus bemühen.

Das doxologische Ineinander der Zeiten ist fremd. Man kann zwar darüber nachdenken, es sich aber nicht ausdenken; man kann es nur einüben. So stellt sich auch insgesamt eine zweite Kultfähigkeit zunächst durch Übung ein. Unter einer Voraussetzung freilich: dass Liturgie da und dort und nicht zu selten mit großer Selbstverständlichkeit praktiziert wird. Wo selbst die Akteure Kultfähigkeit vermissen lassen und wo eine Gemeinde oder Kirche zu erkennen gibt, dass sie die liturgischen Formen für beliebig hält, kann niemand, der hinzukommt, die eigene Spiritualität einüben und ausbilden. Um ein mir zunächst fremdes Verhalten einzuüben, brauche ich grundlegendes Vertrauen in die Liturgie und in die, die sie leiten.

Auf dem Wege zu einer zweiten Kultfähigkeit üben wir doxologisches Sprechen und Singen samt Amen, wohl wissend, dass wir kontrapunktisch agieren zu der Welt, in der wir leben. Kontrapunktisch, nicht konträr; nicht in Feindschaft gegen die Welt, sondern in bereichernder Gegenläufigkeit. Es ist an der Zeit, endlich aller Welt zu zeigen, wie wir der alltäglich geübten und bewährten kritischen Wahrnehmung der Wirklichkeit etwas entgegensetzen, was die Welt nicht geben kann: die doxologische Wahrnehmung von Gotteswirklichkeit. Dafür haben wir uns nicht zu genieren. Im Gegenteil. Warum sollten wir den liturgischen Kontrapunkt nicht selbstbewusst und in aller Öffentlichkeit zur Geltung bringen? Nur wenn er anders ist und fremd, bleibt der christliche Kult ein unverzichtbares Element der Kultur, in der wir leben.

Besonders spürbar wird solche Fremdheit an der Schwelle zwischen der alltäglich erlebten und praktizierten Weltwirklichkeit und der im Gottesdienst liturgisch repräsentierten Gotteswirklichkeit. Die Schwelle ist, zugegeben, mit der Zeit recht hoch geworden, so hoch zuweilen, dass die Liturgie nicht mehr in ihrer Fremdheit fasziniert, sondern durch Ritualismus abschreckt. Aber dass es die Schwelle überhaupt gibt, liegt in der Sache. „Niederschwelligkeit“ ist darum eine problematische Leitlinie für die Gottesdienstgestaltung. Prinzipiell muss die Schwelle nicht abgeschliffen und abgebaut, sondern der Wechsel über die Schwelle geübt werden. Es geht darum, wie wir im Gottesdienst Amen sagen, aber ein kritikloses Ja und Amen im Alltag mit Fug und Recht verweigern. Als moderne Menschen, die wir sind und bleiben, flüchten wir uns nicht vor der Kritik in den Kult. Wir bemühen uns um Schwellenfähigkeit und wechseln hin und her zwischen Kult und Kritik. Die Kunst des Schwellenwechsels gehört zur zweiten Kultfähigkeit.

Eine zweite Kultfähigkeit müsste sich eigentlich auf die Art, wie wir die Gottespräsenz in der Welt denken, auswirken. In Rede steht der Konnex von Liturgie und Theologie. Wenn die Liturgie ein wieder und wieder begangener Weg im Geheimnis ist, wenn die Gemeinde auf diesem Weg die Weltwirklichkeit Gottes mit ihrem Amen bestätigt, dann sollten auch die theologischen Denkwege von hier ihren Ausgang nehmen. Theologie würde bei der Liturgie beginnen, Sprachformen und Zeichensprache der Liturgie untersuchen, die in der Liturgie implizierte Theologie kritisch explizieren, den Gebrauch der Bibel als Kult-Buch für die Exegese ernst nehmen und vieles mehr – um dann die Linien weit über den Raum der Liturgie hinaus auszuziehen. Theologie, liturgisch dem Geheimnis auf der Spur, würde Gott als Geheimnis der Welt zur Sprache bringen. Und das in der nicht aufzulösenden Spannung zwischen einer zum Amen-Sagen wirklichen Gottespräsenz in der Liturgie und einer oft nur unter Protest zu ertragenden Nichtpräsenz Gottes in der Welt. Theologie würde oszillieren zwischen dem Amen der Liturgie und dem Alsob aufrichtiger Zeitgenossenschaft. In einem solchen Spannungsfeld kann es sich ereignen, dass liturgische Doxologie gleichsam umschlägt in eine bis ins Politische ausgreifende Theologie des Reiches Gottes. Jürgen Moltmann hat seinerzeit so etwas vorgemacht. Mit seiner „Theologie der Hoffnung" (1964) entfalteten sich die großen, fremden Bilder jüdisch-christlicher Eschatologie mit unerwarteter politischer Leuchtkraft. Sollte sich Vergleichbares wieder ereignen – es wäre durchaus im Sinne einer Liturgie, die in Worten und Zeichen selbstverständlich auch Kosmos und Geschichte als Wirkraum Gottes wahrnimmt.

Lesetipps

Stephan Weyer-Menkhoff, Die Ästhetik der Liturgie, in: LJ 52 (2002), 254–261.

Hans Belting, Das echte Bild. Bildfragen als Glaubensfragen, München 2005, 162–189.

Michael Kunzler, Bleibt die Liturgie? Erneute Anfrage auf der Suche nach einem tragfähigen Kultbegriff, in: Liturgie und Lebenswelt. Studien zur Gottesdienst- und Frömmigkeitsgeschichte zwischen Tridentinum und Vatikanum II, hg. v. Jürgen Bärsch/Bernhard Schneider, Münster 2006, 47–70.

Kultbuch Bibel

Für eine Ritualität des Wortes

Die Reformation stellte Gottes Wort in den Mittelpunkt einer Neuausrichtung der Kirche. Damit rückte, als eine Gestalt des Wortes Gottes, auch das Buch der Bibel ins Zentrum des Interesses. Es wurde übersetzt, gedruckt, gelesen, es avancierte zum dominierenden Medium protestantischer Spiritualität. Der Gottesdienst sollte sich, so die Idee, nach Form und Inhalt an der Bibel ausrichten. Buch der Bücher und Kultus der Kirche – was für eine Vorgabe! Die Bibel hätte zum „Kult-Buch" werden können.

Es kam anders. Medialität und Materialität des Bibelbuchs verflüchtigten sich. Wir Protestanten können bis heute nur davon reden, dass in der Heiligen Schrift Gottes Wort zur Geltung komme. Aller Welt zeigen können wir es nicht. Nicht einmal Altarbibeln sind mehr wirklich im Gebrauch. Antiritueller Affekt, eine historisierende Hermeneutik und das Postulat der Verstehbarkeit haben die Heilige Schrift als liturgisches Buch nahezu unsichtbar gemacht. In der Zeichensprache des Rituals blieb vom Wort Gottes vor allem das Pastorenwort der Predigt.

Zu suchen wäre für den Wortgottesdienst der Zukunft eine evangelisch stimmige Ritualität des Bibelwortes. Dazu müsste es gelingen, das protestantische Selbstbewusstsein moderner Geistigkeit durch Einsicht in die Medialität des Wortes auszubalancieren. Das Wort begegnet eben auch in der Materialität des Buches, in der Klanglichkeit der Stimme oder in der Leibhaftigkeit der Gesten. Erfahrungen aus anderen christlichen Liturgiekulturen sowie des Judentums könnten helfen, das Gotteswort behutsam aus den Koordinaten bodenloser Geistigkeit herauszuholen und es als Kultbuch Bibel im Gottesdienst zu verorten.

Beobachtungen

Leben mit dem Buch

Marcel Reich-Ranicki schreibt über den Gottesdienst in der Berliner Synagoge, den er 1934 als 14-jähriger Junge anlässlich seiner Bar-Mizwa erlebte:

> Aber ich weiß zugleich und vergesse es nicht: die Juden haben keine Schlösser und Paläste erbaut, keine Türme und Dome errichtet, keine Reiche gegründet. Sie haben nur Worte aneinander gereiht. Es gibt keine Religion auf Erden, die das Wort und die Schrift höher schätzen würde als die mosaische. Über sechzig Jahre ist es nun her, daß ich in der Synagoge am Lützowplatz erwartungsvoll und etwas ängstlich neben dem Schrein stand, in dem die Thorarolle aufbewahrt wird. Doch kann ich den Augenblick nicht vergessen, da der Vorbeter sie vorsichtig hervorholte und dann die Pergamentrolle mit den fünf Büchern Mose vor der Gemeinde hochhielt. Die Gläubigen erstarrten in Ehrfurcht und verneigten sich vor der Schrift. Ich war ergriffen, ich hielt den Atem an. Und wann immer ich mich in späteren Jahren an diesen Augenblick erinnerte, dachte ich mir: Es ist schon gut und richtig, daß dies das Kind tief beeindruckt und sich für immer ins Gedächtnis eingeprägt hat. Derartiges kann einem Literaten nicht gleichgültig sein, ein Leben lang.
>
> *Marcel Reich-Ranicki, Mein Leben, 1999, 59.*

Es war nach seiner eigenen Aussage das letzte Mal, dass er als praktizierender Jude an einem Synagogengottesdienst teilgenommen hatte. Dennoch steht ihm diese Szene noch mehr als sechzig Jahre später lebendig vor Augen. Und ihm ist sehr wohl bewusst, dass sein Leben als Literat im synagogalen Kult um das „Buch“ eine starke Wurzel hat.

Sperrgut Bibel

Die Bibel könnte dem Protestantismus durchaus unverwechselbares Profil geben. Das meint jedenfalls ein Journalist. Dafür müsste sie als „Sperrgut“, das sich nach Inhalt und Sprache schnellem Zugriff entzieht, ernst genommen werden. Anders der aktuelle Protestantismus:

> [...] seine Theologie hat sich längst in historische Kritik und hochstufige Formeln aufgelöst, seine seelsorgerische Praxis ist oft so verwaschen aktuell, politisch pazifistisch, sozial diesseitig, dass man sich fragt, warum dafür das sprachliche Sperrgut dieses uralten Buches, der Bibel, überhaupt noch gebraucht wird.
>
> *Gustav Seibt, SZ vom 16. 06. 2005, über eine öffentliche Diskussion in Berlin zwischen dem Schriftsteller Martin Mosebach und Bischof Wolfgang Huber.*

Eine Kirche, die pathetisch das Wort beschwört, aber mit dem Bibelbuch nichts anzufangen weiß? Es spricht manches dafür, dass der Journalist nicht ganz falsch liegt.

Verneigung vor dem Buch der Bücher

Süddeutsche Zeitung, großes farbiges Foto auf Seite 5: Papst Benedikt XVI. am Altar, den Kopf geneigt, vor sich ein reich verziertes Evangeliar. Bildunterschrift:

> Demut im Angesicht der Macht: Bei seiner Amtseinführung am 24. April 2005 verneigt sich Papst Benedikt XVI. vor der Heiligen Schrift und den Insignien – dem Fischer-Ring (rechts) und dem Pallium (links), einer mit purpurnen Kreuzen bestickten Stola, die über dem Messgewand getragen wird.
>
> *SZ vom 19. 04. 2006, zum Artikel von Stefan Ulrich über den Jahrestag der Papstwahl.*

Die Insignien päpstlicher Macht schrecken den protestantischen Leser. Ein kurzer Blick – und er fährt fort in der morgendlichen Zeitungslektüre. Sicher, man mag fragen, wie subtil sich Demut und Machtbewusstsein im dargestellten Gestus mischen. Trotzdem stellt sich mir, wenn ich eben doch bei dem Foto verweile, die Frage: Welche Rolle spielt das Bibelbuch bei evangelischen Amtseinführungen? Wann hätte sich je ein evangelischer „Diener des Wortes" vor dem Wort in Gestalt der Heiligen Schrift verneigt?

Durchs Schreiben ins Hören

Die katholische Pfarrgemeinde St. Heinrich in Erlangen wagte zum Jahr der Bibel ein schönes Experiment: Menschen aus der Gemeinde schrieben mit der Hand die Evangelientexte für das Kirchenjahr 2003/04 auf Blätter, die dann, als alle Texte fertig waren, zu einem ansehnlichen Evangeliar gebunden wurden. Offenbar hat diese Arbeit, unterstützt durch ein Gemeindeseminar, die Freude an den Lesungen mindestens für die Gruppe der Schreiberinnen und Schreiber spürbar gesteigert:

> Bald beginne ich zu schreiben, Wort für Wort, Satz für Satz. – Wie eindringlich werden die alltäglichen und doch großen, heiligen Worte plötzlich. – Sie sind direkt, persönlich und unerbittlich, unumgänglich, aktuell und unausweichlich. – Wie viel leichter und schneller geht doch das gesprochene und vorgelesene Wort an mir vorbei.
>
> Das erste Blatt ist geschrieben, – Spannung und Ruhe zugleich. – Am Ende füge ich ein kurzes Gebet und Gedanken an, die sich mir aufdrängen. Nun soll das Blatt verziert werden. Vor mir sehe ich die wundervoll exakt geschriebenen und

bemalten Bibeln und Evangeliare aus den Klosterbibliotheken, die ich auf Reisen bewundert habe. Nein, so schön kann ich es nicht, aber wir sollen es so gut machen, wie wir es vermögen. Mein erster Versuch! Ich bin mit dem Ergebnis fast zufrieden und beglückt darüber, dass ich den Mut habe mitzumachen. Als ich das Fertige im Pfarrbüro abgebe, stelle ich fest, dass noch viele Texte unbearbeitet sind. Ich nehme mir weitere Vordrucke mit. Es sind Texte, die ich oft lesen muss, weil sie schwer zu verstehen sind. Ich lese sie immer wieder, öffne mich dabei ganz dem Eindruck und bespreche mich mit einer Freundin.

Erika von Rothkirch, in: Website der Pfarrgemeinde St. Heinrich Erlangen [01.12.2007].

Manuelle Arbeit am Medium Buch und ein anderer Blick auf die Inhalte, Materialität des Buchstabens und Erneuerung im Geist – hier kam auf offenbar beglückende Weise zusammen, was zusammen gehört.

Heilige Texte – gerechte Sprache

Zum Jahresende 2006 kam die „Bibel in gerechter Sprache" auf den Markt. Schon wenige Tage später bekamen Gottesdienstbesucher da und dort die Lesungen in der neuen Übersetzung präsentiert. Ähnliches befürchtete ein Journalist für Heiligabend:

Wenn an diesem Sonntag, an Heiligabend, Millionen Deutsche in die Kirchen strömen, nicht wenige unter ihnen ohne sonstigen Bezug zum kirchlichen Leben, dann könnten einige von ihnen so richtig Pech haben. [...]

Man könnte in einer evangelischen Kirche an einen scheinbar besonders aufgeweckten Pfarrer geraten, und in unserem Zusammenhang ist es unabdingbar hinzuzufügen: oder an eine scheinbar besonders aufgeweckte Pfarrerin. Und dieser, oder diese, wird dann die allseits bekannte Weihnachtsgeschichte aus dem Lukasevangelium nicht in der allseits bekannten Form lesen. Sondern in der neuen Übersetzung der „Bibel in gerechter Sprache".

Und dann wird es den weihevoll Gestimmten so ergehen: Der Engel verkündigt nicht mehr, wie in Martin Luthers tief eingeprägten Worten, große Freude, „die allem Volke widerfahren wird", sondern wie ein Bekanntgeber einer Gesundheitsreform eine solche, „die das ganze Volk betreffen wird". Der Grund dieser Freude ist nicht mehr dieser: „Euch ist heute der Heiland geboren, welcher ist Christus, der Herr, in der Stadt Davids", vielmehr heißt es nun im Bürokratenperfekt: „Heute ist euch der Gesalbte der Lebendigen, der Retter, geboren worden."

Mit dem Begriff „die Lebendige" ist Gott gemeint: [...].

Johan Schloeman, SZ vom 23.12.2006, in einem Artikel zur „Bibel in gerechter Sprache".

Die „Bibel in gerechter Sprache“ ist eine Übersetzung, die an vielen Stellen ins Nachdenken bringt. Gut so. Aber zu fragen ist doch, welche Textfassung dorthin gehört, wo in der gottesdienstlichen Feier aus der Heiligen Schrift gelesen wird. Die Abweichung von dem im lutherischen Bereich vorgesehenen Text der revidierten Lutherbibel wirft Probleme auf: kirchenrechtlich, ästhetisch, spirituell.

Klang der Schrift

Keine Bibellesung ohne Auslegung! So der Grundsatz Martin Luthers. Der Reichtum klösterlichen Psalmodierens wird damit nicht erfasst:

> Morgens, kurz vor halb sechs, schallt ein heiseres Klingeln durchs Haus. Die Mönche in ihren Kutten gleiten wie auf Schienen über die Gänge. Den Gruß des Gastes erwidern sie mit kaum merklichem Nicken. In der riesigen Kirche ist falbes Licht, noch herrscht die Nacht, die Orgel schläft. Zwanzig, dreißig Brüder des Klosters sind da; sie rücken im Halbkreis zusammen und stimmen sich halblaut auf den dämmernden Morgen ein:
>
> *Herr, öffne meine Lippen!*
>
> Einer singt vor, der Chor erwidert, alle Texte stehen im *Benediktinischen Antiphonale,* das für jeden Wochentag die Psalmen weist. Ruf und Antwort wechseln einander ab wie beim Blues. Oder erinnert der Sprechgesang dieser Kapuzenträger mehr an den HipHop? Aber die pumpenden Bässe fehlen. Erstaunlich ist jedenfalls, dass alle diese Andachten ohne Predigt auskommen. Wenn eine Bibelstelle vorgetragen wird, bleibt sie ohne Interpretation. Es geht weniger um den Sinn als um den Klang der Schrift. Sie wird murmelnd, raunend, rappend zum Leben erweckt.
>
> Die Mönche nennen das Wortmeditation. Man deutet das Überlieferte nicht vom Kopf her, man lässt es sich auf der Zunge zergehen oder kaut schwer an ihm. Lobpreis und Dank sind so präsent wie der Zorn auf einen, der ungerecht und abwesend erscheint. Der Glaube in all seiner Widersprüchlichkeit will Mal um Mal eingeübt sein, täglich aufs Neue, in uralten Formeln. Glaube ist Rhythmus.
>
> *Ulrich Stock, Ich sucht sich, in: DIE ZEIT Nr. 11 vom 06. 03. 2008 (Reisemagazin).*

Der Journalist ist erstaunt, wie gut eine Andacht ohne Predigt auskommt. Auf einmal werden ganz andere Wirkweisen von Bibelwort und Bibelbuch wichtig. Zur Medialität der Heiligen Schrift gehört eben auch ihr Rhythmus, ihr Klang. Ob der Klang der Schrift Bedingung dafür sein könnte, dass eine Kirche wieder in Takt kommt?

Meinungen

Dreifache Gestalt

Kultbuch Bibel – es könnte der Eindruck entstehen, was da zwischen Buchdeckeln im Bücherregal steht, sei identisch mit Gottes Wort. Was so aber nicht zutrifft. Es wird gut sein, wenn ich, als Vorzeichen vors Ganze, auf Karl Barth und seine Lehre von der dreifachen Gestalt des Wortes Gottes hinweise:

> Die Voraussetzung, die die Verkündigung zur Verkündigung und damit die Kirche zur Kirche macht, ist das Wort Gottes. Es bezeugt sich in der heiligen Schrift im Wort der Propheten und Apostel, denen es ursprünglich und ein für allemal durch Gottes Offenbarung gesagt wurde.
>
> *Karl Barth, Kirchliche Dogmatik I/1, 1932, 89.*

Unschwer lassen sich in dieser Leitformulierung die drei Gestalten des verkündigten, des geschriebenen und des offenbarten Wortes Gottes erkennen. Nur im Miteinander der drei Gestalten sei das eine Wort Gottes zu fassen. Mit seiner schönen Dreierformel verweist der Dogmatiker auf die liturgische Aufgabe, die drei Gestalten im Wechselspiel zu halten.

Kult und Buch

Biblische Texte begegnen nicht nur in den Lesungen. Der gesamte Gottesdienst ist biblisch durchwirkt:

> [...] der primäre Kontext kirchlicher Erfahrung mit der Schrift ist der gemeinsame Gottesdienst. Dabei ist nicht nur an die Schriftlesungen und an die Auslegung eines biblischen Textes in der Predigt zu erinnern, obwohl hier die Beziehung der versammelten Gemeinde auf die Schrift ausdrücklich wird. Die ganze Sprache des Gottesdienstes, Liturgie wie Gemeindegesang, ist durch die Bibel geprägt.
>
> *Friedrich Mildenberger, Biblische Dogmatik I, 1991, 67f.*

Dieser Befund müsste hermeneutische Konsequenzen zeitigen. Die Bibel auszulegen, als ob es ihren kultischen Gebrauch nicht gäbe, ist nicht sachgemäß.

Wie aus der Heiligen Schrift zu lesen sei

Die offiziellen Erläuterungen zu den biblischen Lesungen bei der römischen Messe muten in ihren Formulierungen einigermaßen kasuistisch an. Dennoch kann in der Sache davon auch profitieren, wer im evangelischen Gottesdienst die Lesungen verantwortet:

56. Die Liturgie des Wortes ist so zu feiern, dass sie die Betrachtung fördert. Deshalb muss jede Art von Eile, die der Sammlung hinderlich ist, gänzlich vermieden werden. Der Sammlung dienen auch kurze Momente der Stille [...].

57. In den Lesungen werden den Gläubigen der Tisch des Wortes Gottes bereitet und die Schatzkammern der Bibel aufgetan. Es ist daher angemessen, dass die Leseordnung eingehalten wird, durch welche die Einheit der beiden Testamente und der Heilsgeschichte herausgestellt wird. [...]

60. Die Verkündigung des Evangeliums bildet den Höhepunkt der Liturgie des Wortes. Dass sie mit höchster Ehrerbietung erfolgen muss, lehrt die Liturgie selbst, da sie diese gegenüber den anderen Lesungen besonders auszeichnet: Das geschieht auf Seiten dessen, der zu seiner Verkündigung bestimmt ist, durch den Segen oder dadurch, dass er sich durch ein Gebet vorbereitet; es geschieht auf Seiten der Gläubigen, die durch die Akklamationen den gegenwärtigen und zu ihnen sprechenden Christus erkennen und bekennen und die stehend die Verkündigung hören; es geschieht auch durch die Zeichen der Verehrung selbst, die dem Evangeliar erwiesen werden.

Grundordnung des Römischen Messbuchs, 2002, 44f.

Man kann im Blick auf Nr. 60 diskutieren, ob die Lesung („Verkündigung") des Evangeliums auch in Zukunft solchen Vorrang vor allen anderen Lesungen haben solle. Zugleich stellt sich die Frage, in welcher Reihenfolge die Lesungen angeordnet werden sollen, falls man von der traditionellen, auf das Evangelium zielenden Dramaturgie abweichen wollte. Wie auch immer das Ergebnis aussähe, beherzigenswert bleibt in jedem Fall die „Ehrerbietung" – gegenüber welchen Lesungen aus der Heiligen Schrift auch immer.

Skizzen

- Ritualität des Wortes
- Kultbuch Bibel
- Kultort Kanzel
- Macht der Worte
- Buch und Lesung
- Geist und Buch
- Wortgottesdienst evangelisch

Ritualität des Wortes

Ritualität des Wortes – die Wendung umschreibt nicht protestantische Realität, sondern eine Vision. Die Vision entdeckt in der Ferne die Konturen eines evangelischen Gottesdienstes, in dem die Bibel in Lesungen und anderen Sequenzen der Liturgie so spannend, so fremd, so einladend und so selbstverständlich zur Geltung käme, dass niemand die Predigt vermissen würde. So etwa, wie in vielen jüdischen Gemeinden der Gottesdienst ganz selbstverständlich auch ohne Predigt auskommt, ohne dass jemand auf die Idee käme, man sei umsonst in die Synagoge gegangen.

Im evangelischen Gottesdienst erzeugt der Ausfall der Predigt, wenn es denn überhaupt dazu kommt, noch immer ein Defizitgefühl. Es dürfte dem Defizitgefühl vergleichbar sein, das Katholiken ankäme, wenn ihnen am Sonntag die Eucharistie entzogen würde. Martin Luther ging in dieser Sache wenig hilfreich voraus. Er ahnte wohl nicht, wie sehr er mit seinem Beharren auf der Predigt dem Bibelwort Abbruch tun und pastoraler Redseligkeit Auftrieb geben sollte. In seiner ersten liturgischen Reformschrift bemerkt er zu den biblischen Lesungen:

> [...] daß die christliche Gemeinde nimmer zusammenkommen soll, es werde denn daselbst Gottes Wort gepredigt und gebetet, es sei auch aufs kürzeste [...]. Darum: wo nicht Gottes Wort gepredigt wird, ists besser, daß man weder singe noch lese noch zusammenkomme. [...]
>
> Und wo dies nicht geschieht, so ist die Gemeinde durch die Lesung um nichts gebessert, wie bisher in Klöstern und Stiften geschehen ist, da sie nur die Wände angeblökt haben.
>
> *Martin Luther, Von der Ordnung des Gottesdiensts in der Gemeinde, 1523, 82f.*

Keine Lesung ohne Predigt! So die Devise. Dass Luther Missstände im klösterlichen Bereich vor Augen hatte, macht seine Mahnung historisch einsichtig. Dass seine Haltung zur liturgischen Lesung wirkungsgeschichtlich fatal war, steht auf einem anderen Blatt. Bis heute sind im Protestantismus selbst Morgen- und Abendandachten unter der Woche, ganz zu schweigen vom Gottesdienst am Sonntagmorgen, ohne pastorale Auslegung nicht wirklich denkbar. „Wort Gottes" reduziert sich auf die Predigt, der biblische Text verschwindet hinter seiner Auslegung.

Markantes Beispiel: die Christvesper am Heiligen Abend. Mit ihrer Bezeichnung als „Vesper" gibt sie sich als abendliches Stundengebet zu erkennen. Wo sie noch nicht volkskirchlich zum liturgisch inkompatiblen Event mutierte, ist die Herkunft aus dem Stundengebet an der Art der einzelnen Sequenzen erkennbar: Lesungen, Lieder (an Stelle der Psalmen), Gebete. So betrachtet hätte die Christvesper eine theologisch und liturgisch höchst reizvolle Aufgabe: am Vorabend des 25. Dezember mit biblischen Lesungen, mit Gesängen und Gebeten das Fest der Weihnacht erwartungsvoll anklingen lassen. Und das ohne Predigt. Denn die würde die gelassene, sich in geprägte Formen einfindende Erwartung nur stören.

Wie auch das Stundengebet in der Regel ohne Homilie, in jedem Fall ohne Kanzelrede auskommt. Und nichts fehlt.

Warum also eine Predigt bei der Christvesper? Wo doch Lesungen und Lieder einer Vielzahl von Gottesdienstbesuchern wie kaum sonst im Kirchenjahr bekannt, teilweise sogar vertraut sind? Haben Pastorinnen und Pastoren etwa Angst, das Geheimnis der Menschwerdung könnte ohne ihre Kanzelrede missverstanden werden? Oder meinen sie gar, ihre Rede könnte Zweifler eher erreichen als die eminenten Texte und anrührenden Klänge? Der Druck auf Predigerinnen und Prediger ist jedenfalls enorm, in der emotional aufgeladenen Situation von Heiligabend das entscheidende Wort sagen zu müssen: was Weihnachten überhaupt und speziell in diesem Jahr für die hier versammelten Menschen, für unsere Gesellschaft und für die Welt bedeute.

Ich weiß, dass sich die Erwartung der besonderen Gemeinde an Heiligabend derzeit durchaus auch auf eine Predigt richtet. Mit der unvermittelten Streichung der Predigt würde man vermutlich viele Menschen vor den Kopf stoßen. Es geht mir auch gar nicht darum, jede Heiligabend-Predigt als liturgischen Sündenfall zu brandmarken. Der Heilige Abend ist für mich aber ein besonders geeigneter Termin im liturgischen Kalender, um, vorerst theoretisch, die Frage nach der Ritualität des Wortes zu stellen. Darum noch einmal: Warum sich und die Gemeinde gerade an Heiligabend dem Druck aussetzen, selbst das entscheidende Wort sagen zu müssen? Warum nicht sich und die anderen der Ritualität des Wortes anvertrauen? Und das unter Ausschöpfung der Möglichkeiten, die der Kirchenmusik gerade an diesem Abend zu Gebote stehen?

Wilhelm Stählin, damals Pfarrer zu St. Lorenz in Nürnberg, hatte 1921 erstmals gegen Mitternacht eine Christmette durchgeführt. Anfänglich, so Stählin in seinen Erinnerungen, habe er in solchen Gottesdiensten zu Heiligabend noch Ansprachen gehalten:

> [...] aber davon bin ich gänzlich abgekommen, weil die Fülle der weihnachtlichen Texte und Gesänge durch das freigesprochene Wort eher abgeschwächt als verstärkt werden kann.

Wilhelm Stählin, Via Vitae, 1968, 167.

Die Aufgabe, Weihnachten auch in Weihnachtspredigten zur Sprache zu bringen, ist unbestritten. Die Weltwirklichkeit Gottes lässt gar keine andere Wahl. Sie muss zeitgemäß zur Sprache kommen; blanker Ritualismus wäre eine schreckliche Perspektive. Aber alles zu seiner Zeit. Protestantische Predigtfixierung und missionarischer Eifer haben dazu geführt, dass der Heilige Abend in seiner sensiblen Position zwischen Advent und Weihnachten als liturgische Feier festlicher Erwartung praktisch weggefallen ist. Weihnachten wurde auch liturgisch, der gesamtgesellschaftlichen Entwicklung folgend, vom 25. Dezember auf den Vorabend verlegt. Eine Liturgie der Kirche hätte aber zunächst ihrer eigenen Zeitrechnung zu folgen und sie dann mit den säkularen Zeitabläufen zu vermitteln. Die Vesper war grundsätzlich keine schlechte und mit entsprechenden Modifikationen durchaus gemeindetaugliche Form, der festlichen Erwartung am Vorabend der Weihnacht Gestalt zu verleihen. Es würde sich lohnen, die „Christvesper“ noch einmal neu als Vesper zu konzipieren. Analoges gilt für die evangelische „Christmette“.

Mit dem Hinweis auf die Gottesdienste zu Heiligabend dürfte klar geworden sein, was eine Ritualität des Wortes wesentlich ausmacht: das liturgische Urvertrauen, dass das Wort der Bibel in Lesungen, Liedern, Gebeten und biblisch verwurzelten Sprechakten die Gemeinde auf dem gottesdienstlichen Weg im Geheimnis auch ohne Predigt verlässlich leitet.

Die Vision von einer evangelischen Ritualität des Wortes bedeutet keineswegs eine generelle Bedeutungsminderung der Predigt, wohl aber eine Akzentverlagerung von der Predigt auf das Wort. Wenn wir Evangelischen lernen, uns auf eine Ritualität des Wortes einzulassen, dann würde auch die Predigt verwandelt wieder ihren Platz einnehmen: bescheidener, ballastfreier und trittsicherer auf dem Weg im Geheimnis.

Kultbuch Bibel

Die Bibel ist ein „Kult“-Buch im ursprünglichen Sinn des Wortes: Sie hat ihren primären Sitz im Leben im „Kult“, in der Liturgie der Kirche. Ohne ihre Stellung im Gottesdienst wäre die Bibel äußerstenfalls, mit einer Unterscheidung von Jan Assmann, ein klassischer, niemals aber ein heiliger oder kanonischer Text. Dass also die Bibel ein Kult-Buch ist, gilt in doppelter Hinsicht. Zum einen ist das Bibelbuch Gegenstand bestimmter kultischer Handlungen. Zum anderen formt die Bibel selbst mit ihrer Sprache wie auch mit unzähligen Zitaten und Anspielungen maßgeblich die Sprache der Liturgie. Man könnte von einer passiven und einer aktiven Ritualität des Bibelbuchs sprechen.

An dieser Stelle geht es um die passive Ritualität der Bibel, um die Frage also, wie mit bestimmten Ritualen der Liturgie der Überzeugung Gestalt verliehen wird, die prinzipiell über alle Konfessionsgrenzen hinweg Gültigkeit hat: dass es sich um das Buch der Bücher, um die Heilige Schrift, um Gotteswort in Gestalt der Worte, Bilder und Geschichten der Bibel handelt.

Zunächst freilich gehe ich über die Grenzen des Christentums hinaus. Im *Judentum* genießt ein Schriftenkorpus aus der Hebräischen Bibel besondere Verehrung: die fünf Bücher Mose, die Tora. Schon die Gestaltung der Torarolle ist bezeichnend. Vor allem im aschkenasischen Judentum ist sie, einem Menschen gleich, angetan mit priesterlicher Gewandung. Priester vollzogen, als es in Jerusalem noch den Tempel gab, die Opfer und vermittelten so den Kontakt zwischen Gott und seinem Volk. Jetzt ist, so signalisiert es die Gewandung, die Tora in die priesterliche Mittlerrolle zwischen Himmel und Erde gerückt.

Für die gottesdienstliche Lesung wird die priesterlich gekleidete Torarolle unter Lobgebeten aus dem Toraschrein genommen. Eine Prozession führt die Schrift durch die Gemeinde, die auf diese Weise sichtbar Anteil hat an der Tora. Dann wird sie auf dem Vorlesepult (Bima) abgelegt, die Gewandung abgenommen. Die Lesung erfolgt in feierlicher Kantillation auf Hebräisch. Gemeindeglieder werden aufgerufen, den Anfangs- und den Schlusssegen zu sprechen, während die Lesung selbst dem Kantor, Rabbiner oder Vorbeter überlassen bleibt. Dann wird die Rolle wieder bekleidet. Sie verbleibt aber noch außerhalb des Toraschreins, bis die Lesungen aus den Propheten oder den übrigen Schriften der Hebräischen Bibel und eventuell eine Art von Predigt (Derascha) erfolgt sind. Dann wird die Torarolle, wieder in einer Prozession, zum Schrein zurückgebracht.

Eine leitende Dramaturgie verleiht dem Ritual seine Prägekraft: Jede Toralesung inszeniert einen symbolischen Aufstieg zum Sinai. Das geht bis in die Details. Beispielsweise heißt der Auftrag, aus der Tora vorzulesen, „Aufstieg“ (Alija), und die Lesung erfolgt vom Lesepult, dessen Stufen den Berg andeuten. Die Inszenierung ist deutlich: Wie Gott einst auf dem Sinai die Tora an Mose übergab, so empfängt sie nun jedes Mitglied der Gemeinde neu in der gottesdienstlichen Lesung. Israel vergegenwärtigt sich in jeder öffentlichen Tora-Lesung seiner Identität und bringt die Tora als Mittlerin zwischen Himmel und Erde in facettenreicher Dramaturgie eindrücklich zur Geltung.

Auch die *orthodoxe Christenheit* inszeniert in der Lesung biblische Gegebenheiten: Christi öffentliches Auftreten als Verkünder des Evangeliums. Im Mittelpunkt der liturgischen Handlung steht dementsprechend nicht das gesamte Bibelbuch, sondern das reich geschmückte Evangeliar.

Beim so genannten Kleinen Einzug werden die Königlichen Türen geöffnet, die den Altarraum vom übrigen Kirchenraum trennen. Im orthodoxen Verständnis von Kirchenraum und Liturgie bedeutet das: Die Gemeinde darf einen Blick tun in den himmlischen Bereich. Das Evangeliar liegt zunächst auf dem Altar. Es wird dann in feierlicher Prozession durch die Gemeinde getragen. Dabei erfolgt der Einzug durch die nördliche Tür des Gotteshauses, nicht durch die Königlichen Türen im Zentrum: Christus, so die Symbolik, kommt gleichsam durch die Seitentür, also unerkannt in die Welt. Auch Licht und Weihrauch, die dem Evangeliar voran getragen werden, gelten nicht dem Buch als solchem, sondern Christus, der da, symbolisiert im Evangeliar, einzieht. Nachdem der Diakon das Evangelium vom Ambo (Ort der Lesung bzw. Lesepult) aus gelesen hat, wird das Evangeliar wieder auf den Altar gelegt. Die Königlichen Türen werden geschlossen und erst für den Großen Einzug zur Eucharistie wieder geöffnet.

Insgesamt inszeniert die Göttliche Liturgie die Christus-Geschichte. Das geschieht an keiner Stelle als Erinnerung an Vergangenes, sondern durchweg im Bewusstsein und im Erleben der Gegenwart Christi. Indem der Gottesdienst Vorgeschmack ist auf die Gemeinschaft mit Gott am Ende der Zeit, kommt zugleich eine eschatologische Dimension zur Geltung. Das Buch ist also niemals nur Buch. Es repräsentiert Christus, den Mensch gewordenen Gott. Ihn vernehmen die Gläubigen, wenn aus dem Evangeliar gelesen wird. Ihm begegnen sie dann auch in der Eucharistie.

Auch im römischen *Katholizismus* konzentriert sich das Lesungs-Ritual der Messe auf das Evangeliar. Es wird in feierlicher Prozession durch die versammelte Gemeinde zum Altar gebracht und mit Kerzen, Weihrauch, Küssen und ehrfürchtigem Stehen verehrt. Verschieden vom Ritualverständnis des Ostens ist freilich die große Bedeutung, die dem gesamten Wortteil der Messe seit dem Zweiten Vatikanischen Konzil zukommt. Die Konzilsdokumente sprechen in Analogie zum „Tisch des Herrenleibes" vom „Tisch des Gotteswortes", der für die Gläubigen bereitet werde. Die rituelle Verehrung des Buches ist mit Antwortgesängen der Gemeinde, vor allem aber mit der Predigt oder Homilie weit deutlicher als in der Orthodoxie einer wortsprachlichen Kommunikation des Evangeliums zugeordnet.

Die skizzierten Typen von Buch-Kult sind protestantisch nicht einfach zu übernehmen. Aber die Frage stellt sich uns Protestanten auf dem Hintergrund anderer Gottesdienstkulturen eben doch: Wie haltet ihr als „Kirche des Wortes" es liturgisch mit dem Gotteswort in Gestalt des Bibelbuches?

Kultort Kanzel

Der *Protestantismus* hat Bedeutendes für die Verbreitung der Bibel und ihre Verwurzelung im Bewusstsein der einzelnen Gläubigen geleistet. Aber er hat selbst in seiner lutherischen Spielart keine Formen des liturgischen Umgangs mit der Bibel entwickelt, die denen anderer Konfessionen vergleichbar wären. Wir Protestanten können bislang nur davon reden, dass in der Heiligen Schrift Gottes Wort zur Geltung komme. Aller Welt zeigen können wir es nicht. Es fehlt an Ritualen. In der Zeichensprache des Rituals bleibt vom Wort Gottes vor allem die Predigt. Sie mit eigenen

Ritualen hervorzuheben, waren wir erfinderisch. Aber bereits die Lesungen fallen weitgehend aus dem Fokus liturgischer Aufmerksamkeit.

Bei näherem Hinsehen werden Gründe für die liturgische Sorglosigkeit erkennbar. Der Schwerpunkt des Wortgottesdienstes hat sich von den Lesungen weg und auf die Predigt hin verlagert. Alleine schon die räumlich erhöhte Kanzel signalisiert, dass, jedenfalls dramaturgisch, bei dem dort angesiedelten Geschehen mit einem Höhepunkt zu rechnen ist.

Besonders massiv ist diese Symbolik beim barocken Kanzelaltar, bei dem sich die Kanzel unmittelbar über dem Altar befindet. Das Ensemble signalisiert: Im Kanzelakt der Predigt wird das Wort als das eigentliche Sakrament ausgeteilt; das Kanzelgeschehen überhöht und überbietet die Eucharistie. Die Relationen freilich bestehen auch ohne Kanzelaltar: Die traditionelle Kanzel ist immer höher als andere liturgische Orte. Die biblische Lesung etwa erfolgte bis weit ins 20. Jahrhundert hinein vom Altar aus. Auch sie wird überhöht vom Kanzelakt der Predigt. Wenn man die Zeichen liest, kommt man um die Einsicht nicht herum, entscheidend sei nicht das Bibelwort selbst, sondern seine Auslegung. Eine so geartete Architektur inszeniert konsequent, was so schon Luther zur Maxime erhoben hatte: Keine Lesung ohne Auslegung!

Zusätzlich wurde der Kanzelakt mit rahmenden Kleinritualen zu einem Gottesdienst im Gottesdienst ausgestaltet. Etwa so: (stilles) Gebet – Kanzelgruß – Lesung des Predigttextes – Gebet um den Segen des Wortes – Predigt – Kanzelsegen – Predigtlied. Das Signal ist klar: Der Kanzelakt ist der Höhepunkt des Gottesdienstes. Als solcher hebt er sich von allen anderen liturgischen Vollzügen ab. Das gilt insbesondere im Gegenüber zu den biblischen Lesungen. Die Predigt ist ihnen nicht als eine Sequenz unter anderen zugeordnet, sondern dem gesamten Lesungsgeschehen übergeordnet.

Pastorale Verhaltensweisen verstärken da und dort die ohnehin schon massive Zeichensprache des Kanzelaktes. Ich verweise auf zwei besonders häufige Auffälligkeiten.

Die eine Verhaltensweise besteht vielerorts in einer Geste: Die für die Lesung des Predigttextes noch geöffnete Bibel wird vor dem „Liebe Gemeinde!“ der Predigt für alle sichtbar zugeschlagen. Ein nonverbales, aber deutliches Zeichen, dass jetzt das Bibelwort schweigt und der Pastor redet. Diese Wirkung ist sicher nicht beabsichtigt. Oft lassen die Platzverhältnisse auf dem Kanzelpult keine andere Lösung zu. Aber die Gesamtwirkung dieser kleinen Geste steht gegen alles, was je über die Bibelbezogenheit der evangelischen Predigt mit großem Pathos gesagt und geschrieben wurde.

Die andere Verhaltensweise betrifft die Frage, wo sich der Prediger oder die Predigerin während der Lesungen aufhält. In der Regel werden die Lesungen durch einen Lektor oder eine Lektorin vom Lesepult aus getätigt. Oft genug geschieht es, dass der Prediger nach dem Kollektengebet am Altar stehen bleibt. In Bezug auf das Verhältnis von Lesungen und Predigt geht von diesem Setting ein fatales Signal aus. Der Prediger überragt im Hintergrund, durch die Altarstufen erhöht, die Lektorin. Während alle dem Lesepult zugewandt sind, ist der Pastor die einzige Person, die sich nicht hörend auf den Empfang des Gotteswortes ausrichtet. Als der berufene Ausleger überwacht er die Lesung, blickt sozusagen über die Schulter des Lektors ins Bibelbuch. Binnen kurzem wird er sich auf die Kanzel begeben. Und endlich die Schrift auslegen ... Das alles sind Signale, die den liturgischen Stellen- und Eigenwert der Lesungen nicht eben erhöhen. Abgesehen davon: Ein solches Verhalten ist auch ganz schlicht gegen die liturgische Grundregel, dass man sich an liturgischen Orten nur aufhält, solange man dort eine Funktion ausübt. Und ganz nebenbei: Schon eine elementare Bescheidenheit würde es dem Pastor oder der Pastorin nahelegen, sich für die Zeit der Lesung zurückzunehmen und dem Lektor oder der Lektorin die Hauptrolle zu überlassen.

Insgesamt sind die Erkundungen im protestantischen Bereich nicht ermutigend. Zwar gilt theologisch die Bibel nach wie vor als eine Gestalt des Wortes Gottes. Liturgisch aber ist das Bibelbuch als die Heilige Schrift vor allem mit missverständlichen Signalen präsent. Wobei das noch freundlich gesagt ist. Die Signale sind in der Regel nicht missverständlich, sondern eindeutig: Wort Gottes manifestiert sich in der Predigt. Damit ist das fundamentale Wechselspiel der drei Gestalten des einen Wortes Gottes zugunsten des gepredigten Wortes arretiert.

Macht der Worte

Kult-Buch ist die Bibel nur, wenn ihren Worten Macht zugetraut wird. Schon die normalen Worte haben mehr Macht, als man gemeinhin von ihnen erwartet. Umso mehr gilt das für die Worte der Bibel, die mit der Gottesdimension konnotiert sind. Worte sind nicht nur Worte. Worte sind mehr als Schall und Rauch. Worte sind Handlungen. Worte haben Macht.

Theologisch wusste das die Theologie schon immer. Im Umkreis jeder Theologie des Wortes Gottes musste von der Macht des Wortes die Rede sein. Trotzdem bedeutete es ein erfreuliches Mehr an Bodenhaftung, als nicht zuletzt die Literaturwissenschaften uns Theologen auf die Qualität von Sprechhandlungen hinwiesen: Da passiert etwas, und zwar mit allen Beteiligten. Seitdem hat die Theologie die literarische Vielfalt der biblischen Texte auch als Vielfalt potenzieller Sprechhandlungen entdeckt. Weniger denn je zuvor ist es angebracht, die Bibel auf Aussagen oder, klassisch, auf Lehre zu reduzieren. Bibeltexte intendieren wie alle Texte bestimmte Wirkungen. Diese werden beim Leser bzw. Hörer erreicht oder nicht. Zugleich kommt es bei der Rezeption der Texte zu Wirkungen, die nie intendiert waren, aber sich einfach einstellen. Im Zeitalter der Rezeptionsästhetik ist die Frage nach der möglichen Wirkung von Bibeltexten im Gottesdienst noch einmal neu aufzurollen.

Ängstlich darf man dabei nicht sein. Luther selbst traute dem Leser oder Hörer nicht so viel zu, wie man meinen könnte. Er hatte zwar die Bibel übersetzt, das Gutenberg-Zeitalter tat ein Übriges. Im Prinzip konnte nun jeder Christ und jede Christin die Bibel eigenständig lesen. Aber schon die bloße Lesung im Rahmen der Liturgie barg für Luther Gefahren. Er witterte korinthische Verhältnisse. Dort, in Korinth, wirkte Rezeptionsfreiheit im Modus des Zungenredens mehr chaotisch als erbaulich. Das Verhältnis von Lesung und Auslegung sieht Luther daher in den entsprechenden Passagen bei Paulus geregelt:

> Danach soll der Prediger, oder welchem es befohlen wird, hervortreten und diese Lesung ein Stück auslegen, daß die andern es alle verstehen, lernen und ermahnt werden. Das erste Werk nennt Paulus 1. Kor. 14,26 „mit Zungen reden“; das andere „auslegen“ oder „weissagen“ und „mit dem Sinn oder Verstand reden“.
>
> *Martin Luther, Von der Ordnung des Gottesdiensts in der Gemeinde, 1523, 83.*

Keine Lesung ohne autoritative Auslegung von der Kanzel? In Zeiten einer grundsätzlich bejahten Rezeptionsfreiheit derer, die einen Text hören, wirken Luthers Vorbehalte, so berechtigt sie damals gewesen sein mögen, ängstlich.

Wir wissen heute, dass mit jedem Satz, also auch mit den Sätzen der Bibel, Sprechhandlungen in Gang gesetzt werden. Worte sind also nie nur bloße Worte. Sie schaffen immer eine eigene Wirklichkeit. Nach dem englischen Sprachphilosophen John L. Austin hat jede Äußerung einen lokutionären, einen illokutionären und einen perlokutionären Aspekt, d.h. sie gibt einen Inhalt wieder, verfolgt eine Absicht und erzielt eine Wirkung.

Beispiel: „Ich vergesse, was dahinten ist, und strecke mich aus nach dem, was da vorne ist …“ (Phil 3,13).

Folgende Aspekte lassen sich als Sprechhandlung zwischen Paulus und mir als einem möglichen Hörer des Satzes benennen:

1. *Inhalt*. Paulus informiert mich über eine Facette seiner Spiritualität.

2. *Absicht*. Der Apostel trägt an mich das Ansinnen heran, ich solle ähnlich verfahren wie er.

3. *Wirkung*. Die Aussage erreicht bei mir, dass ich widerspreche: „Nein, Vergangenheit darf nicht vergessen, sie muss verarbeitet werden!“ Ganz anders die

Reaktion meiner Nachbarin in der Kirchenbank: „Das entlastet mich und macht mir Mut, die Dinge wieder anzupacken."

Alle Sätze haben, so ich sie höre oder lese, eine Wirkung – und wenn es die wäre, dass ich mich gelangweilt abwende. Den Worten, Bildern und Geschichten der Bibel kommt darüber hinaus eine besondere Macht zu.

Das hängt zusammen mit der Erwartungshaltung, die ihnen entgegengebracht wird. Die Bibel gilt, mit der Unterscheidung von Jan Assmann, nach ihrer kultischen Verwendung als „heiliges", nach ihrer Bedeutung für die christliche Lebensausrichtung als „kanonisches" und nach ihrer kulturellen Bedeutung als „klassisches" Buch. Die Unterscheidung ist analytisch erhellend. Wie es freilich aktuell bei Christinnen und Christen mit der Erwartungshaltung gegenüber der Bibel wirklich bestellt ist, bleibt unklar. Demoskopische Studien zur Kirchenmitgliedschaft kümmern sich um viel, aber selbst in der „Kirche des Wortes" nicht dezidiert um die Bibel und den faktischen Umgang mit ihr. Wir sind auf Vermutungen angewiesen.

Sicher, die „Herrnhuter Losungen" und Abreißkalender für jeden Tag verkaufen sich noch immer nicht schlecht, Konfirmations- und Trausprüche ziehen mitunter erstaunliche Spuren in Biografien. Im Bibliodrama entdecken Menschen in der kleinen Gruppe ihr ureigenes Leben im Licht biblischer Geschichten, während sich im Bibliolog ganze Gottesdienstgemeinden in solche Geschichten hineinsprechen. In der Praktischen Theologie wird, um nur einige Beispiele zu nennen, die Rolle biblischer Texte für die Seelsorge längst wieder positiv gesehen (Peter Bukowski), der ganze Gottesdienst versuchsweise als Inszenierung biblischer Texte konzipiert (David Plüss) und der homiletischen Textlektüre im Dialog mit dem Judentum Neuland erschlossen (Alexander Deeg). Die pointiertesten Äußerungen zum Thema gibt es auch hier wieder von Manfred Josuttis. In seinem Rekurs auf „das Heilige" als Chiffre für die erfahrbare Weltwirklichkeit Gottes kommt er auch zu einer Neubewertung der „Heiligen" Schrift. Damit relativiert er zwar die historischen Erkenntnisse kritischer Forschung, reklamiert dafür aber Essentials für die Bibel als Kultbuch:

Die Heilige Schrift ist deswegen für den Grenzverkehr in die Wirklichkeit des Heiligen unverzichtbar, weil sie Landkarten für die Wanderung in der anderen Welt bereitstellt. [...]

[Eine veränderte Hermeneutik rechnet damit,] daß die Bibel in der Praxis von Religion Wirkungen freisetzt und Wirklichkeiten erschließt, die sich von der Realität des Heiligen her interpretieren lassen. In diesem Sinn ist die Bibel auch heute noch „Heilige Schrift". [...]

[...] wenn Menschen wirklich von der Macht der biblischen Texte ergriffen werden, geraten sie in das Wirkungsfeld jener Dynamik Gottes, jener göttlichen

Energie, die die theologische Tradition der westlichen Christenheit dem Heiligen Geist zuschreibt.

Manfred Josuttis, Die Einführung in das Leben, 1996, 50, 55 u. 63.

Wunschdenken? Fundamentalistischer Schriftgebrauch? Textfetischismus? In jedem Fall ist festzuhalten, dass sich Josuttis mit seiner gewöhnungsbedürftigen Terminologie zunächst nur im Rahmen dessen bewegt, was die theologische Tradition ganz selbstverständlich als Erwartung gegenüber der „Heiligen Schrift" formuliert:

Wird die Bibel als Heilige Schrift gelesen, so wird sie nicht nur als Dokument vergangener religiöser Erfahrungen, sondern als Medium möglicher gegenwärtiger und künftiger Gotteserfahrung betrachtet.

Ulrich H. J. Körtner, Theologie des Wortes Gottes, 2001, 311.

Oft haben Nichtchristen stärkere Erwartungen an die Worte, Bilder und Geschichten der Bibel als ihre professionellen christlichen Sachwalter. Der Philosoph Ernst Bloch, Atheist und Bibelleser, hat einst für heutige Ohren etwas manieriert, aber für bekennende Bloch-Leser noch immer mitreißend formuliert:

[…] was in keinem anderen Religionsbuch sich findet: Leiden, das keines bleiben will, bäumendes Erwarten von Auszug und Gutmachen, Anderswerden; nicht bei einigen Demutspsalmen, doch wie sehr bei Hiob und weiter. Zuerst und bis zuletzt kann hier nur der Unruhige fromm sein, auch ist seine Art utopische Treue (die ihn unruhig erhält) auf langhin allein tief.

Ernst Bloch, Atheismus im Christentum, 1968, 35.

„Utopische Treue" – Blochs schöne Formulierung darf mit bibelhermeneutischem Fokus gelesen werden: eine Treue, die in den Texten entdeckt, was in der Wirklichkeit noch „keinen Ort" hat, „U-topisches" also. Der weite Raum der Bibel mit seinem eschatologisch-utopischen Potenzial erschließt sich, so adaptiere ich Bloch, allenfalls einer „utopischen Treue", kaum aber der kleinmütigen Frage, wie viel Bibel man den Leuten noch zumuten könne. Die Kirche des Wortes, sie erst recht, bedarf einer neuen, in der Tradition ermunterten und auf Zukunft bauenden Erwartungshaltung gegenüber „ihrer" Heiligen Schrift. Man kann das „utopische Treue" nennen.

Wer von der Bibel nichts erwartet, wird in ihr auch nichts finden. Und wer von der Bibel Gott und die Welt erwartet, wird das nicht vergeblich tun. Aus der hermeneutischen Einsicht erwächst die liturgische Aufgabe, die Erwartung an die Worte, Bilder und Geschichten der Bibel groß zu machen. Die Liturgie hält dafür die ihr eigene Sprache von Symbol und Ritual bereit. Eine Kirche, die es nicht wagt, ihre Heilige Schrift als solche zu präsentieren und zu inszenieren, darf nicht klagen, der moderne Mensch könne mit der Bibel nichts mehr anfangen.

Buch und Lesung

Kernvollzug im Wortgottesdienst sind die Lesungen aus der Heiligen Schrift. Bei den Verantwortlichen in den Gemeinden ist selbst eine Ahnung, es könnte sich dabei um Höhepunkte des liturgischen Geschehens handeln, schwach ausgebildet. Die Unprofessionalität und mitunter Respektlosigkeit, mit der die Lesungen häufig getätigt werden, sprechen eine deutliche Sprache.

Es ist weithin üblich, dass sich Liturgen wie Lektoren erst vor Beginn des Gottesdienstes kundig machen, welche Lesungen denn heute dran seien. Das Buch, aus dem gelesen wird, ist abgegriffen, die Ecken abgestoßen. Wobei man noch von Glück sagen kann, wenn die Texte aus dem Buch der Bücher überhaupt aus einem Buch gelesen werden; manchmal tut es auch schon der Zettel, die Kopie. Für Anfang und Ende, die sensibelsten Punkte jeder liturgischen Sequenz, sind die Vorgaben weithin unklar. Die bis zur Respektlosigkeit karge Formulierung einer Lektorin scheint vor Ort als liturgiefähig zu gelten: „Ende der Lesung."

Die bestehende (lutherische) Ordnung der Lesungstexte, welche die Predigttexte einschließt, ist revisionsbedürftig. Es ist beispielsweise zu fragen, ob die Anteile des Alten Testaments nicht zu erhöhen wären, ob manche Episteln wirklich unabdingbar sind oder ob die zeitweise Häufung von johanneischen Predigttexten der Erwartungshaltung gegenüber der Bibel wirklich so förderlich ist. Man kann auch fragen, ob das System von sechs Reihen sakrosankt sei. Und fallen nicht bestimmte Texte wegen theologischer oder kirchlicher Vorbehalte zu Unrecht unter den „Tisch des Wortes", der doch, so die schöne Formulierung des Zweiten Vatikanischen Konzils, aus der weit geöffneten „Schatzkammer der Bibel" reich gedeckt werden sollte (Sacrosanctum Concilium, Art. 51)?

Aber das sind eher beiläufige Anmerkungen zu dem derzeit viel diskutierten Problem der Leseordnung. Zum Gesamtkomplex der Schriftlesung möchte ich an dieser Stelle drei Punkte aufgreifen, die nach meiner Einsicht mindestens ebenso dringlich wie die Frage nach der Textauswahl der Erörterung bedürfen: *Buch*, *Sprache* und *Dramaturgie*.

(1) Die Frage nach dem *Buch*, aus dem gelesen wird, ist, sofern man die Bibel als Kult-Buch betrachtet, eigentlich nicht zu umgehen. Zunächst sollte es eine Bibel sein, nicht bloß ein Lektionar. Die Symbolik des Kultbuchs „Heilige Schrift" legt den Gebrauch einer vollständigen Bibel geradezu zwingend nahe. Die Deutsche Bibelgesellschaft bietet repräsentative Altarbibeln mit Ausweis der Lesungstexte an, ergänzt durch eine preiswerte Ausgabe zur Vorbereitung für Lektorinnen und Lektoren.

Die traditionelle evangelische Altarbibel hat ausgedient. Zwar liegt auf den meisten evangelischen Altären noch eine Bibel. Das ist aber nach Schriftbild und Übersetzung in aller Regel ein veraltetes Exemplar. Im gottesdienstlichen Gebrauch ist die Altarbibel so gut wie nirgends mehr, seitdem die Lesungen definitiv vom Lesepult aus erfolgen. Damit ist zwar der Altar nicht länger zum Leseort verfremdet, sondern deutlicher der eucharistischen Feier vorbehalten. Das ist sinnvoll. Gleichzeitig aber ist das Buch, aus dem gelesen wird, ortlos geworden. Das gilt für die Zeiten im Gottesdienst, in denen nicht aus der Bibel, sondern aus Ringbuch mit den Abkündigungen oder aus anderen Textsammlungen gelesen wird. Das gilt auch für die Zeiten außerhalb der Gottesdienste. Der Altar jedenfalls ist als Ort der aufgeschlagenen Bibel nicht mehr im Gebrauch. Er war und wäre dazu auch denkbar ungeeignet. Wohin also mit dem Buch der Bücher?

In der katholischen Kirche wird neuerdings die Aufstellung eines so genannten Logophorons erwogen. Darunter versteht man ein massives, pultartiges Gerät – fest aufgestellt im Kirchenraum oder eingelassen in die Mauer –, auf dem, der Hostie im Tabernakel vergleichbar, das Lesungsbuch außerhalb der Liturgie für alle Kirchenbesucher sichtbar aufbewahrt wird. Ich könnte mir so etwas auch in evangelischen Kirchen vorstellen. Die praktische Konsequenz wäre, dass die dergestalt verortete Lesungsbibel zu Beginn der Lesungen in einer eigenen liturgischen Sequenz herbei- und nach dem Ende des gesamten Lesungsteiles ebenso wieder zurückgetragen wird.

(2) Die *Sprache* der Lesungen wird vorwiegend unter dem Gesichtspunkt der Verständlichkeit erörtert. Moderne Übersetzungen sind prinzipiell kein liturgisch geeignetes Mittel, größere Verständlichkeit zu erzielen. Texte einer „heiligen" Schrift liest man nicht einmal so und einmal so. Der Konsens der jeweiligen Kirche bezüglich der Sprachgestalt „heiliger" Texte ist eine Voraussetzung dafür, dass die einzelne Gemeinde die Lesung als Lesung aus der Heiligen Schrift identifizieren kann. Nach Lage der Dinge ist das in den lutherischen Kirchen des deutschen Sprachraums die Lutherbibel in der revidierten Fassung von 1984.

Eine weitere Möglichkeit, die unmittelbare Verständlichkeit zu erhöhen, sehen viele Lektoren in erklärenden Vorworten (Präfamina) zu den Lesungen. Ich will nicht ausschließen, dass in besonderen Fällen ein paar informierende Worte vorab den Hörweg der Lesung von Steinen, die unnötig im Weg liegen, frei machen können. Generell aber halte ich solche Präfamina für hoch problematisch. Sie leisten einer liturgiefremden „Thematisierung" des Gottesdienstes Vorschub und engen den Textraum der Lesung unzulässig ein.

Die Perikope Mt 25,1–13 („Von den klugen und törichten Jungfrauen“) ist Evangelium am Ewigkeitssonntag. Die Bildfolge in diesem Gleichnis ist zunächst unmittelbar verständlich. Sicher, man mag fragen, ob aus dem bloßen Text heraus der Topos vom Endgericht nicht zwangsläufig in theologisch problematischer Weise verstanden werde. Jedenfalls verengte das folgende Präfamen den Textraum des Gleichnisses in denkbar massiver Weise: „Matthäus meint, dass wir unsere Liebe nicht erlöschen lassen sollen.“

Dieser unscheinbare kleine Satz engt das Verstehen auf den moralischen als einen der vier Schriftsinne allegorischer Auslegung ein. Das bedeutet einen Eingriff in die Rezeptionsfreiheit des Hörers oder, spezifisch theologisch, den unangemessenen Versuch, dem Heiligen Geist ins Handwerk zu pfuschen. So etwas geschieht landauf landab in bester Absicht.

Man kann zur Erhöhung der Verständlichkeit dies und das erörtern und ausprobieren. Vor allem eine dem Text verständig folgende, durch Sprecherziehung geschulte Weise des Vortrags würde der Verständlichkeit der Lesungen oft mehr zugute kommen als ein sorgsam formuliertes Präfamen. Alle Aktionen aber zur Erhöhung der Verständlichkeit sollten getragen sein von der Überlegung, dass die beklagte Unverständlichkeit eine beachtliche ästhetisch-theologische Komponente haben könnte:

Wirkungsästhetische Überlegungen zeigen, dass im „Akt des Lesens“ vom Leser Sinn gebildet wird auch da, wo Texte sperrig bleiben, wo der Fluss des Textes stockt. Es gibt Lektüren, die nicht auf die Schnelle begreifen, die über Jahre hin scheitern, die den Text – welch Glück für ihn – nicht sofort zur Kenntlichkeit erledigen, die ruminierend sich erstrecken und den Text aushalten, ihm standhalten. Das geht, wenn ein sperriger Text sperrig bleibt und nicht in mundgerechte Kost überführt wird etwa durch Tilgung seiner Brüche oder Leerstellen. Dem hier nicht selten angeführten Kriterium der Verständlichkeit (perspicuitas) wäre also das der Verborgenheit (obscuritas) entgegenzuhalten, das überdies auf eine weite christliche Tradition zurückblicken kann.

Jörg Seip, Das Lesen ordnen?, 2004, 26f.

Ich denke, den Überlegungen von Jörg Seip sei grundsätzlich zuzustimmen. Die Grundspannung des göttlichen Geheimnisses zwischen den Polen von Vertrautheit und Fremdheit kann die Wahrnehmung der biblischen Texte nicht unbeeinflusst lassen: Es darf bei biblischen Lesungen auch Unverstandenes bleiben. Guten Gewissens zustimmen kann man Jörg Seip vor allem dann, wenn man dessen eigenes Monitum präsent hält, es gehe bei der Leseordnung eigentlich um eine „Hörordnung“. Das bewahrt hoffentlich davor, die hörende Gemeinde im Zeichen von „obscuritas“ schlichtweg zu quälen. Grundsätzlich geschehen die Lesungen der Liturgie in einem Spannungsfeld, und das ist durch zwei Pole konstituiert: Fremdheit *und* Vertrautheit, „obscuritas“ *und* „perspicuitas“.

(3) Die *Dramaturgie* des Lesungsteiles wird im evangelischen Raum ungebrochen dominiert von der Predigt. Nach der Devise „Von der Predigt zum Wort“ hingegen wäre zunächst anzuregen, dass eine evangelische Predigt sich auch zeichensprachlich einfügt in den Gesamtspannungsbogen der Lesungen. Wie das insgesamt aussehen könnte, zeigt die Skizze eines evangelischen Wortgottesdienstes am Ende des Kapitels. Hier wäre vorläufig auf ein paar „äußere“ Gegebenheiten zu verweisen. Wo die Raumverhältnisse es zulassen, wäre ein weitgehender Verzicht auf die Kanzel angebracht. Am Lesepult aber würde ein eigenes Kanzelritual überflüssig. Für eingefleischte Protestanten am schmerzlichsten: Die durchschnittliche Predigtdauer sollte spürbar verringert werden.

Geist und Buch

Unter dem Gesichtspunkt, dass die Bibel wesentlich Kultbuch sei, stellt sich die hermeneutische Frage der Auslegung deutlich anders als im rein akademischen Kontext. So verändert sich die geläufige Frage nach dem Verhältnis von Buchstabe und Geist, sobald der Buchstabe im Buch und der Geist in der Liturgie einen Ort hat.

Die Worte, Bilder und Geschichten der Bibel haben ihren genuinen Sitz im Leben im Gottesdienst der Kirche. Das impliziert, dass es die Bibel als die Heilige Schrift nicht gäbe, wenn sie nicht Kult-Buch par excellence wäre. Eine Exegese, die sich als Schrift-Auslegung versteht, müsste eigentlich von diesem fundamentalen Konnex ausgehen:

> Nur wo die Bibel als (Heilige) Schrift gelesen wird, macht es Sinn, von Schriftauslegung zu sprechen.
>
> *Ulrich H. J. Körtner, Theologie des Wortes Gottes, 2001, 304.*

Als Versuch, die Bibel als Kult-Buch ernst zu nehmen, kann das Jesus-Buch von Benedikt XVI. gelesen werden. Hier schreibt der Mensch, Theologe und Liturgiker Joseph Ratzinger, der von Kindheit an die Liturgie als Quelle seiner Spiritualität erlebte. Keine Frage, dass er den in der Kirche geglaubten und in der Liturgie angerufenen Christus als „Gegenstand“ seiner Ausführungen sieht. Deshalb kann er sich nur bedingt auf die Methoden historischer Arbeit einlassen:

> Freilich, zu glauben, dass er wirklich als Mensch Gott *war* und dies in Gleichnissen verhüllt und doch immer unmissverständlicher zu erkennen gab, überschreitet die Möglichkeiten der historischen Methode.
>
> *Joseph Ratzinger/Benedikt XVI., Jesus von Nazareth, 2007, 21.*

Konsequent kommt er bei der exegetischen Bearbeitung seines „Gegenstandes“ immer wieder auf Liturgie zu sprechen. Beispielsweise kann er das Vaterunser nicht ohne die liturgische Praxis des Einschubs zwischen Bitten und abschließender Doxologie (Embolismus, 202f.) oder die Taufe Jesu nicht ohne ostkirchliche Vertiefungen in Liturgie und Ikonografie (45f.) angemessen würdigen.

Ratzinger geht, ohne den Zusammenhang fundamentaltheologisch eigens zu explizieren, vom kirchlich und liturgisch gebrauchten Bibelbuch aus. Diese Prämisse macht die Lektüre des Buches anregend. Problematisch bleibt die harmonistische Art, mit der er die exegetisch markierten Spannungen innerhalb der Bibel zum Erliegen bringt. Ihre bleibende Fremdheit, ihre ungelösten Spannungen, ihre produktiven Widersprüche sind ihm, sofern er sie wahrnimmt, nur Anlass für glatte Lösungen.

Wenn man die Kritik zur Seite legt, dann bleibt der fundamentale Zusammenhang von Wort, Buch, Liturgie und Geist. Er kommt in den katholischen und orthodoxen Ritualen mit dem Evangeliar sinnenfällig zum Ausdruck. Das Wort begegnet als Buch, und der Geist ist im Buch-Kult der Liturgie symbolisch präsent.

Warum verbinden sich Geist der Liturgie und Medialität des Wortes bei uns Evangelischen weit weniger? Zur Erklärung eine These: Die Bibel als Kult-Buch war keine dauerhafte Option, weil sich die Medialität des Buches in einer problematisch vergeistigten Auffassung von Wort und Sprache verflüchtigte.

Kulturwissenschaftlich kommt an dieser Stelle die Bilderfrage ins Spiel; Bild und Buch werden zu analogen Phänomenen. Beispiel Erasmus. Er gab seinerseits nur dem allgemeinen Bewusstsein des Humanismus Ausdruck, wenn er figürliche Bildwerke wie Christusportraits dem äußeren Menschen, den gedruckten Text aber dem inneren, geistigen Menschen zuwies. Der Bildwissenschaftler Hans Belting kommentiert kritisch:

> Die Polemik in diesem Argument besteht darin, dass Erasmus den Geist getreu in der Sprache abgebildet sieht, als bestehe zwischen Schrift, Sprache und Sinn der Sprache gar keine Differenz. Die Gläubigen, die sich dem Kult der Bilder hingegeben hatten, werden nunmehr zum Kult der Worte Christi aufgefordert, in denen sein wahres Porträt überliefert sei. [...] Die Medialität des Wortes im Buchdruck ist dabei gleichsam ausgeblendet.

Hans Belting, Das echte Bild, 2005, 167.

Demnach fügten sich beide, Geist und Buchstabe, zunehmend in eine Grundhaltung von humanistischer Geistigkeit, die die Medialität und Materialität des Buches als hoffnungslos altmodisch erscheinen ließ. Alte (katholische) Bild-Frömmigkeit schien durch neue (evangelische) Schrift-

Geistigkeit überholt. Hätten sich die Reformatoren hervorgetan mit Ritualen um das Kult-Buch Bibel, dann hätte das vermutlich ungute Erinnerungen an eine überkommen geglaubte katholische Bildfrömmigkeit geweckt.

Es hat lange gedauert, bis die Einsicht wieder an Boden gewann, dass das Lesen keinen rein geistigen Vorgang darstellt, sondern dass es an materiale Gegebenheiten wie das anfassbare Buch, Augen und Stimme des Körpers oder überhaupt die Körper-„Sprache“ gebunden ist. Dieser Einsicht kommen Entwicklungen auf hermeneutischer Seite entgegen. Sie könnten auch in Sachen Medialität weiterführen. Und zwar sind immer wieder Impulse durch die klassische Weise jüdisch-rabbinischer Textbehandlung zu verzeichnen, in der Theologie wie in der Literaturwissenschaft. Die herkömmliche Weise, nach der „eigentlichen“ Bedeutung von Texten zu fragen, wird problematisch. Wo es einst selbstverständlich war zu sagen „Paulus meint …“, wird man jetzt vorsichtiger, dergestalt über das geschriebene Wort hinaus und auf einen „eigentlich“ gemeinten, geistigen Sinn zuzugehen. So einfach lässt sich der Geist nicht gegen den Buchstaben in Stellung bringen. Alexander Deeg spricht von einer problematischen Metaskripturalität und stellt ihr eine neu zu bewährende Skripturalität entgegen.

Die Frage bleibt, ob die neue Aufmerksamkeit, die hermeneutisch dem Buchstaben zuteil wird, auch der Buch-Medialität des Wortes zugute kommt. Jedenfalls gilt die neuzeitliche Weise, das geschriebene, gedruckte, verlautete Wort auf den Flügeln des Geistes gleichsam unter sich zu lassen, nicht mehr ungebrochen. „Skripturalität“ scheint mir ein geeigneter Leitbegriff für die Suche nach Bodenhaftung des Geistes.

Martin Luthers späte Äußerung über das private Bibellesen kann man im Sinne solcher Skripturalität lesen und, entsprechend modifiziert, auch auf die öffentliche Bibellesung beziehen. So soll man nach Luther mit Texten aus dem Bibelbuch umgehen:

> […] nicht allein im Herzen, sondern auch äußerlich die mündliche Rede und die Worte im Buch dem Buchstaben nach immer wiederholen, lesen und noch einmal lesen, mit fleißigem Aufmerken und Nachdenken, was der Heilige Geist damit meint.
>
> *Martin Luther, Vorrede zum ersten Band seiner deutschen Schriften, 1539, 16.*

Der hier angesprochene „Geist“ ist nicht der Geist, der sich in problematisch gewordener Geistigkeit vom Buch mit seinen Buchstaben entfernen würde. Es ist vielmehr der Heilige Geist, der dem Leser gerade dadurch Erleuchtung schenkt, dass er ihn im Stelenfeld der Buchstaben und des Buches hält. Schriftlektüre wird geradezu als körperlicher Vorgang geschildert. Die Bemerkung Luthers ist, so meine ich, kein schlechtes Leitwort, wenn sich die evangelische Liturgik aufmachen sollte, die Medialität des Wortes in Gestalt des Buches neu zu erkunden und zur Geltung zu bringen.

Wortgottesdienst evangelisch

Nun habe ich bereits über mehrere Kapitel manche übliche Verhaltensweise kritisiert und manchen unüblichen Vorschlag gemacht. Die Frage, wie das Ganze eines evangelischen Wortgottesdienstes aussehen könnte, steht im Raum.

Mein Ablauf eines Wortgottesdienstes ist anschlussfähig für die Feier der Eucharistie. Dabei handelt es sich um eine *prinzipielle* Anschlussfähigkeit. Sie bedenkt die Feiergestalt von Liturgie grundsätzlich in eucharistischer Perspektive, lässt aber die dramaturgischen Fragen eines integralen eucharistischen Gottesdienstes noch offen. Die prinzipielle Anschlussfähigkeit scheint mir unabdingbar, wenn wir Evangelischen von der Predigt ins Wort gelangen, dabei aber an der Eucharistie im vollendeten Reich Gottes als dem Ziel aller Wege im Geheimnis festhalten wollen.

Der folgende Entwurf eines künftigen evangelischen Wortgottesdienstes ist ein Versuch. Er soll die Diskussion befördern. Nicht mehr, nicht weniger. Die hochgestellten Ziffern beziehen sich auf die nachfolgenden Anmerkungen. Dadurch wird, so hoffe ich, die dürre Skizze ein wenig anschaulicher. Die Kirchenmusik führe ich in der Skizze nicht eigens auf. Sie gehört selbstverständlich und durchgängig zu einem evangelischen Gottesdienst des Wortes: als freies Orgelspiel, als Begleitung der Choräle, als Darstellung des biblischen Wortes in Tönen, als Gotteslob mit allen Mitteln der Kunst.

So also kann ich mir einen evangelischen Wortgottesdienst der Zukunft vorstellen:

Eröffnung und Anrufung
Orgelvorspiel[1] (zum folgenden Lied)
Eingangslied
Votum: „Im Namen des Vaters …“
Salutation + Begrüßung[2] (in freien Worten)
Confiteor[3] (ohne Gnadenzuspruch)
Kyrie
Gloria
Tagesgebet

Verkündigung und Bekenntnis
Herbeibringung der Lesungsbibel[4]

Lesung I: Altes Testament[5]
Psalm[6] (im Wechsel gesungen/Psalmlied)
Predigt[7] (falls Lesung I = Predigttext)
kurze Stille
Lesung II: Epistel
Halleluja (Gemeinde/Chor)
Predigt (falls Lesung II = Predigttext)
Lied (Wochenlied)
Lesung III: Evangelium
„Ehre sei dir, Herr“ – „Lob sei dir, Christus“
Predigt (regulär bzw. Lesung III = Predigttext)
kurze Stille
Credo[8]
Aufbewahrung der Lesungsbibel[4]
Lied

■ *Entlassung und Segen*
Abkündigungen
Kollekte (Klingelbeutel)[9] mit Lied
Fürbitten
Vaterunser
Entlassung
Segen
Musik zum Ausgang

Anmerkungen und Hinweise:

(1) Die genauere Begründung für den Beginn mit Choralvorspiel und Choral folgt im Kapitel zur Kirchenmusik. Hier nur so viel: In meinem Vorschlag hat die Gemeinde das erste Wort. Zugleich eröffnen kirchenjahreszeitliche Töne den Gottesdienst. Sie stimmen die Gemeinde ein ins Gotteslob, wie es vom Kirchenjahr her an der Zeit ist.

(2) Die Begrüßung in freien Worten gehört auf der Beziehungsebene Liturg – Gemeinde zum Gottesdienst. Sie sollte aber in jedem Fall kurz sein; Wortaskese ist der beste Schutz gegen Plattitüden. Was liturgisch deutlich sachdienlicher erscheint als freundliche Bemerkungen zum Wetter, wäre eine „Zeitansage“ als prägnanter Hinweis auf die kirchenjahreszeitliche Prägung des Sonntags.

(3) Das Confiteor, im Evangelischen Gottesdienstbuch „Vorbereitungsgebet“ genannt, bringt die Situation des Menschen vor Gott zur Sprache. Nach christlicher Überzeugung erkennt sich der Mensch in der Gottesnähe als Sünder. Mit der Bitte um Erbarmen endet das Confiteor. Jeder so genannte Gnadenzuspruch rückt das initiale Ritual ungebührlich in die Nähe von Beichte und Absolution.

(4) Wenn das Bibelbuch als Heilige Schrift auch zeichensprachlich in

der Liturgie präsent sein soll, muss seine Herbeibringung und Aufbewahrung eigens gestaltet werden. In jedem Fall hätte es sich um eine Bibel zu handeln, nicht um ein Evangeliar, auch nicht um ein Lektionar. Mittlerweile häufen sich in der katholischen Liturgiewissenschaft die Hinweise für den Gebrauch einer Lesungsbibel. Ein eigener Aufbewahrungsort für das Bibelbuch („Logophoron") würde sich empfehlen.

(5) Um die Schatzkammer der Bibel zur Geltung zu bringen, wäre regulär von drei Lesungen auszugehen. Davon sollte eine mit dem Predigttext koinzidieren. Die traditionelle Reihenfolge der Lesungen, die eine Wertung einschließt, müsste debattiert werden. Ob man vier Lesungen, davon zwei aus dem Alten Testament, mindestens optional vorsehen sollte, wird da und dort diskutiert. Über die Gestaltung von Einleitung und Schluss der Lesungen sollte, auch mit den kirchenmusikalisch Verantwortlichen, eigens debattiert werden. Ich habe hier nur die traditionellen Antworten der Gemeinde notiert.

(6) Als „Introitus" macht die Psalmodie schon deshalb keinen Sinn, weil niemand dazu „einzieht". Es ist zu erwägen, die Psalmodie als Gesang zwischen Lesungen zu positionieren.

(7) Die Predigt fände ihren Ort möglicherweise nach der Lesung ihres Predigttextes. Die bisherige (lutherische) Leseordnung macht in mindestens drei von sechs Lesejahren die Verlesung eines eigenen Predigttextes erforderlich. Diese Praxis bedarf der Korrektur, weil sie dazu beiträgt, die Predigt samt Predigttext aus der Dramaturgie der Lesungen heraus zu nehmen. Grundsätzlich ist ein evangelischer Wortgottesdienst der Zukunft von Fall zu Fall auch ohne Predigt vorstellbar.

(8) Um den Spannungsbogen von Lesungen und Predigt nicht ungebührlich zu unterbrechen, empfiehlt es sich, dem Vorschlag im Evangelischen Gottesdienstbuch zu folgen und, wie auch in der römischen Messe, das Credo grundsätzlich erst nach der Predigt zu sprechen (oder zu singen). Das Credo, wie vielerorts üblich, als „Antwort" der Gemeinde auf das Evangelium zu bezeichnen, ist nicht zu begründen. Diese Terminologie verdankt sich vermutlich einer verengenden Anwendung von Luthers Torgauer Formel. Das Credo eignet sich auf Grund seines doxologischen Charakters weit eher als eine Art Kollekte zum Abschluss des gesamten Verkündigungsteiles.

(9) Die Kollekte hätte ihren Ort im Offertorium der eucharistischen Feier. Am vorgeschlagenen Ort im Wortgottesdienst kann in den Abkündigungen auf die Bestimmung der Kollekte verwiesen werden.

Lesetipps

Wort und Buch in der Liturgie. Interdisziplinäre Beiträge zur Wirkmächtigkeit des Wortes und Zeichenhaftigkeit des Buches, hg. v. Hanns Peter Neuheuser, St. Ottilien 1995.

Aharon R. E. Agus, Heilige Texte, München 1999, 25–67.

Martin Nicol, Kult um die Bibel und Kultur des Lesens, in: Kultbücher, hg. v. Rudolf Freiburg/Markus May/Roland Spiller, Würzburg 2004, 1–13.

Musica sacra

Für einen kunstvollen Gottesdienst

Die Reformation, zumal in ihrer lutherischen Spielart, hat der Kirchenmusik den Vorrang vor anderen Künsten eingeräumt und sie als konstitutiven Faktor im Geschehen der Liturgie gewürdigt. Gottes Wort und Glaube des Menschen fanden in einer Vielfalt musikalischer Formen zu inspirierender Klanggestalt. Der evangelische Weg im Geheimnis ist ohne Choräle und Kantaten, ohne Orgelmusik und Oratorien nicht denkbar. Die evangelischen Kirchen gelten zu Recht noch immer als singende und musizierende Kirchen.

In vielen Gemeinden sieht die Realität anders aus: der Gemeindechoral lustlos, das Orgelspiel bestenfalls virtuos, der Chorsatz lediglich schmückendes Beiwerk. Das Evangelische Gesangbuch, als Grundbuch einer aufs Neue singenden Gemeinde gedacht, konnte die hoch gespannten Erwartungen nicht erfüllen. Die hohe Professionalität evangelischer Kirchenmusik ist erfreulich; sie trägt aber auch dazu bei, dass mitunter der Kult zum Konzert und die Mitwirkung zum Auftritt gerät.

In dieser Situation wäre die Kirchenmusik neu als integraler Bestandteil eines evangelischen Weges im Geheimnis zu profilieren. Die Liturgie bleibt der Leitfaden für die kirchenmusikalische Praxis im Gottesdienst. Im Spannungsfeld von Impression und Expression sollte evangelische Kirchenmusik mindestens ebenso engagiert einen „Eindruck" des göttlichen Geheimnisses vermitteln, wie sie menschlicher Religiosität „Ausdruck" verleiht. Das Kirchenkonzert bewahrt die Kirchenmusik vor binnenkirchlicher Abschottung und erfüllt eine wichtige gesamtkulturelle Aufgabe.

Beobachtungen

Hier spielt die Musik

Fußgängerzone München, unruhige Abendmesse in St. Michael, die Predigt ist trotz des jesuitischen Predigers nicht überzeugend.

Aber wunderschön. Wie hell die Abendsonne den riesigen Altar beleuchtet. Am Ende sagt der Pater, man solle bitte noch sitzen bleiben. Der Organist spiele jetzt eine Variation über Lied 835. Und wie er über die Tasten saust. Am Ende hat es irgendwie doch ganz gut getan, wieder mal in die Kirche zu gehen. Schon wegen der Musik.

Martin Zips über eine Abendmesse in St. Michael, München, in: SZ vom 07. 04. 2007.

Da hat ein Besucher die Musik als tragenden Bestandteil des Gottesdienstes erlebt. Wieder einmal hatte die Musik über Schwächen der Predigt hinweg geholfen.

Heimlicher Neid

Selbst in Rom machen wir Evangelischen mit unserer Kirchenmusik Punkte:

Als ich den heutigen Papst und damaligen Kardinal Ratzinger fragte, worum er die Evangelischen am meisten beneide, antwortete er: „Um die Kirchenmusik und um Johann Sebastian Bach."

Landesbischof Dr. Johannes Friedrich, Predigt bei der Orgelweihe in Ansbach, St. Gumbertus, am 17. 06. 2007.

Mit dem evangelischen Gottesdienst kann Papst Benedikt XVI. erklärtermaßen nicht viel anfangen, mit dessen kirchenmusikalischer Tradition dagegen schon.

Soundtrack

Dem Kinofilm „Vaya con Dios" (D 2001) von Zoltan Spirandelli gelingt es mit Leichtigkeit, die wundersame Fremdheit alter Kirchenmusik mit Popklängen und Alltagsbegebenheiten zur Geltung zu bringen. So reagiert ein Kinobesucher:

Nachdem ich den wirklich netten Film mit Daniel Brühl das zweite Mal gesehen hatte, musste ich mir unbedingt den Soundtrack zulegen, da mir die schönen Melodien nicht mehr aus dem Kopf gingen. Auf so mancher Autofahrt habe ich die CD gehört und habe – dazu lädt sie nun wirklich ein – ordentlich mitgesungen. Besonders das Lied „Wer nur den lieben Gott" hat es mir angetan – sowohl vom Text und der Musik her, als auch hinsichtlich der ergreifenden Szene im Film, als der abtrünnige Mönch durch einen Gesang – der schon nicht mehr von dieser Welt zu sein scheint – während der Messe wieder in die Gemeinschaft der Kantorianer zurück geholt wird.

Die Musik verbindet wirklich auf angenehme Weise moderne, mitreißende Pop-Elemente mit klassischer Musik, was eine so berührende Wirkung auf den Hörer/die Hörerin haben kann, dass einem die Tränen in die Augen steigen können. Auch wird die CD durch häufiges Hören nicht langweilig, da sie so abwechslungsreich ist, wie es eben nur ein Soundtrack sein kann.

Außerdem ist es schön, immer wieder an Szenen aus dem Film erinnert zu werden, also ist es auch ein innerer, visueller Genuss. Sehr empfehlenswert!

Björn Knemöller, 22.12.2002, in: Kundenbewertungen bei www.amazon.de.

Kirchenmusik könnte doch sein wie die Musik zu diesem Film! Dass man den Soundtrack des Gottesdienstes immer wieder hören möchte. Dass man Stilmischungen als förderlich erlebt. Dass Sequenzen der Liturgie beim Hören der Musik wieder präsent werden.

Passion und Beifall

Soll nach einem Kirchenkonzert geklatscht werden oder nicht? Dahinter steht die Frage, ob und inwieweit ein Kirchenkonzert spezifisch geistlichen Charakter trägt.

Wie schwer es fällt, nach einer Johannespassion auf Beifall zu verzichten, offenbart in gewundener Formulierung der Rezensent in den „Erlanger Nachrichten“:

Hätte es nicht die Bitte im Programmheft gegeben, aus Respekt vor der liturgischen Bedeutung der Johannespassion auf Beifall zu verzichten – so mancher im Publikum hätte sich bei den Musikern gern mit Applaus für einen bewegenden Abend in der Neustädter Kirche bedankt.

Alexander Bohnsack über eine Aufführung der Johannespassion von Johann Sebastian Bach in der Neustädter Kirche in Erlangen, in: Erlanger Nachrichten vom 27.03.2007.

In der Schlosskirche Friedrichshafen wurde am Karfreitag um 17 Uhr ein modernes, höchst anspruchsvolles Werk in beeindruckender Qualität aufgeführt. Das Programmheft sah ausdrücklich vor:

Wir bitten, die Passionsmusik während des Glockengeläutes in Stille ausklingen zu lassen.

Programmheft zu Oskar Gottlieb Blarr, Jesus-Passion, am 06.04.2007 in der Schlosskirche Friedrichshafen.

Wie gingen die Leute damit um? Additiv. Man ließ das Glockengeläut in Stille vorüber gehen, um dann den Applaus zu spenden. Das ist menschlich verständlich, und theologisch schließt die Ehre Gottes den Beifall für menschliche Leistung nicht aus. Die Frage bleibt, ob gerade auf Musik solcher Art nicht doch anhaltende Stille die angemessenere Reaktion wäre.

Gregorianisch in die Charts

Die Zisterziensermönche von Kloster Heiligenkreuz bei Wien haben eine CD mit ihren regulären liturgischen Gesängen aufgenommen. Eine Musik ist das, die allgemein mit Religion konnotiert wird. Musik, die fremden Gottesklang ins Wohnzimmer trägt. Kirchenmusik, die die Charts stürmt. Eine Journalistin hat das Kloster besucht:

Begleitet von einem Singsang, einem vollkommenen Einklang. Abgehoben von allem, was sonst unsere Musik und unser Leben ausmacht. Freier Rhythmus, keine Takte, jenseits von Dur und Moll. Töne schwingen und schweben und hallen lang auf den vokalreichen lateinischen Silben: ein überirdischer Klang mitsamt einem Raumerlebnis, und all das gibt's jetzt auch – auf CD.

Die Geschichte, wie die Zisterziensermönche von Heiligenkreuz mit ihrem Album „Chant – Music for Paradise" in den englischen Charts Madonna und Amy Winehouse auf die Plätze verwiesen, ist unglaublich, märchenhaft. Derzeit stehen sie mit ihren Psalmen auf Platz 7 der Pop-Parade; in Österreich steht ihr „Longplayer" gar auf Platz 1. Und sie kamen zu diesem Erfolg wie die Jungfrau zum Kind. Vor drei Monaten hat Öffentlichkeitsreferent Pater Karl noch nicht gewusst, dass Universal die weltgrößte Plattenfirma ist; jetzt gibt er Interviews im BBC-Studio und fängt im heimatlichen Kloster den Medienrummel ab.

Erna Lackner, Ins Paradies mögen die Engel dich begleiten, in: FAS vom 08. 06. 2008.

Diese Musik bildet einen Kontrapunkt zur alltäglich erlebten Welt. Und genau deshalb wird sie gekauft und gehört. Wie eine Droge – nur ohne schädliche Nebenwirkungen. Den Anfang der CD bildet übrigens ein Gesang, den die Mönche anstimmen, wenn einer ihrer Mitbrüder gerade gestorben ist – Fremdheit nicht nur des musikalischen Stils, sondern auch des Inhalts.

Wer macht den Anfang?

Aller Anfang ist schwer. Auch dort, wo alles ganz einfach scheint. Wo liegt denn das Problem, wenn eine Schar von Jubelkonfirmanden unter Posaunenklang und Orgelspiel in die Kirche einzieht?

Eine fränkische Dorfkirche im Einzugsbereich der Großstadt, Sonntag Kantate, Jubelkonfirmation. Man nimmt draußen Aufstellung; der Posaunenchor soll den Festzug ins Gotteshaus geleiten. Der Zug setzt sich in Bewegung. „Lobet den Herren, den mächtigen König der Ehren", schmettern die Instrumente. Der Zug erreicht die Kirche, die Orgel übernimmt sensibel den Choral, umspielt ihn, signalisiert: Vorspiel zum Gesang. Die Gemeinde folgt stehend dem Geschehen. Steht, bis sich die Leute, die festlich eingezogen waren, gesetzt haben. Die Orgel hat mittlerweile den Choral verlassen und bewegt sich in nicht choralgebundenen

Harmonien. Und das für eine längere Weile. Dann steht der Pfarrer auf, tritt ans Lesepult und begrüßt, zuerst liturgisch, dann in freien Worten. Eine Begrüßung von der Seite des Kirchenvorstands schließt sich an.

Die Musik hatte bis unmittelbar an die Schwelle zum Gemeindechoral geführt, die Gemeinde stand, das Lied war den meisten bekannt. Ein mächtiger Gesang hätte der Gemeinde das Wort, Gott die Ehre und dem Fest einen glanzvollen Anfang geben können. Aber es kam anders. Cantus interruptus. In einer evangelischen Kirche, am Sonntag „Kantate", „Singet!", hatten Posaunenklang, Orgelspiel und Pastorenwort der Gemeinde den Gesang genommen: den Eingangschoral, Choral zum Eingang, zum Einzug. Was soll denn, bitteschön, dann noch ein „Eingangslied", wenn der Einzug vorbei und der Anfang längst gemacht ist?

Meinungen

Kunst als Kult

Das Ideal einer Kunst, die sich dienend dem liturgischen Geschehen zuordnet, findet sich auch im „Berneuchener Buch", jener ambitionierten, aber wenig erfolgreichen Reformschrift aus den 1920er Jahren:

> Kunst ist im evangelischen Gottesdienst nicht nur etwas Hinzukommendes und Hinzugefügtes, sondern die Form der Darstellung überhaupt, die sich von dem „eigentlichen" Gottesdienst überhaupt nicht scheiden läßt; aber eben deswegen schließt die gottesdienstliche Kunst alles Virtuosentum, alles Wichtignehmen des rein Formalen und allen „Kultus" mit der Person des Künstlers aus.
>
> *Das Berneuchener Buch, 1926, 113.*

Kirchenmusikerinnen und Kirchenmusiker fordern zu Recht größere Aufmerksamkeit für ihre Kunst und für die Arbeit, die sie dem Gottesdienst widmen. Was aber nicht ernstlich außer Kraft setzen kann, was Johann Sebastian Bach, durchaus im Bewusstsein außergewöhnlicher Könnerschaft, seinen Werken hinzufügte: *Soli Deo Gloria*, Gott allein die Ehre.

Gregorianisch gegen die Mächte

Richard Gölz zählt zur kirchenmusikalischen Erneuerung. Auf Grund seiner Affinität zur Bekennenden Kirche stand er Avancen oder Zugeständnissen an die braunen Machthaber kritisch gegenüber. Die folgende

Bemerkung in einer Publikation aus dem Jahr 1940 über die Reformarbeit in Alpirsbach kann politisch wie musikalisch tatsächlich als „kühn" gelesen werden:

Man erlaube mit eine etwas kühne Bemerkung: Es kommt vielleicht eine Zeit, in der es gar nicht so einfach ist, zu unterscheiden, wo denn die wahre und die falsche Kirche ist. Woran soll denn das arme Christenvolk erkennen, wo der Gottesdienst ist, in dem der Glaube verkündigt wird, auf den unsere Ahnen vor 200, 400 und 1000 Jahren lebten und starben? Daran, daß die Glocken läuten und die Orgel spielt? Das kann die falsche Kirche auch tun. Lieder singt sie auch, sogar nach der Weise „Ein feste Burg ist unser Gott". Aber den Lobgesang des Zacharias, der Maria und des Simeon unverändert regelmäßig singen – das wird sie nicht tun.

Richard Gölz, Die kirchliche Arbeit in Alpirsbach, 1940, 88 Anm. 10.

Gregorianik wurde in Alpirsbach mit deutschen Texten gepflegt. Sie erwies sich für Richard Gölz als Prüfstein des Verhältnisses zu den Mächtigen und Mächten der Welt. Das liegt sicher auch an der eigentümlichen Zeitlosigkeit der musikalischen Gestalt und an der scheinbar zeitlosen Beharrlichkeit, mit der das Stundengebet im Rhythmus der Jahrhunderte gesungen wird. Wo Gölz aber darauf verweist, die liturgisch gebrauchten Hymnen (Cantica) des Neuen Testaments seien, „unverändert regelmäßig" gesungen, Ausweis der wahren Kirche, da spielt er mit Sicherheit auch auf deren Text an. Das 1939 gegründete „Eisenacher Institut zur Erforschung und Beseitigung des jüdischen Einflusses auf das deutsche kirchliche Leben", das wenig später mit Rücksicht auf die Kirchen die „Beseitigung" aus seinem Titel nahm, begann sehr schnell die Arbeit an einem „entjudeten" Neuen Testament. Davon waren die Cantica mit ihrer alttestamentlichen Textur besonders betroffen. Wer gregorianisch singt, so lese ich Richard Gölz, und nicht nach Zeitgemäßheit fragt, könnte plötzlich überrascht werden, als wie brandaktuell sich der scheinbar zeitlose Gesang erweist.

Kult, Kunst und Kriterien

Die Musik fügt sich ein in das, was nach römisch-katholischer Sicht generell von der Kunst und den Künsten gilt:

Die sakrale Kunst ist wahr und schön, wenn sie durch die Form ihrer Berufung entspricht: im Glauben und in der Anbetung das transzendente Mysterium Gottes erahnen zu lassen und zu verherrlichen [...].

Katechismus der Katholischen Kirche, 1997, Nr. 2502.

Die liturgische Bindung der Kirchenmusik ist in den entsprechenden Konzilsdokumenten klar zur Geltung gebracht:

Die überlieferte Musik der Gesamtkirche stellt einen Reichtum von unschätzbarem Wert dar [...], weil sie als der mit dem Wort verbundene gottesdienstliche Gesang einen notwendigen und integrierenden Bestandteil der feierlichen Liturgie ausmacht. [...]

So wird denn die Kirchenmusik um so heiliger sein, je enger sie mit der liturgischen Handlung verbunden ist, sei es, daß sie das Gebet inniger zum Ausdruck bringt oder die Einmütigkeit fördert, sei es, daß sie die heiligen Riten mit größerer Feierlichkeit umgibt.

Zweites Vatikanisches Konzil, Sacrosanctum Concilium, 1963, Nr. 112.

Die kirchenamtlichen Vorgaben für die katholische Kirchenmusik waren zeitweise äußerst restriktiv. Evangelische Ohren werden diese Geschichte auch noch in den Formulierungen des Konzils mithören. Der Grundsatz freilich dürfte schwer zu bestreiten sein: dass sich die Kirchenmusik am Leitfaden der liturgischen Handlung auszurichten habe.

Skizzen

- Aller Anfang ist schwer
- Gemeinde, Choral, Chor
- Kirche und Konzert
- Leitfaden Liturgie
- Mehr als Stilfragen
- Impression und Expression
- Musik und Mysterium

Aller Anfang ist schwer

Aller Anfang ist schwer. Trotzdem muss angefangen werden. Damit der christlichen Gemeinde auf ihrem sonntäglichen Weg im Geheimnis der Anfang gelingt, braucht sie die Kirchenmusik.

Der evangelische Gottesdienst beginnt derzeit fast ausnahmslos mit einem freien, also nicht choralgebundenen Orgelstück: „Musik zum Eingang", so das Evangelische Gottesdienstbuch. Dem folgen üblicherweise Begrüßung und Eingangslied.

Es gibt Gründe, so zu verfahren. Eine „Musik zum Eingang" lenkt die zerstreuten Sinne auf das gottesdienstliche Geschehen, das Können von

Organisten oder anderen Instrumentalisten bekommt Raum zur Entfaltung, der Gottesdienst beginnt festlich.

Ich setze der in den Gemeinden unwidersprochenen Praxis einer „Musik zum Eingang“ zunächst eine eigene Erfahrung entgegen:

Erster Advent. Erster Gottesdienst im neuen Kirchenjahr. Die Kirche ist bis auf den letzten Platz gefüllt. Der „Kasus“ des ersten Advents lockt offenbar noch immer zum Gottesdienst. Mein kleiner Sohn sang bereits auf dem Weg zur Kirche ein Lied vor sich hin, das er im Kindergarten gelernt hatte: „Wenn erst im Advent / die erste Kerze brennt, / dann halt ich's kaum vor Spannung aus, / denn dann, ja dann kommt bald der Nikolaus.“ Man kann über die Theologie des Liedes streiten, aber so viel ist klar: Erwartung bei Groß und Klein.

In der Kirche zieht der Adventskranz die Blicke auf sich – deutliches Zeichen, dass heute etwa anders ist als sonst. Die neue Orgel? Nein, zu hören ist sie noch immer nicht. Einweihung nächsten Sonntag. Heute tut noch einmal das Klavier seinen Dienst. Neben dem jungen Musiker ein Freund mit Gitarre. Wie wird er klingen, der erste Takt im Advent?

Ehrlich gesagt: gar nicht schlecht. Aber ohne jeden Bezug zum Advent. Viele sind begeistert. Die Konfirmanden nehmen's gelassen. Advent wurde es nicht. Hier und heute nicht. „Musik zum Eingang“ gut gemacht, Auftakt zum Advent versäumt. Er war nicht mehr nachzuholen.

Was mich störte, war nicht der Stil der Musik. Die Professionalität der beiden Musiker war nicht zu beanstanden. Was mich störte: dass da der erste Takt nicht den Takt für den Advent vorgab. Die Erwartung der großen und kleinen Gottesdienstbesucher richtete sich auf das adventlich Besondere. Und dann ein Anfang, wie er an jedem Sonntag im Kirchenjahr hätte geschehen können. Mit dem ersten Takt den Ton angeben fürs Neue, für das neue Kirchenjahr, für den ersten Advent, für den Herrn, der da kommt – das wurde versäumt.

Grund für einen solchen Ausfall ist, dass Protestanten sich zufrieden geben mit einer „Musik zum Eingang“, die, wie sie konzipiert ist, nur die Wahl lässt zwischen Allegro und Adagio, zwischen Dur und Moll, zwischen Kirchenklassik und alternativen Stilen. Das aber sind keine spezifisch liturgischen Alternativen. Bei Preisverleihungen, akademischen Feiern, Festakten aller Art mag sich der Veranstalter fragen: Brauchen wir es fröhlich oder getragen, laut oder leise, staatstragend oder locker und leicht? Für den Gottesdienst aber taugt diese Frage in keiner Weise.

Theologisch ist der Gottesdienst der Kirche eines mit Sicherheit nicht: eine bürgerliche Festversammlung. Faktisch freilich scheint er mittlerweile genau dies zu sein. Jedenfalls lässt sich die übliche Dramaturgie des Anfangs verdächtig mühelos aus diesem Paradigma erklären. Warum sonst solche „Musik zum Eingang“: Dur oder Moll, virtuos oder dürftig, in jedem Fall vor dem Gesang der Gemeinde, vor der Anrufung des dreieinigen Gottes und unbekümmert ums Kirchenjahr? Das ist: Buchsbaummusik, Musik zur Umrahmung der wöchentlichen Vereinsfeier am Sonntagmorgen. Das ist nicht: Musik am Eingang zum Weg im Geheimnis. Vom „Tagesgeheimnis“ spricht die römisch-katholische Tradition, wo wir Protestanten uns, wenn überhaupt, auf ein sachliches „Proprium“ des Sonn- oder Feiertags beziehen. Aber genau in das Geheimnis dieses und keines anderen Tages hätten die ersten Töne zu führen. In die eigentümliche Etappe auf dem Weg im Geheimnis, die heute vor uns liegt. In die Zeit, die von Gott her diesem Tag zukommt. Zum Auftakt Gotteszeit! Das wäre eine eminent theologische Aufgabe für die Kirchenmusik. Warum nur haben sich die Evangelischen so restlos daran gewöhnt, dass der wöchentliche Ostermorgen beginnt wie eine Feierstunde zum Firmenjubiläum?

Damit der Gottesdienst anders anfängt, schlage ich folgenden Beginn vor: Vorspiel zum Lied – Eingangslied. Nicht zu allen Zeiten des Kirchenjahres wird das erste Lied so deutlich und unverwechselbar den Ton angeben wie im Advent. Auf jeden Fall aber wären die ersten Töne der Auftakt zum Gotteslob der Gemeinde. Die Gemeinde hätte, durch die einleitenden Töne zum Singen verlockt, das erste Wort im Gottesdienst. Nicht der Pfarrer oder die Pfarrerin mit einer Begrüßung. Nicht der Organist oder die Organistin mit einem Ausweis von Virtuosität. Nein, unterstützt und beflügelt durch die Orgel: die Gemeinde. Das stünde, so meine ich, einem evangelischen Gottesdienst gut an. Oder sollte die *participatio actuosa*, die „tätige Teilnahme“ der Gemeinde an der Liturgie, inzwischen in der römischen Messe einen besseren Ort haben als in den Kirchen der Reformation? In der Messe jedenfalls hat nach dem Einzug des Klerus oder ihn begleitend in der Regel die Gemeinde das erste Wort.

Bei uns Evangelischen hat sich die „Musik zum Eingang“ liturgisch bereits so in den Vordergrund geschoben, dass nicht nur die Gemeinde von ihrem ersten Platz verdrängt wurde, sondern auch Ort und Stellenwert der Salutation undeutlich geworden sind. Die folgende Verhaltensweise darf als symptomatisch gelten.

Beginn wie immer: (Orgel-) Musik zum Eingang, „Im Namen …“ – „Der Herr sei mit euch …“ Soweit alles in der üblichen Ordnung. Dann der Pfarrer, zu Beginn seiner persönlich formulierten Begrüßung: „Frau […] an der Orgel hat uns ja schon mit einem Orgelstück von Vivaldi begrüßt …“

Wer so formuliert, scheint sich dessen nicht bewusst zu sein, dass die Begrüßung in der Gegenwart des Herrn soeben erst erfolgt ist: „Der Herr sei mit euch …“ Die freundlich gedachte Beachtung der Kirchenmusikerin durch den Liturgen reduzierte faktisch die Salutation auf eine sinnentleerte Zwischenformel. Die eigentliche Begrüßung verlagerte sich auf das musikalische Geschehen am Anfang.

Man darf eine solche Beobachtung nicht überdehnen. Aber zusammen mit ähnlichen Beobachtungen erhärtet sie doch den Verdacht, dass die „Musik zum Eingang" weder theologisch noch anthropologisch präzise bestimmt ist. Mein Vorschlag: Lassen wir sie weg! Und bitten Kirchenmusikerinnen und Kirchenmusiker, einen Anfang zu setzen, der mit den ersten Tönen kunstvoll ins Geheimnis führt.

Die Überlegungen zur „Musik zum Eingang" rücken ein eng verwandtes Strukturproblem in den Blick: das Problem des multiplen Anfangs. Wo und wann beginnt der Gottesdienst wirklich? Ein Gottesdienst, der sich grundsätzlich im Rahmen von Grundform I des Evangelischen Gottesdienstbuchs bewegt, kann so beginnen: Glockengeläut – Musik zum Eingang – Votum und Salutation – Begrüßung in freier Form – Eingangslied. Auch die folgenden Sequenzen sind terminologisch noch als Anfänge kenntlich: Vorbereitungsgebet und Eingangspsalm (Introitus). Zu viel des Anfangs. Das liegt auf der Hand. Bei aller legitimen Bemühung, die Schwellensituation des Anfangs angemessen zu gestalten, sollte klar sein, wann der Gottesdienst beginnt und wann der Beginn vorbei ist.

Aller Anfang ist schwer. Das Ende auch. Der vielerorts übliche Schluss ist weithin akzeptiert: „Gehet hin im Frieden des Herrn" – „Gott sei ewiglich Dank", Segen, Orgel beginnt mit Nachspiel, Gemeinde setzt sich, nach dem letzten Ton mitunter Beifall, die Türen werden geöffnet, die Leute gehen. Was ist daran verwunderlich?

Was der gewöhnliche Gottesdienstbesucher hinnimmt, regte einen autistischen Jugendlichen auf. Autisten lieben die Liturgie auch wegen der Eindeutigkeit von Sprache und Handlung. Der Autist Benjamin stellt klar: „Ich fühle mich sicher. Was gesagt wird, ist so gemeint, und was getan wird, ist immer so zu tun." Wenn diese Eindeutigkeit zerbricht, wird aus Geborgenheit sehr schnell Irritation. Seine Mutter berichtet:

„Gehet hin im Frieden des Herrn!", sang der Pfarrer, die Gemeinde dankte, empfing den Segen, sprach ihr Amen – und setzte sich. Die Orgel ertönte wieder. Der Organist spielte gut. Benjamin war stehen geblieben. Er sah mich irritiert an: „Wir müssen doch jetzt gehen!" Ich versuchte, ihn wieder zum Sitzen zu bewegen: „Einen Augenblick noch! Die Leute wollen dem Orgelspiel zuhören." „Nein, wir müssen aber jetzt gehen! Der Pfarrer hat gesagt, wir müssen im Frieden des Herrn gehen." Benjamins Stimme war im Umkreis zu hören. „Pst, die paar Minuten hältst du es doch noch aus!", zischte unsere Banknachbarin. „Gehen!", wiederholte Benjamin. Jetzt klang es schon leicht panisch: „Aber er hat doch gesagt, wir sollen gehen." Er versuchte, sich über Füße und Handtaschen aus der Bank zu drängen. Verärgert standen unsere Banknachbarinnen auf und ließen uns gehen.

„Gehet hin im Frieden des Herrn!“ – das heißt für den Autisten Benjamin: „Jetzt gehen wir.“ Er würde sich keinesfalls noch einmal hinsetzen. Das widerspräche der Logik. Dessen ungeachtet spielt sich in vielen Gemeinden Sonntag für Sonntag ab, was dieser Junge als Groteske entlarvt: Das Signal zum Gehen wird regelmäßig mit Sitzen beantwortet. Unter der Hand ist aus dem Nachspiel, das einst die Gemeinde über die Schwelle nach draußen geleiten sollte, die letzte Darbietung im musikalischen Rahmenprogramm geworden. Wie am Anfang so am Ende: Das Paradigma der bürgerlichen Festversammlung feiert Triumphe. Und das elitär-hochkulturelle Verhalten, auf dessen Vermeidung man kirchlicherseits so eifrig bedacht ist, hat sich noch einmal fester etabliert.

Gemeinde, Choral, Chor

Mit dem volkssprachlichen Gemeindelied, dem Choral, hat sich die Reformation in die Herzen der Menschen gesungen und ganze Regionen für den erneuerten Glauben gewonnen. Der Choral in dieser Form wurde nicht erst in der Reformation erfunden. Aber seinen Siegeszug hat er dort angetreten. Dazu trug sicher auch der neuartige Gestaltungswille bei, sprachlich wie musikalisch. Alte Melodien bekamen neue, deutsche Texte. Mit den deutschen Texten wandelten sich die Melodien. Neue Choräle wurden gedichtet und komponiert. Auch kulturell bedeutete die Reformation einen Aufbruch. Mit Stolz sei es gesagt und nicht ohne leise Melancholie: Der evangelische Gemeindechoral ist zum Kulturgut geworden.

Was aber dem Choral vor allem Flügel verlieh, war die Stellung, die er im liturgischen Vollzug einnahm. Vom optionalen Begleitgesang wurde er zum konstitutiven Element der Liturgie. Die verzichtbare Beteiligung der Gemeinde an den Vollzügen des Klerus wandelte sich zur unverzichtbaren Hauptrolle der Gemeinde am gottesdienstlichen Geschehen. Es handelte sich also um so etwas wie eine „Demokratisierung“ der Liturgie. Solche Demokratisierung kann man auch in dem Begriff „Choral“ mitschwingen hören. Was vorher die einstimmige Weise bezeichnete, mit der der Klerus die liturgischen Texte zur Geltung brachte, meinte nun den einstimmigen Gesang der Gemeinde, mit dem sie wesentliche Stücke der liturgischen Handlung übernahm. Ähnlich verhält es sich mit dem „Chor“. Er war die längste Zeit dem Klerus vorbehalten. Mit der Reformation wurde die Unterscheidung zwischen Klerus und Laien prinzipiell hinfällig. Zu Beginn der lutherischen Reformation waren es vornehmlich Schüler, die als „Chor“ den einstimmigen Gesang der Gemeinde anleiteten. Wenn man so will: „Chor“ als kleiner, speziell ausgebildeter Teil der Gemeinde, der zusammen mit ihr als Hauptakteur der Liturgie fungierte.

Das Stichwort der „Demokratisierung" ist sicher etwas plakativ und trägt politische Konnotationen ein, die da nicht eigentlich ihren Ort haben. Aber es kann möglicherweise etwas von der Vehemenz erklären, mit der auf katholischer Seite immer wieder und immer noch die unverzichtbare Stellung der Gemeinde in der Messe hinterfragt wird. Nachdem das Zweite Vatikanische Konzil die „tätige Teilnahme" der Gemeinde auch in der Gestalt des Gemeindelieds zu einem Konstitutivum der Messe erklärt hatte, regte sich Widerstand. Heute wird solcher Widerstand gerne ästhetisch begründet und zur Geltung gebracht. Der Literat und Verfechter der Tridentinischen Messe, Martin Mosebach, zielt mit seiner Kritik frontal auf das Lied der Gemeinde:

Ich bin tatsächlich der festen Überzeugung, daß den Kirchenliedern für den Niedergang der Liturgie eine vielleicht ursächliche Rolle zukommt. Man erinnere sich, wie es zur Blüte der Kirchenlieder kam: Luthers Reformation war eine singende Bewegung, das Kirchenlied drückte das reformatorische Glaubensgut aus, die Lieder ersetzten die Liturgie und waren dazu bestimmt, sie zu ersetzen, sie waren von dem Kampfgeist dieser unseligen Zeit erfüllt und sollten die Seelen im Parteienstreit stärken. Eine eingängige Melodie aus voller Brust zusammen zu singen schaffte Gemeinschaftsgefühl – das wissen die Soldaten, die Vereine, die Politiker. [...] Allerdings gab es in der Meßliturgie eigentlich keinen Platz für ein Lied. Die Liturgie ist lückenlos; sie ist selbst ein einziger großer Gesang [...].

Für den Protestantismus waren die Kirchenlieder konsequente Folge des Abschieds vom Meßopfer. Sie waren überaus geeignete Fortsetzungen der Predigt. Die versammelte singende Gemeinde fand aus den einsamen Zweifeln des Alltags zur kollektiven Sicherheit des Sonntags zurück. Einer Sicherheit, wohlgemerkt, die aus der sich gegenseitig versicherten Glaubensgewißheit stammte, nicht aus der Zeugenschaft der objektiven göttlichen Opfertat. [...]

Aber nicht die Liturgie, die Lieder blieben Sieger [...].

Martin Mosebach, Häresie der Formlosigkeit, 2002, 34–37.

Liturgie gegen Lied, Klerus gegen Gemeinde! Das ist die Meinung von Martin Mosebach. Die offizielle katholische Kirche teilt sie nicht. Aber man muss doch fragen, ob sich mit der neuerdings wieder propagierten Tridentinischen Messe nicht mehr als nur eine Feieralternative zu Wort meldet, nämlich ein fundamental anderes Verständnis von Liturgie.

Während in der katholischen Kirche derzeit verschiedene Tendenzen im Wettstreit liegen, ist die evangelische Position in dieser Sache von ungewohnter Eindeutigkeit: Die Gemeinde ist Trägerin der Liturgie, und die Kirchenmusik gibt dieser theologischen Entscheidung sinnenfällig Gestalt. Die Kirchenmusik als integraler Bestandteil von evangelischem Gottesdienst hat eine klare ekklesiologische Komponente.

Was auf dem Papier klar erscheint, ist es in der Praxis nicht immer.

Nicht überall wird der singenden Gemeinde der gebührende Respekt entgegengebracht. Wieder ist die liturgische Zeichensprache deutlicher als verbale Absichtserklärungen. Respekt gegenüber der singenden Gemeinde – für den Liturgen würde das bedeuten, sich, während die Gemeinde singt, von seinen liturgisch hervorgehobenen Orten zu entfernen und schlicht und einfach, sozusagen aus der Kirchenbank, in den Gesang der Gemeinde einzustimmen. Oft aber steht der Pfarrer am Altar, am Lesepult oder auf der Kanzel, während die Gemeinde singt. Als ob er Aufsicht führen müsste. Streng genommen: respektlos. Was solche tendenzielle Respektlosigkeit massiv unterstreicht: wenn der Pfarrer, mikroverstärkt, in den Gemeindegesang hineinröhrt wie ein Solobassist, der zur Verstärkung engagiert wurde, sich aber nicht in den Chorklang einfügen kann. Das ist ebenso unästhetisch wie undemokratisch.

Kirche und Konzert

Die Kirchenmusik der Gegenwart engagiert sich weithin sichtbar in Konzerten. Am Karsamstag 2005 bemerkte die „Süddeutsche Zeitung“:

> Von München aus hochgerechnet, hat es in den vergangenen Tagen bundesweit gut 7500 Matthäus- und 4350 Johannespassionen gegeben.
>
> *Streiflicht, in: SZ vom 26.05.2005.*

Man mag die Zahlen hinterfragen. Die Tatsache bleibt, dass die Aufführung der großen Oratorien von Johann Sebastian Bach bis Frank Martin die Arbeit der Kantoreien, die sich solche Größenordnungen leisten können, maßgeblich prägt. Das betrifft sowohl die öffentliche Wahrnehmung wie die Motivation derer, die mitwirken. Nicht selten wird kritisiert, die Verantwortlichen würden sich samt ihren Kantoreien aus mäßig besuchten Gottesdiensten in volle Kirchenkonzerte flüchten. Der Vorwurf mag nicht grundlos sein. Aber mehr als an der Kritik liegt mir an dem Hinweis, dass der Kirchenmusik mit dem Kirchenkonzert eine sinnvolle und notwendige Aufgabe zugewachsen ist.

Die Anfänge des Kirchenkonzerts sind einigermaßen kurios. Man könnte von der Geburt des Kirchenkonzerts aus dem Geiste der Verweigerung sprechen. Hintergrund war die im reformierten Bereich anfangs fast völlige Verbannung der Kirchenmusik aus dem Gottesdienst. In den Niederlanden hatte die Dordrechter Synode 1574 den gottesdienstlichen Gebrauch der Orgel verboten. Der Orgelbau aber war hoch entwickelt, das Interesse an Orgelmusik groß, die Orgeln waren meist Eigentum der Städte und die Organisten oft von den Kommunen besoldet. Was legte sich nahe? Die Veranstaltung eigener Orgelkonzerte – ein Erfolgskonzept weit über den reformierten Bereich hinaus. In Deutschland ist Lübeck mit Dietrich Buxtehude bekannt geworden. Hier gab es im 17. Jahrhundert, getragen vom vermögenden hanseatischen Bürgertum, die ersten Orgelkonzerte und Abendmusiken.

Eine weitere Etappe des Kirchenkonzerts hat mit der Großform des Oratoriums zu tun. Oratorien waren zunehmend so konzipiert, dass sie im Gottesdienst keinen Platz mehr finden konnten. Es entwickelten sich eigene Konzerte, für die Eintrittsgelder erhoben wurden. Gegen Ende des 18. Jahrhunderts kam es zu einer deutlichen Verlagerung der Kirchenmusikpflege in die aufkommenden Oratorienvereine. Ort der Konzerte waren neben dem Konzertsaal nach wie vor, nun eben außerhalb von Gottesdienst, die Kirchen.

Die gegenwärtige Praxis der Kirchenmusik ist gekennzeichnet durch die produktive Spannung von geistlicher Musik im Gottesdienst und geistlicher Musik als Konzert im Kirchenraum. Probleme lassen sich nicht vermeiden. Eines will ich benennen. Es betrifft, bei Zuhörern wie bei Mitwirkenden, die Tendenz, das Spezifikum „geistlicher" Musik aus den Augen zu verlieren. Im Gottesdienst ist der Leitfaden Liturgie nicht immer hinreichend deutlich, sodass sich die Mitwirkung von Chor und Solisten mitunter auf konzertante „Einlagen" reduziert. Und im Kirchenkonzert bricht sich die säkulare Sitte des Beifalls Bahn. Es geht mir keineswegs darum, dass man im Kirchenraum seiner Freude nicht Ausdruck verleihen dürfte. Es geht darum, dass, wie alle Kirchenmusik, auch das als Konzert gebotene Oratorium oder die Passion prinzipiell *Soli Deo Gloria*, zur Ehre Gottes geschieht oder geschehen sollte. Die Ausführenden bringen ihre von Gott geschenkten Gaben und Fähigkeiten Gott zurück. Wenn man so will: als Opfer. Die Hörerinnen und Hörer nehmen staunend daran teil. Angebracht wäre, wenn man ganz streng sein wollte, Dank gegen Gott, nicht Applaus für die Musiker. Aber in der Praxis wird man, anders als auf dem Papier, zwischen Dank gegen Gott und Applaus für die Musiker nicht immer trennscharf unterscheiden können.

Wichtiger als diese Anfrage ist mir die produktive Spannung zwischen, wie ich es hier verkürzt nenne, Kirchenmusik und Kirchenkonzert. Zwei große Leistungen des Kirchenkonzerts will ich hervorheben.

Das ist zum einen eine kulturmissionarische Leistung. Wolfgang Ratzmann hat darauf verwiesen, wie verlässlich das Kirchenkonzert einen kostbaren religiösen Sprachschatz mit Tönen kulturell präsent hält:

> Es geht zugleich auch um die Texte mit ihren oft fremden Sprachbildern, denen sich Menschen in dieser Wort-Ton-Verbindung dennoch lieber aussetzen als mancher modischen Predigt, die schwere Traditionsbrocken eher vermeidet und ins Ethisch-Appellative ausweicht.

Wolfgang Ratzmann, Kirchenmusik als Gottesdienst, 2005, 139.

Und das ist zum anderen so etwas wie eine kirchenkulturelle Leistung. Wo sich die Kirchenmusik in ihre gottesdienstliche Aufgabe verkapselt, kann das zur Minderung der Professionalität führen. Vor allem aber droht Gefahr, dass der lebendige Austausch mit der zeitgenössischen Kultur ins Stocken gerät. Eine gesamtkulturell vernetzte Kirchenmusik kann sich davor bewahren, verbissen missionarisch aus einem „Innen" der Kirche in ein „Außen" der Welt wirken zu wollen.

Hermann Hesse war einer, der gerne ins Kirchenkonzert ging – und zugleich froh war, dass es sich dabei nicht um Liturgie handelte. An einem regnerischen Abend machte er sich auf zum Orgelkonzert. Im Halbdunkel der alten Kirche vergräbt er sich im Sitz und in sich selbst:

> Wie mag man nun Sonntag für Sonntag im hellen Tageslicht sich in diese heiligen Räume setzen, nah und eng aufeinander, und der Predigt zuhören, die, sei sie noch so schön und so gescheit, in diesem hohen Tempel nur nüchtern klingen und enttäuschen kann.

Nach dem Konzert geht der einsame Besucher wieder nach Hause, beruhigt, erhoben und ermuntert:

> Nun mag ich gern zur Ruhe gehen und wieder eine Weile das Leben erproben und sein Spielball sein.
>
> *Hermann Hesse, Alte Musik, 1928, 277 u. 279.*

Es ist gut, wenn das Kirchenkonzert auch für solche Erlebnisse den Klangraum bietet.

Leitfaden Liturgie

Im evangelischen Raum hat die „kirchenmusikalische Erneuerung", anzusetzen etwa im Zeitraum von 1920 bis 1960, die Liturgie als Leitfaden kirchenmusikalischen Handelns wieder programmatisch ins Bewusstsein gerückt. Jene Bewegung war mit führenden Vertretern nicht frei von Verwicklungen in den Nationalsozialismus. Aber das sollte nicht zum Argument werden, wichtige Anliegen mit der braunen Karte zu rasch aus dem Spiel zu werfen.

Geradezu normativ ist die Liturgie für die Kirchenmusik bei Oskar Söhngen. Die Kirchenmusik unterscheide sich von aller anderen, auch von einer im gewissen Sinne „gläubigen" Musik dadurch,

> daß sie sich auf Werke beschränkt, die für den unmittelbaren gottesdienstlichen Gebrauch der Gemeinde bestimmt sind, die also die Sprache der Gemeinschaft reden und liturgische Haltung zeigen.
>
> *Oskar Söhngen, Theologie der Musik, 1967, 173.*

Söhngens strenge Aufteilung der Musica sacra in religiöse, gläubige und kirchliche Musik ist sicher nicht mehr nachzuvollziehen; die Grenzen sind fließender, als es die rigide Definition wahrhaben will. Auch was eine „liturgische Haltung“ sei, ist so klar nicht. Die Normierung der gottesdienstlichen Ausrichtung hat sich bei Söhngen und anderen fast immer auch als Normierung in stilistischen Fragen ausgewirkt; bestimmte Stile und Epochen waren dann von vornherein liturgiekompatibler als andere. Ich spreche, um solche vorgängigen Qualifizierungen zu vermeiden, vorsichtiger von der Liturgie als Leitfaden. Norm hin, Leitfaden her: Dass, wer am Gottesdienst maßgeblich beteiligt ist, sich in die eigentümliche Bewegung der Liturgie hinein nehmen lässt und selbst aktiv zu dieser Bewegung beiträgt, sollte eigentlich selbstverständlich sein.

Ist es aber nicht. Das betrifft das pastorale wie das kirchenmusikalische Personal. Beide Seiten ziehen liturgisch nicht immer an einem Strang. Zu unklar ist geworden, was Gottesdienst eigentlich sein soll. Und zu groß ist die Versuchung, den jeweils anderen Partner eben nicht als Partner zu sehen, sondern als Hilfskraft zur eigenen Selbstdarstellung. Zu wenig Bereitschaft gibt es, den Anweg zum Gottesdienst gemeinsam zu gehen. Zu dürftig ist weithin, gerade beim pastoralen Personal, das Wissen in Sachen Gottesdienst und Liturgie, als dass man sinnvoll in eine gemeinsame Vorbereitung eintreten könnte. Bei der Ausbildung von Pastorinnen und Pastoren hat die Liturgik einen denkbar geringen Stellenwert, während sie bei Musikerinnen und Musikern zu den Grundlagen des Studiums gehört. Versuche einer partiell gemeinsamen Ausbildung sind vielerorts nicht erfolgreich verlaufen. Zu unterschiedlich ist offenbar die Weise, wie beide Seiten an die gemeinsame liturgische Aufgabe herangehen.

In der Geschichte der evangelischen Kirchenmusik war der Leitfaden Liturgie über weite Zeiträume hinweg keine Frage. Die gottesdienstliche Ausrichtung der evangelischen Kantorei war selbstverständlich. Für sie entstanden von der Spruch- und Liedmotette bis zur Kantate Kompositionen, die sich in die eigentümliche Bewegung des evangelischen Gottesdienstes einfügten und sie umgekehrt auch beförderten. Im Alternatim-Musizieren, also im Wechsel mit der ursprünglich unbegleitet singenden Gemeinde, war die Kantorei unmittelbar an der Ausführung der Lieder beteiligt.

Zwei Schwerpunkte liturgischer Orientierung können demnach benannt werden. Zum einen ist dies die Gemeinde, deren Gesang für den Gottesdienst als konstitutiv betrachtet wurde. Zum anderen ist dies das Wort der Bibel, das den Gottesdienst weit über die Lesungen hinaus so gut wie lückenlos prägte. Dieses Wort in seiner Größe, Schönheit und Gegenwärtigkeit zur Geltung zu bringen, betrachtete die Kirchenmusik zusammen mit der Motivierung des Gemeindegesangs als ihre vornehmste Aufgabe. Darauf hat die kirchenmusikalische Erneuerung im 20. Jahrhundert vehement und zuweilen auch etwas verbissen größten Wert gelegt.

Die Situation hat sich massiv verändert. Der Gemeindegesang ist, aufs Ganze gesehen, matt geworden. Mit ihren Liedern macht die Reformation keine Punkte mehr. Die Chorarbeit hat vielerorts ihren Schwerpunkt ins Kirchenkonzert verlagert. Keine Frage, dass auch die Arbeit für Konzerte ihren guten Sinn hat. Kehrseite: Für den Gottesdienst bleiben „Einlagen“ zur „Ausschmückung“, und das nur an besonderen Sonntagen und bei besonderen Anlässen. Der normale Gottesdienst mit seinem Gemeindegesang und seinen biblischen Bezügen bleibt in der Regel ohne Mitwirkung der Kantoreien. Das gilt sicher nicht flächendeckend; es gibt auch ermutigende Beispiele. Vor allem darf die Ursache für das, was in meinen Augen eine Misere ist, nicht einseitig bei den kirchenmusikalisch Verantwortlichen gesucht werden. Kantoreien haben es heute schwerer als in früheren Zeiten, am Sonntagmorgen genügend Sängerinnen und Sänger zu bekommen. An vielen Orten ist das unmöglich geworden. Aber ist deswegen auch die Aufgabe der kontinuierlichen Mitwirkung im Gottesdienst hinfällig?

Das Hauptproblem scheint mir in einer veränderten Erwartung, was Gottesdienst sei, zu bestehen. Und das bei allen Beteiligten. Dass sich die Erwartung auch bei denen verändert hat, die sich mit Begeisterung für die Kirchenmusik engagieren, zeigt folgende Bemerkung eines Chormitglieds in einem Gemeindebrief des Jahres 2005:

> Nach nur einer Probe konnte schon der Gottesdienst am 18. September von Pfarrerin [...], ehemals selbst Chormitglied, musikalisch unterstützt werden. Doch dies war nur der Anfang eines turbulenten Herbstes. Es standen noch der Gottesdienst von Pfarrer [...], ebenfalls ein ehemaliger Chorsänger, am 9. Oktober sowie der Festgottesdienst am 23. Oktober an. Außerdem wird der Chor die Orgelweihe am 4. Dezember musikalisch ausschmücken.
>
> *BRIEF der Martin-Luther-Gemeinde Erlangen-Büchenbach/Dechsendorf, November 2005.*

In der Gemeindebriefnotiz wird das aktuelle evangelische Problem manifest: eine „Eventisierung“ des Gottesdienstes. „Eventisierung“ heißt, dass Anlässe wie Gastprediger, Gemeindefest oder Vorstellung der Präparanden zu Anlässen des Gottesdienstes werden. Diese aber sind nicht schon von sich aus Anlässe in einem liturgischen Sinn. Wir machen sie dazu. Wir machen aus einem Gottesdienst im Kirchenjahr einen Gottesdienst mit Gastpfarrer XY. Mit der Gotteszeit, die sich im Rhythmus des Kirchenjahres unaufdringlich in die Menschenzeit einmischt, hat das wenig zu tun. Natürlich haben die Präparanden ihren Ort im Gottesdienst, und natürlich ist es erfreulich, wenn ein ehemaliger Pfarrer gastweise den Gottesdienst hält. Man wird die Liturgie auf diese Gegebenheiten hin sensibel modifizieren. Aber nennenswerte Anlässe für den Gottesdienst und einen besonderen kirchenmusikalischen Aufwand sind das eigentlich nicht. Kirchenmusik widmet sich dem Gesang der Gemeinde und der Klanggestalt des Gottesworts. Und das prinzipiell jeden Sonntag. Die Tatsache, dass das heutzutage kaum noch praktikabel ist, sollte die grundsätzliche Einsicht nicht außer Kraft setzen.

Es ist Zeit, dass der Gottesdienst inmitten einer Vielfalt von Erwartungen, die an ihn herangetragen werden, wieder als ein Geschehen erkennbar wird, das ganz eigene Erwartungen wecken könnte. Und zwar der ganz normale Gottesdienst, Sonntag für Sonntag. Das geprägte Ritual macht den Versuch, das fremde Geheimnis begehbar zu machen. Was wäre, wenn das Ritual die Erwartungen formte? Wenn die Worte, Bilder und Geschichten der Bibel einen Horizont eröffneten, der meinen Horizont ungeahnt erweitert? Wenn die Töne und Klänge meinen religiösen Herztönen einen Hallraum böten, den sie von sich aus nicht haben? Kirchenmusik erschiene dann erst recht nicht als Einlage, sondern als konstitutives Element der Liturgie, als Moment des Gesangs der Gemeinde, als kunstvoll gestaltetes Wort auf dem Weg im Geheimnis.

Mehr als Stilfragen

Es geht nicht nur um Stilfragen. Um die geht es auch. Aber bei Stilfragen in Sachen Kirchenmusik geht es um mehr. Es geht darum, ob in dieser oder jener Komposition, in diesem oder jenem Lied Gottes Geheimnis zur Geltung komme. Postmoderne Beliebigkeit ist kein liturgischer Leitfaden. Vielleicht gelingt es trotzdem, die Debatte nicht wie einen Glaubenskampf zu führen.

Oft ist zu hören, die kirchenmusikalische Tradition sei hochkulturell und entspreche deshalb nicht mehr dem Stilempfinden einer Mehrheit der Gottesdienstbesucher, schon gar nicht der großen Menge derer, die man gerne dabei hätte. In der Tat, als Hort einer stilreinen Kirchenklassik des Chorals und einer Wortmusik von Schütz über Bach bis allenfalls Mendelssohn darf sich die evangelische Kirche nicht verstehen. Wenn die Gemeinde Trägerin der Liturgie ist, dann haben auch andere Stile ihr Recht.

Ich gebe aber zu bedenken, ob die Kirchenklassik derzeit nicht vorschnell für veraltet erklärt wird. Mozarts Musik mag zum Vergleich dienen. Sie gilt in vielen Stücken als zugänglich; angeblich tut sie schon kleinen Kindern gut, die sich noch im Mutterleib befinden. Zugleich werden Kenner nicht müde, das Fremde, das aufregend Neue auch der bekannteren Werke Mozarts zu beschwören. Wie sieht Mozart selbst seinen

Weg zwischen Verständlichkeit und Fremdheit? Er beantwortet die Frage nach der Breitenwirkung seiner Werke erstaunlich gelassen:

Die Concerten sind eben das Mittelding zwischen zu schwer, und zu leicht – sind sehr Brillant – angenehm in die Ohren – Natürlich, ohne in das leere zu fallen – hie und da – können auch kenner allein satisfaction erhalten – doch so – daß die nichtkenner damit zufrieden seyn müssen, ohne zu wissen warum.

Wolfgang Amadeus Mozart, Brief an seinen Vater vom 28.12.1782, über drei neue Klavierkonzerte KV 413–415, zit. nach Maarten 't Hart, Auf dem kürzesten Weg zum Herzen, in: DIE ZEIT Nr. 2 vom 05.01.2006.

Das Diktum taugt nicht zur Lösung des liturgischen Stilproblems. Aber es könnte dazu ermuntern, bei Werken der Tradition nicht von ihrer Unverständlichkeit auszugehen wie von einer Tatsache, sondern darauf zu vertrauen, dass, freilich mit Grenzen, schon jeder etwas darin finden werde. Rezeptionsästhetik, ernst genommen, könnte nicht nur in Sachen Predigt, sondern auch in heftigen Diskussionen um musikalische Stile im Gottesdienst entspannend wirken.

Neues Geistliches Lied oder reformatorischer Choral, Sakropop oder Kirchenklassik – jenseits solcher Alternativen richtet sich der Blick auf ein Genus von Musik, mit dem, wenn auch nicht flächendeckend, der Protestantismus eigene Erfahrungen gemacht hat. Ich spreche vom Gemeindegesang nach gregorianischen Vorgaben.

Im lutherischen Bayern hat der Psalmengesang Tradition. Im so genannten „Introitus“ werden Psalmen gesungen: auf Psalmtöne, im Wechsel von Liturg oder liturgischem Chor und Gemeinde, mit Antiphon und Gloria Patri. Ein merkwürdiges Relikt, geradezu katholisch – so empfanden Menschen aus anderen Landeskirchen, wenn sie in Bayern einen lutherischen Gottesdienst besuchten. Ein für die Würde der liturgischen Feier unerlässliches Stück – fanden die, denen der „Introitus“ lieb und vertraut geworden war. Mit der Erneuerung der Agende wurde der „Introitus“ nicht abgeschafft. Trotzdem ist, so scheint es, diese Art des Psalmengesangs auf dem Rückzug. Die ausgebreiteten Wahlmöglichkeiten, die Psalmen auch anders im Gottesdienst zu repräsentieren, haben letztlich dazu geführt. Oft wird jetzt die einfachste und im Setting einigermaßen alberne Interpretationsweise gewählt: das wechselseitige Sprechen, linker Bankblock gegen rechts oder Männer gegen Frauen. Dass Psalmen nicht Bekenntnis sind, sondern Lobpreis – das kommt in der schwergewichtigen Sprechweise nicht zur Geltung. Vollends erinnert das Sprechen in diversen Gruppierungen mehr an Grundschule als an Gotteslob.

Mit den Psalmen singen sich die Kirche und Israel in einem gewaltigen Spannungsbogen von nahezu dreitausend Jahren der Zukunft Gottes entgegen. Das ist mit schlichtem Sprechen kaum zu machen. Mit Singen schon. Im gregorianisch inspirierten Singen der Psalmen betont die Kirche das rituelle Moment am Psalmgebet. Es kommt weniger auf Einzelheiten des Inhalts an als darauf, sich in nicht dezidiert zeitgebundener Weise in die Zeit Gottes hinein zu singen.

Unter dem Vorzeichen einer erwünschten Stiloffenheit wäre zu erwägen, es noch einmal mit einer evangelischen Gregorianik zu versuchen. In ihrer gewissen Zeitlosigkeit ist sie vermutlich zum Crossover fähiger als scharfkantige Stile der Tradition. Der Erfolg, der gegenwärtig monastische Gregorianik in die Charts trägt, könnte darauf hinweisen, dass sich möglicherweise in einem gregorianisch motivierten Psalmengesang liturgisches Anliegen und populäre Erwartung begegnen.

Die Frage kirchenmusikalischer Stiloffenheit entscheidet sich heute freilich nicht zwischen Gregorianik, Heinrich Schütz und Arvo Pärt, sondern weit eher zwischen Kirchenklassik und Popmusik. Vielleicht bedeutet es eine Anregung für die Entscheidungen vor Ort, wenn ich auf den Film „Vaya con Dios“ (D 2001) von Zoltan Spirandelli verweise. In ihm verbindet sich die alte Musik des Fantasieordens der „Kantorianer“ mit populärer zeitgenössischer Musik in unterschiedlichen Schattierungen. Gerade diese Stilmischungen haben zur begeisterten Aufnahme von Film und Soundtrack erheblich beigetragen. Hier wirkt nichts peinlich, weil es stilistisch auf den ersten Blick nicht zusammenpasst. Im Gegenteil, hier wird die Mischung von Gregorianik und Pop zum Gleichnis dafür, wie die drei Kantorianermönche mit ihrer jahrhundertealten Tradition in Phänomene des Lebens eintauchen, die ihnen neu sind. Dabei kennzeichnet diesen Film nicht das Entweder-Oder so mancher kirchlicher Stildebatten, sondern der Charme des Wechselspiels: wie die verschiedenen Stile nicht in Reservaten des Ohneeinander, sondern gerade im Miteinander und Gegeneinander spannend werden. Ich springe von der ästhetischen auf die theologische Ebene und behaupte: Im Licht der Zukunft Gottes können Trivialitäten des Sakropop genauso zu Hoffnungszeichen werden wie Subtilitäten des *Incarnatus* in Bachs großer Messe.

Impression und Expression

Himmelsklang und Lebenston – in dieser Polarität entfaltet Peter Bubmann die Spannweite nicht nur dezidiert religiöser Musik, sondern von Musik überhaupt:

Himmelsklang und Lebenston: Offenbar steckt in der Musik eine ganz besondere Kraft, eröffnen sich durch Töne neue Perspektiven. Auf der klingenden Himmelsleiter wird mit wachen Ohren geträumt: vom Leben in Fülle, versöhnt in der Einheit von Konsonanz und Dissonanz. Und wo Menschen sonst taktlos das Leben entwürdigen, lehrt sie die Musik neu, im Hören den guten Lebenston zu treffen.

Peter Bubmann, Himmelsklang und Lebenston, 2002, 54.

Es ist keine Frage, dass Musik mächtig ist, dass sie dem religiösen Gefühl Gestalt verleiht, dass sie die religiöse Wahrnehmung affektiv erweitert, dass sie das Leben stärkt, kurz: dass sie berückend einfache und wunderbar komplexe Möglichkeiten religiöser Expression bereithält. Vorbehalte der reformierten Tradition in Ehren. Aber es wäre auf Dauer unmenschlich gewesen, auf die „klingende Himmelsleiter" (Bubmann) zu verzichten. Vorbehalte der katholischen Tradition in Ehren. Aber Musik ist eben auch mehrstimmig, instrumental und von dieser Welt.

Religion drückt sich in Tönen aus. Die christliche Kirche hat, aufs Ganze gesehen, daraus keinen Hehl gemacht und die Musik in ihre Liturgie integriert. In faszinierenden Wechselspielen mit der Kultur der jeweiligen Zeit erwuchsen aus der gottesdienstlichen Musik Werke, die zum Kulturgut mindestens der westlichen Welt gehören. Auch auf der Ebene weniger kunstvollen, aber nicht minder ernsthaften Ausdrucks hat sich die Kirche mit ihrer Musik inkulturiert. Die musikalische Ausdrucksstärke anderer Kulturen wird heutzutage als Bereicherung gewürdigt. Selbst die römisch normierte Messe klingt schon bei der Gemeinschaft Sant'Egidio in Trastevere anders als nebenan im Petersdom, ganz zu schweigen von Messen in Afrika oder Südamerika. Die Kirche kann in den unterschiedlichsten kulturellen Settings auf die transzendierende Kraft der Musik bauen.

Wohl wissend, dass ich etwa die ethischen Implikationen bei Bubmann („guter Lebenston") außen vor lasse, mache ich den Versuch, die Polarität von Himmelsklang und Lebenston in meine Kategorien zu übertragen. *Expression* des Lebens mit ihren religiösen Implikationen („Lebenston") wäre dann der eine Pol des Spannungsbogens. Der andere Pol gehört der *Impression* des Himmels („Himmelsklang"). Kann die Musik mit ihren Tönen von dem Himmel künden, auf den die Bibel mit Worten, Bildern und Geschichten deutet?

In Richtung Himmelsklang wurde viel Tiefsinniges geäußert. Überwältigt von der Kraft und Schönheit der Musik, wie sie in den jeweiligen Biografien eine Rolle spielt, haben Theologen und Theologinnen die Musik in einer Mittelstellung zwischen Himmel und Erde gesehen. Niemand, der je von großer Musik ergriffen wurde, wird sich und anderen Sprechversuche wie diesen von vornherein verbieten:

Ob wir Bach oder Mozart in der Kirche hören – beide Male spüren wir auf wunderbare Weise, was gloria Dei – Herrlichkeit Gottes – heißt: Das Mysterium der unendlichen Schönheit ist da und läßt uns Gottes Gegenwart lebendiger und wahrer erfahren, als es durch viele Predigten geschehen könnte.

Joseph Ratzinger, Der Geist der Liturgie, 2000, 126.

Gerade bei diesem Theologen verwundert es nicht, dass er seine eigene Ergriffenheit ins theologisch Objektive wendet und ganz bestimmte Musik als Vorschein und Abglanz der *gloria Dei* deutet.

Die traditionelle Mittelstellung der Musik zwischen Himmel und Erde hat immer wieder Anlass zu Spekulationen gegeben, welche Komponisten wohl im Himmel auf dem Programm stünden. Karl Barth gab bekanntlich Mozart den Zuschlag. Vergangen sind solche Versuche, Musikerleben und Gottesglauben zusammenzubringen, keineswegs. Ein Kritiker vermutete unlängst, so exquisit wie auf der anzuzeigenden CD müsse wohl im Himmel musiziert werden:

> Was [...] der belgische Gambist Philippe Pierlot nun mit seinem Ricercar Consort an instrumentaler Delikatesse und Klangschönheit bietet, verschlägt einem schlicht die Sprache. [...] Vielleicht wird so ja im Himmel musiziert. Wem das zu christlich ist: Eine solche Aufnahme ist allemal der Vorschein einer besseren Welt.
>
> *Oswald Beaujean zu einer CD mit Bach-Kantaten, in: DIE ZEIT Nr. 15 vom 02. 04. 2009.*

Es ist geradezu rührend zu sehen, wie der Kritiker seine Ergriffenheit auch solchen Lesern nachvollziehbar zu machen sucht, denen die Vorstellung von der Himmelsmusik „zu christlich“ sei. Was tut er, um sich säkular verständlich zu machen? Er greift zu einer Metapher, die zwar die Vertikale von Himmel und Erde in die Horizontale von Gegenwart und Zukunft wendet, aber kaum minder religiös ist. Denn was ist der „Vorschein einer besseren Welt“ anderes als das „Jetzt schon“ im „Noch nicht“ des kommenden Gottesreiches?

Musik wird offenbar unvermindert als Gleichnis des Himmels wahrgenommen. Die Theologie sollte diese Art der Rezeption nicht übergehen. Zur Begründung der Rolle, die die Kirchenmusik liturgisch spielt oder spielen sollte, reicht eben der Verweis auf die Expression nicht hin. Er bedarf der Ergänzung durch die Impression. Kirchenmusik verleiht ohne Zweifel menschlicher Religiosität *Ausdruck*. Zugleich aber sollte sie, nach ihrer liturgischen Haltung und in der theologischen Reflexion, auch einen *Eindruck* des göttlichen Geheimnisses vermitteln. Ob sie das wirklich tut, ist von Fall zu Fall zu entscheiden; die theologische Qualität von Musik bleibt ein Rezeptionsphänomen. Auf bloße Emotionsgewissheit freilich sind wir auch nicht angewiesen. Es gibt in der Tradition evangelischer Kirchenmusik ein Kriterium, das bei der Beurteilung helfen kann: ob und wie Musik die biblischen Wortzeichen des Geheimnisses zum Klingen bringt.

Musik und Mysterium

Wie lässt sich die Musik auf dem gottesdienstlichen Weg im Geheimnis als Impression und Expression dieses Geheimnisses beschreiben?

Die klassische Antwort auf diese Frage geschah im Prinzip ontologisch, also so, dass man der Musik göttliche Wesensart zuschrieb. Die vielleicht berühmteste Äußerung dieser Art stammt von Ludwig van Beethoven. Bettina von Arnim berichtet Goethe in einem Brief vom 28. Mai 1810, Beethoven selbst habe zu ihr über seine eigene Kunst gesagt, Musik sei „höhere Offenbarung als alle Weisheit und Philosophie". Musik als Offenbarung, der Komponist als Offenbarer, der Musiker gewissermaßen als Priester, der die einmal ergangene und kodifizierte Offenbarung jeweils neu zur Aufführung bringt, und die Hörerschaft als Gemeinde – das ist steil, aber stark. Impression und Expression kommen mehr oder minder zur Deckung.

Problematisch ist die Ontologisierung, die sich in einer solchen Konzeption zu Wort meldet. Das gilt besonders dann, wenn Kriterien entwickelt werden, warum diese Musik, dieser Stil, diese Epoche, dieses Genus, dieser Komponist besondere Offenbarungsqualitäten aufweise. Die christliche Kirche hat mit solchen Zuweisungen reichlich Erfahrungen gesammelt. Nach heutiger Einsicht aber können weder die Gregorianik noch rein vokale Klänge, weder Heinrich Schütz noch Johann Sebastian Bach oder Wolfgang Amadeus Mozart sozusagen objektiv als besonders offenbarungshaltig oder himmelsnah präsentiert werden. Die religiöse Qualität von Musik bleibt ein Rezeptionsphänomen. Oder anders: Impression und Expression sind niemals separat, sondern nur im Wechselspiel zu bestimmen.

Autoritäre Setzungen sind nicht sachdienlich. Vielmehr sollte man prüfen, ob diese oder jene Musik zu einer bestimmten Zeit und an einem bestimmten Ort als gleichnisfähig gelten kann für das Geheimnis, das in der Liturgie begangen wird. Die Fremdheit etwa einer liturgischen Sequenz von Arvo Pärt kann nicht per se als Fremdheit des Gottesgeheimnisses deklariert werden. Wohl aber kann in einem bestimmten kultisch-kulturellen Kontext ein Kyrie des estnischen Komponisten als „fremd" im Sinne des Mysteriums präsentiert und erlebt werden. Ich ermuntere dazu, es im Gottesdienst auch mit fremden Klängen zu versuchen. Musik ist nicht nur dann der Gemeinde angemessen, wenn sie deren vermutetem Geschmack entgegen kommt. Aus dem Erleben stilistisch fremder Musik kann ein Erleben der fremden Seite des Geheimnisses werden. Das gilt vor allem nach der Seite der Impression. Wo die Expression im Vordergrund steht, sollte stärker darauf geachtet werden, was eine Gemeinde aus vollem Herzen mitsingen oder mitvollziehen kann.

Musik als potenzielles Gleichnis für das Gottesgeheimnis: Das ist ein hoher Anspruch. Aber anspruchsloser sollte nicht sein, wer sich kirchenmusikalisch im Spannungsfeld von Expression und Impression bewegt und dabei dem Geheimnis Gehör verschaffen will.

Ich mache abschließend den Versuch, die gottesdienstliche Musik mit der Sprache und mit Bildern der Bibel in das Gottesgeheimnis einzuzeichnen. Das ist keineswegs die einzige Weise, Musik und Mysterium zusammen zur Sprache zu bringen. Aber sie hat zunächst schlicht den Vorteil, dass sie Extreme meidet. Weder behauptet sie, Musik sei ihrem Wesen nach göttlich, noch verweist sie auf Musik als eine bloße Ausdruckform des religiösen Subjekts. Biblische Sprache bewegt sich im Spannungsfeld zwischen den Polen. Sie bringt ihre eigenen Bilder und Vorstellungen in den Diskurs ein. Dadurch bereichert sie den Horizont dessen, was wir von Musik im Gottesdienst erwarten können.

Gesang kann als das Urdatum gottesdienstlicher Musik bei Juden und Christen angesehen werden. Joseph Ratzinger leitet in seinem Buch zur Liturgik das Kapitel über Musik und Liturgie ein, indem er einen Bogen aufspannt zwischen dem ersten Lied Israels und dem Lied der Erlösten am Ende der Zeit. Religiöser Gesang begegnet also auf den ersten wie auf den letzten Seiten der Bibel. Als das Volk Israel unter Moses Führung den Ägyptern durch Gottes wunderbare Fügung entkommen war, stimmten sie ein Danklied an (Ex 15,1). Und in der Vision des Sehers Johannes singen es die Christen, die in den Verfolgungen standhaft geblieben waren, wieder, jenes Lied des Mose, das nun auch zum Lied des Lammes wird (Offb 15,2 f.).

Es ist ein gewaltiger Bogen, der sich von einem der frühesten Psalmlieder Israels bis zum endzeitlichen Gesang im Himmel spannt. Unter diesem Bogen versammelt sich das wandernde Gottesvolk der Christen, wenn in der Osternacht die Exoduserzählung gesungen wird (Ex 14,15–15,1). Der Durchzug durchs Schilfmeer, die Rettung aus dem sicher geglaubten Tod – in der christlichen Tradition Sinnbild der Taufe (vgl. 1Kor 10,1 f.) sowie von Tod und Auferstehung Christi. Die feiernde Gemeinde stimmt, wann immer sie Gott lobt, in einen Gesang ein, der mit Mose beginnt und in die Ewigkeit mündet.

Ebenfalls mit ihrem Gesang, im Sanctus der Messe, stimmt die Gemeinde in den Gesang der Engel ein. Irdischer und himmlischer Gottesdienst überlappen sich, Expression und Impression gehen ineinander. Das Sanctus ist die Nahtstelle, an der alles Singen, Sagen und Musizieren im Gottesdienst an den Himmel rührt. So das liturgische Szenario. Was für die Ewigkeit vor Augen steht, wird im Sanctus kultisch Wirklichkeit.

Wir Christen sind nicht allein, wenn wir das Sanctus singen. Israel singt mit. Anders, weil in der traditionellen Musik der Synagoge kein Instrument den Ton angibt. Israel singt anders, aber die Synagoge ist dabei mit ihrer Keduscha, wenn wir das Sanctus anstimmen:

In beiden Gemeinschaften wird Jes 6,3 laut, Jesajas Vision vom himmlischen Thronsaal. Intertextualität lässt so eine entscheidende jüdisch-christliche Gemeinsamkeit entdecken: „Wir" sind nicht allein im himmlischen Thronsaal unterwegs, nicht allein mit hineingenommen in die Vision.

Alexander Deeg, Gottesdienst in Israels Gegenwart, 2004, 40.

Solche Gemeinsamkeit wird nicht allen sofort einleuchten. Aber es ist so. Die liturgische Praxis in Synagoge und Kirche gibt die Fakten vor.

Dass es Befremdliches gibt in der Liturgie, sollte nicht verwundern. Wir stimmen ein in das Lied des Mose und nehmen den Gesang der Vollendung vorweg. Wir stehen gemeinsam mit Israel im himmlischen Thronsaal und singen mit den Engeln im vielfach gemischten Chor. Und das im Gegenüber zu einem Gott, der Geheimnis ist, der sich offenbart und entzieht, der vertraut wurde und fremd bleibt, den wir „Vater" nennen und dessen Name nicht auszusprechen ist. In allem, was über die theologischen Koordinaten der Liturgie zu sagen ist, bleibt die Spannung von Vertrautheit und Fremdheit, von Offenbarung und Verborgenheit.

Beurteilen und entscheiden müssen im konkreten Fall die Verantwortlichen. Und das immer mit Blick auf die Gemeinde. Sie ist die Trägerin der Liturgie. Ihr ist ins Singen und beim Singen zu helfen. Sie singt das Lied des Mose und der Engel. Sie, die Gemeinde, macht ihre Schritte auf dem Weg im Geheimnis. Ihr sind biblische Texte als mitunter recht fremde Wegzeichen in Tönen nahe zu bringen. Auf dem Weg im Geheimnis soll die Gemeinde geleitet werden. Ohne Überforderung. Aber auch ohne dass ihr der gewaltige Spannungsbogen vorenthalten wird, unter dem am Sonntagmorgen der Gesang ertönt, Sprache versucht wird, Schweigen sich ausbreitet und die Musik spielt.

Lesetipps

Walter Blankenburg, Zur Geschichte des Kirchenkonzerts [1974], in: ders., Kirche und Musik. Gesammelte Aufsätze zur Geschichte der gottesdienstlichen Musik, hg. v. Erich Hübner/Renate Steiger, Göttingen 1979, 252–266.

Michael Nüchtern, Der wandernde Klang. Eine Skizze über die „Sitze im Leben" von Kirchenmusik, in: PTh 94 (2005), 411–425.

Kirchenmusik als religiöse Praxis. Praktisch-theologisches Handbuch zur Kirchenmusik, hg. v. Gotthard Fermor/Harald Schroeter-Wittke, Leipzig 2005.

Sakralität und Profanität

Für einen Gottesdienst in der Welt

Im Spannungsfeld von Sakralität und Profanität ist Liturgie dem sakralen Bereich zuzuordnen. Sie repräsentiert an ihren Orten und zu ihren Zeiten das Heilige in einer unheiligen Welt. Faktisch gilt das auch für den evangelischen Gottesdienst. Auf seine Fahnen freilich schrieb der Protestantismus gerne, man habe die uralte Trennung der Religionen zwischen Heilig und Profan ein für alle Mal aufgehoben. Gottesdienst feiert nach protestantischer Überzeugung nicht nur, wer mit der Gemeinde betet, sondern ebenso, wer in der Welt nach Gottes Willen handelt.

Solcher „Gottesdienst in der Welt" bedeutet ein faszinierendes Bekenntnis zur Weltwirklichkeit Gottes und zu einer von klerikaler Bevormundung freien, um Gottes Willen weltlichen Welt. Was dabei allzu leicht ins Stocken gerät, ist das subtile Wechselspiel von Weltbezug des Glaubens und Gottesbezug der Welt. Die Weltwirklichkeit Gottes droht sich aufzuspalten in ein Gottesreservat des Herzens und eine gottlos weltliche Welt.

Die gesamtkulturelle Neuentdeckung von Sakralität könnte für den Protestantismus eine Chance bedeuten. Damit die profane Welt als Gotteswirklichkeit kenntlich bleibt, braucht es einen sakralen Bereich, in dem die Gotteswirklichkeit verlässlich zu Darstellung kommt. Damit aber die Liturgie nicht zum sakralen Binnenraum wird, sind ihre weltlichen und besonders ihre politischen Implikationen zu akzentuieren. Dabei erweist sich die diskrete Macht der Doxologie zur Klärung der Machtverhältnisse zwischen Himmel und Erde als unerlässlich.

Beobachtungen

Kirche und Bäckerei

Liturgie und Alltag stehen traditionell in enger wechselseitiger Verbindung. Der Schriftsteller Carl Zuckmayer, geboren 1896, erinnert sich an seine Kindheit im katholischen Rheinland:

Ich war katholisch – das war bei uns selbstverständlich, es gibt wenig Andersgläubige in dieser Gegend [...]. Aber auch das halte ich für einen der Glücksfälle meiner Jugend. Gerade das Selbstverständliche dieser Zugehörigkeit zu einer Religionsgemeinschaft, deren Ritus in uralten Formen verwurzelt ist, zu einer Kirche, in der das Mysterium der Menschwerdung, das Wunder der Transfiguration in jeder Messe neu geschieht: aber das Kind läuft in die Kirche wie in den Bäckerladen, es ist nichts pietistisch Würdevolles oder Griesgrämiges dabei, hier riecht es nach warmem Brot, dort nach steinkühlem Weihrauch; das Kniebeugen, Niederknien, Händefalten, Kreuzschlagen, das Klingeln der Meßglöckchen, das Heben der Monstranz und das Klopfen an die Brust während der tiefen Stille bei der Wandlung, das alles fügt sich ins tägliche Leben wie Schlafengehn, Aufstehn, Anziehen, Lernen, Spielen – es ist Sonntag, der allen gehört, und an dem sich der dicke schwarze Mann aus dem Pfarrhaus in eine Heiligenfigur mit prachtvollen Gewändern verwandelt.

Carl Zuckmayer, Als wär's ein Stück von mir, 1966, 152.

Da stand die Kirche noch im Dorf, und die Wege zwischen Kirche und Bäckerladen, zwischen Liturgie und Leben waren kurz.

Kirchenbank und Weltgeschichte

Die Liturgie gibt dem Individuum und seiner Lebensgeschichte Raum. Sie lässt es aber nicht bei sich verweilen, sondern stellt es in den Horizont der großen Geschichte Gottes mit der Welt. Der Dichter Georg Maurer fand ein wunderbares Bild. Es steht in anderem Kontext. Man kann es aber, so meine ich, auch mit liturgischen Augen lesen:

> Adam und Eva bissen in den Apfel.
> Als hätten sie ihn nicht verdaut,
> krümmten sie sich unterm Schwert. Wasser
> ergossen sich. Aber die Arche hob sich
> bis zum Ararat, und die Taube holte den Zweig.
> Hinunter zogen sie, ein Volk schon,
> und bauten den Turm, sich zu finden beim Umherirrn,
> auch als er zerbrach. Ich sitz im Weltall
> auf einer Bank im Rosental, während die Sonne
> im dünnen Wolkensaft schwimmt und an entlaubten
> Zweigen zehrt. [...]
>
> *Georg Maurer*
> *Ankunft (1970)*

Der Augenblick des Dichters: Bank, Rosental, Leipzig, tiefste DDR, fern von dem, was gemeinhin die Welt bedeutet. Diesen Augenblick zeichnet er in die Geschichte der Menschheit ein und greift dafür auf Bilder aus dem Alten Testament zurück. Zentrum des Gedichts: „Ich sitz im Weltall auf einer Bank im Rosental …“ Die Selbstverständlichkeit, mit der die Bank im Weltall steht, überwältigt ebenso wie die Selbstverständlichkeit, mit welcher der Dichter seine Lebensgeschichte in die Geschichte der Menschheit einzeichnet. Herbstbank im Weltall, Kirchenbank in der Weltgeschichte – ich lasse mich von Georg Maurer ermuntern, auf dem gottesdienstlichen Weg im Geheimnis das Große und Ganze der Welt nicht aus dem Blick zu verlieren.

Außenwelt im Innenraum

Eine Kapelle im katholischen Edith-Stein-Haus in Weisendorf bei Erlangen macht das Wechselspiel von Sakralität und Profanität in ihrer Architektur sinnenfällig:

Einst lagerte hier das Heu. Jetzt kommen unter dem Gefüge der Holzbalken Menschen zusammen. Sie halten inne, beten, meditieren, feiern Gottesdienst. Im Dachboden eines ehemaligen Stadels findet sich die Kapelle für die Gäste eines katholischen Tagungshauses. Die kleinen Dachluken halten den Raum im Halbdunkel. Nur an der Breitseite, zum Park hin, befindet sich ein hohes Fenster. Glasklar sind sie nicht, die mehrfach unterteilten Scheiben, aber sie lassen gedämpftes Licht herein und öffnen den Blick ins Freie, auf die mächtigen Laubbäume, die dem ehemaligen Schlosspark Schatten geben. Im Halbkreis sind die Stühle zum Fenster ausgerichtet. Links Tabernakel und Ewiges Licht, rechts eine Marienikone mit der Osterkerze. Die Mitte ist ausgespart. Wo man den Altar erwarten würde, lenkt jetzt, leicht verschwommen, das hohe Fenster den Blick auf die alten Bäume.

Es gibt nicht viele Sakralräume, die allein schon durch ihre Architektur Welt hereinlassen. Und es dürfte erst recht nicht viele Kapellen geben, in denen ein Stück Welt genau die Blicke auf sich zieht, die den Altar suchen. Zugegeben, es ist ein schönes Stück Welt, das ich da erblicke. Von der Brutalität draußen erzählen die alten Bäume nichts. Aber ein Stück Welt sind sie doch. Mit den Bäumen, die der Wind bewegt, kommt Welt herein, vom Fenster gerahmt und durch die Scheiben leicht gebrochen. Im Wechselspiel von Sakralraum und Natur wird etwas sinnenfällig von der Weltwirklichkeit Gottes.

Martin Nicol, Ereignis und Kritik, 2002, 226.

Inzwischen gibt es an der Stelle des Altars einen Tisch. Dieser Tisch freilich ist von so filigraner Bauart, dass er dem Blick aus dem Fenster kein Hindernis bietet.

Meinungen

Gottesdienst im Alltag des Lebens

Auf das Zürich der Reformationszeit bezieht sich Alfred Ehrensperger, wenn er das Verhältnis von Gottesdienst in der Kirche und Gottesdienst im Leben beschreibt:

Der zur Zeit Heinrich Bullingers praktizierte sonntägliche Predigtgottesdienst wies [...] einen eindeutigen und einfachen Wegcharakter auf: Nach dem Gruss begann die Liturgie gleich mit Fürbitten, auch für die weltliche Obrigkeit, und dem Unser Vater. Dieses kurze Wegstück war eine direkte Zurüstung, eine Hinführung zur Predigt. Zu ihr gehörten auch die Abkündigungen Verstorbener. Der weitere, umfangreichere Weg der Liturgie führte über die sogenannte „Offene Schuld“ (Sündenbekenntnis mit Absolutionsbitte), das Apostolische Credo, die Verlesung der Zehn Gebote, dem Segen und Sendungswort [...] als „Wegzehrungen“ ins Alltagsleben hinein, wo nach damaliger reformierter Überzeugung der *eigentliche* Gottesdienst in Familie, Schule, werktäglichem Leben und politischem Geschehen stattfinden sollte.

Alfred Ehrensperger, Liturgie als Weg, 2007, 109.

Die gottgewollte Weltlichkeit des Glaubens war den reformierten Kirchen ein noch stärkeres Anliegen, als das im lutherischen Bereich der Fall war. Als der „eigentliche“ Gottesdienst erschien der Gottesdienst in der Welt.

Kult und Kuhstall

Harald Schroeter-Wittke äußert sich nur im Vorübergehen zum Gottesdienst. Trotzdem wird ein protestantisches Dilemma mit Liturgie hinreichend deutlich:

Fragt man [...] in protestantischer Perspektive theologisch nach dem Gottesdienst, so werden wir mit Paulus sogleich auf den Gottesdienst im Alltag verwiesen, mit Luther an die Magd gewiesen, die den Kuhstall entmistet, und mit Jesus an den barmherzigen Samariter, der Gottesdienst Gottesdienst sein lässt und sich um denjenigen kümmert, der unter die Räuber gefallen ist.

Harald Schroeter-Wittke, Mission ist Verschwendung, 2006, 110.

Schroeter-Wittke karikiert: Wer nach dem Gottesdienst fragt, wird an den Kuhstall verwiesen. An der karikierten Position ist unzweifelhaft richtig: Kühe melken und Eucharistie feiern – beide Handlungen vollziehen sich in der Gotteswirklichkeit. Aber wären sie nicht, statt eines durchs andere zu ersetzen, in ihrer jeweiligen Eigenart und in ihrer wechselseitigen Bezogenheit zu würdigen?

Leben statt Liturgie

Die Grenze zwischen Sakralität und Profanität sei auf Golgatha hinfällig geworden – ein protestantischer Grund-Satz. Mit eindrucksvoller Schärfe hat Götz Harbsmeier das Anliegen zur Sprache gebracht:

> Und es hat Gott nun einmal gefallen, den entscheidenden Anfang seines Heilsgeschehens nicht im kultischen, sondern in dem ganz profanen Bezirk von irgendeinem Berg, irgendeinem Schiff, oder der Wüste, oder in irgendeinem Hause, vor allem aber auf Golgatha und vorher vor Gericht zu machen. Das Kreuz ist eine sehr profane Angelegenheit. Und soweit wir feststellen können, auch das erste Abendmahl.
>
> *Götz Harbsmeier, Das Problem des Kultischen im evangelischen Gottesdienst, 1949, 114.*

Beschwörung des wirklichen Lebens mit protestantischem Pathos: Die Spannung zwischen Heilig und Profan ist aufgelöst. An die Stelle der Religion, die von einem abgrenzbaren Bereich der Sakralität ihre Kraft bezieht, sei der im Glauben gelebte Alltag getreten. Aber, so meine Frage, braucht der Glaube nicht gelebte Sakralität, um in der gelebten Profanität den Gottesbezug nicht zu verlieren?

Liturgie und Leben

Peter Brunner thematisiert, anders lautenden Einsprüchen zum Trotz, sehr wohl das Miteinander von Liturgie und gelebtem Leben:

> Es gehört zu der heilsökonomischen Situation, in der die Kirche auf dieser Erde steht, daß sie Gott in zwei miteinander verbundenen, aber zu unterscheidenden Weisen dient: in dem besonderen Gottesdienst der versammelten Gemeinde und in dem Lebensgehorsam des Wandels.

Zugleich aber konzipierte er genuin theologisch ein eindeutiges Nacheinander:

> [...] in diesem besonderen Gottesdienst der *ekklesia* ist bereits das Unverwesliche auf dem Plan, das jene zweite Weise des Gottesdienens, den praktischen Wandel der Glaubenden, einst verschlingen und in sich aufnehmen wird.
>
> *Peter Brunner, Zur Lehre vom Gottesdienst, 1954, 190.*

Man wird heute deutlicher als damals fragen, ob nicht auch im „Lebensgehorsam des Wandels", abseits also von Liturgie, die Zukunft Gottes aufleuchten könne. Aber zunächst ist Peter Brunner Recht zu geben: Im Gottesdienst der Kirche ist die Zukunft Gottes, die der ganzen Welt gilt, verlässlich und explizit in den Modi von Wort und Sakrament präsent. Insofern hat Liturgie eine Leitfunktion für das Leben.

Sakralität in säkularer Welt

Benedikt XVI. nimmt weltweit ein neues Bedürfnis nach Sakralität wahr. Ob die päpstliche Förderung der Tridentinischen Messe darauf die geeignete Antwort ist, dürfte nicht nur der Protestant bezweifeln. Freilich erhofft sich Rom auch Auswirkungen auf die seit dem Zweiten Vatikanischen Konzil praktizierte Messfeier:

> In der Feier der Messe nach dem Missale Pauls VI. kann stärker, als es bisher weithin der Fall ist, jene Sakralität erscheinen, die viele Menschen zum alten Usus hinzieht. Die sicherste Gewähr dafür, daß das Missale Pauls VI. die Gemeinden eint und von ihnen geliebt wird, besteht im ehrfürchtigen Vollzug seiner Vorgaben, der seinen spirituellen Reichtum und seine theologische Tiefe sichtbar werden läßt.
>
> *Benedikt XVI., Brief an die Bischöfe anlässlich der Publikation des Apostolischen Schreibens (Motu Proprio) über die römische Liturgie in ihrer Gestalt vor der 1970 durchgeführten Reform vom 07. 07. 2007.*

Wie es gelingt, dem Anliegen der Sakralität gerecht zu werden, sollte auch der evangelischen Liturgik eine Grundfrage sein.

Skizzen

- Gottesdienst im Alltag der Welt
- Die diskrete Macht der Doxologie
- Sprache zwischen Gott und Welt
- Bitte für die Welt
- Welthaltige Predigt
- Lobpreis und Weltverantwortung
- Liturgische Machtfragen

Gottesdienst im Alltag der Welt

Ernst Lange hat dem Problem, wie die Welt in der Liturgie ihren Ort haben könne, nachdrücklich Sprache verliehen. Er tat das, obwohl er alles andere als ein genuiner Liturgiker war. Er tat das aus Sorge um die Kirche seiner Zeit und mit Visionen für Kirche und Gemeinde in der Zukunft.

Ernst Lange entwickelte Ideen für eine andere Kirche. Seine Leitformulierung von der „Kommunikation des Evangeliums“ wirkt noch immer. In Berlin begründete er mit Freunden die „Ladenkirche“. In jenem Laden, einem gemieteten Bäckerladen, versammelte sich die Gemeinde zum Gottesdienst. Das Arrangement signalisierte Sonntag im Alltag, Liturgie im Leben, Kirche in der Welt. Leidenschaftlich vertrat Lange die These, mit Christus und dem Anbruch des Reiches Gottes sei eine Zweiteilung der Wirklichkeit in einen sakralen und einen profanen Bereich ein für alle Mal hinfällig. Sein Gottesdienst verstand sich – mit Ernst Käsemanns griffiger Formel – als Gottesdienst im Alltag der Welt.

Die klassische Liturgik sah Lange in der Gefahr, einen sakralen Raum der besonderen Heilsgegenwart Gottes von der Welt abzugrenzen. Diese Gefahr sei im römisch-katholischen Gottesdienstmodell gegeben, aber durchaus auch auf evangelischer Seite vorzufinden. Wo der Gottesdienst einer „Vergegenwärtigung“ Christi dient, werde im Grunde die bereits geltende Herrschaft Christi über alle Bereiche der Wirklichkeit in Frage gestellt. Die Christusherrschaft, so Langes Überzeugung, bringt die Kirche zur Welt, nicht umgekehrt.

Um dem Zerfall der einen Wirklichkeit in zwei Wirklichkeiten konzeptionell zu begegnen, entwickelte Lange sein Modell von Gemeinde. Sie lebe in zwei „Phasen“: als Ekklesia und Diaspora, in Versammlung und Zerstreuung. Ob Christen gottesdienstlich beieinander sind (Ekklesia) oder je einzeln an ihren Lebensorten (Diaspora), in beiden Phasen verwirklicht und konkretisiert sich die Christusherrschaft. Es gibt also kein Innen und kein Außen, nicht „heilig“ und „profan“, sondern nur den *einen* Gottesdienst der Gemeinde in seinen zwei Phasen. Lange verwendet dafür das Bild vom Gottesdienst im Tor:

> Dann findet der spezifische „Gottesdienst der Gemeinde“ [...] gleichsam im Tor, im ständigen Übergang von der Ekklesia in die Diaspora und von der Diaspora in die Ekklesia statt. Er geschieht im Offenhalten dieses Übergangs. [...] Es wird dann also jedenfalls alles darauf ankommen, daß das Geschick der Ausgestreuten in der Versammlung detailliert und redlich zur Sprache kommen kann und daß die Verkündigung eben da, also jenseits der Versammlung ihren eigentlichen Zielpunkt hat und behält. Und es wird andererseits genauso alles darauf ankommen, daß in der Versammlung für den „Gottesdienst in der Zerstreuung“ so viel konkrete Information, so viel genaue Kenntnis der biblischen und der kirchlichen

Tradition, so viel detaillierte Beratung und brüderliche Begleitung bereitgestellt wird wie nur irgend möglich.

Ernst Lange, Chancen des Alltags, 1965, 147f.

Das Bild vom Tor unterstützt suggestiv den gemeindlichen Zweitakt von Ekklesia und Diaspora. Es ist ein Gegenbild gegen einen Gottesdienst, mit dem sich die christliche Gemeinde hinter Kirchenmauern verschanzt und zur Welt hin abschließt. Ekklesia und Diaspora treffen sich „im Tor". Sie werden füreinander tätig, tauschen sich aus, erleben und erleiden gemeinsam die, wie wir heute vielleicht sagen würden, transitorische oder auch liminale Existenz im Tor.

Einerseits also wirkt Ernst Lange mit seinem Konzept vom Gottesdienst im Alltag der Welt noch immer anregend und als Korrektiv gegen hochkirchliche Isolierung ebenso wie gegen klerikale Selbstgenügsamkeit. Andererseits sind die Grenzen des Konzepts heute evident. Schon die konkreten Ratschläge für das Verhalten in der Ekklesia entstammen einer anderen Zeit. Information, Beratung, Begleitung – das atmet deutlich den Geist der 1960er Jahre. Aus heutiger Sicht vermisse ich Hinweise auf die Eigensprachlichkeit der Liturgie, auf Symbol und Ritual, auf die Worte und Zeichen, die unverwechselbar und verlässlich den gottesdienstlichen Weg im Geheimnis markieren.

Die Anfragen lassen sich auf eine Kernfrage zurückführen: Dürfen wir die Unterscheidung von Sakralität und Profanität wirklich so einfach aufheben, wie Ernst Lange und andere meinten? Das Anliegen der einen und unteilbaren Gotteswirklichkeit bleibt. Aber zur Wahrnehmung der Gotteswirklichkeit in der Profanität braucht es aus heutiger Sicht einen Bereich der Sakralität, in dem die Gotteswirklichkeit zur Darstellung kommt. Liturgie braucht, wörtlich und übertragen, einen Raum, in dem das Wechselspiel der Zeiten verlässlich seinen Ort hat. Einen Raum, in dem erinnernd die Geschichte und rühmend die Zukunft Gottes in die Gegenwart hinein ausgerufen wird. Einen Raum, in dessen Schutz sich das „darstellende Handeln" (Schleiermacher) der Liturgie zweckfrei und fern von unsachgemäßer Instrumentalisierung entfalten kann. Einen Raum, in dem sich explizit der Gotteshorizont der Gemeinde bildet und profiliert.

Damit die Wahrnehmung der Gotteswirklichkeit in der Profanität gelingt, bedarf es eines Bereiches der Sakralität. Aber eben nicht so, dass das eine das andere ersetzt. Nur im Wechselspiel von Sakralität und Profanität wird die eine und unteilbare Weltwirklichkeit Gottes wahrgenommen. Ernst Langes Modell von Ekklesia und Diaspora hatte dieses Anliegen zu seiner Zeit aufgenommen. Ohne Sakralität steht der Gottesdienst in der Welt in Gefahr, zum Aktionismus ohne elementaren Gottesbezug zu verkümmern. Ohne Profanität aber droht der Gottesdienst in der Kirche den Weltbezug zu verlieren, der ihn von der bloßen Pflege frommer Innerlichkeit unterscheidet. Wenn der Kreislauf zwischen Sakralität und Profanität ins Stocken gerät, dann bleibt die Kirche Kirche und die Welt Welt. Dann bleibt das Salz Salz und die Erde Erde, aber es passiert nicht, was der Herr seiner Kirche ins Stammbuch schrieb: „Ihr seid das Salz der Erde“ (Mt 5,13).

Die diskrete Macht der Doxologie

Die zentrale Bibelstelle zur Begründung eines Gottesdienstes außerhalb von Liturgie, mitten in der Welt also und im Leben, ist Röm 12,1: „Ich ermahne euch nun, liebe Brüder, durch die Barmherzigkeit Gottes, dass ihr eure Leiber hingebt als ein Opfer, das lebendig, heilig und Gott wohlgefällig ist. Das sei euer vernünftiger Gottesdienst.“

Niemand kann heute mehr guten Gewissens den „vernünftigen Gottesdienst“ von Röm 12,1 gegen den liturgischen Gottesdienst ausspielen, den Gottesdienst des Lebens gegen den Gottesdienst in der Kirche, Leben gegen Liturgie, Weltverantwortung gegen Frömmigkeit. Eberhard Jüngel würdigt beide Weisen von Gottesdienst, indem er pointiert vom Gottesdienst „in beiderlei Gestalt“ spricht. Die beiden Gestalten von Gottesdienst seien „gleichursprünglich“. Bei den praktischen wie theoretischen Versuchen einer Verhältnisbestimmung drohen aber, so Jüngel, konfessionsspezifische Missverständnisse:

> Die Herabsetzung des liturgischen Gottesdienstes zu einem bloßen Mittel zur Verwirklichung des vernünftigen Gottesdienstes – als des angeblich einzigen Gottesdienstes „im Geist und in der Wahrheit“ (Joh 4,24) – ist das insbesondere dem Protestantismus drohende Mißverständnis des evangelisch zu verstehenden Gottesdienstes. [...]
>
> Die Herabsetzung des vernünftigen Gottesdienstes zu einem uneigentlichen gottesdienstlichen Handeln und die Sakralisierung des liturgischen Gottesdienstes zu einer priesterlichen Opferhandlung ist das insbesondere dem Katholizismus drohende Mißverständnis des evangelisch zu verstehenden Gottesdienstes.
>
> *Eberhard Jüngel, Der evangelisch verstandene Gottesdienst, 1990, 305f.*

Die Konfessionen stehen mit jeweiligen Extrempositionen für die polare Ausgestaltung der Spannung zwischen den beiden Gestalten von Gottesdienst. Aber ein kurzer Blick genügt, um die gleiche Polarität auch im Protestantismus selbst wahrzunehmen. Die einen lokalisieren die Erfahrung des Heils primär im kultischen Raum, um es von dort in die Welt wirken zu lassen. Die anderen messen zwar dem Gottesdienst eine gewisse Funktion zur Kommunikation des Gotteswortes zu, gehen aber davon aus, dass der Mensch dem Heil wesentlich im alltäglichen Leben begegnet, ein jeder an seinem Ort.

Trennung der beiden Gottesdienstgestalten bedeutet auch eine Aufteilung der Wirklichkeit. Um dem zu begegnen, spreche ich gerne von „Gottes Weltwirklichkeit". Gemeint ist die universale Gottespräsenz im „Außen" der Welt wie im „Innen" der Kirche. Diese Grundannahme kann nicht mehr, wie Papst Benedikt XVI. das mit erstaunlichem Echo tut, in neuscholastischer Gewissheit als vernünftig ausgegeben werden. Ich meine, sie könne einzig, auch wider den Augenschein, im Bekenntnis aufrechterhalten werden. Genauer: in der Doxologie, im Gotteslob und lobpreisenden Bekenntnis des Glaubens.

„Bekenntnis" ist dogmatisch unter anderem eine Bestimmung zum Modus einer Aussage. Diese ist dann nicht empirisch verifizierbares Faktum, nicht authentischer Erfahrungsbericht, nicht dies oder das, sondern eben Bekenntnis. Der dogmatische Reflexionsbegriff „Bekenntnis" wandelt sich in der Liturgie zur konkreten Sprachform. Ich bekenne Gottes Weltwirklichkeit, behaupte sie rühmend, klage über ihre Verborgenheit – und entdecke sie, wider Erwarten, da und dort in meiner Welt. Solches Bekenntnis fungiert gewissermaßen als Brille, mit der ich die Welt ansehe. Wie die Brille, so die Welt: Indem ich solches bekenne, werde ich, so Gott will, auch solches wahrnehmen.

Liturgisch ergibt sich aus dem Bekenntnis von Gottes Weltwirklichkeit die Aufgabe, Liturgie und Welt ins Verhältnis zu setzen. Gott wirkt in beiden Bereichen. Warum sollte ich die alten Formeln der Liturgie säuberlich abschotten von aktueller Welterfahrung? Im Gegenteil, es gehört zur liturgischen Aufgabe, Weltwirklichkeit und Doxologie sich so in Wechselspiele verwickeln zu lassen, dass die Welt neu als Gottes Welt wahrgenommen werden kann. Es ist erstaunlich, wie viel „Welt" mit der doxologischen Brille als Wirkraum Gottes zu entdecken ist. Wie massiv und zugleich beiläufig die liturgische Doxologie Gott und Welt ins Verhältnis setzt, möchte ich an zwei Beispielen verdeutlichen.

Gleich zu Beginn des Gottesdienstes begegnet vielfach ein Votum, gesprochen im Wechsel zwischen Liturg und Gemeinde (Ps 124,8):

> *Liturg:* Unsere Hilfe steht im Namen des Herrn,
> *Gemeinde:* der Himmel und Erde gemacht hat.

Der kurze Wortwechsel vollführt, bei genauem Hinhören, Unerhörtes: Die Hilfe, die ich mir für die Wechselfälle des eigenen Lebens und für den Gang der Welt erwarte, hat ihren Grund in der Schöpfermacht dessen, der Himmel und Erde gemacht hat. Wie der Dichter Georg Maurer sich plötzlich „im Weltall auf einer Bank im Rosental" sitzen sah (s.o.), so macht der traditionelle Wortwechsel, dass ich mich gewissermaßen im Kosmos auf einer Kirchenbank in Erlangen vorfinde.

Nicht minder kühn erscheint plötzlich die Formulierung im trinitarischen Abschluss des Tagesgebets (Kollektengebet):

> Durch ihn, unseren Herrn Jesus Christus, Deinen Sohn,
> der mit Dir und dem Heiligen Geist lebt und regiert
> von Ewigkeit zu Ewigkeit.

Eine Formel, nicht mehr. Aber selbst eine Formel gewinnt Kontur, wenn sie mit Kontexten der Welt ins Wechselspiel gerät. Beim Fernsehen beispielsweise. Schon jetzt bestimmt die Bundestagswahl im Herbst 2009 die politischen Nachrichten. Vier Jahre Große Koalition werden es dann gewesen sein. Schon lange her, Herbst 2005, der große Wechsel in Berlin. Steht etwa wieder ein Regierungswechsel an? „Der mit Dir und dem Heiligen Geist lebt – und regiert …" Wie steht es eigentlich um das Verhältnis jener beiden Regierungen: der großkoalitionären in Berlin und der dreieinigen im Himmel? Und schon sind wir dabei, Gottes Weltwirklichkeit politisch durchzubuchstabieren. Wozu es freilich im folgenden Fall verlässlich nicht kommt:

Die Pfarrerin lässt das Kollektengebet trinitarisch ausklingen. Soweit wie immer. Aber an einer Stelle formuliert sie deutlich anders, als es die Tradition vorgibt: „Durch unseren Herrn Jesus Christus, Deinen Sohn, der mit Dir und dem Heiligen Geist lebt und Leben schafft …"

Die Aussage, dass der dreieinige Gott „regiert", wurde ersetzt durch die deutlich andere Aussage, dass er „Leben schafft". An sich ist die alternative Formulierung dogmatisch nicht falsch; ausdrücklich prädiziert wird „Leben schaffen" („vivificantem") im Nicaenum dem Heiligen Geist. Aber wer im trinitarischen Schluss der Kollekte die geläufige Version mithört, stellt fest, dass die universale Macht Gottes („regiert") ersetzt wurde durch ein eher allgemeines Lob des Schöpfers. Unter der Hand wurde das Bekenntnis zu Gottes Regiment in den Machtspielen der Welt gestrichen. Dass Gott Leben schenkt, ist demgegenüber eine harmlose Bemerkung. Eine kleine Korrektur am Ritual – und wieder ist ein zentraler Weltbezug des Glaubens aus der Liturgie geschwunden.

„Unsere Hilfe steht im Namen des Herrn …", „der lebt und regiert …": zweimal liturgische Floskel, zweimal formelhafte Evozierung von Gottes Macht. Die Formeln fungieren als Platzhalter. Im Modus doxologischer Formeln ist die Wirklichkeit, die dogmatisch durch die Topoi von Schöpfung und Erhaltung repräsentiert wird, in der liturgischen Sprechhandlung präsent. In formelhafter Beiläufigkeit Unerhörtes verlauten lassen, sich mit frommem Understatement einmischen in die Machtspiele der Welt, zur Klärung der Machtverhältnisse zwischen Himmel und Erde beitragen, einfach so, am Sonntagmorgen: Das ist die diskrete Macht der Doxologie.

Sprache zwischen Gott und Welt

Liturgie als Weg im Geheimnis ist, mitten in der Weltzeit, die symbolisch-rituelle Feier der Zeit Gottes. Das gilt auch in der anderen Richtung: Liturgie bedeutet Wahrnehmung der Weltzeit mitten in der symbolisch-rituellen Feier der Zeit Gottes. Liturgie bewegt sich also zwischen den Zeiten. Und liturgisches Sprechen steht vor der Aufgabe, in dieser eigentümlichen Zwischenzeit Sprache zu finden.

Weltzeit und Gotteszeit lassen sich nicht säuberlich auf Textsorten und Textpassagen verteilen. Für die liturgische Sprachfindung aber empfiehlt sich die vorläufige Annahme, die Gotteszeit sei eher in der Sprache der biblisch-kirchlichen Tradition, die Weltzeit eher in zeitgenössischer Sprache exemplarisch greifbar. Wobei „Sprache“ nicht auf Wortsprachlichkeit eingegrenzt werden darf. Die ganze Fülle der Zeichen vom Kirchenraum über Gestik und Kirchenmusik bis hin zur Kleidung von liturgischem „Personal“ und Gottesdienstbesuchern macht auch jenseits der Worte die „Sprache“ aus, in der sich Weltzeit und Gotteszeit zu Wort melden. An dieser Stelle freilich blicken wir nur auf die wortsprachlichen Zeichen der Liturgie.

Nach der Seite der Weltzeit wird im Gottesdienst zu Recht zeitgenössische Sprache erwartet. Eine Sprache, die nach Vokabular und Inhalt aus dem Alltag vertraut ist. Eine Sprache freilich, die nicht schrill ist. Menschen haben ein feines Gespür dafür, was im Gottesdienst „passt“ und was nicht. Zu Peinlichkeiten, deren Ursula Ott eine beschreibt, sollte es gar nicht erst nicht kommen:

> Mit schlechten Büttenreden, Bestseller-Kinderbüchern und überladenen Events lockt man keine neuen Zielgruppen in die Kirche. Gerade die so genannten Zielgruppen – die ja oft Randgruppen sind – wollen nicht mit Peinlichkeiten bedient werden. Ich habe schwule Freunde, die haben sich evangelisch segnen lassen. Es sollte sehr, sehr feierlich sein. Sie hatten sich schwarze Anzüge gekauft, sie hatten ihre fromme Verwandtschaft eingeladen. Und sie fanden es überhaupt nicht komisch, dass der Pfarrer, der sich bestimmt sehr cool vorkam, in seiner Predigt mehr als einmal „kotzen“ und „poppen“ sagte. Klar sagen die das selber, wenn sie in die Szenekneipe „Stiefelknecht“ oder in Ralph Morgensterns Kabarett-Schuppen „Filmdose“ gehen. Aber in der Kirche, da wollten sie nicht die Randgruppe sein. Da wollten sie das Gefühl haben, mittendrin zu sein, dazuzugehören.
>
> *Ursula Ott, Bauchredner am Altar, Mäuse in der Predigt. Wie viele Experimente verträgt eigentlich ein Gottesdienst?, in: chrismon 07/2004.*

Was passt? Was passt nicht? Das Stilgefühl des Liturgen oder der Liturgin ist gefragt, mindestens ebenso die Bereitschaft der Gemeinde, auch geistlich unübliche Sprache als sachgemäß zu akzeptieren. Allgemein gültige Regeln können kaum aufgestellt werden. Was da passt, kann dort daneben sein. Jedenfalls bieten vor allem Predigt, Abkündigungen und Fürbitten gute Gelegenheiten, nach einer Sprache zu suchen, die der Präsenz Gottes in der Welt gerecht wird. Das sind, in Analogie zum klassischen Konzert, die Kadenzen, in denen der Solist seine eigene Sprache im Klangraum eines vorgegebenen Stückes entfalten kann. Es geht um Lücken, die die Liturgie lässt, damit Liturg und Gemeinde sie füllen.

In anderen Fällen geht es um die Frage, ob und inwieweit traditionelle Formulierungen der Liturgie durch moderne, explizit welthaltige Formulierungen ersetzt werden sollen. Die alten Formulierungen erregen oft Anstoß, da sie nicht mehr mit Ja und Amen nachvollziehbar seien. Zum Beispiel das Credo. Es ist voll von Formulierungen, die über das tatsächliche Glaubensbewusstsein einer Gemeinde weit hinausgehen. Deshalb stößt man immer wieder auf den Versuch, das alte Credo auch einmal durch einen zeitgenössischen Text zu ersetzen. Dieser kann dann so beginnen:

> Ich glaube an Gott, der Liebe ist
> und der die Erde allen Menschen anvertraut hat.
> Ich glaube an Jesus Christus,
> der gekommen ist, um uns zu heilen
> und uns von allen Formen der Unterdrückung zu befreien.
> Ich glaube an den Geist Gottes [...].
>
> *Klaus-Peter Rex, Neue Glaubensbekenntnisse, 1995, 24.*

Problematisch ist es nicht, wenn durch eine solche Neuformulierung das alte Credo lediglich kontrastiert oder versuchsweise in moderne Sprache übertragen werden soll. Problematisch wird es in dem Moment, in dem die neue Formulierung die alte ersetzt. Das gilt in zweifacher Hinsicht:

Auf der *kommunikativen Ebene* bedeutet es einen Akt von geistlicher Vergewaltigung, wenn die Gemeinde veranlasst wird, einen x-beliebigen Text credomäßig mitzusprechen. Für eine Formulierung von Klaus-Peter Rex oder wem auch immer gibt es keinen Konsens der Kirche, der mich auch bei Aussagen mitsprechen lässt, die ich im Glauben derzeit nicht nachvollziehen kann.

Auf der *dramaturgischen Ebene* aber bedeutet es einen Akt der Usurpation, wenn die Differenz von Sprache der Tradition und Sprache unserer Zeit dadurch aufgehoben wird, dass die eine Sprache an die Stelle der anderen tritt. Damit kommt eine Grundspannung, die den Weg im Geheimnis wesentlich markiert, zum Erliegen: die Spannung zwischen Vertrautheit und Fremdheit. Das Fremde wird eingebürgert, das Sperrige glatt gemacht, das Zwölftönige ins vertraute Dur-Moll übertragen, Poesie prosaisiert, Ritualität metaritual aufgehoben.

Was ich soeben kritisch angemerkt habe, lässt sich auch positiv beschreiben: Liturgie lebt vom Wechselspiel aus Sequenzen in traditioneller und Sequenzen in zeitgenössischer Sprache. Das Wechselspiel aber bleibt nur in Gang, wenn die Sprachen hinreichend different bleiben. Das gilt etwa für das Miteinander von Credo und Predigt. Pointiert gesagt: Was als Credo gesprochen wird, hat Einfluss auf das, was ich in der Predigt wagen kann.

Beispiel. Ein Pfarrer hält eine Predigt zu einem als besonders abständig empfundenen Stück im Credo: der Jungfrauengeburt. Er bezieht sich auf die Arbeit im Konfirmandenunterricht und erzählt von der Art und Weise, wie er dort den Jugendlichen jenes eigentümliche Glaubenssymbol erklärt. Es sei – ähnlich wie Muskelprotz, Busenwunder, Torjäger oder Herzensbrecher – ein zeitgebundenes Bild von begrenzter Reichweite:

> Stellt euch vor, bitte ich meine Konfis, was sagen die Menschen in fünfhundert Jahren über den „Torjäger", wenn Fußball längst Geschichte ist? Sie werden lachen über diese Verrückten aus dem 21. Jahrhundert, die doch tatsächlich glaubten, dass Menschen mit Waffen auf Tore schießen. Erst wenn sie verstehen, dass es damals ein bekanntes Bild war, wird ihr Lachen verstummen. Und genauso können wir, wenn wir das Glaubensbekenntnis gemeinsam sprechen, an der Stelle von der Jungfrauengeburt daran denken, dass dieses Bild nichts weiter aussagen möchte, als dass Jesus ein außergewöhnlicher Mensch war. Und das war er ganz sicher. Amen.
>
> *Matthias Jung, aus einer Predigt über die Jungfrauengeburt, 2004, in: www.predigtenundprivates.de [24. 11. 2007].*

Ich bin mit dem Fazit des Predigers nicht einverstanden. Aber es sprengt den gottesdienstlichen Rahmen nicht, wenn er sich der umstrittenen Jungfrauengeburt auch einmal so annähert. Diese Freiheit lässt ihm das Ritual, das im Apostolicum den Topos der Jungfrauengeburt verlässlich als Station auf dem Weg im Geheimnis vorsieht. Würde er zusätzlich zu seiner Predigt das traditionelle Credo durch eine zeitgenössische Formulierung ersetzen, wäre das für mich ein Signal, dass der Pfarrer seine punktuelle und zeitgemäße Annäherung an das Geheimnis für absolut erklärt. Die kategoriale Spannung zwischen Vertrautheit und Fremdheit wäre aufgelöst. Die Freiheit, die er sich nimmt, wäre umgeschlagen in den Zwang, den er mir auferlegt.

In der Liturgie gilt die Devise: Parataxe statt Hypotaxe, spannungsvolles Nebeneinander statt logischem Ausgleich, Intertextualität statt Substitution, Wechselspiel von Fremdem und Vertrautem statt einlinig thematischer Gedankenführung. So auch hier: Wenn die symbolisch-rituellen Stücke wie Kreuzwegstationen verlässlich bereit liegen auf dem Weg im Geheimnis, dann darf auf den Wegstrecken zwischen den Stationen auch eine sehr weltliche, sehr zeitgenössische, sehr modische Sprache gewagt werden.

Bitte für die Welt

Die Fürbitten sind einer der Orte im Ablauf der Liturgie, an denen die Welt zur Sprache kommt. Der Terminus „Fürbitten“ signalisiert bereits den wesentlichen Inhalt: Bitten für andere Menschen. Die Fürbitten werden in der Liturgik als das „Allgemeine Kirchengebet“ thematisiert. Es geht um die „allgemeinen“ Anliegen der Christenheit, um die Fürbitte „für alle Menschen“ (vgl. 1Tim 2,1–4) – und allenfalls am Rande um binnenchristliche oder binnenkirchliche Anliegen. In den Fürbitten tritt die Welt mit ihren Problemen und Nöten in den Raum des Gebets.

Man kann fragen, ob diese Bestimmung des Inhalts ausreicht. Im Horizont der Weltwirklichkeit Gottes wären ja nicht nur die Nöte der Welt zu thematisieren, sondern auch das Staunen über Gottes Schöpfung oder über die kulturelle Kreativität des Menschen, der Dank für Bewahrung vor Katastrophen oder für geglückte Entwicklungen in Gemeinde und Kirche. Und vieles mehr. Wo findet all das, was nicht Not ist, seinen Ort und seine zeitgemäße Sprache im gottesdienstlichen Gebet? Faktisch kann man dazu nur auf die Lieder verweisen. Sie sprechen die Sprache ihrer Zeit, ja, aber eben doch nur selten die Sprache der Welt, in der wir leben; in ihrer Mehrzahl werden sie als Teil des Rituals erlebt, nicht als unmittelbarer Ausdruck dessen, was uns bewegt. Ansonsten fällt der Blick nur auf geprägtes Sprachgut, das *Gloria in excelsis* etwa oder bestimmte Sequenzen des Eucharistiegebets.

Die Frage nach einem Gebet, das die Weltwirklichkeit Gottes über die Nöte der Welt hinaus zur Sprache bringen würde, markiert ein Desiderat. Schrecken und Schönheit der Welt finden in der traditionellen Liturgie nicht ausgewogen zu zeitgemäßer Sprache. Insofern ist es zu begrüßen, dass das Evangelische Gottesdienstbuch dazu ermuntert, die Fürbitten mit einer Sequenz des Dankes und des Lobpreises einzuleiten. Aber Vorsicht! Auf keinen Fall sollte dem Desiderat so abgeholfen werden, dass man nun alles, was man sonst vermisst, in das Fürbittgebet packt. Fürbitten bleiben Fürbitten. Die Nöte der Menschen und die Nöte der Welt haben ihr eigenes Gewicht, ihre eigene Würde; sie haben das Recht auf einen eigenen Ort in der Liturgie.

In den Fürbitten also werden sehr konkret und in universalem Horizont aktuelle Ereignisse vor Gott gebracht. Das können Ereignisse sein, die via Medien die Menschen bewegen, das kann die große Politik sein oder auch einmal die schwere Krankheit eines Menschen, dessen Platz heute leer ist. Grundsätzlich gibt es keine Not der Welt, die nicht in den Fürbitten vor Gott gebracht werden könnte. Dass der Liturg oder die Liturgin dafür jeweils Worte finden muss, die konsensfähig sind und der mitbetenden Gemeinde wenigstens tendenziell aus dem Herzen gesprochen, sollte sich von selbst verstehen. Ich möchte an dieser Stelle den Fokus auf eine eminent theologische Frage setzen: Wie muss Gottes Beziehung auf die Welt, seine Weltwirklichkeit, gedacht werden, damit in den Fürbitten Gott der Adressat bleibt und die Welt das Thema?

Ein Modell von Gottes Weltwirklichkeit, das problematische Fürbitten zur Folge hat, greife ich heraus. Es rechnet zwar nicht mit einer völlig gottlosen Welt, aber doch mit einer deutlich verminderten Gottespräsenz in der Welt. Gottes Wirken in der Welt wird so vorgestellt, dass der Mensch sie nach dem Vorbild Jesu verändert. Es begegnen dann Sätze wie diese:

> Wir danken dir für den Tisch Jesu in unserer Mitte,
> das Herzstück unserer Gemeinschaft.
> Mache seinen Tisch für uns zum Erinnerungszeichen dafür,
> dass niemand lebt und isst für sich allein,
>
> dass deine Liebe und dein Recht jedes Menschenleben tragen,
> mitsamt der ganzen Schöpfung.
>
> Deshalb bitten wir darum,
>
> dass die Kampagne „Niemand isst für sich allein"
> der Aktion „Brot für die Welt" im kommenden Jahr
> Herz und Verstand vieler Menschen erreicht,
> innerhalb und außerhalb unserer Gemeinde.
>
> Mache uns Christinnen und Christen
> zu Stimmen und Händen des Wandels,
> den unsere Zeit braucht [...].
>
> *Fürbitten zum Erntedankfest am 30. 09. 2007, in:*
> *www.brot-fuer-die-welt.de [24. 11. 2007].*

Die formale Seite des Problems: Oberflächengrammatisch bleibt die Form der Anrede an Gott erhalten, während sich tiefengrammatisch die Fürbitte zu Gott in Information und Appell an den mitbetenden Menschen wandelt. Inhaltlich problematisch: Gott muss erst in die Welt hineingebetet werden, bevor sich etwas ändert. Gott muss über „Brot für die Welt" „Herz und Verstand" der Menschen erreichen und das Handeln der Christen aktivieren. Wer handelt, ist das religiös affizierte Subjekt. Gott wird nicht unabhängig vom herzbewegten oder handlungsbereiten Menschen als Herr des Weltgeschehens angesprochen.

Ich bringe daher ein alternatives Modell ins Spiel. Es ergibt sich, wenn ich Gott nicht erst nach meinen Vorstellungen in die Welt hineinbete, sondern von der Weltwirklichkeit Gottes, ob ich sie wahrnehme oder nicht, als dem Gegebenen ausgehe: Gott ist in der Welt am Wirken. Das aber ist kein Satz mehr, der sich fraglos durch Erfahrung verifizieren ließe. Das ist ein Bekenntnis.

Auf der Grundlage dieses Bekenntnissatzes blicke ich nun in die Welt, wie sie mir entgegentritt. So weit, so klar. Aber auch der festeste Glaube und das entschiedenste Bekenntnis vermögen die Weltwirklichkeit Gottes nicht widerspruchsfrei wahrzunehmen. Zu viel Not ist in der Welt, zu viel Elend, zu viel katastrophales Unglück, zu viel Verbrechen, zu viel strukturelle Gewalt. Und zu wenig Gott in alledem.

Ausgerechnet diesen Gott, der die Welt so ersichtlich im Argen lässt, möchte ich für die Welt und ihre Nöte bitten. Einen vernünftigen Grund, der nach außen als Begründung durchgehen könnte, gibt es nicht. In diesem Fall zählt, was innerhalb des Glaubens eine eigene Evidenz hat: die Praxis individueller und gottesdienstlicher Frömmigkeit. Es legt sich nahe, auf das Grundgebet der Christenheit, das Vaterunser, als Modell gottesdienstlicher Fürbitte zu verweisen.

Ich habe weiter oben bereits die diskrete Macht der Doxologie beschworen. Daran ist jetzt die eschatologische Komponente besonders hervorzuheben. Im Vaterunser folgen auf die Bitten, die Gott und das Kommen seines Reiches thematisieren, die Bitten, die menschliche Not und menschliche Bedürfnisse in den Blick nehmen. Wenn man so will, dann folgt im Vaterunser die Bitte für die Welt aus der Eschatologie – eine Abfolge, die man immer wieder als vorbildlich wertete. Für die Welt bitten hieße demnach: im Licht des kommenden Gottesreiches die Not der Welt wahrnehmen.

In diesem Modell wird Gottes Wirksamkeit in der Welt nicht danach ausgerichtet, ob und wie sie menschlich vorstellbar ist. Weder Herz noch Handeln geben einen anschaulichen Brückenkopf ab für die Weltwirklichkeit Gottes. Die Differenz zwischen Gottesglauben und Welterfahrung wird eben gerade nicht nachvollziehbar ausgeglichen. Die Differenz wird gewissermaßen in Gott selbst verlegt. Ihm trauen wir zu, dass er die Kluft zwischen der vorfindlichen Not der Welt und dem verheißenen Schalom mit der Vollendung seines Reiches schließt. Indem wir ihm die Nöte der Welt ins Ohr rufen und ans Herz legen – verändern wir die Welt nicht. Wider den Augenschein erkennen wir an, dass er die Welt regiert – und hoffen auf Veränderung, die ins Auge fällt. Kurz, wir geben Gott die „Ehre“, griech. „doxa“. So gesehen stehen auch die Fürbitten in der diskreten Macht der Doxologie. Das mag sich dann etwa so anhören:

Vater im Himmel,
sei nicht sparsam mit deinem Segen:
Bewahre diese Erde, behüte Mensch und Tier.
Wir legen dir unsere Mitmenschen ans Herz;
besonders jene, die Not leiden,
die kein Zuhause haben,
denen versagt bleibt, was die Erde so reichlich gibt.

Herr Jesus Christus,
lass dein Angesicht leuchten über denen,
die im Dunklen wandeln, deren Blick finster geworden ist,
die das Zutrauen in die Welt
und das Gute in den Menschen verloren haben.
Begegne ihnen mit Macht und Erbarmen,
lege einen hellen Schein in ihr Herz.

Gott, Heiliger Geist,
entzünde unser Herz,
lege frei die Fähigkeit zum Guten in uns.
Verwandle uns und hilf uns, ein Segen zu sein.
Amen.

Aus einem Gebet von Matthias Blume, 2007, 16.

Sicher, Fürbitten könnten und sollten konkreter sein. Was hier überzeugt, ist die strukturelle Qualität des Textes. Unaufdringlich wird vor allem in der Christus-Bitte der Horizont des Gottesreiches durch biblische Anklänge eingeblendet: „der Herr lasse sein Angesicht leuchten über dir“ (Num 6,25), „das Volk, das im Finstern wandelt“ (Jes 9,1) oder der „helle Schein in unseren Herzen“ (2Kor 4,6). Die biblischen Sprachfragmente repräsentieren den grundlegenden Gottesbezug dessen, was da erbeten wird. Und sie markieren die Zielpunkte der Fürbitten. Kein Damit! Kein „damit wir …“! Kein „damit die Welt …“! Christi heller Schein im Herzen ist nicht Durchgangsstation, sondern Ziel der Fürbitte. Alles Weitere wird sich fügen.

Welthaltige Predigt

Die Predigt ist diejenige Sequenz der Liturgie, in der die Welt am deutlichsten ihren Ort hat. Jedenfalls nach evangelischem Verständnis. Nach offizieller katholischer Ansicht wird zwar die Predigt bzw. die Homilie „nachdrücklich empfohlen“, nicht aber ebenso nachdrücklich deren Welthaltigkeit:

Die Homilie ist ein Teil der Liturgie und wird nachdrücklich empfohlen, denn sie ist notwendig, um das christliche Leben zu stärken. Sie soll unter Berücksichtigung des Mysteriums, das gefeiert wird, und der besonderen Bedürfnisse der

Hörer die Schriftlesungen oder andere Texte der Tagesmesse (Ordinarium oder Proprium) unter einem bestimmten Gesichtspunkt auslegen.

Allgemeine Einführung in das Römische Messbuch [1970], Nr. 41.

Erfreulicherweise sieht die Realität in der katholischen Messe meist anders aus. Auch dort ist die Predigt oft genug der Ort, an dem der Mensch in seinen weltlichen Bezügen und Problemen in zeitgemäßer Sprache thematisiert wird. Wir Evangelischen können beim Blick auf die katholische Praxis lernen, wie die Predigt bei aller Welthaltigkeit eine Sequenz der Liturgie bleibt.

Die evangelische Predigt bringt traditionell eine gehörige Portion Welt mit in den Gottesdienst. Sie tut das hoffentlich nicht schrill, nicht weltverliebt und weltvernarrt. Kein Pfarrer, keine Pfarrerin muss auf der Kanzel beweisen, dass er oder sie auch ein ganz normaler Alltagsmensch sei. Aber die Welt gilt es schon mitzubringen, wo man sich aufmacht, die Texträume der Bibel zu betreten. Um zu sehen, was daraus wird, wenn alltägliche Erfahrungen in den Deutehorizont der Bibel geraten. Und um zu sehen, was daraus wird, wenn biblische Texte mitten in den Erfahrungen des Lebens zu Wort kommen. In den Wechselspielen von Wort und Welt sei, so meine ich, die Weltwirklichkeit Gottes zu entdecken. Das gilt für die, die predigen, ebenso wie für die, die ihnen zuhören.

Ich will jetzt nur die Rolle derer beleuchten, die predigen, und an drei Beispielen zeigen, wie schnell es gehen kann, dass ein Prediger oder eine Predigerin ins Wechselspiel von Wort und Welt verwickelt wird.

Politik

Wer am Sonntag Laetare in den Textraum von Joh 12,20–26 tritt, kann heftig erschrecken bei dem Spruch Jesu: „Wer sein Leben auf dieser Welt hasst, der wird's erhalten zum ewigen Leben“ (V. 25). Warum die schrecklichen Worte vom Hass auf das Leben? Mit dem Leben spielt man nicht, auch nicht mit Worten. Ist das nicht ideologische Munition für Glaubenskämpfer und Selbstmordattentäter? Als Prediger werde ich diese erschreckende Aktualität benennen und mit dem Hinweis auf die Person dessen, der solches sagt, zu erklären versuchen, warum der Spruch Jesu bei allem Gleichklang eben doch kategorial anders ist als die Parolen von Fanatikern.

Geschichte

Am Pfingstsonntag heißt es im Evangelium: „Den Frieden lasse ich euch, meinen Frieden gebe ich euch“ (Joh 14,27). Man kann den Geist, den Jesus in seinen Abschiedsreden verheißt, für Trost der Seele halten und sehr innerlich interpretieren. Aber man kann die Welt mit ihrem entsetzlichen Unfrieden eigentlich nicht außen vor lassen. Ein Kunstwerk schafft, was mir als Prediger möglicherweise schwer fällt: Seelentrost und Weltfrieden beieinander zu halten. Der Satz aus dem Evangelium für Pfingstsonntag (Joh 14,23–27) begegnet nämlich in dem „Dresdner Requiem" des Kreuzkantors Rudolf Mauersberger. Es entstand 1947/48 unter dem Eindruck der Bombardierung Dresdens in der Höllennacht des 13. Februar 1945. Mehr an Bezug zu einem Ort und einer Zeit der Weltgeschichte ist kaum denkbar. Das *Dies irae* wird traditionell dominiert von erschreckenden Bildern des Gerichts. Die Posaunen des Jüngsten Gerichts bleiben auch bei Mauersberger präsent. Aber im Kontext dieses evangelischen *Dies irae* erklingt, leise und ohne endzeitlichen Klang der Posaunen, die Verheißung des Friedens: „Den Frieden lasse ich euch, meinen Frieden gebe ich euch" (Joh 14,27). Weltläufige Klangrede, die ans Herz rührt. An einem Symbolort der Weltgeschichte lässt sie den eigentümlich weltfremden Frieden anklingen, von dem im Pfingstevangelium die Rede ist. Weniger welthaltig als diese Klangrede darf eine Predigt nicht von dem Frieden reden, der für Pfingsten verheißen ist.

Alltag

Wer am vorletzten Sonntag des Kirchenjahres zu 2Kor 5,1–10 zu predigen hat, wird den persönlich adressierten Werbebrief, der wenige Tage zuvor ins Haus flattert, nicht sofort in den Papierkorb werfen:

> Sehr geehrter Herr [...], der Herbst kommt unaufhaltsam auf uns zu. Dies ist die Jahreszeit, in der sich jeder zu Hause ein richtiges Plätzchen aussucht, um die langen Abende zu genießen. Der eine polstert sich sein Fleckchen vor dem Kamin, der andere wiederum in seiner Leseecke und der dritte, ja der dritte sind Sie.

Es folgt die dringende Empfehlung der Möbelfirma, mir eine neue Polstergarnitur anzuschaffen. Sprachlich vergleichbar, inhaltlich aber diametral anders klingt der Brief des Paulus (2Kor 5,1):

> Wir wissen: wenn unser irdisches Haus, diese Hütte, abgebrochen wird, so haben wir einen Bau, von Gott erbaut, ein Haus, nicht mit Händen gemacht, das ewig ist im Himmel.

Dort soll sich's einer gemütlich machen im Eigenheim, während hier sich einer aus allen Eigenheimen der Welt fortsehnt – ein spannungsreiches Wechselspiel. Gotteshaus und Eigenheim sind, mindestens eine Predigt lang, nur gemeinsam zu haben.

Drei Beispiele, ein grundlegender Sachverhalt: Welthaltige Predigt ergibt sich nicht aus tagesaktuellen Spots zum „Anwärmen" der Gemeinde.

Substantiell welthaltige Predigt kann da entstehen, wo das Bekenntnis zur Weltläufigkeit Gottes der Predigt voraus geht und die Basis dafür abgibt, dass Wort und Welt ins Wechselspiel geraten.

Lobpreis und Weltverantwortung

Bis jetzt haben wir nur die dezidiert worthaften Vollzüge der Liturgie befragt, wo und wie in ihnen die Welt, der Alltag, das Leben zur Sprache kommen. Es lohnt sich, die Frage auch dort zu stellen, wo man eine Antwort zunächst weniger erwartet: bei der Eucharistie.

Jürgen Roloff hat vom Neuen Testament her klare Hinweise gegeben, wie die Diakonie in der Eucharistie wurzelt. Er bezieht sich zunächst auf die Begriffsgeschichte des griechischen Verbums für „dienen" (diakonein). Das Wort weist auf den „Tischdienst" im Kontext der urchristlichen Herrenmahlsfeier. Die Beobachtung zum Begriff wird gestützt durch die theologische Einsicht, dass sich in der Austeilung des „Leibes Christi" der „Leib" Kirche jeweils neu aktualisiert. In dem soteriologischen „Für euch" der Einsetzungsworte gründet untrennbar auch ein diakonisches „Für einander". Greifbar wird dieser komplexe Zusammenhang in der urchristlichen Praxis, der Eucharistie ein Sättigungsmahl (Agape) folgen zu lassen. Bei der Agape wurden im Idealfall die Bedürftigen von den Gaben derer satt, die mehr als genug mitbringen konnten. Diese Praxis erweiterte sich bald von der Nahrung auf alle möglichen Bedürfnisse des alltäglichen Lebens. In einer so verstandenen und ins soziale Leben der Gemeinde eingebundenen Eucharistie nahm die diakonische Sorge für Bedürftige ihren Ausgang:

> Die in der Eucharistie von der Selbsthingabe Jesu lebende Kirche kann demnach nur dienende Kirche sein. Ihr ist das diakonische Prinzip von ihrem Ansatz her eingestiftet.
>
> *Jürgen Roloff, Zur diakonischen Dimension und Bedeutung von Gottesdienst und Herrenmahl, 1990, 192.*

Dieser fundamentale Zusammenhang sollte liturgisch deutlicher gewürdigt werden, als dies gemeinhin geschieht. Beispiel: das Offertorium, die Darbringung der Gaben zur Eucharistie. In der katholischen Messe ist das Offertorium einsichtig geregelt: Während Brot und Wein zum Altar gebracht werden, wird in den Bänken die Kollekte, die in der Regel für Bedürfnisse außerhalb der eigenen Gemeinde bestimmt ist, eingesammelt. Das Signal ist deutlich: In der Eucharistie teilen wir mit anderen. Freilich wird das Signal von evangelischer Seite gern im Sinne einer überkommenen Opfertheologie verstanden; die Angst, jemand könne sich an dieser Stelle in das Opfer Christi „einkaufen" wollen, ist noch immer groß. Deshalb ist die Frage des Offertoriums, trotz weiterführender Vorschläge im Evangelischen Gottesdienstbuch, in vielen evangelischen Gemeinden nach wie vor nicht aussagekräftig geregelt.

Es war wohl auch diese der Eucharistie eingeschriebene diakonische Dimension, die dazu ermunterte, beim Abendmahlsgang nicht nur auf die eigene religiöse Befindlichkeit und allenfalls bei der Kommunion auf den Nachbarn zu achten, sondern durch offene Türen „hinaus" in die Welt zu blicken.

Im evangelischen Bereich waren die Türen zur Welt nie offener als in der Zeit, in der das Feierabendmahl vom Nürnberger Kirchentag 1979 seinen Siegeszug in die Gemeinden anzutreten schien. Als symptomatisch können die bunten Luftballons gelten, die ins Kreuzgewölbe von St. Lorenz in Nürnberg emporstiegen und bei den einen befreites Entzücken, bei den anderen wütenden Protest hervorriefen. Positiv konnte man es so deuten, dass eine traditionell passionsschwarze Abendmahlsfrömmigkeit sich mit den Farben eucharistischer Osterfreude anreicherte. Heute ist es still geworden um eine Praxis, die damals eine Revolution bedeutete. Mit dem Feierabendmahl verband sich von Anfang an die Vision, dass sich im evangelischen Gottesdienst und überhaupt in evangelischer Spiritualität drei verschiedene „Risse" (Georg Kugler) zur Ganzheit der Feier schließen würden. In allen drei Fällen sollte eine horizontale, welthafte Ebene des Feierns die vertikale, gottbezogene Dimension ergänzen und vervollständigen:

- Lobpreis und Weltverantwortung,
- Kommunion und Kommunikation,
- Herren- und Sättigungsmahl.

Das Feierabendmahl war in den Formen, in denen es damals gefeiert wurde, nicht wirklich liturgietauglich für den Sonntagmorgen. Aber indem es den Finger in drei Risswunden der traditionellen Abendmahlsfrömmigkeit legte, ist es als ein Moment protestantischer Liturgiegeschichte bis heute wichtig und mit der Vision einer integralen Feier, die die Welt nicht außen vor lässt, unabgegolten.

Den theologischen Entwurf für solche Visionen hat damals, wohl ohne das ausdrücklich zu wollen, Jürgen Moltmann geliefert. Er beschrieb Gottesdienst als „messianisches Fest". Er tat das auf dem prinzipiellen Grundriss seiner „Theologie der Hoffnung". Demnach sind die utopischen Hoffnungen und Sehnsüchte des Menschen bereits Gestalt geworden in Jesus Christus. In diesem Ereignis der Geschichte ist bereits angebrochen, was in seiner Gesamtheit noch aussteht. Der Messias ist bereits gekommen und hat uns die Umrisse des neuen Lebens vor Augen gestellt. Das neue Leben gewinnt, solange wir in der Geschichte stehen, Gestalt im Gottesdienst als „messianischem Fest":

Zur Sprache der messianischen Zeit und ihren Zeichen gehört das *messianische Fest*. Es ist das Fest der versammelten Gemeinde, die das Evangelium verkündet, auf die vernommene Befreiung antwortet, Menschen mit dem Zeichen des Aufbruchs tauft und am Tisch des Herrn die Gemeinschaft im Reich Gottes vorwegnimmt. [...]

Das messianische Fest erneuert die Erinnerung Christi und weckt die Hoffnung auf sein Reich. Es stellt damit das alltägliche Leben in den großen Spannungsbogen dieser Erinnerung und dieser Hoffnung. Die versammelte Gemeinde nimmt in dieser Geschichte Christi die *trinitarische Geschichte Gottes* wahr, die Weltoffenheit seiner Liebe und die Vollendung aller Dinge in seiner Freude. Ihre gegenwärtig erfahrbare Befreiung sucht den Einklang mit der Freude der ganzen Schöpfung am Dasein und greift voraus in das Glück des erlösten Daseins.

Jürgen Moltmann, Kirche in der Kraft des Geistes, 1975, 287.

Moltmanns „messianisches Fest“ zielt auf den eucharistischen Gottesdienst. In der eucharistischen Feier sind Lobpreis und Weltverantwortung besonders deutlich miteinander verknüpft. Das Experiment des Feierabendmahls hat diesem Zusammenhang kurzzeitig auch über Kirchentage hinaus Publizität verliehen. Insgesamt ergab das exzeptionelle Miteinander von exegetischer Einsicht, liturgischem Experiment und politisch sensibler Theologie eine bis heute aktuelle Anregung, die Weltwirklichkeit Gottes nicht aus der Liturgie, vor allem aber nicht aus der eucharistischen Feier auszublenden.

Liturgische Machtfragen

Macht und Religion hatten immer intensiv miteinander zu tun. Im Mittelalter war klar, dass die Macht des Herrschers gottgegebene Macht war. Diktatorische Macht stellt sich noch heute gerne als gottgewollt dar. Das war etwa bei Augusto Pinochet so, dem tiefgläubigen Ex-Diktator Chiles, der bis zuletzt meinte, im Einklang mit dem Willen Gottes gehandelt und gemordet zu haben. Aber auch amerikanische Präsidenten geben ihren Inaugurationsfeiern religiöses Gepräge, und das feierliche Hochamt für den verstorbenen François Mitterand, den einstigen Staatspräsidenten Frankreichs, ließ noch nachträglich göttlichen Glanz auf den demokratischen Machthaber fallen. Ähnlich ist es dort, wo sich Widerstand gegen widerrechtlich ausgeübte Macht regt. Die Befreiungstheologie in Südamerika legitimierte den Widerstand mit dem Evangelium, ebenso die Bürgerrechtsbewegungen in Südafrika und klassischerweise im Amerika der 1960er Jahre. Politische Macht und Religion sind seit alters aufs Engste miteinander verknotet.

Viele Gottesdienste, die ich erlebe, erwecken nicht den Eindruck, als ob sich Liturginnen und Liturgen des Zusammenhangs von Politik und

Liturgie bewusst wären. Gottesdienst erscheint nicht als Inszenierung eines Glaubens an den Herrn, dem alle Macht ist im Himmel und auf Erden, sondern als Inszenierung gefühlvoll freundlicher Herzensreligion. Gesellschaftlich relevant wird er allenfalls in der Folge, nämlich wenn die Gläubigen dann ab Montag ihre gottesdienstlichen Einsichten in die christliche Tat umsetzen sollen. Politischer Appell ja, aber keine Wahrnehmung der Weltwirklichkeit Gottes. Gottesdienst bedeutet landauf landab eine fast lückenlose Tabuisierung des Kraftfelds der Mächte, in dem sich, ob wir das wollen oder nicht, Gottesdienst abspielt.

Dabei haben wir in Deutschlands jüngerer Geschichte bestes Anschauungsmaterial dafür, wie Liturgie so oder so gebraucht werden kann: als Gottesdienst der Kirche oder als Machtmittel des totalitären Staates. Der scharfe Kontrast und die perverse Analogie von Reichspartei- und Kirchentag, von Totenehrung und Osternacht, von Aufmarsch und Prozession sollten eigentlich nachhaltig die Sensibilität geschärft haben:

Der Nationalsozialismus als Ersatzreligion kann uns gerade dadurch, daß er als Antiliturgie pervertiert, die Augen öffnen für das, was die Liturgie der Kirche als Ausdruck des christlichen Glaubens unverwechselbar meint.

Hansjakob Becker, Liturgie im Dienst der Macht, 1997, 39.

Adolf Hitler wusste jedenfalls besser Bescheid über die Nähe von – wie man heute einigermaßen niedlich sagt – „Gottesdienstgestaltung“ und der Inszenierung totaler Macht. Nach einem Zusammentreffen mit dem Abt des Klosters Banz äußerte er sich seinem Bauminister gegenüber mit hinreichender Deutlichkeit:

„Glauben Sie, daß die Kirche sich ohne Grund zweitausend Jahre hat halten können? Aus ihren Methoden, ihrer inneren Freiheit, ihrer Menschenkenntnis müssen wir lernen. [...] unsere großen Kultbauten in Berlin und Nürnberg werden die Dome in den Dimensionen lächerlich machen. Lassen Sie nur so einen kleinen Bauern in unsere große Kuppelhalle in Berlin treten. Da bleibt ihm nicht nur der Atem weg. Der Mann weiß von da an, wohin er gehört.“

Albert Speer, Spandauer Tagebücher [Eintrag vom 01.10.1946], 1975, 30f.

Albrecht Grözinger hat diese Zusammenhänge thematisiert. Dabei beschrieb er den Gottesdienst der Kirche als „Kunstwerk“. Das ist aber keinesfalls als Verharmlosung des Zusammenhangs von Liturgie und Macht gedacht. Er kommt in dem entsprechenden Aufsatz auf die Reichsparteitage der NSDAP in Nürnberg zu sprechen. Das waren Liturgien, die den „Führer“ mit klaren liturgischen Anleihen als messianische Gestalt inszenierten. Die Filmregie von Leni Riefenstahl verstärkt die perfide Inszenierung bis heute: Menschenblöcke, unter einem Fahnenmeer aufmarschiert, und er, der Führer, schreitet einsam und stumm durch die Massen, um sich dann am hervorgehobenen Ort über die Masse zu erheben, während sich die Masse an ihm, dem Einzigen, ausrichtet.

Die Diktatur schmückt sich mit religiöser Symbolik. Grözinger leitet aus der faschistischen „Liturgik“ das Gebot ab, dass die Liturgie der Kirche sich als Gegenliturgie zu begreifen habe. Politische Liturgie inszeniert den menschlichen Machthaber als Figur mit göttlichen Zügen, christliche Liturgie dagegen den auferstandenen Herrn als den Inhaber aller Macht im Himmel und auf Erden.

Ich weise hier nur auf drei aus einer Vielzahl von Stellen im Gottesdienst hin, die, ob wir das wollen oder nicht, hoch politisch sind:

„Der Herr sei mit euch“: Hoffentlich bedarf es keiner Veränderung der politischen Verhältnisse in Richtung Diktatur, um die Brisanz dieses Grußes einsichtig zu machen. Hier werden beiläufig, bei der Begrüßung, die Machtverhältnisse geklärt. In der Tat, wer der Herr ist, wird sofort klar – oder auch erst zum Problem, wenn der Gruß auf der Straße „Heil Hitler“ lautet, im Gottesdienst aber „Der Herr sei mit euch“.

„Kyrie eleison“: Der Ruf um Erbarmen wurde in der Antike auch dem Herrscher entgegengebracht. Jetzt sagt die Formel: Abhängig in der Weise, dass wir um Erbarmen bitten, sind wir allein von Gott. Alle anderen Herrscher sind verpflichtet, zum Wohl der Menschen und in Verantwortung vor Gott ihre Macht auszuüben. Sie haben ihre Macht geliehen, auf Zeit. Mit dem „Kyrie eleison“ wende ich mich an den, der alle Macht in Händen hält. Und das nicht auf Zeit, sondern in Zeit und Ewigkeit.

Eucharistie ist Fest im Machtfeld Gottes. Und das am deutlichsten im Sanctus: *„Heilig, heilig, heilig ist der Herr Zebaoth, alle Lande sind seiner Ehre voll.“* Die eucharistische Inszenierung von Jes 6,3 versetzt die Gemeinde zusammen mit dem Propheten in den himmlischen Thronsaal. Und das bedeutet: ins Zentrum der Macht im Himmel und auf Erden. Friede ist nur möglich, wo eine Macht ihn gewährleistet – wie auf Erden so im Himmel. Den Frieden im Himmel gewährt und gewährleistet die Macht Gottes. Die Eucharistie feiern wir im Vorschein der Machtverhältnisse, die dem Kosmos verheißen sind. Deshalb der Friedensgruß, deshalb das Zeichen des Friedens. Die Eucharistie ist Gegenliturgie zu allen Machtdemonstrationen der Welt, die auf Abgrenzung und Trennung zielen. Sie ist das Fest des Friedens im Schutz von Gottes Friedensstreitmacht, der Engel.

Ob es angesichts solcher Zusammenhänge sinnvoll ist, die Gottesanrede „Herr“ grundsätzlich in Zweifel zu ziehen, sei doch dringlich gefragt. Die Einwände etwa von feministischer Seite sind nachvollziehbar. Die Bibel in ihrer Vielfalt ermutigt durchaus auch zu freundlicheren Varianten. Aber dort, wo es um die Macht geht, brauchen wir den „Herrn“ der Kirche und den „HERRN, der Himmel und Erde gemacht hat". Diese Anrede hat ihre Orte in den symbolisch-rituellen Stücken der Liturgie. Man sollte ihr diese Orte nicht nehmen. Zugegeben, oft genug werden die alten Formeln und Wendungen als saft- und kraftlos erlebt. Am Ende aber könnte ihnen es doch gehen wie der Rose von Jericho. Lange Zeit scheint sie völlig vertrocknet. Dann, auf einmal, genügt ein wenig Wasser, sie wird grün, und niemand getraut sich, den Ruf nach Entsorgung zu wiederholen.

Lesetipps

Friedrich Mildenberger, Das Gebet als Übung und Probe des Glaubens, Stuttgart 1968, 51–65 [Fürbitte].

Albrecht Grözinger, Der Gottesdienst als Kunstwerk, in: PTh 81 (1992), 443–453.

Martin Nicol, Einander ins Bild setzen. Dramaturgische Homiletik [2002], Göttingen ^{2}2005, 94–99 [Dogmatik als Suchhilfe für eine welthaltige Predigt].

Alexander Deeg, Das neue Lied und die alten Worte. Plädoyer für eine Erneuerung liturgischen Betens aus der Sprache der Bibel, in: DtPfrBl 107 (2007), 640–645.

Wie im Himmel so auf Erden

Für eine Heiligung der Welt

Wer in das Dreimalheilig einstimmt, gibt Gott die Ehre und heiligt die Welt. In den doxologischen Formeln und Gesängen der Liturgie werden irdische Gegebenheiten wie Orte, Zeiten, Dinge, Gesten oder Vollzüge im Licht des Himmels kenntlich. Wer am Sonntag in die Doxologie einstimmt, schaut auch am Montag Außen und Innen, Form und Inhalt, sinnlich erfasste und geglaubte Wirklichkeit ineinander. Verknüpft Himmel und Erde, ohne den Himmel für irdisch und die Erde für himmlisch zu erklären. Hält wider den Augenschein für gegeben, was wir im Vaterunser erbitten: dass Gottes Wille geschehe wie im Himmel so auf Erden.

Wir Protestanten tun uns schwer, die Welt zu heiligen. Die Sorge, damit würde sich der Glaube an die Werke veräußern, ist groß. Seit Jahrhunderten verwundert uns die Auskunft anderer, Gottes Heiligkeit manifestiere sich nicht nur in Erhebungen des Herzens, sondern begegne auch an Orten, zu Zeiten, in Dingen und anderen „Äußerlichkeiten".

Es ist an der Zeit, Sensibilität für eine liturgisch motivierte und in den Alltag ausgreifende Heiligung der Welt zu entwickeln. Die Vorstellung einer doxologisch verdichteten Gottespräsenz an Orten, zu Zeiten, in Dingen, Gesten und Vollzügen könnte einen Weg zwischen Verdinglichung und Verflüchtigung anzeigen. Doxologie ist der Kernvollzug im Gottesdienst und seine Gestalt das Ritual.

Beobachtungen

Was Gebärden aus Gott machen

Der amerikanische Autor John Updike erzählt, wie Achmed, ein junger Moslem, einen afroamerikanisch-christlichen Gottesdienst erlebt:

Die Kirche ist fast voll besetzt, und nur die vordersten, anscheinend weniger begehrten Reihen sind leer. Gewohnt an Andächtige, die auf dem Boden kauern und knien, wodurch sie betonen, wie hoch über ihnen Gott steht, kommt sich Ahmed selbst im Sitzen schwindelerregend, ja ketzerisch groß vor. Die christliche Sitte, träge aufrecht dazusitzen wie bei einer Unterhaltungsveranstaltung, deutet darauf hin, dass Gott als Unterhaltungskünstler gilt, der von der Bühne entfernt und durch eine andere Nummer ersetzt werden kann, wenn er nicht mehr unterhält.

John Updike, Terrorist, 2006, 66.

Was der Autor seinem Achmed in den Mund legt, kann als scharfe Kritik an der bei Protestanten dominierenden Haltung des Sitzens gelesen werden. Die Kritik zählt deshalb so schwer, weil sie Rückschlüsse zieht von der Körperhaltung aufs Gottesbild: Gott, der „Unterhaltungskünstler“, der mich von der Bühne allenfalls zum Mitsingen bewegt. Und eben nicht der Heilige, in dessen Nähe ich mich erhebe oder knie. Es ist nicht auszuschließen, dass anderen Religionen die Aufgabe zukommt, uns Christen Gottes Heiligkeit neu nahe zu bringen.

Sakralität im Internet

Die allgegenwärtige Sehnsucht nach „heiligen“ Orten manifestiert sich auch im Internet:

Doch nicht nur Architekten, auch Programmierer und Web-Designer setzen mittlerweile sakrale Räume in Szene. Unter www.religion-vernetzt.de findet der vom Internet-Trubel Geschädigte bereits einen „Raum der Stille“, der die Rund-um-die-Uhr-Verfügbarkeit des spirituellen Chill-outs auf die virtuelle Spitze treibt. Selbst eine „Gebetswand“ lässt sich anklicken, auf der sich vor allem Moni verewigt hat, die Gott immer wieder darum bittet, dass Uwe sie nicht verlässt. Man möchte Moni raten, den Computer auszuschalten und sich auf den Weg zu machen. In eine Kirche, zum Beispiel, die ja nicht unbedingt in einem Fußballstadion oder einem Einkaufszentrum stehen muss. Einen besseren Raum der Stille wird sie kaum finden.

Dagrun Hintze, Wellness für die Seele, in: SZ vom 31.10.2007.

Die Sehnsucht nach dem sakralen Raum ist offenbar bei einer wachsenden Zahl von Menschen so stark, dass sie sich virtuell schaffen, was biografisch kaum mehr in Reichweite ist: das Gotteshaus.

Sakralität für den Einzelnen

Ulrike Wagner-Rau bemerkt einen Umschwung im Gebrauch des Kirchenraumes. Heute suche das Individuum fernab von Gemeinde die Sakralität solcher Räume:

Immer sind die Kirchen nicht nur für das gemeinsame, sondern auch für das individuelle Gebet genutzt worden. Heute allerdings – und das ist, jedenfalls in diesem Ausmaß, ein neues Phänomen – überwiegt das Bedürfnis individueller Besuche des Kirchenraumes weitaus den Wunsch, gemeinsam Gottesdienst zu feiern.

Ulrike Wagner-Rau, Mit Kirchenräumen eine Tür zu den Menschen öffnen, 2006, 400.

Der Protestantismus hat mit einer solchen Haltung insofern seine Schwierigkeiten, als er den Kirchenraum nur im gottesdienstlichen Geschehen als „heilig" anerkennt. Phänomene, wie sie von Ulrike Wagner-Rau beschrieben werden, nötigen allerdings zum Umdenken. Und das nicht nur in Citykirchen.

Die Zeit heiligen

Es ist nicht leicht, stets in eigener Verantwortung die Zeit zu heiligen. Abhaltungen gibt es rund um die Uhr. Es ist gut, dass an vielen Orten stellvertretend die Zeit geheiligt und Weltzeit als Gotteszeit kenntlich wird. Menschen kommen in Klöster und zu Kommunitäten, um ihre eigene Spiritualität neu motivieren zu lassen. Ein Journalist ging dem Phänomen „Kloster auf Zeit" bei einem Aufenthalt in der Benediktinerabtei Königsmünster nach:

Einzug der Mönche in die Kirche, Auszug der Mönche aus der Kirche, Einzug der Mönche, Auszug der Mönche, Einzug, Auszug, Einzug, Auszug.

Aufstehen, hinsetzen, aufstehen, knien, aufstehen, hinsetzen, aufstehen, knien, hinsetzen, aufstehen, hinsetzen.

Nachts, morgens, mittags, nachmittags, abends, nachts, morgens, mittags, nachmittags, abends, nachts.

Beten, singen, singen, beten, beten, singen, beten, beten, singen, beten.

Ehre sei dem Vater und dem Sohne
und dem Heiligen Geiste.
Wie an allen Tagen so auch jetzt
und alle Zeit.

Ulrich Stock, Ich sucht sich, in: DIE ZEIT Nr. 11 vom 06. 03. 2008 (Reisemagazin).

Gott die Ehre geben, die Zeit heiligen – der Journalist entdeckte, dass es einem dabei überraschend gut gehen kann. Rhythmisch loben, rhythmisch leben: „Wer", so der Untertitel, „eine Woche ins Kloster geht, findet einen neuen Takt."

Das Zeitliche mit dem Ewigen verwechseln

Der Dichter Wulf Kirsten bietet, ohne das zu beabsichtigen, eine schöne Formulierung für eine Spiritualität, die sich anschickt, die Welt zu heiligen. Mit dem Gedicht „werktätig“ bezieht er sich auf die offizielle DDR-Redeweise von den „Werktätigen“. Erwartet hätte man die Schilderung von Fabrikarbeit oder allenfalls von der Arbeit in einem landwirtschaftlichen Großbetrieb. Stattdessen reiht das Gedicht in zwölf zweizeiligen Strophen eine Vielzahl von ländlich-handwerklichen Tätigkeiten traditioneller, ja altväterlicher Art. Zum Schluss heißt es:

> einen giebel verbrettern, eine tür anschlagen,
> die dachbalken zapfen und schragen,
>
> eine leiter lehnen, haferstroh häckseln,
> das zeitliche mit dem ewigen verwechseln.
>
> *Wulf Kirsten*
> *1975*

Das ist zunächst natürlich ein ländlich getarnter, zielsicherer Angriff auf das sozialistische Ideal der „Werktätigkeit“. Für uns freilich liegt die Überraschung in der letzten Zeile: „das zeitliche mit dem ewigen verwechseln“. Der Dichter meint „verwechseln“ positiv: im Zeitlichen das Ewige sehen. Genauer: ins Wechselspiel bringen. Dann wäre die letzte Gedichtzeile eine schöne Formulierung für liturgische Spiritualität: in Orten, Zeiten, Dingen, Gebärden und alltäglichen Vollzügen, also im Zeitlichen das Ewige sehen. Und umgekehrt: das Ewige in konkreten Gegebenheiten der Welt aufspüren. Das Zeitliche mit dem Ewigen verwechseln – oder sollte man gleich sagen: das Zeitliche segnen?

Meinungen

Heiligung alles Weltlichen

Martin Buber verwies immer wieder auf die „Heiligung alles Weltlichen“ als Grundvollzug chassidisch-jüdischer Spiritualität. In dieser Spur werde aus dem traditionellen Graben zwischen Heilig und Profan ein spannungsreiches Feld alltäglich gelebter Religion:

Das Profane wird nunmehr nur noch als ein Vorstadium des Heiligen angesehen; es ist das noch nicht Geheiligte. […] Im Grunde ist somit in unserer Welt das Heilige nichts anderes als das dem Göttlichen Offene, wie das Profane nichts anderes ist als das sich ihm vorerst noch Verschließende, und Heiligung ist Erschließung.

Es war in den 1950er Jahren, als er sich, keineswegs nur innerjüdisch, zur zeitgenössischen Anthropologie äußerte:

Das Heilige ist sehr vielen ein realitätsbarer Begriff von nur noch historischem oder gar nur noch ethnologischem Belange geworden; aber sein Charakter der Abgeschiedenheit ist einem Erben zugefallen. Man kennt das Heilige nicht mehr von Angesicht; aber seinen Erben, das „Geistige", meint man zu kennen und zu pflegen, ohne daß man ihm freilich das Recht zubilligte, das Leben irgend zu bestimmen. [...] Kein Frömmlertum hat je diesen Konzentrationsgrad der Unechtheit erreicht.

Nun erst ist man das Heilige und das Gebot der Heiligung gründlich losgeworden.

Martin Buber, Der Chassidismus und der abendländische Mensch, 1956, 939 u. 945.

Er beklagte, dass in der westlichen Welt das Heilige nur noch in einem hohen „Konzentrationsgrad von Unechtheit" wahrgenommen werde. Das kommt dem nahe, was ich als Modus des Alsob benenne. Vielleicht verhilft das Bedürfnis nach Sakralität, das derzeit gesamtkulturell wahrzunehmen ist, Bubers „Heiligung alles Weltlichen" zu neuer Aktualität.

Immer und überall, hier und heute

Inken Mädler beobachtete die Art, wie Menschen ihren privaten Lebensraum so gestalten, dass der Alltag auf die eine oder andere Weise transzendiert wird. Hatte früher der Hausaltar diese Funktion, so sind es heute säkulare Gegebenheiten. Als Beispiel beschreibt Mädler einen Damenschreibtisch im hintersten Eck des Wohnzimmers. Sorgsam arrangierte Reisesouvenirs locken den Sinn in andere Zeiten und andere Orte. Sie ermöglichen Transzendenz im Sinne einer „Raumüberschreitung". Es ist interessant, wie ausgerechnet der private Erlebnisraum helfen kann, die theologische Gotteslehre zu justieren:

Als solcher wehrt er auch dem Missverständnis, wonach Allgegenwart Gottes als räumlich unspezifisches Gegenwärtig-Sein analog zum homogenen Raum der Physik und damit als gegenstandsindifferente Homogenität zu bestimmen sei. Auch die Erfahrung des Ganz-Anderen kann, da sie sich *in* dieser Welt vollzieht, nicht anders denn als Erfahrung des Außeralltäglichen *im* Alltag vollzogen werden, also zu Zeiten, an denen Zeitfluss gedehnt wird, und in Räumen, die Raumüberschreitung verdichten.

Inken Mädler, Räume im Raum, 2006, 408.

Gott ist immer und überall. Das ist ein dogmatischer Satz. In der gelebten Frömmigkeit ist Gott immer und überall nur so, dass seine Präsenz im Hier und Heute, an diesem Ort und zu dieser Zeit wahrgenommen wird. Gott die Ehre geben – das schließt die Heiligung von Orten und Zeiten ein. Wie sehr und wie genuin solche Medialität zum Glauben gehört, könnte uns Protestanten auch auf alltagskulturellem Weg klar werden.

Innen und Außen, Glaube und Werke

Dass wir das „Innen" des Menschen und das „Außen" der Welt so stark voneinander absetzen, macht es uns schwer, die Welt zu heiligen. Manfred Josuttis ortet die Ursache für die sehr protestantische Trennung von Innen und Außen in der Unterscheidung von Glaube und Werk:

> Luther und seine Kampfgenossen haben mit der Rechtfertigungslehre das anthropologische Zentrum vom Verhaltensbereich auf die Einstellungsebene verlagert. Nicht die Werke zählen vor Gott und im Gottesdienst, sondern der Glaube. Die Werke betreffen den äußeren Menschen und werden im Rahmen der Körperlichkeit praktiziert. Der Glaube dagegen ist ein Phänomen, das in der Innenwelt des Menschen lokalisiert ist. Alle Verhaltensprozeduren, die in der sichtbaren Außenwelt ablaufen, sind von dieser Entscheidung her grundsätzlich relativiert und bleiben dem Bereich der Adiaphora zugeordnet.
>
> *Manfred Josuttis, Die Einführung in das Leben, 1996, 91f.*

Die Aufgabe wäre es, unter Beibehaltung der reformatorischen Grundunterscheidung von Glaube und Werk zu einem neuen und protestantisch ungewohnten Wechselspiel von Innen und Außen zu gelangen.

Skizzen

- Dreimalheilig singen am Sonntag …
- … und Tag für Tag die Welt heiligen
- Zwischen Überall und Jerusalem
- Leibhafte Liturgie
- Verortung und Orientierung
- Spuren im Kirchenraum
- Lob des Rituals

Dreimalheilig singen am Sonntag ...

Uns Evangelischen ist außer der irgendwie „Heiligen" Schrift nur wenig heilig. Die Heiligen überlassen wir gerne Katholiken und Orthodoxen, heiligen Orten wie dem Tabernakel nähern wir uns allenfalls mit höflichem Respekt und die liturgische Heiligung mit Weihrauch akzeptieren wir als folkloristisches Beiwerk für die Sinne.

„Heiligung" ist für uns noch immer ein Begriff, der forensisch und ethisch verstanden wird (Wilfried Joest): Heiligung als Rechtfertigung durch Gott und Heiligung der Lebensführung. Aber ob es nicht auch ein Drittes gibt? Erst allmählich hegen wir zaghaft die Vermutung, so ganz falsch könne das, was Christen anderer Konfessionen selbstverständlich glauben und tun, nicht sein. Ein wachsendes Bedürfnis nach Heiligkeit oder Sakralität ist auch unter Evangelischen zu konstatieren. Es manifestiert sich im Pilgerweg nach Santiago ebenso wie in der persönlichen Segnung unter Handauflegung, in der Selbstbekreuzigung, im Kloster auf Zeit oder im hölzernen Reiseset mit Kerze und Kreuz. Die Frage stellt sich, ob es außer einer forensischen und ethischen eine ästhetische Heiligung geben soll. Ästhetik – nicht als Ästhetisierung des Alltags, sondern als „Wahrnehmung", und zwar genuin theologisch: Wahrnehmung der Welt als Ort, an dem Gottes Heiligkeit in Erscheinung tritt.

„Heiligung" ist eine doxologische Handlung. Das hymnisch klärende Wort mit bestätigendem Amen spricht die Welt oder, bescheidener, irdische Gegebenheiten heilig. In der gottesdienstlichen Doxologie wird, direkt oder indirekt, Welt in der Gotteswirklichkeit wahrgenommen: Brot und Wein, der Altar, die Gebärde, die Jahreszeit und vieles mehr. In irdischen Gegebenheiten bzw. in deren Wahrnehmung verdichtet sich die Gottespräsenz. Um einem verdinglichten Verständnis vorzubeugen und um die Eigenart liturgischen Handelns zu markieren, spreche ich von doxologisch verdichteter Gottespräsenz in weltlichen Gegebenheiten.

Die Vorstellung einer Gottespräsenz in raumzeitlicher Konkretheit ist nicht unproblematisch. Während „Heiligung" als Vorgang noch angehen mag, ist spätestens bei der zuständlichen „Heiligkeit" die protestantische Geduld zu Ende. Ein Blick in die biblische Überlieferung mag helfen, auch die statisch klingende „Heiligkeit" als Vorgang, und zwar als Vorgang mit doxologischem Vorzeichen zu verstehen.

„Heiligkeit" kommt in der Bibel Gott zu (vgl. Jes 6,3 oder Hos 11,9). Sie ist aber nichts, was statisch an Gott haften würde wie herkömmlich eine Eigenschaft. Gottes Heiligkeit ist in Bewegung, manifest in seiner „Herrlichkeit", jenem eigentümlichen Phänomen aus Licht und Schwere (hebr. kabod). Diese verändert mit der Zeit den Ort, greifbar in Phänomenen wie der Wolken- und der Feuersäule (vgl. Ex 13,21) oder der Bundeslade (vgl. Num 10,33). Später verdichteten sich die biblischen Ansätze zu der jüdischen Vorstellung von der Schechina (Einwohnung), jener eindrücklichen Weise, Gottes Heiligkeit in der Welt zu denken und mit ihr zu leben. Israel hat Gott wesentlich geschichtlich erlebt. Das gilt auch von Gottes Heiligkeit und der Weise, wie von ihr geredet wird.

Dass sich Heiligkeit nicht fixieren lässt, kommt prinzipiell in einem eschatologischen Vorbehalt zur Geltung. Beispiel Jerusalem. Die Heiligkeit der Stadt ist nicht statisch gegeben, sondern hat ihre universale Öffentlichkeit noch vor sich. Gleichsam zwischen die Trümmer der Stadt, die vor Augen liegen, fällt die Verheißung der Völkerwallfahrt zum Zion: „Der HERR hat offenbart seinen heiligen Arm vor den Völkern, dass aller Welt Enden sehen das Heil unseres Gottes" (Jes 52,10). Grammatikalisch steht die Aussage im Perfekt, theologisch aber geht es um Zukunft. Durch diese und andere Verheißungen ist Jerusalem die wider den Augenschein heilige, die doxologisch gewürdigte, die heilig gesprochene, kurz: die heilige Stadt.

Aber vielleicht ist ja Jerusalem als Kategorie zu groß und die politische Wirklichkeit in der Region zu bedrückend. Ich wende den Blick auf Alltägliches. Auch hier bleiben Himmel und Erde, einmal doxologisch vermittelt, im Hin und Her des Wechselspiels. Der Himmel wird nicht irdisch, die Erde nicht himmlisch. Heiligkeit hebt das Profane nicht einfach auf. Im Gegenteil. In Israels eschatologischen Bildern gerät das Profane so in den Bereich des Heiligen, dass es nicht negiert, sondern gewürdigt wird:

> Und es werden alle Töpfe in Jerusalem und Juda dem HERRN Zebaoth heilig sein, so dass alle, die da opfern wollen, kommen werden und sie nehmen und darin kochen werden.
>
> *Sach 14,21*

Nach den Gesetzmäßigkeiten metaphorischen Wechselspiels ist das keine Einbahnstraße vom Kochtopf ins Heiligtum: Jetzt sind die Kochtöpfe noch profan, dann aber werden sie heilig sein. Nein, im Nachhall der biblischen Verheißung bekommt man die Heiligkeit nicht mehr weg von den Kochtöpfen – ein frühes Beispiel von Alltagstranszendierung. Nur dass die Kochtöpfe nicht anders mit einem Heiligenschein bedeckt werden als durch die Ansage der verheißenen Zukunft. Sie werden, ganz wörtlich, „heilig gesprochen". Nicht der Kochtopf an sich, sei es durch seine Schönheit oder durch seinen Gebrauch, ist heilig. Das wäre fetischistische Heiligkeit (Aharon R. E. Agus). Vielmehr ist es eine Verheißung der Heiligen Schrift, prinzipiell bekräftigt durch ein Amen, die den Kochtopf „heilig spricht" und ihm einen Abglanz des Himmels beschert.

Solche Heiligsprechung ist ein doxologischer Vorgang und hat ihren genuinen Sitz im Leben im Gottesdienst. Beispielsweise im Sanctus:

„Heilig, heilig, heilig ist der Herr Zebaoth, alle Lande sind seiner Ehre voll!" (Jes 6,3). Es verbindet die Anerkennung der Heiligkeit Gottes im Himmel mit dem Lobpreis seiner Herrlichkeit („Ehre") auf Erden. Da wird hymnisch gejubelt, nicht „als ob" alle Lande seiner Ehre voll seien, sondern darüber, dass es so ist. Doxologie kennt kein Alsob.

Nur wo die Doxologie gewagt wird, kann man von Heiligkeit reden. Im Gottesdienst wird nicht nur das Sanctus gesungen. Doxologie geschieht vielfältig, von der Anrufung des Namens über das Gloria Patri, die Schriftlesungen oder das Sanctus bis zum Segen. Im Grunde ist Doxologie der Kernvollzug in allem, was gottesdienstlich geschieht. Da wird Gott als der Heilige anerkannt und die Welt heilig gesprochen. Das eine nicht ohne das andere, beides gehört zusammen. Eine Konsequenz deute ich nur an: Es könnte ja sein, dass sich der Protestantismus mit allem, was anderen als heilig gilt, deshalb so schwer tut, weil er den Gottesdienst schon lange nicht mehr als ein im Kern doxologisches Geschehen begreift.

In den gottesdienstlichen Doxologien heiligen wir „äußere", weltliche Gegebenheiten wie Orte, Zeiten oder Dinge. Es ergibt sich eine, wie ich sage, doxologisch verdichtete Gottespräsenz in Gegebenheiten der Welt. Das bedeutet eine Gratwanderung mit Gefahren zur Rechten wie zur Linken. Katholisch droht möglicherweise Fetischismus, protestantisch mit Sicherheit das Alsob. Was tun zwischen Skylla und Charybdis, zwischen Verdinglichung und Verflüchtigung? Augen zu und durch! Die angedeuteten Gefahren vermeidet nur, wem nichts heilig ist. Entscheidend ist, dass man sich ins Fremde wagt. Und das tut, wer den Feiertag heiligt, wer mit Blick auf einen Kochtopf Gottes Heiligkeit preist und wer das kleine Land im Nahen Osten trotz aktueller Meldungen als heiliges Land rühmt.

... und Tag für Tag die Welt heiligen

Heiligung der Welt geschieht nicht nur am Sonntag. Der doxologisch geübte Blick wird auch über die gottesdienstliche Zeit hinaus weltliche Gegebenheiten in Gottes Heiligkeit aufscheinen sehen und sie, jedenfalls im Prinzip, mit Amen heilig sprechen. So geschieht „Verwechslung" des Zeitlichen mit dem Ewigen (Wulf Kirsten). Indem wir Weltliches heiligen, erkennen wir an, was die Augen nicht sehen: dass die Welt „seiner Herrlichkeit voll" ist (Jes 6,3).

Mit Gottes Heiligkeit hat das Judentum mehr Erfahrung als wir. Martin Buber hob einst die Spiritualität der Chassidim ins Licht und lobte als Kernvollzug chassidischer Frömmigkeit die „Heiligung alles Weltlichen". Das ist nicht Heiligung der Welt an sich, sondern Anerkennung dessen, dass Gott die Welt trotz evidenter Unheiligkeit seiner Heiligkeit für wert erachtet. Indem der Mensch die Welt heilig spricht, gibt er Gott die Ehre.

An der chassidischen Frömmigkeit beeindruckt noch immer die Radikalität, mit der sie Gottes Heiligkeit auch in alltäglichsten Gegebenheiten preist. Wo biblisch der Dornbusch brennt, erscheint chassidisch Gottes Heiligkeit beim Schuhebinden:

Er [Rabbi Leib Saras] sagte, daß er den Magid Rabbi Dow-Ber von Meseritsch aufgesucht habe, nicht, um von ihm Thoradeutungen zu hören, sondern um zu sehen, wie er seine Schuhe ausziehe und binde. „Denn was sind Thoradeutungen? Der Mensch muß in seinen Handlungen, seinem Sprechen, seinem Betragen und seiner Verbindung mit Gott die Thora sein."

Chajim Bloch, Die Gemeinde der Chassdim, 1920, 64.

Christliche Spiritualität hat für die alltägliche „Heiligung alles Weltlichen" eine Fülle von Formen entwickelt. Jemand bekreuzigt sich still. Jemand strukturiert den Tageslauf durch kurze Gebete. Da liest jemand am Morgen die Losungen. Dort äußert jemand ein schlichtes „Gott sei Dank" oder auch „Gelobt sei Jesus Christus". Da und dort sprechen Menschen ein Tischgebet. Diese und andere Handlungen mögen noch so beiläufig sein, sie wiederholen auf alltägliche Weise das Amen in der Kirche. In der geprägten Form solcher Rituale reicht die Doxologie, die im Gottesdienst angestimmt wird, weit in den Alltag und hilft dort bei der Heiligung der Welt.

Heiligung der Welt kann auch anders geschehen, ohne Ritual und kirchenfern: einfach so, dass Worte und Wörter der Heiligen Schrift zwischen die Gegebenheiten der Welt gestreut werden. Etwa in der Poesie, wenn sich biblische Sprachspuren in die literarische Weltwahrnehmung mischen. Durch die so angelegte Intertextualität werden Prozesse der Rezeption in Gang gesetzt, in denen auf säkulare Weise Weltliches geheiligt wird. Ich gebe zwei Beispiele.

Zunächst greife ich zu einem Gedicht, das angesichts eines Stücks Natur die Schöpfung ins Spiel bringt:

Wasserläufer

Der Geist bewegt sich auf dem Schweigen –
die Fliege springt von Ort zu Ort,
auf Linien, die gleich Zweigen
das Wasser kreuzen, hier und dort.

Was für ein seltsames Spiel
auf der Tiefe, ein Reigen,
der oben ohne Anfang ist und Ziel –
der Geist bewegt sich auf dem Schweigen.

Dirk von Petersdorff
1999

Ein Insekt springt auf der Wasseroberfläche eines Tümpels oder Teichs hin und her. Das ist schön, und man kann einem solchen Geschehen lange zuschauen. In die Beschreibung des Naturphänomens legt der Dichter biblische Spuren: „Der Geist bewegt sich auf …“ (Z. 1 u. 8), „auf der Tiefe“ (Z. 6). Damit wird erkennbar Bezug genommen auf die ersten Verse der Bibel: „Und die Erde war wüst und leer, und es war finster auf der Tiefe; und der Geist Gottes schwebte auf dem Wasser“ (Gen 1,2). Ich vermute, dass die Genesis auch noch an anderer Stelle anklingt: „ohne Anfang“ (Z. 7). Damit dürfte der erste Vers der Bibel zu assoziieren sein: „Am Anfang schuf Gott Himmel und Erde“ (Gen 1,1).

Beobachtung und Bibel fügen sich nicht reibungslos. Ich verweise etwa auf den Reigen, „der oben ohne Anfang ist und Ziel“ (Z. 7). Die biblische Schöpfungserzählung weist ja aufs Gegenteil, nämlich dass die Schöpfung einen Anfang hat und auch ein Ziel. Naturbeobachtung und biblisches Lob der Schöpfung gehen nur unter Brüchen und Spannungen in eins. Aber genau das macht ein Sprachgebilde wie dieses so zeitgemäß anregend.

Mich fasziniert, wie da die ersten Sätze der Bibel ohne jede erklärende Vermittlung in die Beschreibung eines Wasserläufers hinein gesprochen werden. Das Staunen über den schöpferischen Gottesgeist entzündet sich ausgerechnet am Staunen über die Tanzschritte eines Tierchens. Zugegeben, man kann diesen kleinen Text auch anders und mit weniger Schöpfungsstaunen lesen. Mich jedenfalls lockt der Literat mit seinen wenigen Worten, den Schöpfer in seinen Geschöpfen wahrzunehmen und diese kleine säkulare Doxologie auf andere Naturstücke auszuweiten.

Das Gedicht vom Wasserläufer bedeutete eine implizite oder indirekte Heiligung der Welt. Mit dem folgenden Gedicht treten wir einen Schritt zurück und sehen zu, wie durch explizite Zitierung der „heiligen Schrift“ ein Stück Welt als Ort von Gottes Heiligkeit kenntlich wird:

Dürre

In rissigen Lettern die heilige Schrift
auf den Böden der Sahelzone:
Gott ist das Wasser,
Gott ist das Brot,
und das Wort
ist Knochen geworden.

Christine Busta
1975

Die afrikanische Sahelzone ist mit ihrer notorischen Trockenheit eines der großen Hungergebiete der Erde. Wie einst das Menetekel an der Wand (Dan 5), so erscheinen nun Bibelworte in der ausgetrockneten Erde. Vermutlich hatte die Dichterin Zitate wie diese vor Augen: „Gottes Brünnlein hat Wassers die Fülle“ (Ps 65,10) oder „Ich bin das Brot des Lebens“ (Joh 6,35). Die biblischen Spuren stehen im schreienden Kontrast zu der beobachteten Wirklichkeit. Der Schluss des Gedichts wandelt den wunderbaren Weihnachtsvers „Und das Wort ward Fleisch“ (Joh 1,14) brutal ab: Knochen statt Fleisch. Mit diesem Gedicht erregt die Heiligung der Welt nicht Staunen, sondern Protest, Klage und drängende Fürbitte. Wenn die Sahelzone ins Licht des kommenden Reiches gerät, wird die Differenz zwischen der Unheiligkeit der Welt und Gottes Heiligkeit schmerzlich bewusst. Wer die Doxologie wagt, darf die harte Einsicht nicht scheuen.

Die beiden Beispiele mögen genügen, um anzudeuten, wie sich die feierliche Doxologie im Gottesdienst in vielfältigen Alltagsdoxologien, auch solchen ganz säkularer Art, fortsetzen kann. In christlicher Sicht wird die Heiligung der Welt am Sonntag eingeübt und im Alltag ausprobiert. So kommt Weltliches ins Licht des Himmels und die Vaterunserbitte zur Geltung: „Geheiligt werde dein Name.“

Zwischen Überall und Jerusalem

Was immer ist, ist nie; was überall ist, ist nirgends. Das ist eine alte Einsicht. Gott ist Mensch geworden. Richtig, gilt immer. Und trotzdem feiern wir Weihnachten einmal im Jahr, zu einer bestimmten Zeit. Gott ist Mensch geworden, richtig. Das gilt überall. Und trotzdem richten sich die Augen von Christen in aller Welt an Weihnachten stets auch nach Bethlehem, dem Ort auf der Landkarte. Der Frage nach „heiligen“ Orten bzw. Räumen will ich im Folgenden nachgehen.

Brauchen wir „heilige“ Räume? Anthropologisch wird man die Frage bejahen müssen. Sakralität von Räumen entspricht einem menschlichen Bedürfnis. Aber entspricht sie auch der Radikalität, mit der das Christentum antikultisch auf den Plan tritt? Mit wünschenswerter Klarheit notiert im Blick auf die christlichen Anfänge die Archäologin:

> Im Verständnis der Urgemeinde gab es keinen heiligen Raum – der „Tempel des lebendigen Gottes“ war nichts anders als die Gemeinschaft der Gläubigen. […] Vorstellungen, dass einzelne Orte und Gebäude „heilig“ sind, begegnen im christlichen Kontext erstmals an der Wende vom 2. zum 3. Jahrhundert.
>
> *Carola Jäggi, Die Kirche als heiliger Raum, 2007, 77f.*

Zwei Konsequenzen sind denkbar. Man kann heilige Räume als Verrat an der ursprünglichen und radikalen Kultlosigkeit des Christentums brandmarken. Oder aber sie als eine Entwicklung akzeptieren, die notwendig wurde, als der christliche Gottesdienst aus dem Bereich privater Häuslichkeit heraustrat.

Die These von der räumlich-kultischen Ungebundenheit des frühen Christentums nimmt Bibelstellen wie diese für sich in Anspruch:

Was hat der Tempel Gottes gemein mit den Götzen? Wir aber sind der Tempel des lebendigen Gottes; wie denn Gott spricht: „Ich will unter ihnen wohnen und wandeln und will ihr Gott sein, und sie sollen mein Volk sein."

2Kor 6,16

Die versammelte Gemeinde als der wahre Tempel – die Bibel ist an dieser Stelle eindeutig. Darüber hinaus ist sie voll von Hinweisen auf die Allgegenwart Gottes auch und gerade jenseits umgrenzter Räume:

Wo zwei oder drei versammelt sind in meinem Namen, da bin ich mitten unter ihnen.

Mt 18,20

Oder wieder anders, nun auch ohne Hinweis auf die versammelte Gemeinde:

Gott ist Geist, und die ihn anbeten, die müssen ihn im Geist und in der Wahrheit anbeten.

Joh 4,24

Auch das Alte Testament äußert Skepsis gegenüber dem sakralen Raum, in dem angeblich Gott wohnt. Ein Gotteshaus für den Gott Israels? Das Projekt wird immer wieder als Angleichung an die Religionen der Umwelt gewertet. Noch bei der Einweihung des Tempels klingt diese Skepsis an. So König Salomo in seinem Tempelweihgebet:

Aber sollte Gott wirklich auf Erden wohnen? Siehe, der Himmel und aller Himmel Himmel können dich nicht fassen – wie sollte es denn dies Haus tun, das ich gebaut habe?

1Kön 8,27

Wenn Gott überall ist, wozu dann eigene sakrale Räume, wozu Kapellen, Kirchen und Kathedralen? Der Protestantismus hat sich diese Frage zu Eigen gemacht. Orte auf der Erde, die besonders heilig wären, kann es nach evangelischer Auffassung im Christentum eigentlich nicht geben. Man hat immer betont, dass der Unterschied zwischen Heilig und Profan, in anderen Religionen fundamental, christlich aufgehoben sei. Als zentrale biblische Belegstelle gilt eine Szene aus der Passionsgeschichte:

Aber Jesus schrie abermals laut und verschied. Und siehe, der Vorhang im Tempel zerriss in zwei Stücke von oben an bis unten aus.

Mt 27,50f.

Mit diesem Moment ist für viele Ausleger die Rolle des Allerheiligsten, des Tempels und heiliger Orte überhaupt zu Ende. Heilig, wenn schon, ist ein anderer Ort geworden, ein sehr unheiliger Ort, der Ort, an dem, als der Vorhang im Tempel zerriss, der Sohn Gottes starb. Diese und andere Stellen lieferten die biblische Begründung dafür, dass nun die Geschichte oder eben die menschliche Existenz als Ort galt, an dem Gott zu erfahren sei.

Die menschliche Existenz als das Heiligtum Gottes – das ist noch immer eine moderne Lösung der alten Frage, wo denn Gott sei. Von Martin Buber gibt es ein Diktum, das es bis zum Kalenderspruch gebracht hat. Es formuliert einfach und anrührend die moderne Lösung des theologischen Raumproblems:

> Es gibt etwas, was man an einem einzigen Ort der Welt finden kann. Es ist ein großer Schatz, man kann ihn die Erfüllung des Daseins nennen. Und der Ort, an dem dieser Schatz zu finden ist, ist der Ort, wo man steht.
>
> *Martin Buber, Der Weg des Menschen nach der chassidischen Lehre, 1948, 736.*

Demnach wäre der moderne Ort der Gottespräsenz die menschliche Existenz. Noch einmal: Warum dann die Sakralräume in aller Welt?

Zunächst ist die Sicht, das Neue Testament sei prinzipiell gegen „heilige" Räume und Orte, so nicht zu halten. Wie Gott Menschen erwählt, so erwählt er auch Orte auf dieser Erde. Gott schickte seinen Sohn eben nicht ortlos nach Überall, sondern in den Landstrich, der damals Judäa genannt wurde. Es ist also nicht abwegig, wenn Christen vom „heiligen" Land sprechen. Warum sollten wir kleingläubig sein, wo doch selbst der Teufel Jesus nicht in irgendeine Stadt führte, sondern in die „heilige Stadt" (Mt 4,5)! Allein schon mit Blick auf Jerusalem lässt sich nicht behaupten, mit dem Christusereignis sei die Gottespräsenz ortlos universal geworden. Ganz zu schweigen davon, dass es einigermaßen absurd wäre, ausgerechnet dem Gottes- und Menschensohn, in dem sich die Gottespräsenz singulär in Raum und Zeit manifestierte, zu unterstellen, er predige das Immer und Überall, nicht aber das Hier und Jetzt.

Was das Alte Testament betrifft, so erinnere ich nur an die besonders eindrückliche „Heiligsprechung" eines Ortes. Nachdem Jakob des Nachts die Himmelsleiter geschaut hat, heißt es:

> Als nun Jakob von seinem Schlaf aufwachte, sprach er: Fürwahr, der HERR ist an dieser Stätte, und ich wusste es nicht! Und er fürchtete sich und sprach: Wie heilig ist diese Stätte! Hier ist nichts anderes als Gottes Haus, und hier ist die Pforte des Himmels.
>
> *Gen 28,16f.*

Eine akademisch reduktive Lesart identifiziert die Begebenheit als Kultätiologie für Bethel. Weniger karg geben sich die Künste. Man denke nur an Marc Chagall und seinen vielfach träumenden Jakob. Im Kontext unserer Überlegungen zur Heiligkeit wird man in den Jakobsworten eine Doxologie erkennen und den Ort, an dem die Engel auf und nieder stiegen, als einen Ort identifizieren, an dem sich Gottespräsenz doxologisch verdichtet.

Die evangelische Tradition freilich ist von Anfang an skeptisch. Sie bindet sehr nüchtern die Besonderheit eines Kirchenraums an seine gottesdienstliche Nutzung durch die Gemeinde. Sakralität, wenn überhaupt, dann nur auf Zeit. Diese Position scheint zunächst der jüdischen Auffassung nahe zu stehen. Nach der Zerstörung des Tempels blieb den Juden in aller Welt die Synagoge als gottesdienstlicher Ort. Sie ist weit eher ein Versammlungsraum als ein heiliger Raum im kultischen Sinn. Trotzdem ist eine Differenz bemerkenswert. Die Synagoge signalisiert einerseits die Universalität des jüdischen Glaubens; zu dem, was man in der Synagoge tut, kann man sich prinzipiell an jedem Ort der Welt versammeln. Zugleich aber ist der Glaube nicht ortlos. In der Torarolle und in den Buchstaben der Tora wird Gottes Heiligkeit verdichtet wahrgenommen. Vor allem aber weist der Toraschrein geografisch in Richtung Jerusalem und damit auf einen Ort doxologisch verdichteter Gottespräsenz. Man könnte sagen, das Judentum bewege sich liturgisch zwischen Überall und Jerusalem.

Demgegenüber erscheint der Protestantismus doch recht ortlos. Die Spannung zwischen Überall und Jerusalem ist weitgehend aufgelöst zugunsten universaler Profanität. Gott ist überall; Orte, Zeiten, Gebärden können ihn nicht fassen. Was als demütige Anerkennung der Heiligkeit und Größe Gottes gedacht ist, steht stets auf der Kippe zum Alsob: Wir handeln liturgisch weitgehend so, „als ob“ seine Gegenwart etwas zu tun hätte mit diesem Ort, mit dieser Zeit, dieser Gebärde, diesen Worten oder diesen Klängen.

Leibhafte Liturgie

„Heiligung“ der Welt ist ein doxologischer Vorgang und wird in der Liturgie eingeübt. Wo wir Gott die „Ehre“ (griech. dóxa) geben und die Welt im Licht seiner „Herrlichkeit“ (griech. ebenfalls dóxa) rühmen, geschieht Heiligung der Welt. Die Frage, die sich von daher an die Liturgie stellt, lautet: Wie kommen welthafte Gegebenheiten ins Licht der Gotteswirklichkeit? Wie sind Orte, Zeiten, Dinge oder Gebärden im liturgischen Handeln verankert?

Der Blick richtet sich auf das Verhältnis von Innen und Außen, von Glaube und Gestalt, von Seele und Leib, von Glaube und Werk. Die liturgische Praxis im Protestantismus neigt dazu, spannungsreiche Polaritäten fast schon wie Dualismen zu behandeln. Man lokalisiert den „eigentlichen" Glauben irgendwo im Inneren des Menschen, nahe beim Gewissen, beim denkenden Subjekt oder in der Personalität. Von einem so konzipierten Glauben unterscheiden sich auffällig die äußeren Handlungen der Liturgie. Klar, dass aus äußeren dann sehr schnell äußerliche Handlungen werden. Klar auch, dass Gottesdienstabläufe unter diesen Voraussetzungen nur einem Kriterium zu genügen haben: ob sie dem Ausdruck geben, was sich innerlich bei Menschen abspielt.

Harsche Kritik an einer solchen Haltung übt Manfred Josuttis. Sieht man davon ab, dass er „das Heilige" (Neutrum) vor „den Heiligen" (Gott) der Bibel stellt, dann ist ihm im entscheidenden Punkt Recht zu geben:

> So wie im Akt des Sprechens der ganze Mensch mit Körper, Seele und Geist beteiligt ist, so kann in der heiligen Handlung der ganze Mensch zum Medium göttlicher Einwohnung werden. Die heilige Handlung schließt handwerkliche Fähigkeiten ein, die man im Körpertraining der Heiligung allmählich lernen muß.
>
> *Manfred Josuttis, Die Einführung in das Leben, 1996, 99.*

Dass der Weg der Liturgie eben auch von außen nach innen führt, macht die sportliche Rede vom „Körpertraining" auf anschauliche Weise deutlich. Wenn das tägliche Training täglich neu aus tiefer innerer Überzeugung gewonnen werden muss, dann wird es bald zum Erliegen kommen. Umgekehrt kann, selbstverständlich geübt, die äußere Betätigung auch innerlich ganz erfreuliche Bewegungen auslösen.

Was nun wieder den Gottesdienst betrifft, so scheint die Gottesdienstgestaltung derzeit keineswegs einem Kult der Innerlichkeit zu huldigen. „Ganzheitlichkeit" ist als Stichwort etwas in die Jahre gekommen, aber die Sache, um die es geht, spielt in Fragen der Gottesdienstgestaltung eine Hauptrolle: Der Mensch habe nun mal fünf Sinne, weshalb Liturgie auch auf dieser Ebene etwas bieten müsse. Das ist kaum zu bestreiten. Aber es handelt sich dabei um ein missionarisches Argument. An der bis zum Dualismus schroffen Kluft zwischen dem eigentlichen Innen und dem äußerlichen Außen ändert es so gut wie nichts. Die viel beschworene Sinnenhaftigkeit der Liturgie dient vielfach nur der Kosmetik.

Die lutherische Agende der 1950er Jahre entsprang einer liturgischen Erneuerung, die über Jahrzehnte, teilweise auch ökumenisch, eine Fülle von Einsichten über Geschichte und Eigenart von Liturgie gewonnen hatte. Die Kluft von Innen und Außen aber, vielleicht das protestantische Liturgieproblem schlechthin, blieb bestehen. In dem Standardwerk „Leiturgia", das jene Agende wissenschaftlich begleitete, schlage ich den Artikel auf, der die Ausführungen zum Segen enthält. Historisch ist der Text noch immer eine Fundgrube. Fundamentalliturgisch provoziert er Fragen:

Der Segnende kann sich dabei des sichtbaren Zeichens der Handauflegung oder, bei einer Gemeinde, der erhobenen Hände und des Kreuzeszeichens bedienen. Wir brauchen vor diesen Zeichen keine Scheu zu empfinden, denn es kann durch sie zu dem pneumatischen Geschehen des Segnens nichts anderes mehr hinzukommen. Über Zuspruch und Fürbitte hinaus kann keiner etwas für seinen Bruder tun. Handauflegung und Kreuzeszeichen sollen also nicht etwa das pneumatische Geschehen der Segenshandlung „verstärken", sondern nur sichtbar machen, was im Geist und Wort geschieht. Sie dienen so der Verleiblichung und Konkretisierung des Wortes. Sie tragen der Wirklichkeit des Glaubenden als einer leib-seelischen Ganzheit Rechnung und gehören zu den zeichenhaften Konkretionen, an denen der Glaube sich festhält wie an einem Haken in der Wand (Luther).

Kurt Frör, Salutationen, Benediktionen, Amen, 1955, 591.

Die zitierten Ausführungen zum Segen geben in mindestens vier Hinsichten Anlass zur Nachfrage:

- Der Segnende „kann" sich eines sichtbaren Zeichens bedienen; das Zeichen kommt sekundär dazu. Diese Beschreibung geht das Phänomen Segen nicht analytisch, sondern synthetisch an. Nicht eine vorgängige Einheit aus Wort und Geste wird reflexiv auseinander genommen, sondern dem Wort wird nachträglich und nach Bedarf die Geste zugesetzt.
- Die Geste solle „nur sichtbar machen, was im Geist und Wort geschieht"; Segen sei ein „pneumatisches Geschehen". Solche Pneumatologie lokalisiert den Wirkraum des Heiligen Geistes einseitig im Innen des Menschen; Leib und Welt bleiben außen vor. So doketisch, so scheinweltlich wirkte der Geist Gottes weder zu Beginn der Schöpfung (Gen 1,2) noch bei dem wilden, ungebärdigen Simson (Ri 13,25 oder 14,1).
- Die Geste diene der „Verleiblichung und Konkretisierung des Wortes". Als ob „das Wort" nicht auch eine starke physische Komponente hätte! Es geht durch Augen und Ohren ins Herz, also von außen nach innen. Der zitierte Text lokalisiert das Wort vorgängig im Innen des Menschen, bevor es leiblich und konkret wird.
- Gesten trügen der „leib-seelischen Ganzheit" des Menschen Rechnung. Warum sind sie dann verzichtbar? Es scheint mit der „Ganzheit" des Menschen so weit her nicht zu sein. Offenbar gibt es Menschen, die gewissermaßen geistiger sind als andere und die den leiblichen „Haken in der Wand" gar nicht oder allenfalls zeitweise brauchen.

Kurt Frör argumentiert gut lutherisch für den Gebrauch der Gebärde und gegen den reformierten Verzicht auf solche Zeichen. Umso auffälliger ist es, im Subtext des Artikels auf einen so massiven Dualismus von Innen und Außen zu stoßen. Kurt Frör liefert, ohne dies zu wollen, deutliche Hinweise auf tendenziell antiliturgisches Erbgut im Protestantismus. Jedenfalls ist unter solchem Vorzeichen kaum ernsthaft eine Liturgie zu feiern, bei der Innen und Außen ins Wechselspiel geraten.

Dabei wäre gerade der Segen ein gutes Beispiel dafür, wie Menschen in die Gotteswirklichkeit gesetzt oder eben „geheiligt" werden. So viel lässt sich sagen: Der Segen gilt keineswegs nur der Seele, sondern dem ganzen Menschen mit Leib und Seele, mit seinen Beziehungen und in allen Dimensionen der Existenz. Schon von daher verwundert es, dass die leibliche Geste nicht integral zur Segenshandlung gehören soll. Warum nicht mit der leiblichen Geste sozusagen weltlich ein Stück Welt segnen? Historische Einsichten bestätigen diesen Befund. Der Segen als kirchliche Handlung geht hervor aus der Einheit von Wort und Geste. Schon das Wort „Segen" schließt die Geste ein: lat. signare = (mit dem Kreuz) bezeichnen. Sicher, auch Worte allein können segnende Kraft haben. Aber religions- wie liturgiegeschichtlich ist das Segenswort in aller Regel an eine Segensgeste gebunden (vgl. Gen 48).

Der zitierte Artikel aus „Leiturgia" ist über ein halbes Jahrhundert alt. Es könnte sich ja in der Zwischenzeit im protestantischen Verständnis von Liturgie eine Menge geändert haben. Dafür aber ist die Indizienlage eher dürftig.

Die Bischöfe der Vereinigten Evangelisch-Lutherischen Kirche Deutschlands (VELKD) tagten im Frühjahr 2005 zum Thema „Lutherische Spiritualität – lebendiger Glaube im Alltag". Dabei spielte auch die Frage der Liturgie eine Rolle, und zwar an hervorgehobener Stelle:

> Da die christlichen Kirchen einen großen Schatz an Ritualen in ihren Traditionen haben, gilt es heute, diesen zu sichten und zeitgemäß zu erschließen. Dabei ist es hilfreich, die Liturgie als erste Struktur geistlichen Lebens zu achten. Durch sie, nicht durch ihre Organisationsform, spricht die Kirche Menschen an.
>
> *Hans Krech, Bericht über die Klausurtagung, 2005, 108.*

Die Liturgie sei, so heißt es, „erste Struktur" geistlichen Lebens. Es ist gut, das zu hören. Was aber zugleich auffällt, ist die Begründung. Die Kirche spreche durch die Liturgie Menschen an. Da sich die Menschen mehrheitlich wieder nach Ritualen sehnten, müsse die Liturgie eben Rituale anbieten. Das ist wieder ein missionarisches, kein fundamentalliturgisches Argument.

Wie problematisch die an sich erfreuliche Wertschätzung von Liturgie ins theologische Denken eingeordnet wird, zeigt der Beschluss der Bischöfe. Da findet sich zunächst ein Satz, der einen Weg von außen nach innen zumindest für möglich hält:

Äußere Formen erweisen sich als hilfreich auch für unser inneres Erleben.

Christliche Spiritualität als Lebensform der Glaubens, 2005, 111.

Im Verlauf des kurzen Beschlusstextes wird dann aber die Bedeutung der Form für den Inhalt mehrfach relativiert. So gilt sehr bestimmt: „Der Glaube schafft Formen [...]" (S. 113). Und es gilt eben nicht oder jedenfalls nicht in gleicher Weise: Formen schaffen Glauben. Inhalt und Form entsprechen sich allenfalls wie Wort und Antwort, kommen aber als Wechselspiel nicht in den Blick. Das ist einseitig und wird dem fundamentalästhetischen Konnex von Form und Inhalt, von Außen und Innen nicht gerecht.

Deutlich wird das auch im Bericht des Leitenden Bischofs vor der Generalsynode der VELKD am 17. Oktober 2004 in Gera, der dem Band beigefügt ist. Gottesdienst sei „Ausdruck" der Freude an Gott (S. 125). Immer dränge die „innere Glaubensgewissheit zu konkreten Äußerungen und Formen" (S. 128). Die innere Glaubenshaltung bleibt, so lese ich insgesamt den Text, den äußeren Formen in der Liturgie und ganz generell in der Spiritualität vorgeordnet:

Wir leben in einer Zeit, in der wir uns nicht einfach in vorgefertigte Formen der Spiritualität einfügen, sondern jeder und jede selbst seine bzw. ihre für sie passende Form finden muss.

Hans Christian Knuth, Lutherische Spiritualität – Glauben im Alltag der Welt, 2005, 125.

Daran ist zweifellos richtig, dass sich der Mensch weniger denn je vorschreiben lässt, wie er seinen Glauben leben soll. Zugleich aber stellt sich die Frage, ob eine Kirche nicht mehr tun sollte, als ein Angebot möglicher Formen von Spiritualität vorzugeben. In ihrem Gottesdienst, in dem Glaube öffentlich und paradigmatisch dargestellt wird, müsste eine Kirche Formen und Vollzüge vorgeben, an denen sich der Glaube bildet und gegebenenfalls abarbeitet.

Protestantisch überwiegen noch immer Eiertänze. Natürlich sei der Glaube ganzheitlich, und die Sinne müssten auch liturgisch zur Geltung kommen. Zugleich aber bleibt die gottesdienstliche Form der situativ anzupassende Ausdruck des Glaubensbewusstseins von Einzelnen oder Gruppen. Demgegenüber behaupte ich, Gottesdienst bedeute wesentlich, Gott die Ehre zu geben und die Welt zu heiligen. Wie aber ließe sich die Welt heiligen durch Handlungen, in denen Weltliches lediglich die Projektionsfläche abgibt für innere Überzeugungen?

Verortung und Orientierung

Wie ortlos die Liturgie geworden ist, zeigt sich an Verhaltensweisen, die derzeit vor allem im katholischen Bereich einigermaßen heftig diskutiert werden. Ich meine die Frage, wie der Priester oder Pfarrer zu beten habe: *versus populum* oder *ad altare*, zur Gemeinde oder zum Altar.

Joseph Ratzinger unterscheidet zwei Ausrichtungen der Liturgie und verteilt diese auf den Wort- und den Sakramentsteil der Messe:

> Der Wortgottesdienst ist als Verkündigung ein dialogisches Geschehen, zu dem Anrede und Antwort gehören; so muß ihm die gegenseitige Zuwendung von Verkünder und Hörer zu eigen sein. Das eucharistische Hochgebet hingegen ist Gebet, in dem der Priester zwar als Vor-Beter fungiert, aber doch gemeinsam mit dem Volk und wie dieses zum Herrn hin gerichtet ist.
>
> *Joseph Ratzinger, Geleitwort, 2003, 9f.*

Ich sehe ab von der Verteilung der beiden Haltungen auf Wort und Sakrament, die großen Sequenzen der Messe. Ebenfalls sehe ich ab von der im Protestantismus in letzter Zeit einigermaßen heftig diskutierten Frage, inwieweit die Feier der Eucharistie Gebet oder, mindestens mit den Einsetzungsworten, auch Verkündigung sei. Was aber als deutliche Anfrage bleibt, ist Ratzingers Hinweis auf liturgisches Verhalten. Die Haltung des Liturgen wie die Gesamtausrichtung der gottesdienstlichen Handlung differieren je nachdem, ob es sich um Verkündigung oder um Gebet handelt. Im einen Fall wenden sich Liturg und Gemeinde einander zu, weil sie sich, idealiter wechselseitig, etwas zu sagen haben. Im anderen Fall wenden sich beide Gott zu, dem sie, wenn auch in unterschiedlichen Rollen, etwas zu Gehör bringen wollen.

So weit müsste die Sache eigentlich klar sein. Ist sie aber nicht, denn die Frage nach der Gebetshaltung verbindet sich sehr schnell mit der Frage nach der Positionierung des Altars im Kirchenraum. Im evangelischen Bereich ist der Altar auch der primäre Ort des Gebets. Insofern ist die Frage weit über die Eucharistie hinaus relevant. Der traditionelle Altar am Apsisende der Kirche und mit der Rückseite zur Wand entscheidet die Frage von vornherein. Man betet dort mit dem Gesicht zum Altar und, wertfrei sei es gesagt, mit dem Rücken zur Gemeinde.

Nun wurde aber mit dem Zweiten Vatikanischen Konzil nicht nur der katholischen Kirche der so genannte Volksaltar verordnet. Auch in evangelischen Kirchen werden seither entweder neu oder nachträglich Altartische installiert, die es dem Liturgen oder der Liturgin erlauben, sich hinter dem Tisch stehend zur Gemeinde zu wenden.

Beispiel: Andreaskirche, Weißenburg i. Bay. Hier wurde mit Beschluss vom Oktober 2000 zusätzlich zum gotischen Hauptaltar („Andreas-Altar") ein Volksaltar installiert. Ich zitiere aus der Begründung:

Zwanzig Meter sind es jetzt zwischen dem Andreas-Altar und der ersten Bankreihe. Auf diese Entfernung kann man gregorianisch singen und das Glaubensbekenntnis Gott als Lobpreis darbringen. Um aber die Gemeinde zum Sündenbekenntnis als „Liebe Schwestern und Brüder" anzureden, muß der Liturg am Andreas-Altar eine emotionale Hürde nehmen, die kaum zu überwinden ist. Was wären das auch für Schwestern und Brüder, die man nur auf zwanzig Meter Abstand ansprechen, ihnen den Segen zusprechen kann?

Reinhard Brandt auf der Homepage der Evang.-Luth. Kirchengemeinde Weißenburg [04. 01. 2008].

Mag sein, dass sich nach Jahrhunderten ohne Hürde nun doch eine „emotionale Hürde" eingestellt hat; die Erwartungen an den Gottesdienst haben sich gewandelt. Auch mag ein Zuspruch oder Segen bei geringerer Entfernung glaubwürdiger sein. Manches spricht für eine größere Nähe zwischen den Beteiligten. Es bleiben dennoch Fragen.

Ich frage zunächst, ob es wirklich sinnvoll ist, mit Blick zur Gemeinde um Vergebung der Schuld zu bitten, den Glauben zu bekennen, Lob zu singen oder mit dem Sanctus in den himmlischen Chor einzustimmen. Adressat ist in diesen und anderen Sequenzen der Liturgie nicht die Gemeinde, sondern Gott. Nicht um wechselseitige Kommunikation des Evangeliums geht es, sondern um gemeinsame Hinwendung zum Vater im Himmel. Trotzdem blickt der Liturg oder die Liturgin vom Volksaltar aus die Gemeinde an.

Die Frage, wo Gott sei, ist zunächst eine systematisch-theologische Frage, auf die man eine Vielzahl von Antworten geben kann. Die Frage, wo Gott sei, ist aber auch eine liturgisch-ästhetische Frage. Diese zweite Frage muss im Interesse der Praxis klar und im größtmöglichen Konsens beantwortet werden.

Für den Volksaltar und die Gebetshaltung *versus populum* werden immer wieder zwei Argumente genannt:

Erstens: Der Priester oder Pfarrer kultiviere auf diese Weise nicht seine Sonderrolle, sondern bringe seine Zugehörigkeit zur Gemeinde zum Ausdruck. Ich frage dagegen: Wird dieses löbliche Anliegen wirklich dadurch zur Geltung gebracht, dass sich die gesamte Gemeinde in die Richtung wendet, in der einsam der Liturg am Altar steht und als einziger in eine andere Richtung als die Gemeinde betet?

Zweitens: Es werde mit der durch den Volksaltar konstituierten Gebetshaltung zum Ausdruck gebracht, dass der Liturg nicht als Mittler zu einem fernen Herrn fungiert, sondern dass sich alle dem Herrn zuwenden, der in ihrer Mitte ist. Ich halte dagegen, dass das Argument nur so lange seinen Wert hat, als Gemeinde und Liturg einen wirklichen Kreis bilden. Wenn man, etwa auf Freizeiten, zum Gebet im Kreis steht, wäre es absurd, wollte der Vorbeter sich in eine andere Richtung als zur Kreismitte hin wenden. Aber wirkliche Kreise gibt es im Kirchenraum in der Regel nicht. Allein schon die durch Stufen erhöhte Stellung des Liturgen verleiht ihm eine Sonderrolle. Gott in der Mitte symbolisch zu repräsentieren ist erheblich schwieriger, als ihn in einer bestimmen Richtung zu orten. Dem Liturgen oder der Liturgin kommt nach wie vor die Rolle des Vorbeters zu. Das heißt: stellvertretend für die Gemeinde, aber gemeinsam mit ihr zu beten. Die Aufstellung im Kreis hat die Tendenz, die mit dieser Rolle verbundene Herausforderung zu verschleiern.

Die liturgisch-ästhetische Frage, wo denn Gott sei, fordert eine Antwort, nach der sich die Praxis richten kann. Neuerdings mehren sich im katholischen Bereich die Stimmen, die für eine Gebetsausrichtung aller Beterinnen und Beter, Priester eingeschlossen, nach Osten plädieren. Man solle, das lateinische Wort „oriens" für „Osten" im Ohr, bei „Orientierung" im Kirchenraum immer auch an „Ostung" denken. Traditionell sind, was der archäologische Befund bestätigt, christliche Kirchenbauten so nach Osten ausgerichtet, dass Gemeinde und Liturg beim Gebet in diese Himmelsrichtung blicken. Der theologisch gewichtigste Grund ist der, dass die Wiederkunft des Herrn Christus von Osten her erwartet wurde:

Denn wie der Blitz ausgeht vom Osten und leuchtet bis zum Westen, so wird auch das Kommen des Menschensohnes sein.

Mt 24,27

Man kann den Verweis auf Osten als doxologische Ortsangabe verstehen. Dann würde man eine Himmelsrichtung für heilig achten – wider den Augenschein, aber mit der Verheißung der Heiligen Schrift. Dass der doxologische Weg auch hier eine Gratwanderung zwischen Verdinglichung und Verflüchtigung bedeutet, will ich nicht in Abrede stellen. Aber es erscheint besser, den Herrn von Osten zu erwarten als von überall und nirgends. Solche Verortung impliziert, dass die christliche Gemeinde das Kommen ihres Herrn nicht nur als Event im Herzen, sondern gleichermaßen als Ereignis für die Welt und den Kosmos, für Natur und Kultur erwartet. Verortung bedeutet Wirklichkeit, bedeutet Weltwahrnehmung in der Gotteswirklichkeit, bedeutet Heiligung der Welt. Es bedeutet aber auch ganz unmittelbar, dass die Gemeinde weiß, wohin sie ihr Gebet zu richten habe: nicht in die Stille des Äthers, nicht in die eigene Psyche und nicht in die Mitte der Gruppe, sondern zum Herrn, der ihr entgegenkommt und dem sie entgegengeht. Wenn sich Gottespräsenz im Osten doxologisch verdichtet, sollte der Liturg oder die Liturgin nicht einsam *versus populum* beten, sondern mit der Gemeinde *versus Dominum venturum*.

Spuren im Kirchenraum

Das protestantische Bewusstsein ist im Blick auf den Kirchenraum und seine potenzielle Heiligkeit weithin noch befangen in der Alternative von sakramentaler Heiligkeit, die man natürlich als katholisch ablehnen müsse, und eingeschränkter Profanität während der gottesdienstlichen Handlung, was protestantisch einzig akzeptabel sei. Nun hat aber schon Luther mit seiner Torgauer Äußerung anderes im Sinn gehabt als die Mehrzweckräume, in denen man nach Bedarf Gottesdienst feiert oder Tischtennis spielt. Das galt damals, seit den 1960er Jahren, für eine gewisse Zeit als konsequent protestantisch. Luther hingegen hatte gesagt:

> Meine lieben Freunde, wir wollen jetzt dies neue Haus einsegnen und unserem Herrn Jesus Christus weihen. Das gebührt nicht mir allein, sondern ihr sollt auch zugleich mit angreifen, auf daß dieses neue Haus dahin gerichtet werde, daß *nichts anderes* darin geschehe, als daß unser lieber Herr selbst mit uns rede durch sein heiliges Wort und wir umgekehrt mit ihm reden durch unser Gebet und Lobgesang.
>
> *Martin Luther, Predigt am 5. Oktober 1544 in Torgau, 440.*

Und er meinte wohl, was er sagte: dass „nichts anderes" darin stattfinden solle als Verkündigung, Gebet und Lobgesang. Die Frage des Mehrzweckraums stellt sich hier jedenfalls nicht. Was offen bleibt, ist die Frage, was der Kirchenraum bedeute, wenn gerade nicht Gottesdienst gefeiert werde.

Selbst wenn die Praktische Theologie diese Frage nicht auf die Agenda gesetzt hätte – die Menschen würden sie nach wie vor ungeniert auf ihre Weise beantworten. Vor allem in altehrwürdigen Citykirchen macht man seit den 1980er Jahren die Erfahrung, dass Kirchenräume auch und gerade außerhalb von gottesdienstlichen Handlungen einen exzeptionellen Raum religiöser Erfahrung darstellen. Woty Gollwitzer-Voll, die 1987 die erste „Touristenpfarrerin" zu St. Sebald in Nürnberg geworden war, berichtete von einem erstaunlichen Interesse am Kirchenraum. Man müsse eigentlich nur die Eintrittsgelder abschaffen und die Portale öffnen – und schon seien die Menschen in der Kirche:

> 300.000 sind's, die im Jahr ihren Weg durch diese Kirche legen. Eigentlich ist meine Aufgabe einfach: diese Menschen wahrnehmen [...]. Eigentlich ist meine Aufgabe einfach: dafür zu sorgen [...], daß Menschen wohnen können in diesem Haus – für die Stunde bis zur Zugabfahrt oder für einen ganzen langen Tag, vor

einer heiklen Operation oder nach getaner Tagesarbeit, die Anlässe sind ebenso viele, wie es Menschen sind.

Eigentlich ist meine Aufgabe einfach: die Spuren der Menschen nicht übersehen, das, was sie zurücklassen in diesem Haus – und wie parterre wäre es zu glauben, das seien nur vergessene Regenschirme, Schals und das Pausebrot der Schulkinder.

Woty Gollwitzer, Interview, 1989, 3.

St. Sebald nimmt die geografisch und historisch gegebene Funktion einer Citykirche bis heute ernst. So ist beispielsweise eine kleine Seitenkapelle zum Raum der Stille, der Meditation und des Gebets ausgestaltet; die Möglichkeit, Kerzen anzuzünden, ist gegeben. Nachtführungen erschließen den Kirchenraum in der Spannung von Licht und Dunkelheit. Seelsorgliches Gespräch wird angeboten. An einer Stelle ist ein Gästebuch ausgelegt, in das beliebig Eintragungen gemacht werden können. Der langjährige Pfarrer von St. Sebald, Eberhard Bibelriether, hat aus den Eintragungen in den Gästebüchern der Kirche ein buntes Bild entworfen. Ich gebe einige Beispiele:

Ich bin mit Sorgen gekommen und in Frieden gegangen.

5.8. Heute ist unsere Amely (2 1/2) beim Entenfüttern in den Valznerweiher gefallen. Gott, du hast sie weiterleben lassen!

Lieber Gotte! ich bin Asyl! helfen Bitt!

Hallo Gott. Ich wünsche mir von ganzem Herzen, daß alle meine Freunde gesund bleiben ... Bussi! Deine Medi

Eberhard Bibelriether, Sprechende Räume, 1996, 246ff.

Kritisch merkt der Verfasser an, dass eine protestantische „Gemeinde-Ideologie“ die Wahrnehmung solcher Phänomene behindere. Hier, in den Gästebüchern von St. Sebald, seien es ja einzelne Menschen, die ohne Gottesdienst und Kanzelrede, allein durch den Kirchenraum zu ihrer Sprache mit Gott fänden.

Dass der Kirchenraum auch oder gerade ohne feiernde Gemeinde von ungezählten Menschen als „heiliger“ Ort wahrgenommen wird, ist evident. Aber bevor man vorwurfsvoll ein magisches Denken diagnostiziert, ist es sinnvoller, die doxologische Qualität „heiliger“ Orte ins Licht zu heben. Wo die Gemeinde am Sonntag die Doxologie anstimmt, nimmt eben am Montag dieser oder jener Kirchenbesucher einen Ort besonderer Gottespräsenz wahr. Personalunion ist nicht erforderlich. Es kann doch nicht angehen, dass nur, wer am Sonntag das Sanctus singt, ab Montag Weltliches als heilig gebrauchen darf! Es ist wie beim Gebet. Der Einzelne kann beim besten Willen nicht „ohne Unterlass“ (1Thess 5,17) beten;

er braucht dazu das stellvertretende Beten der Kirche. Entsprechend gibt es so etwas wie stellvertretende Doxologie. Wer nach St. Sebald kommt, um dort an einem als heilig erlebten Ort seine Not vor Gott zu bringen, dem darf es egal sein, ob und inwiefern der Kirchenraum als „heilig" gelten könne. Einer Kirche freilich sollte daran liegen, dass ihre Liturgie öffentlich darstellt, was doxologisch verdichtete Gottespräsenz ist. Wenn der Protestantismus es nicht lernt, gottesdienstlich die Welt zu heiligen, dann überlässt er die Wahrnehmung von Gottes Heiligkeit irgendwo zwischen Verflüchtigung oder Verdinglichung dem Zufall.

Während ich mich dem Kirchenraum als „heiligem" Raum von der Theologie der Liturgie her nähere, hat Klaus Raschzok einen phänomenologischen Ausgangspunkt gewählt. Er notierte vielfältig Spuren frommen Gebrauchs in Räumen und an Dingen:

> An einem Abendmahls-Kelch aus dem 16. Jahrhundert etwa haben Generationen – wenn er kontinuierlich benutzt wird – ihre sichtbaren und ihre unsichtbaren Spuren der Benutzung hinterlassen. Ich kenne Kelche, die – durch die Benutzung im Laufe der Jahrhunderte dünnwandig geworden – am Ende zerbrechen und einfach aufgebraucht werden. Spuren können sich addieren, dadurch intensivieren, und werden am Ende auch sinnlich wahrnehmbar.

Aus solchen Beobachtungen entwickelt Raschzok eine Art Hermeneutik des sakralen Raums. Im Blick auf den gesamten Raum gilt, was sich am Kelch beobachten lässt:

> Die Spuren der eigenen Lebensgeschichte, die Spuren der Lebensgeschichte der Vorfahren und der vielen Generationen vor mir verbinden sich immer wieder wie im Abendmahlskelch mit den Christus-Spuren. [...] Christus-Spuren aus den gefeierten Gottesdiensten vermengen sich mit den Lebensspuren. Im Kirchenraum wird so die ‚Gemeinschaft der Heiligen' gestalthaft erlebbar.
>
> *Klaus Raschzok, Spuren im Kirchenraum, 2000, 146 u. 147.*

Es ist ein unsichtbares Netz von wechselseitigen Verweisen, das den Kirchenraum als Raum gelebter Frömmigkeit konstituiert. In ihm kann sich auch aktuell individuelle Lebensgeschichte in die übergreifende Gottesgeschichte einfädeln.

Später hat Raschzok seine Hermeneutik des sakralen Raums um die Dimension der Zukunft erweitert. Dabei ist von vornherein klar, dass es nicht um ein Zeitverständnis geht, das sich als Zeitstrahl darstellen ließe, sondern um ein biblisches Zeitverständnis, das mit einem Ineinander der Zeiten rechnet. Vergangenes ist in Spuren frommen Gebrauchs tröstlich oder bedrängend präsent, und in einer Fülle von architektonischen und künstlerischen Verweisen spielt die Zukunft Gottes in die Gegenwart herein. Nicht nur für die gotische Kathedrale gilt:

Zugleich werden immer auch schon die Spuren des zukünftigen Gottesdienstes als eine bereits im Bau angelegte und auf den endzeitlichen Gottesdienst im himmlischen Jerusalem hin ausgerichtete Vision wahrgenommen.

Klaus Raschzok, Ein zukunftsoffener Raum, 2005, 70f.

Welche Funktion könnte Liturgie in einem so vielgestaltig mit Gottespräsenz konnotierten Raum haben? Ich denke, es käme darauf an, die in Dingen und Steinen verdichtete Gottespräsenz doxologisch in Bewegung zu halten. Einer Liturgie, die die Welt nur als Projektionsfläche innerer Glaubenseinsichten benutzt, wird das auf Dauer nicht gelingen. Es braucht eine Liturgie, die in ihren Doxologien öffentlich darstellt, wie sich im Hier und Jetzt, an Kelch und Stein, in Biografie und Jahreszeit, in Wort und Geste Gottes Heiligkeit verdichtet.

Lob des Rituals

Wir Evangelischen scheuen die „heilige" Handlung des liturgischen Rituals, also etwa das Confiteor in seiner geprägten Form. Rituelle Handlungen erleben wir weithin als äußerlich. Dass Gottes Heiligkeit gleichsam von außen begegnen könnte, erscheint dem auf Herz, Verstand, Gewissen oder Person fixierten Protestanten als Rückfall in Magie und Heidentum. Wir haben unsere Probleme mit dem Ritual, gar mit einem Ritual, bei dem man wenig bis nichts versteht. Luthers Torgauer Wort-Antwort-Modell ist auf Verstehen angelegt. Das verstandene Wort sucht sich seine liturgische Gestalt, und die liturgische Gestalt hat nur den einen Sinn, das Verstehen des Worts zu ermöglichen.

Von einer solchen Position aus wirkt befremdlich, was der schwerkranke Dichter Reinhold Schneider, katholisch, im Winter 1957/58, seinem letzten Winter, in Wien erlebte. Fast täglich besuchte er Gottesdienste der ukrainisch-katholischen Glaubensgemeinschaft in der Kirche St. Barbara:

Einladend ist ihr Anblick nicht; es ist eine schmalbrüstige nüchterne, in einen Trakt eingesprengte Front aus der Mitte des vorigen Jahrhunderts. Aber das ist nur die Schutzfarbe eines Geheimnisses. Innen schweben Kristallüster im Dunkel; zwei Engel, deren jeder drei Kerzen trägt, stehen vor der geöffneten Pforte der Ikonostasis; der Priester im roten Meßgewand singt am Altar; in fremden Lauten, fremdfeierlichen Rhythmen; er schreitet singend heraus mit den heiligen Geräten und kehrt singend zurück; dunkle Männerstimmen antworten hinter dem Opfertisch, der Diakon liest. Eine alte, in Schwarz gehüllte Frau kniet auf dem Boden und küßt den Teppich; eine Mutter führt ihr buntgekleidetes Mädelchen herein; ein junges Mädchen sitzt in einem der Kirchenstühle: das ist für heute die Gemeinde, stark unter erhabenem Ritus, unter dem Schutzgebet der Heiligen, deren Bilder im Kerzenschein ruhn und von den Gewölbefeldern der Decke leuchten. Ich möchte, wenn es erlaubt ist, fortan Gast bleiben an der Tür.

Reinhold Schneider, Winter in Wien, 1958, 10f.

Verehrung in Formen ohne Inhalt? Verdinglichte Heiligkeit? Ritual um des Rituals willen? Veräußerlichte Frömmigkeit?

Zunächst einmal war es nicht so, dass der einsame Besucher gar nichts verstand. Dinge, Gebärden, Riten, der Raum und die Orte im Raum – all das sprach ja eine eigene Sprache, die zusammen mit dem, was Reinhold Schneider an Wissen von christlicher Liturgie mitbrachte, ein stummes Mitgehen im liturgischen Vollzug durchaus ermöglichte.

Einem Protestanten freilich mag solches Verhalten noch immer so vorkommen, als habe sich da einer für seinen Glauben mit Äußerlichkeiten begnügt. Wir haben ja zuweilen schon Probleme, wenn es sich um rituelle Vollzüge in der eigenen Sprache handelt. Beispiel: Vaterunser oder Credo. Immer wieder ist zu hören, wenn man den Text theologisch nicht verstehe, sei das Beten im Takt der versammelten Gemeinde eigentlich eine Zumutung. Ein Vollzug, der nur als äußeres Zeichen eines innerlich klaren Glaubens sinnvoll sei, werde zum äußerlichen Herunterbeten ohne Sinn und Verstand entwürdigt.

Solche Überlegungen bewegen sich auf der Einbahnstraße von Innen nach Außen: Nur was innerlich klar sei, könne nach außen gezeigt und vollzogen werden. Liturgie aber führt nicht in die Einbahnstraße, sondern in den Kreisverkehr, ins Wechselspiel von Innen und Außen, von Inhalt und Form, Herz und Welt. Wo die Welt als Ort von Gottes Heiligkeit gelobt und bekannt wird, da wird auch der Weg von Außen nach Innen sinnvoll.

Zum Außen des Rituals gehört nicht nur die Prägung durch vorgegebene Texte, sondern auch die Medialität des Wortes. Das Wort ist nicht bloß Formulierung, sondern wesentlich Gestalt. Das Wort ist nicht nur sinnvoll, sondern auch sinnlich, besteht eben auch aus Stimme, Ton, Klang oder Rhythmus. Das ist nichts, was man, wenn überhaupt, zähneknirschend akzeptieren müsste. Die medialen Eigenschaften des Wortes sind ein Stück Welt und damit wert, geheiligt zu werden. In anderen Liturgiekulturen wird solche Medialität positiv gesehen. Eher beiläufig bemerkt Joseph Ratzinger in seinem Jesus-Buch:

Der heilige Benedikt hat in seiner Regel die Formel geprägt: … *mens nostra concordet voci nostrae* – Unser Geist muss im Einklang stehen mit unserer Stimme (*Reg 19,7*). Normalerweise geht der Gedanke dem Wort voran, sucht und formt das Wort. Aber beim Psalmengebet, beim liturgischen Gebet überhaupt ist es umgekehrt: Das Wort, die Stimme geht uns voraus, und unser Geist muss sich dieser Stimme einfügen.

Joseph Ratzinger/Benedikt XVI., Jesus von Nazareth, 2007, 164.

Demnach ist die Stimme nicht nur Ausdruck des Verstandes. Sie kann auch dem Verstand vorangehen. Psalmensingen erscheint als Ritual, als heilige Handlung, der man sich, auch ohne den Sinn der Formulierungen voll zu verstehen, vertrauensvoll überlässt.

Wenn Gottesdienst als liturgisch verdichtete Begegnung mit Gottes Heiligkeit konzipiert wird, dann dürfen „heilige" Handlungen eigentlich keine Verwunderung auslösen. Wie könnte ich, wenn ich mich explizit in die Gegenwart Gottes stelle, selbst die geeigneten Worte finden? Es liegt nahe, sich in Worten zu bewegen, die als Ritual in Gebrauch sind. Das gilt im liturgischen Verlauf für die formelhaft kleinen wie für die hymnisch großen Doxologien. Das gilt erst recht für die liturgische Sequenz, die als Confiteor auch im lutherischen Gottesdienst ihren Platz gefunden hat. Seine wechselvolle und nicht unproblematische Geschichte muss hier nicht eigens entfaltet werden. Es geht um das Confiteor als Ritual, als „äußere" Handlung, die mich „innerlich" auf das gottesdienstliche Geschehen einstimmt.

Auch im Confiteor heiligt der Mensch ein Stück Welt, diesmal sich selbst. Nicht weil es der Mensch braucht, gibt es einen initialen Akt der Reinigung. Sondern weil Gott heilig ist, braucht es das Confiteor als Akt der Heiligung. Heiligung geschieht als Bekenntnis der Differenz von Mensch und Gott. Von sich aus kann sich der Mensch nicht anders heiligen, als dass er seine Unheiligkeit benennt. Das ist der Sinn des Confiteor. Dass sich der Mensch zugleich als von Gott geheiligt („gerechtfertigt") weiß, hat in anderen Sequenzen der Liturgie seinen genuinen Ort. Eine Gnadenverkündigung als Teil des Confiteor halte ich darum für überflüssig.

Wo der Mensch vor dem heiligen Gott seiner Unheiligkeit gewahr wird, fällt ihm spontan nichts Gescheites ein. Wer Gottes Heiligkeit begegnet, dem verschlägt es die Sprache. Jedenfalls die eigene. Darum ist es gut, das Ritual als „heilige" Handlung parat zu haben, mit Formulierungen, die erprobt sind und die man notfalls auch ohne Aufmerksamkeit vollziehen kann. Ihre Grundausrichtung erschließt sich, auch wenn nicht jedes Wort einleuchtet.

Von einem solchen Verständnis her ist es unsachgemäß, dass das Confiteor im Evangelischen Gottesdienstbuch auf ein „Vorbereitungsgebet" reduziert wurde. Die Benennung lässt im Unklaren, was der Sinn eines solchen Gebetes ist. Die Praxis spiegelt und vergrößert die terminologische Unklarheit. Von stimmungsmäßigen Befindlichkeiten bis zur Gewissenserforschung, von der Bitte um innere Sammlung bis zum Beichtgebet spannt sich der Bogen dessen, womit man gleich zu Beginn des Gottesdienstes konfrontiert wird. Wo das Confiteor so verstanden wird, dass sich der Mensch vor dem heiligen Gott in seiner Unheiligkeit benennt und bekennt, ist der beste Modus der „Vorbereitung“ das Ritual, das bereit liegt.

Ich lobe das liturgische Ritual, weil sich, wer es vollzieht, einübt ins Wechselspiel zwischen Außen und Innen, Innen und Außen. Der Akzent liegt auf „üben“. Denn was vom Innen ins Außen geht, mag noch vorgängiger Erkenntnis und Einsicht entspringen. Wege aber, die von außen nach innen führen, werden nur durch Übung begehbar. Beim Psalmengebet etwa, beim Vaterunser, beim Credo oder eben beim Confiteor braucht es äußere Übung, damit sich innere Türen auftun. Der gottesdienstliche Weg im Geheimnis ist erst mit einiger Übung wirklich begehbar. Von dieser Einsicht hätte jede Liturgiedidaktik ihren Ausgang zu nehmen.

Lesetipps

Fulbert Steffensky, Segnen. Gedanken zu einer Geste: PTh 82 (1993), 2–11.

Hartmut Rupp, Kirchen als heilige Räume, in: ders. (Hg.), Handbuch der Kirchenpädagogik. Kirchenräume wahrnehmen, deuten und erschließen, Stuttgart 2006, 21–31.

Lebensraum Kirchenraum. Das Heilige und das Profane, hg. v. Hanns Kerner, Leipzig 2008.

Herzenswunsch und Sonntagspflicht

Für eine Spiritualität der Nahung

Die Skala der Motive, warum Menschen überhaupt zum Gottesdienst gehen, ist breit. Sie reicht von dem Bedürfnis, Gottesnähe zu erfahren, bis zur persönlichen Verbundenheit mit dem Pfarrer oder der Pfarrerin. Der konkrete Entschluss zum Kirchgang ergibt sich aus so unterschiedlichen Gegebenheiten wie der Sonntagspflicht der Kirche oder dem Herzenswunsch des Individuums.

Theologisch begründete und gemeindlich konsensfähige Vorgaben von offizieller Seite, warum evangelische Christen mit einiger Regelmäßigkeit zum Gottesdienst gehen sollten, finden sich kaum. Die Verlautbarungen der Verantwortlichen spiegeln gerne die vermuteten Motivationen der potenziellen Besucher, notieren biblische Einsichten, verweisen auf Vielfalt, Attraktivität und Zielgruppenorientierung der gottesdienstlichen „Angebote" und vermeiden sorgsam jeden Anschein von Normativität.

Ich schlage vor, die spirituell fremd gewordene und kontroverstheologisch belastete Kategorie des Opfers als liturgische Fundamentalkategorie neu in Erwägung zu ziehen. Vom Judentum lässt sich lernen, was Opfer eben auch sein könnte: „Nahung". Gemeint ist eine von Gott selbst eingeräumte Weise, ihm zu „nahen". Solche Nahung versteht sich als regelmäßiges, regelgemäßes und selbstverständliches Handeln vor Gott. Die wunderbare Selbstverständlichkeit der Nahung könnte für die liturgisch Verantwortlichen wie auch für die Gemeinde Kirchgang und gottesdienstliches Handeln erheblich entlasten.

Beobachtungen

Kirche statt Shopping

Bischof Wolfgang Huber wurde im Zusammenhang mit Berliner Turbulenzen um den verkaufsoffenen Sonntag zum Sonntagsgottesdienst befragt:

ZEIT: Was bietet ein guter Sonntagsgottesdienst?

Huber: Drei Dinge: lebendige Begegnung mit Gott, Orientierung für mein eigenes Leben, die Erfahrung von Gemeinschaft.

Bischof Wolfgang Huber im Interview mit Jörg Lau, in: DIE ZEIT Nr. 47, 15. 11. 2007.

Eine klare Frage. Und eine klare, zwischen theologischer Bestimmung und vermuteten Motiven vermittelnde Antwort.

Warum am Sonntag in die Kirche gehen?

Unter diesem Titel nennt eine evangelische Landeskirche auf ihrer offiziellen Website Gründe, warum Menschen am Sonntag in die Kirche gehen sollten:

Im Gebiet der EKHN feiern etwa 1200 Gemeinden jeden Sonntag Gottesdienste. Dabei nehmen die Besucher und Besucherinnen unterschiedliche Impulse mit nach Hause, denn jeder Pfarrer und jede Pfarrerin verleiht dem Gottesdienst eine eigene Prägung. Er bietet die Gelegenheit für eineinhalb Stunden aus dem familiären und beruflichen Alltag herauszutreten und Anregungen aufzunehmen, für die sonst keine Zeit bleibt: Steckt mehr hinter dem, was mein Auge sieht? Gibt es etwas, in dem ich aufgehoben bin? Worauf kommt es im Leben an?

Das eigene Leben aus einer anderen Perspektive sehen

In einem Gottesdienst steckt die Möglichkeit, von einer anderen Perspektive auf das eigene Leben zu blicken. Die Gebete, Lieder oder die Predigt können Anregung sein, bestimmten Bereichen im Leben eine andere Richtung zu geben. Bei manchem hinterlässt der Sonntagmorgen jedoch einfach das Gefühl von Gelassenheit, innerer Reinigung und positiver Stimmung.

Gemeinsame Suche nach Gott

Während der Gottesdienst-Feier konzentriert sich die Gemeinde auf Gott: Für den Dienst, den Gott den Menschen erweist, loben sie ihn, beten ihn an und danken ihm dafür. Die Erfahrungen von Leid, Trauer und Schuld haben jedoch auch ihren Platz. Damit ist der Mensch nicht allein: Der Gottesdienst ist auch ein Gemeinschaft stiftendes Ereignis. Er ist Ort für Menschen, die gemeinsam auf der Suche nach Gott sind. Oft gibt es im Anschluss Angebote, wie ein Kirchencafé, das Platz für das persönliche Gespräch bietet.

Warum am Sonntag in die Kirche gehen?, in: Homepage der EKHN, www.ekhn.de [05. 01. 2008].

Es ist keine Frage, dass hier tatsächlich Motive benannt sind, warum Menschen dann und wann zum Gottesdienst gehen. Aber der Text nennt lediglich additiv Beobachtungen, die den Gottesdienst als Erfüllung vielfältiger Erwartungen erscheinen lassen. Man fragt sich, ob die Beobachtungen auch gleichzeitig die kirchlich-theologische Begründung für den sonntäglichen Kirchgang sein sollen.

Latein und Liturgie

Warum soll ich zum Gottesdienst gehen? Gerne werden Gründe genannt, die den Nutzen betreffen, den ein Mensch aus dem Gottesdienstbesuch ziehen könne. Wie bemüht solche Auskünfte im Grunde sind, mag ein Vergleich zwischen Latein und Sex erhellen. Ursula März zieht ihn bei der hymnischen Besprechung eines Buches, das Lust auf Latein machen möchte. Der Vergleich von Latein mit Sex liegt nicht unbedingt auf der Hand, ganz zu schweigen vom Brückenschlag zum christlichen Gottesdienst. Aber die prinzipielle Problematik funktionaler Argumentation wird im Artikel der Jounalistin auf humorvolle Weise evident:

Num discendum Latine? Warum Latein? Ja, warum eigentlich? [...]

Wenden wir uns kurz einer anderen Frage zu: Warum Sex? Das ist doch der Antwort wert. Also: Warum machen Sie Sex? Weil Sie in Kenntnis medizinischer Tatsachen davon ausgehen dürfen, dass diese Freizeitvergnügung mit der Ausschüttung bestimmter Hormone belohnt wird, die auf Dauer gesehen der Reproduktion der Knochensubstanz dienen, folglich auf noch längere Dauer gesehen einen Schutz gegen die Volkskrankheit Osteoporose darstellen? Sie denken: Okay, es ist Sonntag, eigentlich kommt heute *Tatort*, eigentlich schade. Aber Osteoporose ist eine schlimme Sache. Was tut man nicht alles, um Osteoporose zu vermeiden.

Natürlich denken Sie nicht so. Kein Mensch denkt so. Jedes Kind weiß, dass Zwecklogik sich auf Spaß eher bremsend auswirkt. Nur sollen Kinder, wenn es um Latein geht, genauso denken. Sie sollen einsehen, dass die Lateinpaukerei nicht in erster Linie Spaß macht, sondern in zweiter und dritter Linie nützlich ist. [...] Gute Bücher lesen, Museen besuchen, nur ausgewählt gute Filme anschauen – das gesamte Programm geistiger Vollwertkost wird Kindern mit der ödesten aller Begründungen, der funktionalen, schmackhaft gemacht. Damit sie in späterer Zukunft nicht verblödet sein werden, dürfen sie heute nicht RTL 2 anschauen. Damit ihr Hirn in dreißig Jahren schön logisch denkt, sollen sie heute Horaz übersetzen.

Klingt bleiern. Ist es auch. Muss aber nicht sein. Es geht auch ganz anders. [...]

Ursula März, Die Leidenschaft (Rezension: Wilfried Stroh, Latein ist tot, es lebe Latein), in: DIE ZEIT Nr. 37 vom 06. 09. 2007.

Sex, Latein und Liturgie – für durchaus unterschiedliche Lebensgebiete gilt Zwecklogik gleichermaßen als wenig förderlich.

Meinungen

Sonntagspflicht

Für den katholischen Bereich formuliert der aktuelle Katechismus mit hinreichender Deutlichkeit:

Die sonntägliche Eucharistie legt den Grund zum ganzen christlichen Leben und bestätigt es. Deshalb sind die Gläubigen verpflichtet, an den gebotenen Feiertagen an der Eucharistiefeier teilzunehmen, sofern sie nicht durch einen gewichtigen Grund (z. B. wegen Krankheit, Betreuung von Säuglingen) entschuldigt oder durch ihren Pfarrer dispensiert sind. Wer diese Pflicht absichtlich versäumt, begeht eine schwere Sünde.

Katechismus der Katholischen Kirche, 1997, Nr. 2181.

Die überaus strenge Bestimmung findet sich nicht in den Ausführungen zur Liturgie, sondern zum Dekalog, in diesem Fall zum dritten, dem Feiertagsgebot. Die Sonntagspflicht ist in der angegebenen Weise nicht praktikabel und wird so auch nicht praktiziert. Trotzdem ist bemerkenswert, wie die Frage nach dem Gottesdienstbesuch hier nicht als Frage nach der Motivation, sondern als Frage nach Gottes Willen erscheint.

Herzenswunsch

Der Schriftsteller Wolfgang Koeppen sagte einst treffend, wie der protestantische Herzenswunsch nach Gottesnähe außerhalb von Gottesdienst oft besser als mit Predigt, Pastor und Posaunen erfüllt werde:

Aber ein Gotteserlebnis [...] ist mir nicht zuteil geworden. Gott brannte nicht in mir. Es mag für die Ohren von streng Gläubigen blasphemisch klingen, aber wenn ich die Frage ehrlich beantworte – ich stehe freundlich mit Gott. Ich empfing manche Gnade von ihm, er bewahrte mich in Not und Gefahr, ich dankte ihm in Gedanken, nicht in Gebeten, ich dankte ihm zu zufälliger Stunde, hier und dort, im Gedränge der Straße, zuweilen in seinem Haus. Ich bin protestantisch getauft und konfirmiert, aber ein Verhältnis zu der Gemeinde ist nicht vorhanden. Ich besuche keinen Gottesdienst, ich verlange nicht nach einer Predigt, ich vermisse den Pastor nicht, ich brauche keinen Mittler.

Meine Zwiesprache mit Gott ist intim. Zuweilen öffne ich die Tür einer katholischen Kirche, zu irgendeiner Tageszeit, ich schnuppere etwas Weihrauch von der letzten Messe, ich freue mich des schönen Raumes und denke freundlich an den Schöpfer. Dennoch ist er der Gott Pascals, „Gott Abrahams, Gott Isaaks, Gott Jakobs, nicht der Philosophen und Gelehrten", aber ich spreche freundlich mit ihm, und er, glaube ich, spricht auch freundlich zu mir. Nehmt es mir nicht übel, ihr Theologen! Ich weiß: ER ist vorhanden!

Wolfgang Koeppen, aus der Antwort auf eine Umfrage „Wie stehen Sie zu Gott?“, in: Die Welt vom 24.12.1951 (zit. nach: Lektüre zwischen den Jahren, 34f.).

Ein Glaube ist das, der sich wundervoll zu äußern weiß, ein gereifter, lebensnaher Glaube, Alltag und Glaube in eins, Wunschbild eines Gläubigen. Wer über Gottesdienst nachdenkt, sollte stets auch bedenken, dass es Menschen gibt, die diese Form religiöser Zusammenkunft nicht brauchen und dabei, jedenfalls nach protestantischer Auffassung, gute Christen sein können. Ob sich das menschliche Herz, ehrlich befragt, wirklich so nach Gottesdienst sehnt, wie es von Kirchenseite gerne den einschlägigen Untersuchungen entnommen wird?

Begegnung mit Gott

Peter Cornehl hatte immer offene Augen für die Pluralität evangelischer Gottesdienstkultur. Im ersten Band seiner groß angelegten Liturgik versucht er eine Formulierung, die in der Vielheit der Phänomene einen gemeinsamen Fluchtpunkt benennt:

Kult und Gottesdienst lassen sich definieren als gemeinschaftliche, geordnete, wiederkehrende Begegnung mit Gott in Wort und Zeichen.

Peter Cornehl, Der Evangelische Gottesdienst, Bd. 1, 2006, 53.

„Begegnung mit Gott“ benennt nicht nur einen theologischen Konvergenzpunkt in der Vielheit der Phänomene, sondern auch ein wesentliches Motiv für den Gottesdienstbesuch von Menschen unterschiedlichster religiöser Prägung.

Was sich von selbst versteht

Martin Mosebach, Literat und Büchner-Preisträger, gibt eine treffende und überraschend kurze Definition, was Glaube sei:

Das ist Glaube: was wir selbstverständlich tun.

Martin Mosebach, Häresie der Formlosigkeit, 2002, 23.

Der kurze Satz hebt die Grundproblematik von Glaube und Werk, die vor allem wir Evangelischen mit der Gestaltseite von Religion haben, in der liturgischen Kategorie des Selbstverständlichen auf. Das lockt selbst dann noch zum Nachdenken, wenn man weltenweit entfernt ist von der tridentinisch-katholischen Liturgik, für die Martin Mosebach ansonsten so beredt eintritt.

Skizzen

- Erfreuliche Motivation und guter Grund
- Doxologisch aus der Zwickmühle
- Umstrittenes Opfer
- Opfer und Offertorium
- Opfer als „Nahung"
- Tun, was dran ist
- Wunderbare Selbstverständlichkeit

Erfreuliche Motivation und guter Grund

Warum gehen Menschen zum Gottesdienst? Eine Vielfalt von Motivationen ist denkbar:

- Eine *mystische Motivation* erwartet Begegnung mit Gott und religiöses Erleben.
- Eine *soziale Motivation* zielt auf Gemeinschaft mit gleich oder ähnlich gesinnten Menschen.
- Eine *eschatologische Motivation* möchte, getrieben von der Frage nach einem jenseitigen Leben, erfahren, wie die eigene Lebenszeit umfangen ist von der Ewigkeit.
- Eine *biografische Motivation* sucht frühere Erlebnisse mit Gottesdienst und die Erinnerung an Menschen, die jene Erlebnisse prägten, durch erneuten Kirchgang wachzurufen.
- Eine *repräsentative Motivation* möchte öffentlich zeigen, dass man dazu gehört oder dass einem, etwa als Politiker, die Anliegen der Glaubensgemeinschaft wichtig sind.
- Eine *rituelle Motivation* schätzt die strukturierende und ordnende Qualität von Liturgie.
- Eine *therapeutische Motivation* erhofft vom Gottesdienst tröstliche oder gar heilende Wirkung in Krankheit und Konfliktsituationen.
- Eine *ästhetische Motivation* freut sich an der Schönheit der Liturgie und an der Vielfalt der Künste, die liturgisch zur Geltung kommen.

Die Liste wäre fortzusetzen. Keine der genannten Motivationen ist schlecht oder verwerflich. Im Gegenteil, es ist gut, wenn Menschen aus dieser oder jener Motivation heraus zum Gottesdienst gehen und wenn der Gottesdienst, den sie besuchen, irgendwie den Erwartungen entspricht. Der Hinweis auf die Motivation von Menschen und auf entsprechende Funktionen der liturgischen Handlung gehört in ein realitätsbezogenes Nachdenken über Gottesdienst und Liturgie.

Die Motivation der Gottesdienstbesucher muss nicht deckungsgleich sein mit dem guten Grund, der theologisch für den Gottesdienstbesuch anzuführen wäre. Die Suche nach dem guten Grund aber gerät derzeit, da die Aufmerksamkeit für die erfreulichen Motive groß ist, leicht ins Abseits. Vielfach spiegeln offizielle Verlautbarungen zum Kirchgang nur das, was man an Motiven der Gottesdienstbesucher kennt oder zu kennen meint. Was zu dem Ergebnis führt, dass, pointiert gesagt, Menschen zum Gottesdienst kommen sollen, weil sie kommen wollen. Das ist, mit Verlaub, doch ein wenig formal.

Auf der praktisch-theologischen Theorieebene sind die Motivation, mit der Menschen kommen, und die Erwartungen, die sie an den Gottesdienst herantragen, Gegenstand von Untersuchungen. So hat etwa Christoph Dinkel den potenziellen Gottesdienstbesucher im Blick, wenn er fragt, was der Gottesdienst für die Menschen leiste. Seine Liste solcher „Leistungen" korrespondiert zum Teil mit den von mir gelisteten Motivationen, präsentiert aber auch Leistungen, die man so gar nicht erwartet hätte, über die man sich aber freuen kann. Dinkel schreibt keine religiöse Verfasstheit des Menschen fest, sondern analysiert das Phänomen des evangelischen Gottesdienstes flexibel im systemtheoretischen Denkrahmen. Das hat in jedem Fall erhellende Wirkung für die wissenschaftliche Liturgik wie für die Gottesdienstgestaltung vor Ort. Das Problem sehe ich in dem, was Dinkel als Prämisse benennt:

> Predigtamt, Gottesdienst und Kirche werden von Melanchthon von ihrer *Funktion* her verstanden. Sie dienen einzig dazu, den Rechtfertigungsglauben zu wecken und zu pflegen [...]. Am Beginn evangelischer Gottesdiensttheorie steht damit eine *funktionale* Bestimmung des Gottesdienstes.
>
> *Christoph Dinkel, Was nützt der Gottesdienst?, 2000, 17f.*

Ich bezweifle, dass die funktionale Bestimmung des Gottesdienstes durch die Reformation einen tragfähigen Ansatz für eine aktuell zu konzipierende evangelische Liturgik darstellt. Die orthodoxe Belehrung, die pietistische Bekehrung und die aufgeklärte Moralisierung, auch Luthers Katechisierung und die moderne Missionierung – das alles sind Funktionen, mit denen man den Gottesdienst instrumentalisierte. Mit Gottesdienst aber als Weg im Geheimnis ist Instrumentalisierung nicht kompatibel, und der gute Grund, warum Menschen sonntags zur Kirchen gehen sollten, lässt sich auf funktionalem Weg schwerlich gewinnen.

Die für den Gottesdienst Verantwortlichen dürfen nicht so tun, als gäbe es die Erwartungen der Menschen nicht. Im Gegenteil, zuweilen können hohe Erwartungen die Müdigkeit des Personals fremdprophetisch kontrastieren und dem liturgischen Handeln neuen Schwung verleihen. Erwartungen verpflichten, machen aber eigenes Nachdenken in der theologischen Sache nicht überflüssig. Die Institution Kirche muss mit Respekt vor den Erwartungen und im Rekurs auf eine Theologie des Gottesdienstes ihre Antwort auf die Frage nach dem Gottesdienstbesuch finden. Wenn die Antwort einigermaßen normativ ausfallen sollte, schadet das nichts. Die Spannung zwischen theologischer Einsicht und gemeindlicher Realität, zwischen gutem Grund und erfreulicher Motivation gehört zur Liturgik und sorgt dafür, dass der Gottesdienst weder in Richtigkeiten erstarrt noch in Moden verschwimmt.

Doxologisch aus der Zwickmühle

Wenn man die vielfältigen Erwartungen erst einmal zur Seite legt, dann bleibt für eine Kirche immer noch die ureigene Frage nach dem guten Grund: Warum sollen Christen regelmäßig zum Gottesdienst gehen?

Die katholische Antwort auf diese Frage klingt einfach: weil es die Kirche so vorschreibt. Man spricht von „Sonntagspflicht". Dieses Gebot ist keineswegs willkürlich. Es kann sich auf die Feiertagsheiligung im Dekalog berufen. Vor allem entspricht es der zentralen Stellung, die der Eucharistiefeier im Leben der Kirche zukommt. Es ist nur konsequent, von Katholiken die regelmäßige Teilnahme an der Messfeier zu fordern. Wer zur Kirche gehört und gehören will, muss regelmäßig an der Ursprungshandlung der Kirche, in der sich der Leib Christi auf Erden bildet und erneuert, teilnehmen. Folglich muss die Institution darauf achten, dass ihre Ursprungshandlung nicht zum Angebot verkümmert, dem man entsprechen kann oder nicht. Es gibt, wenn man es so sieht, mehr als nur einen guten Grund für die Sonntagspflicht.

Die maßgebliche evangelische Antwort auf die Frage nach dem Gottesdienstbesuch gibt es nicht. Die „Leitlinien kirchlichen Lebens" der VELKD sehen zunächst realistisch auf die Situation:

> Etlichen Gemeindegliedern ist der Sonntagsgottesdienst wichtig für ihr Leben. Andere kommen nur selten, nehmen aber an Gottesdiensten an für sie wichtigen Tagen oder im Urlaub teil oder beteiligen sich am Gemeindeleben in anderer Weise. Für viele Kirchenmitglieder hat der sonntägliche Gottesdienst keine erkennbare Bedeutung.
>
> *Leitlinien kirchlichen Lebens der VELKD, 2003, 27.*

Der „Wahrnehmung der Situation" folgen „Biblische Grundlagen und theologische Orientierung". Da wird dann immerhin bemerkt, der Gottesdienst bilde „die Mitte des christlichen Lebens". Aber die Beschreibung überwiegt. Eine auch nur annähernd normative Beantwortung der Frage kommt nicht in den Blick. Das mag man werten, wie man will: als Konsequenz evangelischer Freiheit oder als kirchenleitenden Pragmatismus.

Woher rührt die evangelische Unentschiedenheit? Eberhard Hauschildt verwies in Sachen Gottesdienstbesuch auf zwei evangelische Prinzipien, die in deutlicher Spannung zueinander stehen:

> Einerseits: Glauben gilt als freier selbstverantwortlicher Akt der Einsicht des Einzelnen, er kann und darf durch keine kirchliche (oder gar staatliche) Instanz erzwungen werden [...]. Andererseits: Die Zusammenkunft der Gläubigen zu Verkündigung und Feier ist das einzige unaufgebbare Definitionsmerkmal von Kirche [...].
>
> *Eberhard Hauschildt, in: Baumgartner/Hauschildt, Gottesdienstbesuch und Sonntag, 2006, 99.*

Eine echte Zwickmühle: Das Innen des selbstverantwortlichen Individuums steht gegen das Außen der gottesdienstlichen Versammlung, die als das wichtigste Kennzeichen von Kirche gilt. Wie fatal, wenn einerseits sich das Kirchesein daran entscheidet, dass der Gottesdienst ordnungsgemäß stattfindet (vgl. CA VII), wenn aber andererseits die Individuen mit gutem Gewissen zu Hause bleiben, um dort ihren Glauben zu leben! Der Hinweis von Eberhard Hauschildt ist ebenso hilfreich wie ernüchternd.

Was zunächst nur die evangelische Kirche zu betreffen scheint, gilt faktisch in beiden großen Konfessionen: Der Gottesdienstbesuch ist zur Sache des Einzelnen geworden. Kirchliche Gebote oder Konventionen können die Wahlfreiheit, die eine moderne Gesellschaft dem Individuum selbstverständlich auch in religiösen Belangen einräumt, längst nicht mehr außer Kraft setzen. Was aber Kirche und Theologie nicht davon dispensiert, nach einer Antwort zu suchen, die im gemeinsamen Glauben gründet, katechetisch tragfähig ist und dem einzelnen Menschen Anhalt gibt für seine ureigene Entscheidung. Es geht nicht an, auf extremen Positionen zu insistieren: dem institutionellen Gebot auf der einen, der individuellen Freiheit auf der anderen Seite. Vielmehr ist nach Lösungsansätzen zu suchen, die sich irgendwo in der Mitte zwischen den Polen von Herzenswunsch und Sonntagspflicht ansiedeln.

Im Rahmen meines Konzepts von Gottesdienst als „Weg im Geheimnis“ favorisiere ich eine Linie, die nicht neu, aber in den aktuellen Debatten um den evangelischen Gottesdienst kaum präsent ist. Ich verweise auf Peter Brunners große theologische Liturgik der 1950er Jahre. Man kann sie auch unter der Frage nach dem Gottesdienstbesuch lesen:

> Alle Versuche, die innere geistliche Notwendigkeit des Gottesdienstes aufzuzeigen, bleiben so lange nicht nur unvollkommen, sondern auch problematisch und

vor Mißverständnissen ungeschützt, als sie an dem Gebot „Solches tut zu meinem Gedächtnis“ vorbeigehen.

Peter Brunner, Zur Lehre vom Gottesdienst, 1954, 184.

Der Hinweis auf den Eucharistiebefehl des Herrn der Kirche soll die gottesdienstliche Feier und die Teilnahme an ihr begründen. Das ist, weil es im Zentrum des Christusglaubens wurzelt, ein besonders gewichtiges Argument. Aber für das gesamte, die Eucharistie übergreifende gottesdienstliche Handeln reicht es nicht hin. Was ist mit dem Wortgottesdienst? Was ist mit dem Stundengebet? Was ist mit der Wochenandacht? In seiner Logik muss Peter Brunner jene nicht eucharistischen Gottesdienste, darin der katholischen Spur folgend, zu Ableitungen der eucharistischen Feier erklären.

Prinzipiell ist das ein gangbarer Weg. Die katholische Kirche jedenfalls geht ihn konsequent. Dabei beruft sie sich allerdings weniger formal auf den Eucharistiebefehl des Herrn, sondern sie argumentiert mit der theologischen Qualität der eucharistischen Feier. Die Benennung „Eucharistie“ gibt den entscheidenden Hinweis:

Die Worte „eucharistein“ und „eulogein“ erinnern an die jüdischen Preisungen, die – vor allem beim Mahl – die Werke Gottes rühmen: die Schöpfung, die Erlösung und die Heiligung.

Katechismus der Katholischen Kirche, 1997, Nr. 1328.

„Vor allem beim Mahl“ – aber eben nicht nur beim Mahl, sondern auch beim Wortgottesdienst, der längst integral zur Eucharistiefeier dazu gehört, und beim Wortgottesdienst ohne Eucharistie. Man könnte sagen, das gesamte gottesdienstliche Leben verlaufe nach dem Grundmuster der „Eucharistie“, der Danksagung und des Lobpreises. Wenn man damit nicht prägnant das Sakrament meint, sondern die Qualität gottesdienstlichen Handelns überhaupt, dann kann man auch von Doxologie sprechen: Gott die Ehre geben und die Welt heiligen.

Eine doxologische Grundausrichtung des gesamten gottesdienstlichen Handelns ist auf evangelischer Seite schwer zu vermitteln. Wieder erweist sich das dialogische Modell von Wort und Antwort als problematisch. Bekanntlich hatte Luther in Torgau gesagt, Gottesdienst sei nichts anderes, „als dass unser lieber Herr selbst mit uns rede durch sein heiliges Wort und wir umgekehrt mit ihm reden durch unser Gebet und Lobgesang“. In dem berühmten Diktum ist mit der Nennung von „Gebet und Lobgesang“ eine doxologische Ausrichtung des Gottesdienstes zwar angelegt, betrifft aber, genau genommen, nur die eine der beiden Wechselbewegungen. Im dialogischen Modell von Torgau ist der „Lobgesang“ der Gemeinde als Antwort zu verstehen, und zwar als Antwort darauf, existenziell grundsätzlich wie homiletisch konkret von Gott angesprochen zu sein. Wir verbuchen also das Lob unter „Antwort". Die Lesungen oder gar die Predigt werden protestantisch als Wort und Anrede aus der Gottesrichtung verstanden. Sie als doxologischen Vollzug wahrzunehmen, entspricht evangelischem Empfinden nicht. Was wir Evangelischen zunächst einmal lernen müssten: dass wir auch mit dem, was wir lesen und hören und worin wir uns angesprochen fühlen, Gott die Ehre geben und die Welt heiligen.

Eine sehr protestantische Schwierigkeit kommt hinzu: Wer sagt denn, dass Gebet und Lobpreis ausgerechnet im Gottesdienst der Gemeinde stattfinden müssen? Ich kann Gott, dem Schöpfer, mit meinem Leben danken und ihn loben, mit einem Gebet mitten im Alltag oder mit einem dankbaren Seufzer in einer überwältigend schönen Natur. Dazu brauche es nicht unbedingt den Lobpreis der Eucharistie und das Gebet der versammelten Gemeinde, erst recht nicht die Lesungen aus der Heiligen Schrift mit entsprechender Auslegung. Gott loben: ja, aber still, für mich, in aufrichtiger Erhebung des Herzens. Das ist eine respektable Haltung, und es wird sie, so steht zu hoffen, auch in Zukunft geben. Aber die Notwendigkeit, den Gottesdienst zu besuchen, kann sie gerade nicht begründen.

Wilhelm Stählin führte das Problem, das wir Protestanten mit dem gemeindlichen Gotteslob haben, auf das protestantische Grundproblem mit Liturgie überhaupt zurück, nämlich auf das fehlende oder jedenfalls ins Stocken geratene Wechselspiel von Innen und Außen:

> Dieses „Lob Gottes" kann sich nicht damit begnügen, eine rein innerliche Haltung zu sein, sondern es folgt dem Gesetz des Mysteriums, indem es eingeht in die Leiblichkeit und zum leiblichen Vollzug wird; das heißt: der Gottesdienst schließt in sich leibhafte Anwesenheit, leibhaftes Hören, Sprechen und Singen, leibhafte Gebärde, und er kann nicht geschehen ohne Opfer. Im Protest gegen das Verständnis der Messe als eines Gott dargebrachten Opfers hat die Reformation das Wort „Opfer" so gut wie ganz aus ihrem Sprachgebrauch, jedenfalls aus dem Verständnis des Gottesdienstes, verbannt.
>
> *Wilhelm Stählin, Mysterium, 1970, 113.*

Um die Leiblichkeit und damit auch eine raumzeitliche Bestimmtheit des Gotteslobes, kurz: den Kirchgang zu begründen, verweist Stählin auf eine protestantische Nichtkategorie: Opfer. Nur wenn „Opfer" zur Leitkategorie werde, könne es einen Ausweg aus protestantischen Widersprüchen geben.

Das ist zunächst nicht mehr als eine Andeutung. Sie zeigt zumindest so viel, dass, wer den Gottesdienst doxologisch bestimmen möchte, um das „Opfer" nicht herum kommt.

Umstrittenes Opfer

Ich meine, es sei nicht ausgeschlossen, „Opfer“ auch protestantisch unbefangen in den Blick zu nehmen. Auf jüdischem Hintergrund, wie er neuerdings ins Spiel gebracht wurde, könnte „Opfer“ den guten Grund markieren, warum auch evangelische Christen einigermaßen regelmäßig zum Gottesdienst gehen sollten. Die Aussicht besteht, dass, wenn das Opfer wieder an Plausibilität gewinnt, auch eine doxologische Grundausrichtung des Gottesdienstes nicht mehr in den Sternen steht.

Nun ist „Opfer“ aber bekanntlich eine kontroverstheologisch belastete und auch im generellen Kontext von Religion umstrittene Kategorie. Man kann nicht positiv vom „Opfer“ reden, ohne die Probleme zumindest anzudeuten.

Das Thema gehört nicht nur in den theologischen Diskurs, sondern ist auch von kultureller Reichweite. Man kann ihm etwa in der Literatur begegnen. So lässt Thomas Mann im „Doktor Faustus“ den jüdischen Privatgelehrten Dr. Chaim Breisacher über das Verhältnis von Opfer und Gebet räsonieren:

> „Das Gebet“, vollendete Dr. Breisacher unerbittlich, „ist die vulgarisierte und rationalistisch verwässerte Spätform von etwas sehr Energischem, Aktivem und Starkem: der magischen Beschwörung des Gotteszwanges.“

Worauf der Biograf des Adrian Leverkühn alias Doktor Faustus, Dr. Serenus Zeitblom, sich wenigstens innerlich zur Korrektur bemüßigt fühlt:

> Dabei war in Breisachers Reden durchaus nicht alles in Ordnung; man hätte ihm leicht widersprechen, ihn etwa darauf hinweisen können, daß die spirituelle Geringschätzung des Opfers nicht erst bei den Propheten, sondern im Pentateuch selbst zu finden ist, nämlich bei Moses, der das Opfer unumwunden für nebensächlich erklärt und alles Gewicht auf den Gehorsam gegen Gott, das Halten seiner Gebote, legt.
>
> *Thomas Mann, Doktor Faustus, 1947, 377.*

Drei traditionelle Abwehrhaltungen gegen das Opfer kommen in den zitierten Äußerungen zur Geltung:

- Opfer ist Beschwörung der Gottheit, Versuch menschlicher Einwirkung auf Gott, „Gotteszwang“.
- Schon im Alten Testament selbst ist mit dem Einspruch der prophetischen gegen die priesterlichen Traditionen das Opfer prinzipiell in Frage gestellt.
- Opferkult ist eine archaische Handlung. In dem Einwand Zeitbloms

gegen Breisacher spiegelt sich indirekt auch eine moderne, aufgeklärte Selbstgewissheit, sich von solchen archaischen Elementen primitiver Religion ein für allemal getrennt zu haben.

Eine derart motivierte Selbstgewissheit auf christlicher Seite ist keineswegs auf die Romanfiguren Thomas Manns und ihre Zeit beschränkt. Schmerzhaft deutlich bringt Joseph Ratzinger die spezifisch christliche Abwehr jüdischen Opferkultes als tragendes Element massiver Geschichtstheologie zur Geltung:

Der christliche Kult [...] sieht die Zerstörung des Jerusalemer Tempels als endgültig und als theologisch notwendig an: An seine Stelle ist der universale Tempel des auferstandenen Christus getreten.

Joseph Ratzinger, Der Geist der Liturgie, 2000, 41 .

Was beim schnellen Lesen als eine bloße historische Reminiszenz erscheint, stellt doch das Verhältnis von Kirche und Judentum hart auf die Probe.

Ressentiments gegen „Opfer" also auf beiden Seiten, katholisch wie evangelisch. Aber beide Seiten haben die Rede vom „Opfer" auch nicht einfach abgebrochen. In der katholischen Kirche lebt die Liturgie geradezu von einer Spiritualität des Opfers. Kern ist die katholische Anschauung, in der Eucharistie werde das Opfer Christi vergegenwärtigt:

Das Opfer des Kreuzes und das Opfer der Eucharistie sind *ein einziges Opfer*. Die Opfergabe und der Opfernde sind dieselben, nur die Weise des Opferns ist verschieden: blutig am Kreuz, unblutig in der Eucharistie.

Katechismus der Katholischen Kirche. Kompendium, 2005, Nr. 280.

Aus dem Zitat geht hervor, dass es sich keineswegs um ein neues Opfer der Kirche, das zum Opfer Christi dazu kommen würde, handelt.

An sich hätte auch die Metapher von der Kirche als dem Leib Christi einiges Potenzial, evangelische Bedenken zu zerstreuen: In den Gläubigen, die als Glieder am Leib des Herrn das Opfer der Eucharistie darbringen, handelt der Herr selbst, also keinesfalls in eigner Regie der Mensch. An sich eine inspirierende Vorstellung! Es ist aber die Frage, ob die damit gegebene christologische Grundorientierung auch die problematischen Konsequenzen, die aus ihr abgeleitet werden, zu tragen vermag:

Wie nimmt die Kirche am eucharistischen Opfer teil?

In der Eucharistie wird das Opfer Christi auch zum Opfer der Glieder seines Leibes. Das Leben der Gläubigen, ihr Lobpreis, ihr Leiden, ihr Gebet und ihre Arbeit werden mit Christus vereinigt. Als Opfer wird die Eucharistie außerdem für alle lebenden und verstorbenen Gläubigen dargebracht, als Sühne für die Sünden aller Menschen und um geistliche und zeitliche Gaben von Gott zu erlangen. Auch die Kirche des Himmels ist mit dem Opfer Christi vereint.

Katechismus der Katholischen Kirche. Kompendium, 2005, Nr. 281.

Solche Sätze können von evangelischer Seite nach wie vor nicht unterschrieben werden. Der Opfercharakter der Eucharistie ist noch immer ein Kernstreitpunkt zwischen katholischer und evangelischer Kirche.

Infolge der konfessionellen Kontroverse hat die evangelische Liturgik den Begriff des Opfers so gut wie ganz aus ihren Grundsatzüberlegungen verbannt. Immerhin bleiben als Elemente evangelischer Spiritualität drei Komponenten von „Opfer", das aber sozusagen entkernt, also ohne nennenswerten Bezug auf die eucharistische Feier.

Die eine Komponente verweist auf das *Alltagsleben* als herausragendes Bewährungsfeld des Glaubens. Im gottgefälligen Leben geschieht, unter Rekurs auf Paulus, „Opfer" (Röm 12,1).

Die andere Komponente sieht das *Gebet* als „Opfer". Das schließt das Opfer des Lobes (vgl. Ps 27,6) ebenso ein wie die gebetsweise Explikation eines „geängsteten, zerschlagenen Herzens" (Ps 51,19). Liturgisch wurde diese Komponente auch darin bedeutsam, dass der Altar zum hervorgehobenen Ort des Gebets wurde.

Die dritte Komponente betrifft die *Geldgabe* in Klingelbeutel oder Sammelkörbchen. Sie wird herkömmlich als „Opfer" bezeichnet. Die liturgische Sequenz des Offertoriums ist auch solchen Gaben gewidmet. Wie ein an sich sinnvolles Stück der Liturgie in Misskredit gerät, nur weil man jeden Anklang an ein eucharistisches „Opfer" vermeiden möchte, darauf komme ich in der nächsten Skizze eigens zu sprechen.

Alle drei Komponenten kann man in Paul Gerhardts Liedvers mithören:

Lasset uns singen,
dem Schöpfer bringen
Güter und Gaben;
was wir nur haben,
alles sei Gotte zum Opfer gesetzt!
Die besten Güter
sind unsre Gemüter;
dankbare Lieder
sind Weihrauch und Widder,
an welchen er sich am meisten ergötzt.

Paul Gerhardt, 1666 (EG 449,3)

In die konfessionellen Debatten schien Ruhe eingekehrt; andere Probleme waren vordringlicher. Da wird plötzlich publizistisch erfolgreich und mit überraschender Radikalität die Frage aufgeworfen, ob die Vorstellung vom Opfer nicht nur aus dem christlichen Leben, sondern überhaupt aus dem Verständnis dessen gestrichen werden müsse, was Jesus Christus für uns Menschen getan hat:

> Es ist an der Zeit, dass die Kirchen über ihren Schatten springen. Der Schatten besteht aus einer ganzen Reihe von Glaubensvorstellungen, die im kulturellen Gedächtnis des späten Altertums verankert sind und nicht nur die Theologiegeschichte, sondern auch die Entwicklung der christlichen Liturgien bis hin zur Messfeier und ihren Modifikationen geprägt haben. Beispielhaft dafür ist der Einfluss, der von den Opfer- und speziell Sühnopferkulten im jüdischen und im griechisch-römischen Bereich der hellenistischen Kultur auf christliche Theologien und Liturgien ausgegangen ist.
>
> *Klaus-Peter Jörns, Lebensgaben Gottes feiern, 2007, 13.*

Hier wird mit der Attitüde des Aufklärers ein Rundumschlag gestartet. Auch wenn Jörns' christologischer Fokus beim Sühnopfer Christi nicht genau das trifft, was uns hier liturgisch beschäftigt, so ist sein radikaler Einspruch doch ein zusätzlicher Anlass, sich noch einmal mit dem „Opfer" zu beschäftigen, das so wesentlich zur Bibel wie zur Kirche gehört.

Opfer und Offertorium

Etwas versteckt begegnet im evangelischen Gottesdienst neben dem fundamentalen „Kreuzesopfer" Christi, dem „Lebensopfer" des Einzelnen und dem „Lobopfer" der Gemeinde noch eine Spielart von „Opfer": das Geldopfer im Klingelbeutel. „Das Opfer am Ausgang ist heute bestimmt für die Arbeit der Bahnhofsmission" – an solche Hinweise sind wir gewöhnt. Und doch verbirgt sich an dieser Stelle ein massives Problem evangelischer Liturgik.

Simple Ausgangsfrage: Wann sammelt man am besten den Klingelbeutel ein? Simple Antwort: bei irgendeinem Lied, wenn das Einsammeln nicht stört. Liturgisch seriöse Antwort: im Zusammenhang mit der Gabenbereitung. Der liturgische Fachbegriff für „Gabenbereitung" aber ist „Offertorium".

Der Begriff „Offertorium" leitet sich ab von lat. offerre = darbringen. Früher übersetzte man sprachlich ungenau und sachlich irreführend mit „Opferung". Kein Wunder, dass sich der reformatorisch inkompatible Opfergedanke in besonderer Weise an dieser Sequenz festgemacht hat. Evangelische Skepsis war von daher verständlich. Im Grunde freilich handelt es sich beim Offertorium um etwas so Unverfängliches wie die Herbeibringung von Brot und Wein zum Altar.

Zur Geschichte des Offertoriums erinnere ich an die früheste Zeit, in der Eucharistie und Agape, sakramentales und sättigendes Mahl noch miteinander verbunden waren. Brot und Wein dienten in diesem Kontext nicht nur als Elemente für die Eucharistie, sondern auch als Nahrungsmittel für die Agape. Dazu kamen andere Lebensmittel. Die Reichen brachten mehr mit als die Armen. Eine gerechte Verteilung war zu gewährleisten. Mit der Verlagerung der Agape aus dem Gottesdienst wurde die eucharistische Bestimmung der Gaben die eigentlich wichtige. Es kam hinzu, dass die Eucharistie zunehmend als Opfer verstanden wurde. Aus den Naturalien, die die Gläubigen einst beibrachten, waren längst geldliche Gaben geworden. Daraus entstand eine Art religiöses Tauschgeschäft:

Im Mittelalter wird das Motiv des Bitt- und Sühnopfers verstärkt, und wenn der Gläubige jetzt dem Priester eine Oblation für die Feier der Messe reicht, steht für ihn das Anliegen, die Fürbitte im Vordergrund, so daß der Opfergang in erster Linie als ein „Sich-Einkaufen“ in die Verdienste Christi verstanden wird (J. A. Jungmann).

Rupert Berger, Art. Gabenbereitung, 1999, 159.

Von der merkantilen Umprägung waren natürlich auch die entsprechenden Begleitgebete im Offertorium betroffen. Es verwundert nicht, dass die Reformation an dieser Form von Opferhandlung Anstoß nahm.

Das Zweite Vatikanische Konzil hat das Offertorium gründlich reformiert. Der Altar wird bereitet zum Zeichen, dass nach dem Wortgottesdienst etwas Neues anhebt. Die Gläubigen bringen Brot und Wein herbei, was praktisch meist so geschieht, dass Kommunionhelfer die Elemente zum Altar bringen. Im Zusammenhang mit der Herbeibringung von Brot und Wein sind auch die (jetzt natürlich meist geldlichen) Gaben zu sehen, die während der Gabenbereitung eingesammelt und von der Kirche für karitative und andere Aufgaben verwendet werden. Es wird aber alles vermieden, was als ein Sich-Einkaufen in die Verdienste Christi ausgelegt werden könnte. Im Gegenteil, die Gebete des Priesters bringen den Lobpreis des Schöpfers zum Ausdruck, der Brot und Wein als Gottes Gaben würdigt. Zugleich werden die Gaben als „Frucht der Erde (des Weinstocks) und der menschlichen Arbeit“ kenntlich gemacht.

Das Evangelische Gottesdienstbuch hat diesem Stück des Gottesdienstes besonderes Augenmerk geschenkt. Endlich scheint die Frage nach dem Ort des Klingelbeutels sinnvoll gelöst. Nicht zu irgendeinem Zeitpunkt, an dem es möglichst wenig stört, sondern an dem genuin dafür vorgesehenen Ort der Liturgie soll gesammelt werden. Ein Dankopferlied begleitet das Einsammeln der Kollekte. Im unmittelbaren Anschluss daran wird der Altar bereitet.

So weit der Vorschlag. Die Realität sieht oft anders aus. Beispiel: Bayern. Dort scheint die lutherische Kirche besondere Angst vor problematischen Konnotationen gehabt zu haben, als sie im Vorgriff auf das zu erwartende Evangelische Gottesdienstbuch ihre eigenen Entscheidungen zum Ablauf des Gottesdienstes im Anhang zum neuen Gesangbuch normativ publizierte. Das „Dankopfer", gemeinhin „der Klingelbeutel", ist hier der Predigt und dem Predigtlied zugeordnet. Der „Dank" im Dankopfer gilt rückwirkend dem gehörten Predigtwort und nicht, im Sinne des eucharistisch lobpreisenden Danks, vorausblickend dem gesamten Wirken Gottes von der Schöpfung über die Erlösung bis zur Vollendung. Schon das ist ein Problem. Darüber hinaus scheint unklar geworden zu sein, was „Dankopfer" im eigentlichen, eucharistischen Sinn bedeutet. In den Erläuterungen zur Grundform G 1 heißt es: „Der Dank für die Gaben kann hier ausgesprochen werden." „Dankopfer", im Licht der nachfolgenden Eucharistie gelesen, wäre aber nicht nur Dank *für* die Gaben, sondern vor allem Dank *mit* den Gaben. In doxologischer Terminologie: Im Offertorium gibt die Gemeinde Gott die Ehre und heiligt exemplarisch die Welt, indem sie die Gaben unter Dank und Lobpreis Gott gleichsam zurückgibt. Die kleine Beobachtung zur kirchlichen Terminologie zeigt, wie konfessionelle Auseinandersetzungen der Vergangenheit sinnvolles liturgisches Handeln in der Gegenwart noch immer blockieren. Im lutherischen Bayern bleibt das Einsammeln des Klingelbeutels eine karitativ hilfreiche, aber liturgisch sinnlose Sequenz.

Ein Problem ist freilich nicht nur die unentschiedene und ängstliche Haltung gegenüber dem „Opfer". Theologisch hängt am Offertorium auch der fundamentale Konnex von Eucharistie und Diakonie. Und um den ist es, wie der Blick in viele Klingelbeutel zeigt, nicht gut bestellt. So jedenfalls befand Herbert Krimm, Gründer und erster Leiter des Diakoniewissenschaftlichen Instituts in Heidelberg:

Ein Opfer ist nur, was wehtut, und das bescheidene Trinkgeld, das der Sache Gottes am Sonntag zugewendet wird, hat diese Eigenschaft, von wenigen respektablen Ausnahmen abgesehen, im allgemeinen nicht.

Was Opfer war und ist zum Trinkgeld geschrumpft. Das macht die genuine Verbindung von Eucharistie und Diakonie nahezu bedeutungslos. Darum der Aufruf an die für den Gottesdienst Verantwortlichen:

Gewiß hat das moderne Leben viele zweckmäßige Arten der Spenden und Überweisung mit sich gebracht, doch dürften sie den Blick für den ursprünglichen Zusammenhang nicht verdunkeln. Darin liegt auch die Forderung gegenüber der Pfarrerschaft, es mit der Ankündigung des Opfers, seines Zweckes und seiner Verwendung möglichst genau zu nehmen.

Herbert Krimm, Das Opfer im Gottesdienst, 1960, 337 u. 339.

Der Aufruf ist noch immer aktuell. Und das zumal da, wo die im Klingelbeutel gesammelten Einlagen gar nicht in erster Linie Menschen, die in

Not sind, zugute kommen, sondern für diese und jene Bedürfnisse der eigenen Gemeinde verwendet werden.

Opfer als „Nahung"

Vom Judentum lässt sich lernen, was Opfer auch sein könnte: eine von Gott selbst eingeräumte Weise, ihm zu „nahen". Das Substantiv wäre „Nahung"; so übersetzen Buber/Rosenzweig, wo Luther von „Opfer" redet. Solche „Nahung" versteht sich als regelmäßiges, regelgemäßes und selbstverständliches Handeln vor Gott.

In die neuere Diskussion um das Opfer hat Alexander Deeg seine Überlegungen zur Spiritualität des Opfers im Judentum eingebracht. Dabei geht es nicht in erster Linie um das antike Judentum, von dessen Opferkult sich Protestantismus und Katholizismus auf je eigene Weise absetzen. Es geht um jüdische Spiritualität, wie sie sich nach der Zerstörung des Tempels ausbildete und wie sie bis heute in der einen oder anderen Weise jüdisches Verhalten prägt.

Das rabbinische Judentum reagierte auf die Zerstörung des Tempels im Jahr 70 n. Chr. nicht so, dass es das Opfer als ein für alle Mal beendet ansah. Vielmehr sprach man weiterhin vom „Opfer", verstand es aber anders als zuvor. Jetzt sah man das ehemalige Opfer im Tempel durch drei elementare Handlungen der Frömmigkeit repräsentiert: Gebet, Torastudium und Einhaltung der Gebote. Beim Opfer ging es jetzt nicht mehr um priesterliches Tun in Jerusalem, sondern um die Trias Beten – Lernen – Handeln, zu der jeder Mensch jüdischen Glaubens an jedem Ort der Welt Zugang hatte. Diese drei Vollzüge wurden von den Rabbinen bevorzugt mit „Opfer" in Verbindung gebracht. Sie wurden nicht als Ersatz für den Tempel verstanden, sondern, wenn auch in anderer Gestalt, als seine Fortsetzung.

Gottesdienst in einem liturgischen Sinn verbirgt sich in der Trias unter dem Stichwort „Beten". Das Judentum kennt eigentlich kein exaktes Äquivalent zu „Gottesdienst" oder „Liturgie". Im jüdischen Bereich geht man nicht zum „Gottesdienst", sondern man „betet". Natürlich betet man auch einzeln. Aber zu bestimmten Zeiten geht man dazu in die Synagoge. Das ist dann gemeinsames Gebet oder, wie wir sagen würden, Gottesdienst. Aus Gründen der Vereinfachung rede ich, wenn ich das synagogale Beten meine, immer wieder auch von „Gottesdienst".

Natürlich stellt sich die Frage, ob der synagogale Gottesdienst, wenn er in den Deutehorizont des Tempelopfers tritt, nicht auch die christlich perhorreszierten Komponenten von Opfer übernimmt. Oder, mit jenem Dr. Breisacher bei Thomas Mann: ob damit das Gebet nicht doch zur „magischen Beschwörung des Gotteszwanges", mithin der Gottesdienst zur Opferhandlung im problematischen Sinn wird.

Alexander Deeg hat gezeigt, dass schon das Tempelopfer keineswegs einlinig nach der Devise zu verstehen war, die man ihm gerne unterstellt: *Do ut des* (Ich gebe, damit du gibst). Wo Luther hebr. qorban mit „Opfer" übersetzte, sagen Martin Buber und Franz Rosenzweig in ihrer Bibelübersetzung „Nahung". Das entspricht der hebräischen Wurzel qrb = „sich nähern, nahe kommen" und ist schon von daher präziser als das deutsche „Opfer" mit seiner Last an negativen Konnotationen. Damit konkretisiert sich in einem ungewohnten Begriff, was Gerhard von Rad schon vor Jahrzehnten sensibel beschrieb. Priesterliche und prophetische Traditionen seien, so der Alttestamentler, einander keineswegs so fern, wie es christliche, speziell protestantische Theologie allzu oft gerne gesehen hätte:

Israels Glaube läßt sich unmöglich in zwei derart einander fremde Religionsformen zerlegen; vielmehr war Israel des Glaubens, daß sich Jahwes Heilszuwendung nicht in geschichtlichen Taten oder auch in der gnädigen Lenkung der Einzelschicksale erschöpft, sondern daß Jahwe auch im Opferkultus eine Einrichtung geschaffen habe, die Israel einen ständigen Lebensverkehr mit ihm eröffnete.

Gerhard von Rad, Theologie des Alten Testaments, Bd. 1, 1960, 273.

Der heilige Gott und der unheilige Mensch: Wenn es „Nahung" geben soll, muss sie von Gott eingeräumt werden. Bei selbst inszenierten „Nahungen" würde der Mensch vergehen: „Mein Angesicht kannst du nicht sehen; kein Mensch wird leben, der mich sieht" (Ex 33,20). Alexander Deeg hat die „Nahung", die von Gott her möglich wird, treffend beschrieben als „menschliche Bewegung im Spannungsfeld von Gottes Heiligkeit und seiner Weltwirklichkeit":

Da gibt es Heiliges (qadosch) und Profanes (chol). Beide Aspekte erscheinen im Tanach aber nicht als getrennte Sphären oder statische Bereiche, sondern als Pole eines Spannungsfeldes, in dem sich ständig Bewegung ereignet. Gott als der Schöpfer ist in seiner Heiligkeit auf die ‚profane' Welt bezogen, bewegt sich auf sie zu und ermöglicht dadurch die Bewegung der Welt auf ihn hin.

Alexander Deeg, Opfer als ‚Nahung', 2003, 117f.

Das „Opfer" des Gebets, sei es zu Hause oder in der Synagoge, wäre demnach als „Nahung" zu verstehen: als eine von Gott selbst eingeräumte Möglichkeit, ihm zu nahen.

Diese Sicht der Dinge eröffnet der Diskussion, was denn eine evangelische Motivation zum Gottesdienst sein könnte, unerwartet neuen Spielraum. Gottesdienst wäre Opfer, ja, aber im Sinne von „Nahung". Nicht der Mensch will auf Gott einwirken, sondern Gott selbst schafft dem Menschen einen Weg, sich in Gottesnähe zu bewegen. Zugegeben, diese

Prämisse ist nicht leicht nachzuvollziehen. Evangelischer Gottesdienst ist keine heilige Handlung, die vom Himmel gefallen und nun ein für alle Mal unverändert zu feiern wäre. Die Prämisse formuliert vielmehr das Vertrauen in einen gottesdienstlichen Weg, an dem Generationen geformt haben, den Glaubensstreit geläutert hat, dessen tragende Texte der Bibel entnommen oder biblisch inspiriert sind und dessen aktuelle Form sich auf einen Konsens der Gemeinden und der Kirche berufen kann, in dem sich die Verantwortlichen kenntnisreich und respektvoll bewegen. Es ist und bleibt eine Prämisse im Glauben, dass bei der Ausbildung dieses Weges göttliche Providenz im Spiel war. Ein dergestalt komplexer Zusammenhang verbirgt sich hinter der Behauptung, solche Nahung sei von Gott selbst gegeben.

Der gottesdienstliche Weg im Geheimnis wäre demnach von Gott gegeben, damit wir ihn gehen. Nicht um heute oder morgen ans Ziel zu gelangen. Sondern dass wir ihn wieder und wieder gehen, weil er bereit liegt. Die Bestimmung scheint sich im Kreis zu drehen. Aber genau in dieser kreisförmigen Struktur zeichnet sich ab, was oben schon als Martin Mosebachs Definition von Glaube zitiert wurde: „Das ist Glaube: was wir selbstverständlich tun.“ Nicht der zielgerichteten Suche nach außergewöhnlichen religiösen Erlebnissen, sondern dem absichtslosen Gehen des selbstverständlichen Weges gilt die Verheißung der „Nahung“.

Wie selbstverständlich, wie äußerlich und wie reich solche „Nahung“ sein kann, zeigt auf anrührende Weise Leon Wieseltier, ein amerikanischer Jude, der seinen Glauben kaum mehr praktiziert hatte. Als sein Vater gestorben war, unterzog er sich dem für diesen Fall vorgesehenen „Opfer“: dem regelmäßigen Totengebet oder „Kaddisch der Trauernden“. Durch das rituelle Beten fand er neu in seine Religion. Er beschreibt eindrücklich, was ihm dabei geschah:

Am 24. März 1996, dem 5. Nissan 5756 des jüdischen Kalenders, starb mein Vater. Danach sprach ich ein Jahr lang dreimal täglich, während des Morgen-, des Nachmittags- und des Abendgottesdienstes, das Gebet, das man das Kaddisch der Trauernden nennt – zumeist in einer Washingtoner Synagoge, und wenn ich auswärts war, in den örtlichen Synagogen. Es war meine Pflicht, dieses Gebet zu sprechen, und die Gründe dieser Pflicht werden in diesem Buch deutlich werden.

Sogleich fiel mir auf, wie wenig ich über das Ritual wußte, das ich mit so unerwarteter Treue vollzog. Und bald begriff ich, daß es mir nicht gelingen würde, meine übrige Existenz gegen die Auswirkungen dieser unverstandenen und mühsamen Übung abzuschotten. Die Symbole durchdrangen alles. Aus der Zeit der Trauer wurde eine Zeit der seelischen Erneuerung, auf die ich überhaupt nicht vorbereitet war.

Leon Wieseltier, Kaddisch, 1998, 9.

Dieser Mann war den Weg der Nahung gegangen, der in dieser Situation bereit lag. Selbstverständlich. Trotz verblassten Glaubens. Die Zeit „äußerlichen“ Betens fiel „innerlich“ so reich aus, dass nicht nur der Glaube wieder an Farbe gewann, sondern auch noch ein bewegendes Buch entstand.

Tun, was dran ist

Was eigentlich ist „Gottes-Dienst“? Gebetsmühlenartig bestätigt sich der Protestantismus, wo es um konkrete Praxis geht, eine theologische Prämisse:

Gottesdienst ist eigentlich als Gottes Dienst am Menschen zu verstehen, wenngleich der Begriff im allgemeinen (auch kirchlichen!) Sprachgebrauch die kirchliche Veranstaltung bezeichnet, als handle es sich um einen von Menschen für Gott geleisteten Dienst.

Leitlinien des kirchlichen Lebens der VELKD, 2003, 26.

Wilhelm Stählin hat in derartigen Behauptungen schon vor Jahrzehnten eine sehr protestantische Verkrampfung diagnostiziert. Was ist „Gottesdienst“? Dienst des Menschen gegenüber Gott? Oder Gottes Dienst am Menschen? Mutig macht sich der lutherische Theologe für die anthropologische Perspektive stark:

Daran ist ohne jeden Zweifel richtig die Erkenntnis, daß im Gottesdienst etwas an uns geschieht, und daß, wer am Gottesdienst teilnimmt, bereit ist, eben das an sich geschehen zu lassen, was in jener Anrede an uns geschehen will. Nur sollte man das nicht mit dem Wortspiel ausdrücken, daß es sich im Gottesdienst um einen Dienst handle, den Gott an uns tun will; damit ist der Sinn des Wortes „Gottesdienst“ auf den Kopf gestellt. Denn zweifellos meint dieses Wort einen Dienst, den wir Gott leisten und erweisen; [...] Gott die Ehre geben, die Ihm gebührt, das heißt: Ihn anerkennen als den, der Er ist [...].

Wilhelm Stählin, Mysterium, 1970, 111.

Die Einsicht des Glaubens, dass alles Tun und Lassen letztlich auf Gott zurückgeführt werden müsse, ist auch bei ihm die Prämisse für das theologische Nachdenken über „Gottesdienst“. Aber er sieht sich nicht mehr veranlasst, krampfhaft eine menschliche Handlung, die Liturgie, zu einem grundsätzlichen Nichttun des Menschen und einem ausschließlichem Tun Gottes („Gottes Dienst am Menschen“) zurechtzureden. Denn die theologische Einsicht wird dem phänomenalen Befund nicht gerecht. Wer sich von zu Hause aufmacht und in die Kirche geht, tut etwas. Wer einen Gottesdienst vorbereitet und ihn in der einen oder anderen Funktion durchführt, tut etwas. „Nahung“ als eine von Gott selbst eingeräumte Möglichkeit, ihm zu nahen, wird beidem gerecht, der Prämisse wie dem Phänomen. Es lohnt sich, den jüdischen Hintergrund noch etwas auszuleuchten.

„Nahung“ steht nicht allein, sondern fungiert, wie bereits erwähnt, als Element der Trias Beten – Lernen – Handeln. *Beten* meint das individuelle Gebet ebenso wie das gottesdienstliche Beten in der Synagoge. *Lernen* ließe sich umschreiben als die intellektuell redliche und zugleich existenziell erwartungsvolle Beschäftigung mit den Inhalten und Traditionen des Glaubens. Und *Handeln* würde bedeuten, in der Spannung von Gebot Gottes und Gebot der Stunde die notwendigen Entscheidungen zu treffen und das Tun entsprechend auszurichten. Die Trias verbindet Beten, Lernen und Handeln in einem großen, kühnen und praktikablen Entwurf als Segmente der einen Spiritualität der Nahung.

Die jüdische Entwicklung vom Tempelopfer zur Trias der Nahung fiel, als der Tempel zerstört war, nicht einfach vom Himmel. Sie hat selbstverständlich Wurzeln im Alten Testament. Im Blick auf diese vorlaufenden Linien wurde gerne von „Spiritualisierung“ geredet. Gemeint war die Differenz von blutigem Opfer an der Kultstätte und unblutigem Opfer der Lebensführung nach Gottes Gebot, wie sie in der prophetischen Tradition eine Rolle spielte. Aus heutiger Sicht ist der Begriff der „Spiritualisierung“ problematisch:

Der Nachteil des Begriffs liegt m. E. aber in der Einseitigkeit seiner Richtungsangabe hin zum Geistigen, Abstrakten und angeblich eigentlich Gemeinten. Hermeneutisch gründet die Rede von der Spiritualisierung [...] in der Unterscheidung von ‚Form‘ und ‚Inhalt‘, die gleichzeitig immer die Höhergewichtung des Inhalts gegenüber der Form impliziert: Man habe – schon im ‚Alten Testament‘, dann erst recht nach 70 n. Chr. – den eigentlichen Inhalt erkannt; die äußere Form sei demgegenüber marginal geworden.

Alexander Deeg, Opfer als ‚Nahung‘, 2003, 139.

„Spiritualisierung“ wird landläufig als ein Prozess von Vergeistigung und Verinnerlichung verstanden. In diesem Sinn trifft der Begriff der „Spiritualisierung“ auf die Entwicklung des jüdischen Opfers gerade nicht zu. Vielmehr wäre eine bestimmte Spiritualität, die des Tempels, in eine andere Spiritualität, die des gottgemäßen Lebens, überführt worden. Zur Spiritualität gehört notwendig, dass sie eine Außenseite hat und dass Innen und Außen im Austausch stehen. Auch bei einem Leben in der Trias Beten – Lernen – Handeln geht es um weit mehr als nur um eine innere oder „geistige“ Haltung. Es geht, in allen drei Segmenten, um konkrete Vollzüge im Leben. Diese müssen nicht einmal notwendig immer und überall mit der momentanen inneren Einstellung im Einklang stehen: Man betet, auch wenn man dazu keine Lust hat, wenn man die Notwendigkeit gerade nicht einsieht und selbst wenn man, wie jüdische Beispiele gerade aus jüngerer Zeit eindrucksvoll belegen, den Gottesglauben der Väter und Mütter verloren hat. Der äußere Vollzug hat im Bereich von „Spiritualität" eine gewisse Eigenständigkeit gegenüber der inneren Einstellung.

Eine solche nicht spiritualisierte Spiritualität wird unter dem Leitbegriff „Opfer" oder „Nahung" gelebt. Alexander Deeg zeigt, dass weder für das Tempelopfer noch für das Opfer der Lebensführung die üblichen Zuweisungen gelten, die einem zum Begriff „Opfer" reflexartig einfallen.

Traditionell werden dem Opfer zwei Grundhaltungen des Menschen gegenüber der Gottheit zugeschrieben. Die eine Grundhaltung, die des Bittopfers, kann in die Formel gefasst werden: *Do ut des* (Ich gebe, damit du gibst). Die andere Grundhaltung ist die des Dankopfers und wird mit der Formel beschrieben: *Do quia dedisti* (Ich gebe, weil du gegeben hast). In jüdischer Spiritualität werde, so Deeg, eine andere, dritte Formel den Phänomenen gerecht: *Das et do* (Du gibst und ich gebe).

Im Anschluss an frühere Überlegungen zur Eigensprachlichkeit der Liturgie würde ich im Blick auf die Formel *Das et do* gerne von „parataktischer" Spiritualität reden. Handeln Gottes und menschliche Aktivität sind nicht logisch miteinander verknüpft, weder final (*ut*) noch kausal (*quia*). Die beiden Aktivitäten, die des Himmels und die der Erde, stehen nebeneinander; sie sind einander parataktisch zugeordnet. Das macht solche Spiritualität prinzipiell unabhängig von dem, was Gott tut oder nicht tut. Weder will ich auf ihn einwirken (*ut*) noch warte ich auf sein spürbares Wirken (*quia*). Ich tue, was ich zu tun habe, und Gott tut, was er zu tun gedenkt (*et*).

Eine parataktische Spiritualität im Sinne von Nahung presst liturgisches Handeln nicht in Schemata wie das von Erwartung und Erfüllung oder von Wort und Antwort, sondern folgt einzig der Devise, dass Gott die Ehre zu geben sei. Oder, im Leitbild vom Weg im Geheimnis: Auf dem Weg bleiben! Er wird entgegen kommen. Spürbar. Oder auch nicht. Die Ehre, dass ich auf dem Weg bleibe, gebührt ihm allemal. Zeugnissen wie dem „Kaddisch" des Leon Wieseltier ist zu entnehmen, dass sich in der Spur äußeren Vollzugs reiche innere Erfahrung auftun kann. Garantiert ist nichts. Wovon aber das Beten nicht abhängt. Denn in einer parataktisch angelegten Spiritualität tue ich, was dran ist, und überlasse es Gott, zu seiner Zeit zu handeln.

Wunderbare Selbstverständlichkeit

Warum sollen evangelische Christen sonntags zum Gottesdienst gehen? Die Antwort auf einer kirchlichen Website würde nüchtern ausfallen und könnte im Kern etwa so lauten:

Mit dem Gottesdienst der Kirche liegt eine Möglichkeit bereit, wie wir Gott die Ehre geben und mit dem alltäglichen Leben in Gottesnähe bleiben. Gottesdienst ist ein Pilgerweg in der Gotteswirklichkeit. Der Weg ist bewährt, weist mittleren Schwierigkeitsgrad auf und erfordert Übung. Es ist wie beim Joggen oder Klavierspielen: Nur regelmäßiges Üben bringt etwas. Je selbstverständlicher, desto besser.

Was die Theologie zum Gottesdienst der Kirche beiträgt. *mehr* ...

Was Menschen vom Gottesdienst berichten. *mehr* ...

Was Sie schon immer über den Gottesdienst wissen wollten. *mehr* ...

Hintergrund der skizzierten Antwort ist Gottesdienst als Nahung: als eine von Gott selbst eingeräumte Weise, ihm zu nahen. Eine Spiritualität der Nahung würde, so meine Überzeugung, auf alle liturgisch Beteiligten, Gemeinde wie Personal, entlastend wirken, weil sie die Lebensgestaltung aus Glauben nicht als Kraftakt, sondern als Selbstverständlichkeit zur Geltung bringt.

Wie sich eine solche Spiritualität des Selbstverständlichen im liturgischen Detail auswirkt, will ich am Beispiel des Confiteor zeigen. Vielleicht gelingt es, in und mit dieser Sequenz etwas von der wunderbaren Selbstverständlichkeit der Nahung zu entdecken.

Im Evangelischen Gottesdienstbuch begegnet, was früher das Confiteor war, jetzt recht unauffällig unter dem Stichwort „Vorbereitungsgebet“. Ich lasse aber die angestrengten und anstrengenden Versuche beiseite, den Menschen in seiner Gefühlslage am Sonntagmorgen „abzuholen“, und beziehe mich auf die überlieferte Weise des Confiteor. Es hatte als Rüstgebet des Klerus und Offene Schuld der Gemeinde schon vor der Reformation seine Grundstruktur in vier Teilsequenzen ausgebildet: Adiutorium – Confiteor – Misereatur – Indulgentiam. Ich präsentiere eine bayerische Textfassung von 1981, die dem klassischen Aufbau des Rüstgebets folgt:

L: Unsere Hilfe steht im Namen des Herrn,
G: der Himmel und Erde gemacht hat [Ps 124,8].

L: Wir sind hier versammelt,
um miteinander Gottes Wort zu hören
und ihn im Gebet und Loblied anzurufen.
Vor dem heiligen Gott erkennen wir unsere Unwürdigkeit
und bekennen vor ihm, dass wir gesündigt haben
mit Gedanken, Worten und Werken,
auch aus eigener Kraft
uns von unserem sündigen Wesen nicht erlösen können.
Darum nehmen wir Zuflucht zu der grundlosen Barmherzigkeit Gottes,
unseres himmlischen Vaters,

begehren Gnade um Christi willen
und sprechen: Gott, sei mir Sünder gnädig [Lk 18,13].
G+L: Der allmächtige Gott erbarme sich unser.
Er vergebe uns unsere Sünde und führe uns zum ewigen Leben. Amen.

Ordnung des Hauptgottesdienstes, 1981.

Weil Gott heilig ist, braucht es das Confiteor als Akt der Heiligung. Von sich aus kann sich der Mensch nicht anders heiligen, als dass er seine Unheiligkeit benennt. Das ist der doxologische Sinn des Confiteor.

Auf dem Hintergrund dieser Bestimmung fallen mir drei Details auf, die sich von der ursprünglichen Handreichung 1981 bis zur Revision 1996 im Text verändert haben (s. Ordnungen der Gottesdienste an Sonn- und Feiertagen):

(1) Wo wir uns damals noch „vor dem heiligen Gott" stehen sahen, erkennen wir uns jetzt lediglich „vor Gott". (2) Das biblische Votum nach Ps 124,8 „Unsere Hilfe steht im Namen des Herrn …" war damals noch dem Confiteor gewissermaßen als Auftakt zugeordnet; das Bekenntnis begann im Namen des Herrn, während es jetzt mit der Beobachtung einsetzt, dass wir hier versammelt sind. (3) Während wir uns damals sehr grundsätzlich unserer „Unwürdigkeit" bewusst werden sollten, erkennen wir jetzt, dass wir in dieser oder jener Situation durch Tat und Unterlassung gesündigt haben.

Die grundlegende Veränderung zwischen der zitierten Fassung und der Revision besteht darin, dass jetzt nicht mehr Gottes Heiligkeit die Einsicht der eigenen „Unwürdigkeit" provoziert, sondern dass der Mensch auf dem Weg geistlicher Introspektion seiner Befindlichkeit vor Gott gewahr wird. Die Veränderung ist kein Sündenfall. Aber sie mindert die Qualität, die das Confiteor mitbrachte: seine wunderbare Selbstverständlichkeit. Die im Übrigen noch wunderbarer wird, wenn man die inhaltliche Dramatik in den Blick nimmt (nach der oben zitierten Fassung von 1981):

Dramatisch das Szenario: Auftakt „im Namen des HERRN, der Himmel und Erde gemacht hat". In der Formel ist vom Geheimnis des Namens bis zur Evozierung des Uranfangs eigentlich genug enthalten, was Verstand und Vorstellungskraft übersteigt. In solchen Ungeheuerlichkeiten bewegen wir uns mit der Selbstverständlichkeit des Rituals. Wechselrede zwischen Liturg und Gemeinde, Zitat aus der Bibel – undramatisch, eingeübt, praktikabel.

Dramatisch die Situation vor dem „heiligen" Gott. Vergleichbar die Situation bei Jesaja: „Weh mir, ich vergehe!" (Jes 6,5). Hier aber vergeht niemand. Selbstverständlich, rituell, geradezu routiniert wird die eigene Unwürdigkeit benannt.

Dramatisch die Zuspitzung im Zitat des biblischen Zöllners: „Gott, sei mir Sünder gnädig!" Was wird passieren, wenn ich mich, der Heiligkeit

Gottes und der eigenen Unwürdigkeit gewahr, nun nicht mehr hinter dem Zöllner verstecke, sondern mich selbst in direkter Anrede an Gott wende? Zum Aufatmen selbstverständlich die Fortsetzung: Sie meidet jede Anrede, nennt Gott in der dritten Person und ermäßigt die eigentlich fällige Bitte zum Optativ.

Die wunderbare Mischung aus Dramatik und Selbstverständlichkeit ist nicht ohne weiteres einsichtig. Die syntaktische Brechung zwischen der direkten Anrede im biblischen Zitat („Gott, sei mir Sünder gnädig") und der optativischen Bitte um Erbarmen wird in der kirchlichen Praxis offenbar kaum mehr theologisch gedeutet, sondern nur noch als syntaktische Inkonsequenz gewertet. Die Bereinigung, die manche Gemeinden vorgenommen haben, hört sich dann so an:

Allmächtiger Gott, erbarme dich unser.
Vergib uns unsere Sünde und führe uns zum ewigen Leben. Amen.

Wegrationalisiert die Scheu, mit der der Mensch im Bewusstsein der eigenen Unheiligkeit die direkte Anrede des heiligen Gottes meidet. Und mit ein paar Federstrichen erledigt die Weisheit der Tradition, dass es, wo sich der Mensch gerade erst vor Gott einfindet, nicht um Beichte und Absolution gehen könne.

In der Tat war das in vielen und heftigen Auseinandersetzungen immer ein starkes Argument für Optativ und dritte Person: dass das Confiteor die Beichte nicht ersetzen könne und dürfe. Genau das ist aber im evangelischen Raum geschehen. Die Gnadenzusage, die als Antwort auf das Confiteor evangelisch etabliert ist, hat strukturell die Funktion der Absolution, was wiederum das vorlaufende Bekenntnis faktisch zur Beichte mutieren lässt. Wer die optativische Bitte um Erbarmen in direkter Anrede umformuliert, verstärkt diese problematische Entwicklung.

Die dramatische Selbstverständlichkeit, die ich als Kennzeichen einer Spiritualität der Nahung markiere und die ich für wunderbar halte, steht im Kontrast zu der selbstverständlichen Dramatik, die Manfred Josuttis im Gottesdienstverlauf entdeckt. Seine Gesamtdramaturgie des Gottesdienstes orientiert sich an den Sequenzen des mystischen Aufstiegs der Seele zu Gott: Reinigung – Erleuchtung – Einung. Das einleitende Schuldbekenntnis avanciert dann zum dramatischen Akt der Reinigung beim Eintritt in die gefährliche Zone des Heiligen. Die Dramatik steigert sich bis zur Einung von Mensch und Gott in der Eucharistie. Es ist logisch, dass der Segen zum Schluss als ritueller Akt präsentiert werden muss, der den Menschen aus dem heiligen Drama wieder in die Normalität des Alltags entlässt.

Demgegenüber lobe ich am Gottesdienst die wunderbare Selbstverständlichkeit der Nahung. Sie kann nicht nur eine Dramatik à la Josuttis ermäßigen, sondern überhaupt den Gottesdienst von überzogenen Erwartungen entlasten. Ich akzentuiere drei generelle Entlastungen, die mir besonders wichtig scheinen:

(1) Eine Spiritualität der Nahung kann entlasten vom Zwang zum religiösen Event. Nicht die besonderen Gottesdienste stehen im Mittelpunkt, sondern die normalen. Gottesdienst wird nicht gefeiert, weil heute der Regionalbischof die Predigt hält. Vielmehr kommt der Bischof zum Gottesdienst, der selbstverständlich stattfindet. Liturgisch kann ich, pointiert gesagt, ohne Anlass feiern.

(2) Eine Spiritualität der Nahung kann entlasten vom protestantischen Zwang zur religiösen Rede. Es darf Gottesdienste ohne Predigt geben. Lob als Opfer braucht, um laut zu werden, kein vorgängig ausgelegtes und verstandenes Bibelwort. Liturgisch kann ich, pointiert gesagt, ohne unmittelbare Anrede antworten.

(3) Eine Spiritualität der Nahung kann entlasten vom Zwang zu religiöser Erfahrung. Der Gottesdienst findet statt, ob das einzelne Gemeindeglied oder die verantwortlichen Personen dabei religiöse Erfahrungen machen oder nicht. Liturgisch kann ich, pointiert gesagt, auf dem Weg im Geheimnis gehen, ohne dass mir Gott spürbar begegnet.

Loben wir also weiter die Selbstverständlichkeit der Nahung! Die Szenarien, die gottesdienstlich zwischen Himmel und Erde abgeschritten werden, sind ungeheuerlich. Umso wunderbarer erscheint die Selbstverständlichkeit, mit der das geschieht. Vielleicht deutet sich in der skizzierten „Nahung“ eine Weise an, wie Menschen motiviert werden könnten, jenseits von Herzenswunsch und Sonntagspflicht den gottesdienstlichen Weg im Geheimnis wieder und wieder zu gehen.

Lesetipps

Bernhard Klaus, Die Rüstgebete, in: Leiturgia. Handbuch des evangelischen Gottesdienstes, Bd. II, Kassel 1955, 523–577.

Frieder Schulz, Das Opfermotiv in der liturgischen Tradition der Reformationskirchen bis heute, in: Das Opfer. Biblischer Anspruch und liturgische Gestalt, hg. v. Albert Gerhards/Klemens Richter, QD 186, Freiburg u. a. 2000, 234–256.

Erlösung ohne Opfer?, hg. v. Werner H. Ritter, Göttingen 2003 [darin auch der Beitrag von Alexander Deeg zur „Nahung“].

Karl-Friedrich Wiggermann, „Gott loben, das ist unser Amt“. Ein kurzes Kapitel doxologische Theologie, in: DtPfrBl 109 (2009), 136–140.

Priester, Prediger, Pastor legens

Für eine geistige Existenz des Personals

Als Priester die Messe lesen, als Prediger die Heilige Schrift – wer liturgisch handelt, muss vor allem eines können: lesen. Die Kulturtätigkeit des Lesens gehört sei alters zum pastoralen Beruf. Wissenschaft und Gottverlangen, Intellektualität und Spiritualität treffen sich in Person und Profession des Geistlichen.

In der Praxis des Pfarramts werden in wachsender Vielfalt Rollen an den Pastor oder die Pastorin herangetragen. Liturgisch sind derzeit vor allem zwei Rollen virulent: der Moderator, der mit erläuternden Worten durch das Geschehen führt, und der Entertainer, der durch seine Person zu wirken sucht. Wachsende Rollenunsicherheit beim liturgischen Personal bewirkt Irritation bei der Gemeinde.

In dieser Situation plädiere ich für den Pastor legens als Kernrolle. Pastores legentes wissen die fremden Textgestalten der Heiligen Schrift wie der Liturgie zu lesen: respektvoll und lebensnah, theologisch kenntnisreich, hermeneutisch sensibel, rhetorisch kompetent und spirituell erfahren. Sie lesen darüber hinaus Bücher, Zeitungen und Texte aller Art. Sie wissen Texte mit Kontexten aller Art zu verknüpfen. Ihre ureigenen, die „heiligen" Texte bringen sie gesamtkulturell trittsicher zur Geltung. Als Mitspieler im medialen Zeitalter führen Pastores legentes, exemplarisch und befremdlich, eine geistige Existenz.

Beobachtungen

Das Mönchlein, das liest

Alfred Andersch hat einst einen Roman veröffentlicht, der sich ums Lesen dreht: „Sansibar oder der letzte Grund". Eine Holzfigur spielt die Hauptrolle: Ernst Barlachs „Lesender Klosterschüler", geschaffen im Jahr 1930 für die Kirche in Güstrow und wie seine anderen Werke bedroht vom Nazi-Etikett „Entartete Kunst". Dieser Klosterschüler liest, wie man sich Bibellektüre landläufig vorstellt: ruhig, in sich und das Buch versunken. Genau dies aber ist es, was die Mächtigen in Unruhe versetzt:

Den mächtigen Christus auf dem Altar lassen sie in Ruhe, sein kleiner Schüler ist es, der sie stört. Das Mönchlein, das liest.

Alfred Andersch, Sansibar oder der letzte Grund, 1957, 29.

Geistliche Lektüre kann gefährlich werden und das stille Leseeck sehr schnell ungemütlich.

Risiken und Nebenwirkungen

In politisch entspannten Zeiten ist Lesen kaum gefährlich. Aber glücklich macht es auch nicht unbedingt, meint ein berufsmäßiger Leser und Literaturkritiker:

Man sollte für das Lesen nicht mit falschen Versprechungen werben. Es vergrößert die geistige Reichweite. Zu Risiken und Nebenwirkungen fragen Sie Ihren Literaturkritiker.

Ulrich Greiner, Macht Lesen glücklich? Über einen verbreiteten Irrtum, in: DIE ZEIT Nr. 44 vom 25. 10. 2007.

Eine Warnung, die lockt, es trotzdem und gerade erst recht zu tun: lesen.

Lesen, was dasteht

Wer zum Gottesdienst geht, darf Respekt erwarten gegenüber den liturgischen Formulierungen und Formeln der Tradition. Nicht selten kommt es anders:

Zur Vertreibung des Schweigens aus den Gottesdiensten gehört die Verhaustierung der hehren Formeln, der Einsetzungsworte, der Segensworte, des Kanzelgrußes usw. Warum erlaubt sich der Pfarrer zur Abendmahlsgruppe statt der einfachen Formel „Gehet im Frieden!“ zu sagen: „Gehet hin im tiefsten Frieden des euch liebenden Gottes!“ Erstens sind unnötige Adjektive immer ein reines Sprachverderben, zweitens ist die erweiterte Formel zwei Sekunden länger, die der Pfarrer mir von meiner Lebenszeit stiehlt; drittens verhindert die gestörte Formel, dass die Gemeinde sich in der Wiederholung der Geläufigkeit wiedererkennt; viertens ist es eine Missachtung der Katholizität, d. h. der Allgemeinheit der Formel; fünftens ist es eine Missachtung der Sprache der Toten. Wir sind weder als konkrete Gemeinde noch bin ich als Pfarrer Beute der Allgemeinheit und der Toten, das wissen wir. Aber wir sind auch nicht jederzeit Verfüger über sie. Wir sind Freigeister, aber demütige Freigeister, die die Sprache der anderen ehren und die nicht originalitätsversessen sind. Dazu kann man natürlich fragen, wie originell der Satz ist: „Gehet hin im tiefsten Frieden des euch liebenden Gottes!“

Fulbert Steffensky, Schwarzbrot-Spiritualität, 2005, 87.

Die Neubildung „Verhaustierung“ benennt zutreffend, was passiert, wenn geprägte Texte nicht in ihrer möglichen Fremdheit zur Geltung gebracht, sondern den eigenen Sprachkonventionen angepasst werden.

Nie wieder gelesen bekommen

Eine Frau berichtet im Pfarrbrief ihrer Gemeinde über ihre Erfahrungen mit der Messe nach tridentinischem Ritus:

> Soweit ich aus dem Seniorenkreis hörte, sind wir uns zum größten Teil einig: nie wieder eine solche Messe in unserem Kreis. Wir wollen mit dem Priester die Eucharistie feiern, nicht eine Messe „gelesen“ bekommen.
>
> *Kirchenzeitung online. Die Woche im Bistum Hildesheim, in: www.kiz-online.de [24.01.2008].*

„Die Messe lesen“ – die Wendung könnte ja auch positiv etwas von der Professionalität liturgischen Lesens zum Ausdruck bringen. In der zitierten Äußerung steht „Messe lesen“ gegen „Messe feiern“, eine zur Passivität verdammte gegen eine aktive Gemeinde, ein strenges Gegenüber von Amt und Gemeinde gegen die Gemeinschaft des Gottesvolkes. „Die Messe lesen“ – das hat traditionell, leider, keinen guten Klang.

Die Heilige Schrift und die Akten

Pilgerfahrt der deutschen katholischen Bischöfe ins Heilige Land. Ein Journalist begleitet sie. Mit viel Sympathie gewährt der Journalist auch Einblicke in die spirituellen Nöte der Amtsträger. Man befindet sich am See Genezareth – und kämpft selbst dort den Kampf mit den amtstypischen Dämonen von Terminkalender und Sachzwang:

> Fast täglich kämpfen sie [...] mit ihrem zweiten Dämon, der wohl ein Zwilling des Terminkalenders ist, dem Sachzwang. Kein Papst, kein Kanzler, keine Gemeinde kann einen Bischof zum falschen Leben zwingen, und doch handeln die Exzellenzen oft gegen ihr Empfinden. Als Pilger wie als Amtsträger leiden sie meist stumm, gelegentlich murrend an den Zumutungen des Programms wie ihres Lebensstils, und sehen doch keine Chance zum Widerstand. Sie entscheiden sich für die Akten und gegen die Bibel, für die Pflicht und gegen die Freude, für die Sitzung und – zu oft – gegen den See.
>
> *Patrik Schwarz über die Pilgerfahrt der deutschen katholischen Bischöfe ins Heilige Land, in: DIE ZEIT Nr. 11 vom 08.03.2007.*

Sitzung statt See – schlimm genug. Aber Aktenlektüre statt Bibelstudium – so war das mit dem Pastor legens nicht gedacht.

Meinungen

Zwischen Zeilen und Zeiten

Friedrich Nietzsche äußerte sich im Vorwort eines fiktiven Buchs zu aktuellem und künftigem Leseverhalten:

Für die ruhigen Leser ist das Buch bestimmt, für Menschen, welche noch nicht in die schwindelnde Hast unseres rollenden Zeitalters hineingerissen sind, und noch nicht ein götzendienerisches Vergnügen daran empfinden, wenn sie sich unter seine Räder werfen, für Menschen also, die noch nicht den Werth jedes Dinges nach der Zeitersparniß oder Zeitversäumniß abzuschätzen sich gewöhnt haben. Das heißt – für sehr wenige Menschen. [...] Ein solcher Mensch hat noch nicht verlernt zu denken, während er liest, er versteht noch das Geheimniß zwischen den Zeilen zu lesen, ja er ist so verschwenderisch geartet, daß er gar noch über das Gelesene nachdenkt – vielleicht lange nachdem er das Buch aus den Händen gelegt hat. Und zwar nicht, um eine Recension oder wieder ein Buch zu schreiben, sondern nur so, um nachzudenken! Leichtsinniger Verschwender!

Friedrich Nietzsche, Gedanken über die Zukunft unserer Bildungsanstalten, 1872, 256.

Schon Nietzsche hatte also Grund zur Klage, mit Lesefähigkeit und Bildung gehe es rapide bergab. Das ist lange her und mag deshalb die aktuellen Aufregungen in Sachen Lesen ein wenig relativieren.

Lesen und Loben

Wie gut es für Theologinnen und Theologen ist, sich lesend in den weiten Raum der Literatur zu begeben, hat Rudolf Bohren vielfach und immer wieder überraschend betont:

Auch das Lesen profaner Literatur dient der Existenzerweiterung: Der reiche Kornbauer hat an seiner vollen Scheune genug, er kennt keinen Hunger und keine Sehnsucht und braucht in seiner Sattheit keine Existenzerweiterung, darum bedarf er keiner Poesie. Nur der Mensch, der sich selbst genug ist und an seinem Besitz Genüge findet, braucht keine Poesie. Wer aber arm ist im Geiste, der wird die armen Poeten nicht verachten. Wer an seiner mangelnden Fähigkeit, Gott zu loben, leidet, wird den Dichter als eine Art Nothelfer schätzen.

Rudolf Bohren, Lebensstil, 1986, 83.

Die pastorale Kunst im Umgang mit fremden und eigenen Texten situiert den Pastor legens in der Nachbarschaft der Poeten und Literaten.

Bedrohte Art: Büchermenschen

Silvia Bovenschen evoziert in literarischer Form die „Intellektuellendämmerung" in Deutschland, die schon Jahrzehnte dauere, nun aber unabweisbar da sei. In ihren Geschichten über das Verschwinden äußert sich eine der fiktiven Autorinnen in zunehmend apokalyptischer Attitüde:

Nicht nur als einzelne Sterbliche werden wir verschwinden, das ist der Normalfall. Skandalös genug. Nein, ich meine den Typus, den wir repräsentieren. Er wird verschwinden. Diese bedrohte Art der Büchermenschen, der du, Nora, und du, Anton, angehörst, oder die Gattung der Bildermenschen alten Schlages, die sind wie du, Ludwig, und du, Josepha, Schreibende, Lesende, Malende oder Architekten, wie du, Konrad, einer bist, die nicht in Singapur Hochhäuser aus dem Boden stampfen wollen, sondern von alteuropäischen Humanbauten träumen – Fossile, wie wir sie alle sind, sie wird es schon bald nicht mehr geben. Auch Journalisten, uneingebundene Reporter in der Weise, in der zum Beispiel ich meinen Beruf verstehe, werden nicht mehr sein. [...]

Was glaubt ihr denn, wie ihr aus der Sicht der Cyberkinder wirkt? Ulkige Leute, traurige Ritter, die ernsthaft glauben, sie könnten noch irgendeine Windmühle aus erster Hand bekämpfen. Leute, die glauben, daß es eine „richtige" oder auch nur „angemessene" Form geben könnte, das Weihnachtsfest zu begehen, Leute, die glauben, ihre gepflegte Einzigartigkeit gegen das *second life* der Jüngeren hochhalten zu können, Leute, die insgeheim glauben, eine geschichtsemphatische und stilkeusche Verpflichtung vor der historistischen Disney-Beliebigkeit nachgemachter Schlösser schützen zu können.

Silvia Bovenschen, Verschwunden, 2008, 130f.

Man muss den Kulturpessimismus der Autorin nicht teilen, um zu sehen, dass eine „geistige Existenz" eher gegenläufig zum Mainstream verläuft. Und das vermutlich nicht erst jetzt.

Skizzen

- Priester, Prediger & More
- Schrift als Heimat
- Geistige Existenz
- Skripturalität
- Professionalität
- Spiritualität
- Meister der Verknüpfung

Priester, Prediger & More

Im christlichen Gottesdienst sind zwei große Rollen zu vergeben: Priester und Prediger. Die Rollen entsprechen schwerpunktmäßig den zwei großen Teilen der Messe: Sakrament und Wort. Im Sakrament findet die Weltwirklichkeit Gottes Darstellung in einer Handlung, im Wort wird sie angesagt in einer Rede. Wenn man die Grundhaltung in den beiden Rollen jeweils benennen wollte, könnte man sagen: Der Priester geht in der Grundhaltung des Betens an seine Aufgabe (Sakrament), der Prediger dagegen in der Grundhaltung des Verkündigens (Wort).

Die Trennung der Rollen hat analytischen Wert, der tatsächlichen Praxis jedoch entspricht sie nicht. Schon gar nicht geht es an, die Rollen konfessionell aufzuteilen und zu sagen, der katholische Priester sei eben Beter, der evangelische Pfarrer aber Verkündiger. In der tatsächlich gefeierten Liturgie überlagern sich die Rollen. Wer liturgisch Verantwortung trägt, muss wissen, in welcher inneren Einstellung und in welcher Körperhaltung er jeweils agiert: Wo rede ich die Gemeinde an? Wo wenden wir uns alle gemeinsam im Gebet zu Gott? Wo bete ich stellvertretend für die Gemeinde? Und nicht zuletzt: Wo habe ich zurückzutreten und andere ihre Rolle spielen zu lassen?

Der Liturg oder die Liturgin leitet das Apostolicum ein mit Sätzen wie: „Wir bekennen nun gemeinsam ...“ oder „Lasst uns mit der ganzen Christenheit ...“ Ob das mit der „ganzen Christenheit“ so stimmt, sei dahingestellt. Hier interessiert, was der Liturg tut, während das Credo gemeinsam gesprochen wird. Häufige Praxis: Liturg steht hinter dem Altar, Blick zur Gemeinde, Stimme mikroverstärkt, exponiert in jeder Weise. Wo bleibt, frage ich, die Gemeinsamkeit des Betens? Der Liturg ist in der Regel als Vorbeter nicht erforderlich, der einleitende Satz wäre auch verzichtbar. Warum nicht vom Platz aus das Credo anstimmen? In dieser Sequenz der Liturgie ist der Liturg weder Priester noch Prediger, sondern Teil der Gemeinde. Ähnliches gilt für die biblischen Lesungen. Warum muss der Liturg am Altar stehen bleiben und, die Lektorin überragend, sich als personifiziertes Amt in ein Geschehen drängen, bei dem er keine Rolle spielt? Es gibt viele Stellen in der Liturgie, wo sich Rollenunsicherheit in unsinnigen oder störenden Verortungen im Kirchenraum manifestiert.

Die Hauptrollen von Priester und Prediger überlagern sich. Aber auch die den Rollen zugeordneten geistlichen Handlungen lassen sich nicht säuberlich auf Sakrament und Wort verteilen. So kommt dem verkündigenden Reden von Gott auch sakramentale Qualität zu. Dazu Karl Barth, mit maximalem protestantischen Wort-Pathos:

Von ihm *reden* als von einer gegenständlichen Realität, als von einem Er – von ihm, dem unaufhebbaren Ich! – das ist gerade angesichts der Krippe zu Bethlehem, gerade angesichts des Kreuzes von Golgatha, auf die Luther so oft und mit Recht verwiesen hat, ein unerhörtes Paradox. Dieses Paradox wagt die Kirche. Und die protestantische Kirche wagt es – wahrhaftig das Mysterium ist zum mindesten nicht kleiner als das der eucharistischen Wandlung – dieses Paradox in das kirchliche Zentrum zu rücken.

Karl Barth, Menschenwort und Gotteswort in der christlichen Predigt, 1925, 97.

Die Predigt ist demnach keine Rede wie jede andere, sondern trägt Züge einer sakramentalen Handlung.

Vergleichbares gilt für die eucharistische Handlung. Sie ist wesentlich Gebet. Joseph Ratzinger kommentiert solches „Wortopfer“ (S. 39) mit einer Bemerkung zur Etymologie des lateinischen Begriffs „oratio“:

[...] daß das Wort oratio ursprünglich nicht „Gebet“ bedeutet (dafür hatte man das Wort prex), sondern die feierliche öffentliche Rede, die nun freilich ihre höchste Würde dadurch erlangt, daß sie sich an Gott richtet, im Bewusstsein, daß sie von Gott selbst als solche herkommt und ermöglicht ist.

Joseph Ratzinger, Der Geist der Liturgie, 2000, 148.

Gebet und Rede stehen sich terminologisch und sachlich nahe. Insofern kommt der eucharistischen Handlung selbstverständlich auch rhetorische Qualität zu.

Der Vergleich zwischen den beiden gottesdienstlichen Hauptrollen muss hier nicht weitergeführt werden. Deutlich ist, dass das angemessene liturgische Handeln im „Rollenspiel“ zwischen Priester und Prediger, aber auch im Miteinander mit anderem liturgischen Personal und der Gemeinde eine höchst anspruchsvolle Aufgabe darstellt.

Wir blicken wieder auf die liturgisch Hauptverantwortlichen. Meistens sind sie im Pfarramt tätig. In dem weiten Feld gemeindlicher Arbeit werden zusätzlich eine Fülle von Rollen mit entsprechenden Erwartungen an den Pfarrer oder die Pfarrerin herangetragen: Lehrer, Seelsorger, Organisator, Manager, Mediator ... Dass in der Fülle und im raschen Wechsel solcher Rollenerwartungen Unsicherheit beim Personal aufkommt, verwundert nicht.

Die Rollenunsicherheit macht beim Gottesdienst nicht halt. Die Frage bewegt, bewusst oder unbewusst, Pfarrerinnen und Pfarrer: Wer bin ich, wenn ich den Gottesdienst leite? Ich nenne zwei Rollen, die sich derzeit besonders auffällig ins klassische Rollenspiel von Priester und Prediger einmischen: Moderator und Entertainer.

Der Moderator fällt dadurch auf, dass er sich verpflichtet fühlt, eine alte und unverständliche Liturgie Schritt für Schritt zu erklären, sie durch vermittelnde Worte und moderne Formulierungen auch für kirchenferne Menschen nachvollziehbar zu machen. Das Bemühen, Menschen in den liturgischen Vollzug herein zu holen, ist löblich. Es hätte seinen Ort aber vornehmlich in eigenen liturgiedidaktischen Projekten und nur sehr begrenzt im Vollzug der Liturgie selbst. Der Eigensprachlichkeit von Liturgie jedenfalls wird die Moderation nicht gerecht. Wie die Erklärung beim Witz, so ist Moderation der Tod der Liturgie. Fulbert Steffensky fand dafür harte, aber treffende Worte:

Es gibt ein anderes Leiden in [...] Gottesdiensten, es ist die wortreiche Erklärung aller Sachverhalte, der Riten und der Gesten. Es ist die kolloquiale Unterlaufung und Kastrierung der Symbolik des Gottesdienstes.

Fulbert Steffensky, Schwarzbrot-Spiritualität, 2005, 86.

Während der Liturgie einerseits durch gut gemeinte Moderation ihre Eigensprachlichkeit entzogen wird, geschieht das andererseits durch selbstbezogenes Entertainment. Nichts gegen Unterhaltung! Nichts dagegen, dass man den Gottesdienst auf der liturgiewissenschaftlichen Reflexionsebene mitunter auch nach seiner unterhaltsamen Seite beschreibt! Aber die Rolle des Entertainers, im Showgeschäft erwünscht, ist für die Liturgie ein Problem. Der gottesdienstliche Entertainer meint, das Gelingen der Liturgie hinge an seiner gewinnenden Persönlichkeit und an der Kreativität, mit der er den veralteten Laden saniert. Wenn die Evangelische Kirche in Hessen und Nassau auf ihrer offiziellen Website der Person des Pfarrers oder der Pfarrerin so explizit erhebliche Bedeutung für die Wirkung des Gottesdienstes zuschreibt, dann sollte sie sich nicht wundern, wenn der eine oder die andere die angebotene Rolle auch mit heftigem Entertainment ausfüllt:

Im Gebiet der EKHN feiern etwa 1200 Gemeinden jeden Sonntag Gottesdienste. Dabei nehmen die Besucher und Besucherinnen unterschiedliche Impulse mit nach Hause, denn jeder Pfarrer und jede Pfarrerin verleiht dem Gottesdienst eine eigene Prägung.

Warum am Sonntag in die Kirche gehen?, in: Homepage der EKHN, www.ekhn.de [05. 01. 2008].

Solche Phänomene sind weder völlig neu noch einseitig protestantisch. Schon vor fast 50 Jahren beschrieb Heinrich Böll mit beißendem Spott gottesdienstliches Entertainment im katholischen Bereich:

Bei Sommerwild habe ich immer den Eindruck, daß er genausogut Kur- oder Konzertdirektor, Public relations-Manager einer Schuhfabrik, ein gepflegter Schlagersänger, vielleicht auch Redakteur einer „gescheit" gemachten, modischen Zeitschrift sein könnte. Er hält jeden Sonntagabend eine Predigt in St. Korbinian. Marie hat mich zweimal dorthin geschleppt. [...] Da ist es mir schon lieber, wenn ein hilfloser dicklicher Pastor von der Kanzel die unfaßbaren Wahrheiten dieser

Religion herunterstammelt und sich nicht einbildet, „druckreif" zu sprechen. [...] Besonders quälend war, daß wir nach der Predigt in einem Café in der Nähe der Korbiniankirche hockten, das ganze Café sich mit künstlerischen Menschen füllte, die aus Sommerwilds Predigt kamen. Dann kam er selbst, es bildete sich eine Art Kreis um ihn [...]. Eine bildhübsche junge Schauspielerin mit goldenem langen Haar und einem Engelsgesicht, von der Marie mir zuflüsterte, daß sie schon zu „drei Vierteln" konvertiert sei, war drauf und dran, Sommerwild die Füße zu küssen. Ich glaube, er hätte sie nicht daran gehindert.

Heinrich Böll, Ansichten eines Clowns, 1963, 110f. [11. Kapitel].

Da mag der Autor literarisch ein wenig überzeichnet haben. Aber das Phänomen ist deutlich. Es dürfte kaum jemanden geben, der solches Verhalten, katholisch wie evangelisch, noch nie erleiden musste. In jedem Fall erzeugt die Vielzahl der erwarteten, der mutmaßlich erwarteten und der selbstherrlich ausgeübten Rollen Unsicherheit beim Personal wie bei der Gemeinde.

Schrift als Heimat

Für das synagogale Beten ist der Rabbi prinzipiell nicht notwendig. Trotzdem hat sich der Rabbiner zu einer Figur entwickelt, deren Bedeutung für die Gemeinde in vielem der des Pfarrers in einer christlichen Gemeinde vergleichbar ist. Innerjüdische Debatten über die Rolle des Rabbiners können also ein Licht auf unsere christlichen Debatten über die Rolle des Pfarrers oder der Pfarrerin werfen. Hier wie dort tut sich ein weites Feld auf zwischen „dog rabbi" und „cat rabbi":

Es gebe *beide* Typen von Rabbinern: die einen, die sich freudig in die Vielfalt der Sozialkontakte und in die unterschiedlichen Aufgabenfelder gemeindlichen Lebens stürzen, und die anderen, die eine stille Schreibtischexistenz des Tora-Gelehrten vorziehen. Es gebe *beide*: die bei jeder neuen Begegnung freundlich mit dem Schwanz wedelnden „dog rabbis" und die für jeden Moment des Rückzugs dankbaren „cat rabbis".

Alexander Deeg, Pastor legens, 2004, 419.

Wie bei allen Typisierungen liegt die Realität dazwischen: Rabbiner und Pfarrer begegnen in aller Regel als eine Mischung aus beiden Typen. Gott sei Dank, muss man sagen. Denn der reine Dog Rabbi würde schnell zum Hansdampf in allen Gassen, der reine Cat Rabbi zum kontaktgestörten Stubengelehrten. Das ist weder jüdisch noch christlich der Sinn der Profession.

Wenn man in der aktuellen Diffusion der Rollen im jüdischen Bereich nach einer Rolle sucht, die zum Leitbild taugt, dann richtet sich der Blick recht schnell auf den Rabbi als den lesenden Lehrer. Ihn brachte Alexander Deeg als christlichen Pastor legens in die pastoraltheologische Diskussion:

> *Pastor legens* – das Leitbild imaginiert Pfarrerinnen und Pfarrer, die lesend der Diffusion fliehen, mit der Gemeinde lesend in der Welt unterwegs sind und im Lesen des Wortes Leben finden.
>
> *Alexander Deeg, Pastor legens, 2004, 427.*

Auch die Rollen von Priester und Prediger haben sich, darin der des Rabbiners vergleichbar, in einer Kultur der Schrift, des Lesens und der Sprache herausgebildet. Die Spannweite der Institutionen, die für eine solche Kultur stehen, reicht von den frühen Klöstern bis zu den akademischen Ausbildungsstätten der Gegenwart. Dort wurde und wird in der Bibel, um die Bibel und weit über die Bibel hinaus gelesen, gedeutet und geforscht. Die Geschichte des Christentums ist ohne diese kulturgeschichtliche Komponente nicht zu denken.

Schriftbezug also, wörtlich und übertragen, kennzeichnet beide Religionen. Im Schriftbezug des Judentums aber macht sich noch etwas bemerkbar, das anders ist als die traditionelle christliche Schriftbindung. Jonathan Rosen, amerikanischer Journalist und selbst Jude, fasst den geschichtlichen Grund einprägsam in Worte:

> Das Volk der Juden als ein Volk des Landes und des Tempeldienstes mit Feuer und Blut ging unter und wurde – in einem der großartigsten Akte der Transformation, den die menschliche Geschichte gesehen hat – als Volk des Buches wiedergeboren.
>
> *Jonathan Rosen, Talmud und Internet, 2000, 20.*

Israel, das „Volk des Buches", würde mit dem elementaren Bezug auf seine heilige Schrift nicht nur ein religiöses Medium ersten Ranges verlieren, sondern seine Heimat. Das ist ein Zusammenhang, der faszinieren kann. Unter heiliger Schrift versteht man zunächst natürlich die hebräische Bibel mit dem Zentrum der Tora. Aber ringsherum lagern sich weitere Schriften an, allen voran der Talmud. Mit seinen beiden Abteilungen, Mischna und Gemara, dokumentiert er die Spuren, die die Tora in den frühen rabbinischen Diskussionen gezogen hat, sowie Spuren, die jene Diskussionen in der Folge provozierten. Kein Wunder, dass Bücher und Texte überhaupt zum jüdischen Selbstverständnis und zu der Erscheinungsweise des Judentums in der Welt gehören. Jonathan Rosen beschreibt eindrücklich, wie sich auch ein säkularer Jude über Schrift, Wort und Sprache definiert:

> Lange nachdem der brennende Dornbusch ausgebrannt war und die Rauchwolke sich verzogen hatte, waren noch immer Worte Gottes Boten. Selbst wenn man in

einem säkularen Elternhaus groß wurde, waren Worte wie die Sterne am Himmel – man war nie sicher, ob ihr Ursprung noch irgendwo weit weg leuchtete oder längst erloschen war. Diese geheimnisvolle Ungewissheit hielt und hält bis heute meinen Traum von einem Buch voller Antworten lebendig.

Die grundlegende Schriftbindung in der Tora hatte Auswirkungen auf das jüdische Verhältnis zu Büchern überhaupt:

Lange Zeit waren für mich die Bücher meiner Eltern genau dasselbe – die Silhouette einer Stadt voll unendlicher Verheißungen und Möglichkeiten, in der ich eines Tages leben würde.

Jonathan Rosen, Talmud und Internet, 2000, 26 u. 28.

Diese Kultur elementarer und umfassender Schriftbindung personifiziert sich klassisch in der Figur und in der Rolle des Rabbi. Auch wenn er nicht unabdingbar ist für die religiösen Vollzüge, so verkörpert er doch jüdische Schriftexistenz für alle Bereiche in der Trias der „Nahung“: Beten – Lernen – Handeln. Jedenfalls im Prinzip. Dass der Rabbiner im gegenwärtigen Judentum ähnlichen Zerreißproben ausgesetzt ist wie der christliche Prediger oder Priester, wurde humorvoll schon durch die Unterscheidung von Dog Rabbi und Cat Rabbi deutlich. Auch in jüdischen Debatten wird neu nach der exemplarischen und möglicherweise stellvertretenden Schriftexistenz des Rabbiners oder auch der Rabbinerin gefragt. Ich werde den jüdischen Hintergrund im Blick behalten, wenn ich den evangelischen Pfarrer oder die Pfarrerin in der Perspektive eines fundamentalen und umfassenden Schriftbezugs profiliere.

Geistige Existenz

Für den Pastor legens reklamiere ich eine „geistige Existenz“. Das mag so klingen, als werde die Intellektualität, die unbestreitbar zur Profession gehört, verabsolutiert und der pastorale Beruf intellektualistisch vereinnahmt. Deshalb benenne ich sofort auch den anderen Pol, der die Intellektualität ausbalanciert: Spiritualität. Die geistige Existenz des Pastor legens bewegt sich im Spannungsfeld von Intellektualität und Spiritualität.

Die polare Zuordnung von Intellektualität und Spiritualität transponiert in die Gegenwart, was Jean Leclercq einst für seine Darstellung der monastischen Kultur des Mittelalters als Titel formulierte: Wissenschaft und Gottverlangen. Oder wie es, weit schöner, im französischen Original (1957) heißt: L’amour des lettres et le désir de Dieu, „Die Liebe zur Wissenschaft und Sehnsucht nach Gott“. Der Versuch der Übersetzung zeigt, wie sich vor allem der erste Teil des Titels gegen die Festlegung auf „Wissenschaft“ sperrt. Der Plural „lettres“ eröffnet ein weiteres Spektrum:

von den Buchstaben im wörtlichen Sinn über die Literatur bis hin zu den Geisteswissenschaften. Die geistige Existenz, die ich für den Pastor legens reklamiere, würde sich demnach ausspannen zwischen der Liebe zu den Buchstaben (lettres) und der Sehnsucht nach Gott.

Dass für einen Prediger oder Priester eine Verortung der eigenen Existenz in den Schriften der Bibel dazu gehört, ist im Prinzip selbstverständlich. Dass eine ausgebreitete persönliche Lesekultur weit über die Bibel hinaus von einem Pfarrer oder einer Pfarrerin erwartet werden kann, ist zumindest auf dem Hintergrund der bildungsbürgerlichen Professionsgeschichte noch einsichtig. Dass aber die Rolle des Pastors oder der Pastorin vom Bezug auf Schrift, Wort und Sprache geradezu ihre Identität gewinnen sollte, wird selbst akademisch schon fast nicht mehr verstanden:

Und auch die philosophisch-kulturwissenschaftliche Großwetterlage weht dem *Pastor legens* eisig ins Gesicht: Den *linguistic turn* der zweiten Hälfte des 20. Jahrhunderts sieht man inzwischen abgelöst vom *iconic turn*: ein Paradigmenwechsel vom gelesenen Wort zum geschauten Bild.

Und trotz allem: *Pastor legens* als ein Leitbild für Pfarrerinnen und Pfarrer, die nicht loskommen von der Faszination des Buches und der Bücher.

Alexander Deeg, Pastor legens, 2004, 423f.

Deegs Plädoyer für den Pastor legens wirkt trotzig. Und ist es auch. Wenn man auf die Geschichte von Priester und Prediger sieht, dann gehört die Gründung des Berufs in Schrift, Wort und Sprache zu den Konstanten. Sie war stets bedroht durch Nachlässigkeit oder widrige Zeitumstände. Aber alle großen Reformen, die dem Personal galten, hatten auch dessen geistige Existenz im Blick. Der Bogen solcher Reformen reicht, um nur ein paar Haftpunkte zu nennen, von der karolingischen Renaissance über die Reformation bis zum Zweiten Vatikanischen Konzil. Mag sein, dass einer geistigen Existenz mit der Wende zum dritten Jahrtausend der Wind wieder schärfer ins Gesicht bläst. Zumindest hat sie es in der Vielfalt aktueller Rollenzuweisungen und Rollenerwartungen nicht leicht.

Für evangelische Ohren signalisiert das Leitbild vom Pastor legens zunächst Bibelstudium und Predigt. Für katholische Ohren klingt etwas anderes mit: der Priester, der die Messe „liest". Letzteres wird vielfach als gedankenloses „Herunterlesen" gehört. Diese Gefahr besteht aber keineswegs nur auf katholischer Seite. Im Gegenteil, evangelische Pfarrerinnen und Pfarrer werden in ihrer Ausbildung wenig mit liturgischen Texten befasst. Entsprechend groß sind Unkenntnis und Unsicherheit, wie mit solchen Texten umzugehen sei. Das Leitbild vom Pastor legens im Kontext einer Liturgik könnte Prediger wie Priester daran erinnern, dass sie es im Gottesdienst mit Texten zu tun haben, die theologisches Wissen, rhetorische Fähigkeiten und eine genuin liturgische Spiritualität erfordern. Dem Leitbild vom Pastor legens wird liturgisch nur gerecht, wer weiß, welcher Gattung die Texte jeweils zuzuordnen sind, welche Funktion sie in der liturgischen Dramaturgie erfüllen, wie sie zu sprechen oder gar zu singen sind und welchen Anforderungen eigene Formulierungen zu genügen hätten. Vor allem aber weiß ein Pastor legens, dass den meisten Texten der Messe schon allein deswegen Respekt zu zollen ist, weil es kulturell eminente Texte sind. In ihnen manifestiert sich die Frömmigkeit von Jahrhunderten. Gerade in ihrer fremden Sprachgestalt sind sie Wegweiser auf dem Weg im Geheimnis. Der geistigen Reichweite der Texte, die die Liturgie prägen, begegnet der Pastor legens mit einer zwischen Intellektualität und Spiritualität ausgespannten geistigen Existenz.

Zu den primären Texten von Bibel und Liturgie und zu der entsprechenden theologischen Literatur kommt noch einiges dazu. Das ist einer Leselust geschuldet, die ihren Radius nicht auf Theologie und Kirche begrenzt, sondern neugierig über den Tellerrand der eigenen Profession hinausblickt. Zu den heiligen Büchern gehören eben auch die weniger heiligen und die unheiligen. Auch das kann das Paradigma jüdischer Schriftkultur wieder neu ins Bewusstsein heben: wie ein Leben mit der Tora einen staunenswerten Quellgrund der Literatur und des kulturellen Lebens überhaupt bedeutet.

Pastores legentes nehmen sich die Freiheit, Akzente in ihrer Lebensführung zu setzen, die sich nicht jeder erlauben kann. Soll die Verortung in Schrift, Wort und Sprache mehr sein als ein Fähnchen, das Prediger und Priester vor sich hertragen, dann erfordert solche Verortung Zeit. Man habe diese Zeit nicht, so der geläufige Einwand. Aber vielleicht fehlt ja von Seiten der Kirchenleitungen, von Seiten der Gemeinden, aber auch von Seiten der Pfarrerinnen und Pfarrer selbst die entschlossene Akzentsetzung. Warum sonst machen immer mehr Pfarrer und Priester eine äußerst unerfreuliche Erfahrung: Burnout. Andreas von Heyl, evangelischer Klinikseelsorger, gibt guten Rat:

> Eine halbe Stunde Gebetszeit pro Tag rät Heyl den Kollegen – „Minimum". Wobei dies als Dienstzeit anzurechnen sei. Schließlich sei die eigene Seele das „Handwerkszeug des Pfarrers. Die muss er pflegen wie der Maurer seine Kelle."
>
> *Monika Maier-Albang, Ruhelos auch am siebten Tag, in: SZ vom 19. 03. 2007.*

Zur halben Stunde Gebetszeit füge ich hinzu: Lesezeit zur freien Verfügung und Lesezeit zur Vorbereitung auf gottesdienstliche Aufgaben. Mit solchen Zeiten würde der Tagesablauf eines Pastors oder einer Pastorin deutlich anders aussehen als gemeinhin üblich. Erforderlich wären Einsicht der Betroffenen und politischer Wille der Verantwortlichen. Man stelle sich vor, man hätte die Wahl: das kreative Multitalent, den perfekten Verwalter, den Hansdampf, den Privatgelehrten ... Spätestens angesichts der Alternativen könnten der Pastor legens und seine geistige Existenz doch noch eine Chance bekommen.

Skripturalität

Die Heilige Schrift und die Liturgie, die weit intensiver als alle Bekenntnisschriften aus den Worten eben jener Sacra Scriptura gewoben ist – beide legen sie den Grund für die spezifische Schriftbezogenheit oder Skripturalität des Pastor legens. Ich rekurriere hier auf eine Unterscheidung, die Alexander Deeg in die Debatte gebracht hat: Skripturalität und Metaskripturalität.

Jüdische Torahermeneutik ist wesentlich skriptural. Sie fasziniert derzeit keineswegs nur theologische Kreise, sondern auch eine Literaturwissenschaft, die aus den geläufigen Bahnen des Textverstehens ausbrechen will und dafür nach Orientierungspunkten in der Tradition sucht. Skripturalität bleibt im Text, bleibt an den Buchstaben. Sie kommt wieder und wieder auf den Text zurück, entdeckt neu seine Sprachgestalt, wundert sich zum wiederholten Mal über seine Fremdheit und bemerkt staunend, wie der alte Text wieder einmal unerwartetes Licht auf Gottes Weltwirklichkeit wirft. Skripturalität meint nie, sie habe den Text verstanden.

Wer einen Text verstanden zu haben meint, kann letztlich auf ihn verzichten. Wer den Sinn eines Textes erfasst hat, kann die Buchstaben beiseite legen. In der Tat, biblische Texte wurden die längste Zeit „verstanden", indem ihr Sinn dogmatisch oder exegetisch extrahiert und abstrahiert wurde. Was geschrieben stand und in welcher Sprachgestalt es sich manifestierte, wurde unwichtig. Man wusste ja, was die Texte sagen wollten. Das ist Metaskripturalität.

Zu Liturgie gehört es, dass die meisten ihrer Texte immer wieder gelesen werden: täglich, wöchentlich, jährlich, im dreijährigen oder sechsjährigen Turnus. Langweilig sei das, sagen die einen. Und sinnen auf Alternativen. Aufregend, sagen die anderen. Und wollen den Text, den sie soeben gehört haben, im selben Wortlaut wieder hören.

Für den eigentümlich wiederholenden Gebrauch liturgischer Texte mag man, etwa bei Vaterunser oder Segen, auf ihre rituelle Kraft verweisen. Man mag, etwa beim Bekenntnis, auf ihre identitätssichernde Qualität verweisen. Man mag die Pflicht ins Spiel bringen, auch selteneren Gottesdienstbesuchern mit vertrauten Texten Heimatgefühl zu vermitteln. Das ist alles nicht falsch, und ich wäre froh, solche Gründe würden landauf landab berücksichtigt. Der ausschlaggebende Grund aber für den wiederholenden Gebrauch liturgischer Texte bleibt der, dass sie nicht verstanden werden. Gestern nicht. Morgen nicht. Erst recht nicht heute. Texte, die mehr sind als Medium von Information, müssen gelesen und gelesen und wieder gelesen werden. Damit ich irgendwo zwischen Buchstaben und Wörtern vorübergehende Bleibe finde. Damit in jener eigentümlichen „Liebe zu den Buchstaben“ (Jean Leclercq) das Leben, heute so und morgen anders, erhellt wird. Damit die Worte und Wörter der Heiligen Schrift in dieser oder jener Situation etwas von der potenziellen Gottespräsenz preisgeben, mit der sie konnotiert sind. Texte, mit denen man lebt, wird man nie verstehen. Jedenfalls nicht so, dass sich die Buchstaben in Geist auflösen und der Text in Bedeutung. Liturgischer Textgebrauch ist wesentlich skriptural.

Es spricht manches dafür, dass die wiederholende Lesung der Liturgie nicht nur den Grundsätzen einiger Liturgiker, sondern tatsächlich einem religiösen Bedürfnis vieler Menschen entgegen kommt. Zugleich aber manifestiert sich, wenn auch eher hintergründig, in einem dergestalt wiederholenden Lesen ein Verhalten gegenüber Gott: Man hält ihm ein ums andere Mal die Worte seiner Heiligen Schrift vor mit dem legitimen Wunsch, er möge sie, wie auch immer, evident werden lassen. Prominentes Beispiel: Martin Luther. Seinen Umgang mit Röm 1,17 im Vorfeld der reformatorischen Entdeckung („Turmerlebnis“) beschrieb er gegen Ende seines Lebens so:

> […] pulsabam […] importunus Paulum eo loco, ardentissime sitiens, quid S. Paulus vellet.
>
> Immer wieder schlug ich rücksichtslos Paulus mit dieser Stelle, aufs heftigste brennend und danach dürstend, was der Hl. Paulus wohl wollen könnte.
>
> *Martin Luther, Vorrede zur Gesamtausgabe seiner lateinischen Schriften, 1545, 186,1f. [Übers. MN].*

In der dichten Formulierung verschränken sich zwei biblische Referenzen: Mose, der um Wasser für das dürstende Volk auf den Felsen schlägt (Ex 17,6; bes. Num 20,11 Vulg.), verschwimmt mit dem unverschämt bittenden Freund aus dem Gleichnis (Lk 11,5–8). Ich übertrage, was Luther über seinen meditativen Bibelgebrauch im stillen Kämmerlein schreibt, auf die gottesdienstlich versammelte Gemeinde. Sie erscheint, wenn sie dieselben Texte wieder und wieder liest, auf der Deutefolie des Mose, der an den Felsen schlägt. In diesem Felsen wird seit alters Christus gesehen (1Kor 10,4). So unverschämt, so kühn, so vermessen ist es, Gott selbst seine Heilige Schrift wieder und wieder vorzuhalten. Das alles geschieht liturgisch in der berechtigten Hoffnung, es werde nicht schlecht ausgehen wie bei Mose, dem Gott deswegen das Betreten des gelobten Landes versagte (Num 20,12), sondern gut wie bei jenem Freund im Gleichnis. Dessen unverschämtem Bitten hatte Gott nicht nur ohne negative Folgen entsprochen. Mehr noch: Christus empfiehlt sogar solche Unverschämtheit als Haltung des Beters gegenüber Gott.

Was hier wie ein Luther-Fündlein erscheinen mag, beleuchtet doch die anamnetische Funktion von Liturgie. Die biblisch durchwirkten Passagen der Liturgie informieren nicht über Vergangenes und träumen nicht einfach von Zukünftigem. Ihre Tendenz ist Anamnese, Vergegenwärtigung.

Beispiel: die Gemeindeakklamation, die den Einsetzungsworten folgt. Mit diesen Worten betet die Gemeinde die verheißene Zukunft gewissermaßen herbei:

Liturg: Groß ist das Geheimnis des Glaubens.
Gemeinde: Deinen Tod, o Herr, verkünden wir und deine Auferstehung preisen wir, bis du kommst in Herrlichkeit.

Eine dichte Formel ist das. Bibelstellen klingen mit:

1Kor 11,26: Denn sooft ihr von diesem Brot esst und aus dem Kelch trinkt, verkündigt ihr den Tod des Herrn, bis er kommt.

Mt 26,29: Ich sage euch: Ich werde von nun an nicht mehr von diesem Gewächs des Weinstocks trinken bis an dem Tag, an dem ich von neuem davon trinken werde mit euch in meines Vaters Reich.

Offb 22,20b: Amen, ja, komm, Herr Jesus!

Die gesamte Gemeindeakklamation kann verstanden werden als Explikation des schon bei Paulus eucharistisch motivierten Rufes „Maranata" (1Kor 16,22b), „Unser Herr, komm!" oder „Unser Herr kommt". Und das in der Du-Form der direkten Anrede an Christus. Bibelstellen ihm so ins Ohr rufen und ans Herz legen, bei Gott auf den Busch klopfen, „unverschämt drängen" (Lk 11,8), ihm seine eigenen Texte vorhalten, Evidenz einfordern – das könnte nicht der einzige, aber doch ein bemerkenswerter Grund sein, dieselben Texte wieder und wieder zu lesen. Die Grundformel liturgischer Anamnese, „zu meinem Gedächtnis" (1Kor 11,25), darf auch in diese Richtung verstanden werden.

Die anamnetische Funktion biblischer Texte in der Liturgie erscheint freilich nur sinnvoll auf dem Hintergrund einer Bibelhermeneutik, die dafür Raum lässt. Es ist eine Hermeneutik, die davon ausgeht, dass die Texte nicht zu verstehen, aber voller Verheißung sind. Die anamnetische Struktur der Liturgie ruft nach einer skripturalen Hermeneutik.

Umgekehrt verwundert es nicht, dass im Protestantismus gerade dort, wo liberale Metaskripturalität Triumphe feiert, die wiederholte Lesung altbekannter Texte nicht mehr einleuchten will. In letzter Konsequenz: Wenn die Bibel verstanden ist, dann braucht sie nicht mehr gelesen, und die Liturgie, wenn sie verstanden ist, nicht mehr gefeiert zu werden.

Professionalität

Liturgische Professionalität gilt zum wenigsten dem Besonderen und Außergewöhnlichen, sondern in erster Linie dem Normalen und Selbstverständlichen. Jedenfalls dann, wenn Gottesdienst als „Nahung" verstanden und gefeiert wird. Darauf, dass das Normale in guten Händen ist, sollte sich, wer zum Gottesdienst aufbricht, verlassen können.

Liturgische Professionalität lebt vom Vertrauen in die Worte der Heiligen Schrift und in die schriftdurchwirkten Worte der Liturgie. Wer den Worten von Schrift und Liturgie nicht traut, sollte nicht durch Moderation versuchen, dieses menschlich durchaus verständliche Defizit auszugleichen. Von Pastores legentes darf man erwarten, dass sie Texte oder Textpassagen, die sie persönlich im Moment nicht nachvollziehen können, gleichwohl seriös lesen. Authentizität der Person spielt in der Homiletik eine wichtige Rolle, liturgisch dagegen handelt es sich um eine Kategorie von sehr begrenzter Reichweite.

Liturgische Professionalität zeigt sich im Vertrauen auf überlieferte Texte. Das ist mehr als ein vages Vertrauen, dass, was so lange als richtig galt, auch heute nicht ganz falsch sein könne. Nein, darin manifestiert sich die grundlegende Einsicht, die die Dialektische Theologie einst eindrücklich akzentuierte: dass der Mensch mit allen klugen, authentischen und gut gemeinten Worten nicht wirklich von Gott reden kann, es aber zumindest als Theologe oder Theologin tun muss. Was angesichts solcher Paradoxie bleibt, ist das Zitat:

Das Zitat ist eine alte abendländische Kulturtechnik. Schon die Kreuzigungsszene, wie sie das Johannes-Evangelium schildert, erweist sich als Konflikt um die Anführungszeichen. Dort lässt Pontius Pilatus eine Tafel über dem gekreuzigten Christus anbringen, die das Todesurteil begründet. Jüdische Gegner fordern ihn auf, die Inschrift zu entschärfen: „Schreibe nicht: Der König der Juden, sondern, dass er gesagt hat: ‚Ich bin der König der Juden'" (Joh 19,21b). Im Zentrum jenes Textes, der als göttliche Selbstoffenbarung galt, steht also nichts als ein Zitat. Kein Wunder, dass es auch in der Theologie Einzug hält, spätestens seit der dialektischen Theologie Karl Barths. Der bezeichnete die Paradoxie einer jeden Rede von Gott einmal so: „Wir sollen als Theologen von Gott reden. Wir sind aber Menschen und können als solche nicht von Gott reden." Lösen lässt sich diese Paradoxie nun gerade durch das Zitat – dadurch also, dass man nicht von jenem großen Anderen namens Gott redet, sondern nur in dessen Namen.

Kaspar Renner, Warum ich so klug bin (zu einem Vortrag von Christian Senkel), in: SZ vom 25.03.2008.

In Gottes Namen per Zitat – das lässt den Respekt vor den überlieferten Texten steigen, vor den Texten der Bibel ohnehin, aber auch vor liturgischen Texten, die sich wesentlich aus biblischen Zitaten zusammensetzen.

In Gottes Namen per Zitat – das bedeutet eine Zurücknahme der eigenen Person, das akzentuiert das Lesen fremder Texte gegenüber dem eigenständigen Formulieren.

Liturgische Professionalität bedeutet zunächst einmal Kompetenz im Lesen vorgegebener Texte. Aber liturgische Texte, die biblischen Lesungen eingeschlossen, kann nicht einfach lesen, wer lesen kann. Wenige Menschen beherrschen von Natur aus das öffentliche Lesen. Es ist völlig unverständlich, warum eine Kirche des Wortes auf die Lesefähigkeit ihrer Pfarrerinnen und Pfarrer so wenig Wert legt. Wahrscheinlich ist an dieser Stelle die gleiche ästhetische Sorglosigkeit am Werk, die auch eine solide homiletische Aus- und Fortbildung überflüssig erscheinen lässt. Das Motto solcher Sorglosigkeit: Wer weiß, *was* er zu sagen hat, wird automatisch auch wissen, *wie* es zu sagen ist. Ich kann an dieser Stelle nur dafür plädieren, für Pfarrerinnen und Pfarrern, aber auch für Lektorinnen und Lektoren eine solide rhetorische Sprecherziehung anzubieten und sie auch einzufordern. So soll es ja nicht sein, dass man, um die Bibel gut gelesen zu bekommen, nicht mehr in die Kirche geht, sondern zum Hörbuch greift.

Spiritualität

Die geistige Existenz des Pastor legens hat nicht nur eine intellektuelle, sondern auch und vor allem eine spirituelle Komponente. Insofern ist die „geistige" selbstverständlich auch eine „geistliche" Existenz.

Heilige Schrift und Heiliger Geist gehören zusammen. In abgeleiteter Weise gilt das auch für die schriftdurchwirkten Texte der Liturgie. Ein alter Auslegungsgrundsatz besagt, dass die Heilige Schrift in dem Geist zu lesen sei, in dem sie verfasst ist. Dieser Geist ist der Heilige Geist, Spiritus Sanctus, und ein derartiger Umgang mit der Bibel ist geistlich oder spirituell. Es geht also um geistliche Schriftlektüre. Martin Luther hat der geistlichen Schriftlektüre mit seiner Trias *Oratio, Meditatio, Tentatio* (Gebet, Meditation, Anfechtung) von 1539 ein berühmtes Denkmal gesetzt. Demnach beginnt die Lektüre oder Meditation der Heiligen Schrift mit Gebet. Das Gebet ist das Vorzeichen, das die Lektüre durchgängig bestimmt. Trotzdem hebt die Meditation nicht ab, sondern bleibt hart an den Buchstaben des Textes:

> Zum zweiten sollst du meditieren, das ist: nicht allein im Herzen, sondern auch äußerlich die mündliche Rede und die Worte im Buch dem Buchstaben nach immer wiederholen, lesen und noch einmal lesen, mit fleißigem Aufmerken und Nachdenken, was der Heilige Geist damit meint. Und hüte dich, daß du dessen nicht überdrüssig werdest, oder denkest, du habest es mit einem oder zwei Mal genug gelesen, gehört, gesagt, und verständest es alles von Grund auf.
>
> *Martin Luther, Vorrede zum ersten Band seiner deutschen Schriften, 1539, 16.*

Mit solcher Schriftmeditation und der damit verbundenen religiösen Erfahrung („was der Heilige Geist damit meint“) steht Luther auch noch als Reformator in der monastischen Tradition der *meditatio* und der *lectio divina*. Seine Meditationsregel verbindet zwei Gegebenheiten, die auf den ersten Blick gegensätzlicher nicht sein können: die Akribie buchstäblicher Textlektüre und die Erwartung tiefgreifender Geisterfahrung. Solche Geisterfahrung beschreibt er an anderer Stelle ausführlicher:

> [...] wenn bei solchen Gedanken der Heilige Geist käme und anfinge in dein Herz zu predigen mit reichen, erleuchteten Gedanken, so tu ihm die Ehre: laß diese (von dir) gefaßten Gedanken fahren, sei stille und höre dem zu, ders besser kann als du.
>
> *Martin Luther, Eine einfältige Weise zu beten, 1535, 214.*

Die Erfahrung des Heiligen Geistes bei der Schriftlektüre hat ihren Ort nicht in mystischer Innerlichkeit, sondern in der Anfechtung (tentatio), im gelebten Leben also mit seinen Höhen und Tiefen. Wer alles, was im Leben begegnet, durch geistliche Schriftlektüre in den Gotteshorizont stellt, darf erwarten, dass sich von Zeit zu Zeit der Heilige Geist selbst ins buchstäbliche Lesen einmischt und herzbewegend das Wort ergreift.

Luthers Weise, auf den „äußeren“ Text und seine Buchstaben zu achten, hat Analogien in jüdischer Textbehandlung. Das betrifft die Genauigkeit der Schriftlektüre. Das betrifft auch die Lebensnähe. Wo bei Luther die „Anfechtung“ steht, geht es bei den Rabbinen um die Wahrnehmung des Lebens in allen Facetten. Als Modell jüdischer Textbehandlung hat sich der Midrasch herausgebildet:

> Der Schlüssel zum Geheimnis Gottes liegt also [...] darin, wie man den Text befragt und daß man ihn überhaupt befragt und ihn nicht als etwas Gegebenes betrachtet. Midrasch ist also nicht nur der Name für eine Literaturgattung, sondern bezeichnet ursprünglich eine ganz bestimmte Weise des Lesens und Verstehens.
>
> *Almut Sh. Bruckstein, Die Maske des Moses, 2001, 71.*

Alexander Deeg spricht in diesem Zusammenhang von der „midraschischen Entdeckung des Lebens im Text“:

> Midrasch – das Wort leitet sich ab von dem Verb *darasch*, das suchen, fragen, forschen, ... bedeutet, Midrasch meint Befragung, „Interrogation des Textes“ (A. Bruckstein), in der Erwartung, durch die Verstrickung in den Text Leben zu finden. Die Bewegungen vom Leben in den Text und vom Text ins Leben verbinden sich im Midrasch zu einer einzigen, unaufhörlichen Dynamik.
>
> *Alexander Deeg, Pastor legens, 2004, 421.*

Möglich wird solches Erlesen des Lebens nur unter der Voraussetzung, dass das Leben und die heiligen Schriften genuin miteinander zu tun haben. Das aber nicht so, dass ich die Verknüpfung eines vergangenen Textes mit meiner Gegenwart jeweils selbst herstellen müsste. Sondern so, dass ich die Welt und das Leben in den mir aktuell zukommenden Worten der Heiligen Schrift entdecke. Der Grundsatz im Judentum lautet in der berühmten Wendung des Ben Bag Bag aus dem ersten Jahrhundert nach Christus:

> Wende sie [die Tora] um und wende sie um, denn alles ist in ihr.
>
> *Ben Bag Bag, in: Sprüche der Väter (mAv 5,22).*

Dass damit kein historisch verifizierbarer Grundsatz ins Spiel gebracht wird, versteht sich von selbst; natürlich findet sich das moderne Leben nicht nachweisbar in der Tora. Es handelt sich bei dem Diktum des Ben Bag Bag vielmehr um eine hermeneutische Prämisse: Man müsse, um fündig zu werden, davon ausgehen, dass das eigene Leben in den heiligen Schriften zu finden sei.

Ich erinnere an eine homiletische Prämisse aus der Dialektischen Theologie und ihrem Umfeld. Dort suchte man den Hörer – im Text. Was sich in der Homiletik der Folgezeit zum Feindbild entwickelte, das schleunigst durch die Suche nach dem wirklichen Hörer abgelöst werden müsse: der „Hörer im Text", erfährt durch den Seitenblick auf jüdische Hermeneutik oder auch auf moderne Rezeptionsästhetik noch einmal überraschende Aktualität. Es gehört geradezu zu dem, was eine „heilige" Schrift als solche konstituiert, dass man sich von jeder Gegenwart aus darin finden kann.

Irgendwo zwischen Ben Bag Bag und Martin Luther müsste sich eine Spiritualität verorten, die vom Lesen Gott und die Welt erwartet. Um die Suche nach einer solchen Spiritualität, gar um entsprechende Übung ist es in unseren Hochschulen und Predigerseminaren nicht gut bestellt. Man mag einwenden, an den Ausbildungsstätten des theologischen Personals werde doch Bibelwissenschaft intensiv betrieben. Stimmt. Aber das ist die Kunst, mittels Sachwissen die biblischen Schriften in ihren historischen Kontexten zu verstehen. Was akademisch weitgehend ausfällt, ist die Kunst, die Texte der Bibel als Texte der Heiligen Schrift zu lesen und auf diese Weise die Gegenwart im Gotteshorizont der Bibel zu entdecken. Wo aber fast schon Fehlanzeige zu vermelden ist: bei der Fähigkeit, zwischen beiden Ebenen hin und her zu springen, die historischen Fakten mit den geistlichen Einsichten zu verknüpfen und genau für diese instabile, jeweils neu einzupegelnde mittlere Ebene Sprache zu finden.

Eine skripturale Spiritualität kommt in der theologischen Ausbildung zu kurz oder gar nicht erst vor. Das ist nicht die beste Voraussetzung für die Ausbildung einer geistigen Existenz, die sich im Spannungsfeld von Intellektualität und Spiritualität zu entfalten hätte.

Meister der Verknüpfung

So viel habe ich nun zum Pastor legens und seiner geistigen Existenz gesagt. So viel, dass es scheinen könnte, als seien Pastores legentes in ihrer Religiosität haushoch erhaben über die „bloße" Gemeinde. Als seien sie einsame Gottesgelehrte und kühne Himmelsführer. Als hätten sie sich so tief in das Geheimnis Gottes hinein gearbeitet, dass sie nun huldvoll davon austeilen könnten.

Ein solches Selbstverständnis widerspräche der fundamentalen Hochschätzung der getauften, aber theologisch nicht eigens ausgebildeten Gemeindeglieder. Pastores legentes haben keinen Vorsprung auf dem Weg im Geheimnis, nur weil sie Theologie studiert und eventuell eine Zusatzqualifikation in Liturgiewissenschaft erworben haben, weil sie sich um eine geistige Existenz mühen und leidlich die Kunst beherrschen, biblische und liturgische Texte zu lesen.

Was könnte dann die spezifische Kompetenz der Theologie sein auf dem weiten Feld der Liturgie? Antwort: Wir Theologinnen und Theologen sind Meister der Verknüpfung.

Meister der Verknüpfung sehen es als ihre Aufgabe, implizite Verknüpfungen der Tradition zu entfalten, behutsam Fäden ins bestehende Gewebe einzuziehen, anderen in bestehenden „Text"-„Geweben" Orientierung zu geben. Und vieles mehr. Als Liturginnen und Liturgen sind wir nicht Gottesdenker, nicht Heilsbringer, nicht Geheimniskrämer. Wir sind Meister der Verknüpfung. In extremen Situationen mögen wir auch einmal zu Seiltänzern werden, in luftiger Höhe und über den Köpfen der anderen. Im Normalfall aber befinden wir uns auf dem Boden. Mit den anderen. Was wir ihnen voraus haben, ist nicht ein Mehr an Gottesgeheimnis, sondern, sehr nüchtern, ein Mehr an Verknüpfungswissen.

Der französische Semiotiker Roland Barthes beschrieb recht schön die Hermeneutik, die eine solche Tätigkeit des Verknüpfens grundiert:

> *Text* heißt *Gewebe*; aber während man dieses Gewebe bisher immer als ein Produkt, einen fertigen Schleier aufgefaßt hat, hinter dem sich, mehr oder weniger verborgen, der Sinn (die Wahrheit) aufhält, betonen wir jetzt bei dem Gewebe die generative Vorstellung, daß der Text durch ein ständiges Flechten entsteht und sich selbst bearbeitet [...].

Roland Barthes, Die Lust am Text, 1973, 94.

Man solle, so Barthes, nicht mehr einen Sinn jenseits der Texte suchen, sondern im „Gewebe", im „Text" bleiben. Das kommt in mancher Hinsicht der Skripturalität entgegen, die ich für Pastores legentes postuliere.

Als Meister der Verknüpfung wissen wir, gerade auf dem Gebiet der Liturgie, nicht nur Texte zu verknüpfen, sondern darüber hinaus Zeichen aller Art. Die moderne Entschränkung des Textbegriffs kommt der Vielfalt und Diversität liturgischer Zeichen entgegen. Räume, Bilder, Klänge, Gesten oder Dinge, auch atmosphärische Kontexte konstituieren zusammen mit den Wort-Texten den Gottesdienst als „Gesamtkunstwerk" (Albrecht Grözinger).

Als Meister der Verknüpfung lesen wir die Bibel und entdecken ihre Spuren in den Texten der Liturgie. Wir setzen dazu in Beziehung, was wir in der Zeitung lesen und in ein paar Büchern abseits der Theologie. Wir schauen uns um in den Künsten und entdecken Bezüge zu den Texten, für die wir als Pastores legentes besondere Verantwortung tragen. Keinesfalls lassen wir die modernen Medien außen vor. Wir achten in der Liturgie und darüber hinaus auf hörbare, sichtbare, fühlbare Zeichen. In der Wirklichkeit zeichnen sich Verknüpfungen ab, Bezüge, Entsprechungen, Spannungen. Unser professionelles Wissen ist nicht vertikal, sondern horizontal und flächig. Theologen sind nicht Tieftaucher, sondern Flaneure.

Beispiel: Sanctus. Wir Leute vom theologischen Personal haben keine Lebenszeitstellung im gemischten Chor des Himmels. Wir sind nicht hinaus über das Wagnis der Doxologie. Wir buchstabieren, loben, klagen, preisen, zweifeln, glauben, schweigen. Zusammen mit anderen wagen wir es, einen Fuß in den himmlischen Thronsaal zu setzen und uns im Mitsingen zu versuchen. Mehr nicht.

Was wir aber wissen und was wir anderen voraushaben, ist, dass wir auf Fragen antworten können. Wie im Sanctus Jes 6 und Mt 21, himmlischer Thronsaal und Einzug in Jerusalem spannungsvoll zusammenspielen. Wie Mt 21,1–11 selbst schon wieder aus alttestamentlichen Fäden gewoben ist. Wie das Sanctus mit anderen Sequenzen der Liturgie dramaturgisch einen Spannungsbogen bildet. Inwiefern das Sanctus eine Doxologie ist. Wie andere Glaubensgemeinschaften mit dem Sanctus umgehen. Wo und wie das Sanctus in den Künsten seine Spuren gezogen hat, von den Messvertonungen der Kirchenmusik bis zu Spuren des Trishagion in der modernen Lyrik. Dass es sich bei den vierundzwanzig Ältesten (Offb 4,4) der Apokalypse um eine Synode der Patriarchen Israels mit den Aposteln Christi unter den Klängen des Sanctus (Offb 4,8) handeln könnte. Und vieles mehr.

Pastores legentes sind Meister der Verknüpfung. Wenn man will, lässt sich auch diese Funktion des Lesens noch in dem lateinischen Begriff auffinden: lat. legere = sammeln. Pastores legentes sind dann Menschen, die berufsmäßig Texte, Zeichen und Phänomene „sammeln", sortieren, sie in ihrer Zusammengehörigkeit explizieren oder neu zusammenordnen. Dass ihnen dabei eine ganz eigene Weisheit im Sinne geistlichen Wissens zuwachsen kann, sei unbestritten. Aber zunächst ist es die Mischung aus Professionalität und Bescheidenheit, die ich mit der Metapher vom „Verknüpfen" verbinde und die ich an dieser Stelle herausheben wollte.

„Mystagogie" nannte sich einst die Einführung und Begleitung derer, die neu waren auf dem Weg im Geheimnis. Als „Meister der Verknüpfung" tragen Pastores legentes Sorge, dass sich andere im Textgewebe der Liturgie nicht verfangen, sondern in die Lage versetzt werden, den vorhandenen Fäden zu folgen sowie Fäden des eigenen Lebens mit dem Gewebe der Liturgie zu verknüpfen. Auch andere sollen die Zeichen, die den liturgischen Weg im Geheimnis markieren, lesen können. Pastores legentes behalten ihr Verknüpfungswissen nicht für sich. Liturgisches Personal und Gemeinde knüpfen gemeinsam an einem bereits vorhandenen Gewebe aus Texten und Zeichen. Dieses Netz, über die Wirklichkeit gebreitet, lässt von Zeit zu Zeit aufscheinen, worin wir uns gottesdienstlich von der Salutation bis zum Segen bewegen: das Geheimnis der Weltwirklichkeit Gottes.

Lesetipps

Rolf Zerfaß, Lektorendienst. 15 Regeln für Lektoren und Vorbeter [1965], Trier [9]2003.

Günter Bader, Über die Verfertigung von Theologie im Vorgang des Lesens, in: PTh 95 (2006), 184–190.

Alexander Deeg, Skripturalität und Metaskripturalität. Über Heilige Schrift, Leselust und Kanzelrede, in: EvTh 67 (2007), 5–17.

Tagzeiten und Kirchenjahr

Für eine liturgische Zeit-Kunst

Christen leben in zwei Zeiten: Weltzeit und Gotteszeit. Die doppelte Zeit manifestiert sich in Interferenz und Differenz von Kalenderjahr und Kirchenjahr. Die Liturgie der Kirche gibt diesem spannungsvollen Miteinander Gestalt. Mit dem Gotteslob, das die Kirche zu festen Zeiten anstimmt, geschieht exemplarisch Heiligung der Zeit.

Evangelische Spiritualität akzentuiert den „vernünftigen Gottesdienst" (Röm 12,1) in Gestalt weltlicher Vollzüge. Es fällt uns einigermaßen schwer, Gottesdienst als symbolisch-rituelle Darstellung der Gotteszeit in der Weltzeit zu verstehen. Auch die Frage, wann es Zeit ist für Gottesdienst, beantworten wir eher mit der „kasuellen" Zeit, die der Mensch für Gott hat, als mit der „offiziellen" Zeit, die Gott für den Menschen hat und die sich in den Zeiten der Kirche symbolisiert. Unser protestantisches Problem ist, dass in der stark akzentuierten Weltzeit die Gotteszeit an Kenntlichkeit verliert.

In dieser Situation wäre der Weg im Geheimnis zu verstehen als die von Gott selbst eingeräumte Möglichkeit, die Gotteszeit in der Weltzeit und die Weltzeit in der Gotteszeit zu begehen. Liturgie wird zur Zeit-Kunst. Sie gibt der Gotteszeit kontrapunktisch zur Weltzeit Gestalt, lässt Menschen in dieses Geschehen ein und ermuntert in der ihr eigenen Schönheit zu einer Ästhetik des Widerstands gegen die Zumutungen einer von der Gotteszeit isolierten Weltzeit.

Beobachtungen

Zeitzonen

Predigten wettern unverdrossen gegen verfrühten Osterkonsum in den Geschäften. Wir sind an solche Kanzelrede gewöhnt. Bringen tut das natürlich nichts, weil es sich an die richtet, die ohnehin nicht in den Kirchenbänken sitzen. Sollte man denken.

Sonntagmorgen im April. Festlicher Gottesdienst mit Kirchenchor zum Palmsonntag, Evangelium vom Einzug Jesu in Jerusalem nach Johannes, Predigt vom Knecht Gottes im Leiden (Jes 50,4–9). Beim letzten Vers des Liedes nach dem Segen werden Tische herein getragen. Ach ja, ist ja Kirchenkaffee heute. Und zwar wörtlich: in der Kirche. Wäre auch alles in bester Ordnung, wenn nicht ... wenn die Tische nicht österlich gedeckt wären: Osterglocken als Blumen, farbige Servietten, Schokoladeneier. Und das, während zur gleichen Zeit auf dem Petersplatz in Rom, übertragen vom Bayerischen Fernsehen, eine große Gemeinde die Palmsonntagsmesse feiert. Festliches auch hier: Prozession mit Palmzweigen, die liturgischen Farben, feierlich gesungen die Passion Christi. „Aber Jesus schrie abermals laut und verschied" (Mt 27,50): Stille auf dem ganzen Platz, tiefes Schweigen, die Stille von Golgatha als Stille des Gebets. Heute ist Palmsonntag, Beginn der Heiligen Woche, Höhepunkt der Passionszeit, dichteste Zeit des Kirchenjahres. Und das, während in der fränkischen Gemeinde bunte Tische mit Osterschmuck herein getragen werden. Niemand, so scheint es, stößt sich daran, dass die Weltzeit mit ihrem verfrühten Osterangebot die Gotteszeit wie selbstverständlich überlagert.

Nein, kein Kulturkampf gegen den Kommerz! Kein Kirchengeschrei gegen eine Gesellschaft, die längst nicht mehr im Kirchentakt lebt! Aber Traurigkeit, wenn auch in der Kirche selbst die Spannung zwischen Weltzeit und Gotteszeit nicht mehr ausgehalten wird. Die Differenz gestalten – das wäre die Leitlinie gewesen: Kirchenkaffee im Zeichen der Fastenzeit, während „draußen" bereits Ostern ausgerufen wird.

Gegenzeit

„Die große Stille" (D 2005) ist ein Film, der in annähernd drei Stunden nichts zeigt als gestaltete Gotteszeit, und zwar fernab dessen, was für uns die Welt ausmacht. Es ist eine Reise hinter Klostermauern, in die Stille des Kartäuserordens. Philip Gröning, der Regisseur dieser singulären Dokumentation, hatte damit erstaunlichen Erfolg:

> Philip Gröning: [...] Ich dachte, es wäre toll, ein Film, wo die Zeit selber das Haupterzählmedium wird, wo die Sprache verschwindet, das klassische Erzählen nach vorn. Das ist nur in einem schweigenden Kloster möglich – wo das Leben so abstrakt durch eine Zeitrhythmisierung bestimmt ist. Und der Film sollte nicht darüber berichten, sondern den Zuschauer selbst in einen ähnlichen Zustand bringen. So tief in den Zeitrhythmus des Zuschauers eingreifen, das kann nur das Kino. Nicht die Musik, nicht das Theater, nicht die spannendste Geschichte.
>
> *Gegen das Dogma der Produktivität [Philip Gröning im Interview mit Fritz Göttler], in: SZ vom 10.11.2005.*

Das Kino greift also tief ein in den Zeitrhythmus der Zuschauer. Und die Liturgie sollte das nicht können?

Wie ein Thema die Gotteszeit aus dem Takt bringt

Im Jahr 2008 war es der Sonntag Reminiszere (2. Sonntag in der Passionszeit), der in Erlanger Gemeinden als Sonntag der Partnerschaft mit der theologischen Hochschule im tansanischen Makumira begangen wurde. Dieser Kasus und das Proprium des Sonntags gerieten auf freundliche Weise in Konflikt:

Das einleitende Sündenbekenntnis endete mit der Bemerkung, wir hätten Gott zu danken dafür, dass er uns trotz unserer Sünde angenommen habe. Diesen Dank, so die Liturgin, würden wir jetzt zum Ausdruck bringen mit einem Lied aus Tansania. Da aber das Gesangbuch nur zwei Lieder aus Tansania enthalte, würden wir unseren Dank jetzt zum Ausdruck bringen mit dem Osterlied „Er ist erstanden, Halleluja“ (EG 116). Das zweite Lied aus Tansania steht im Regionalteil, dummerweise unter der Rubrik „Pfingsten“. So kam es, dass mitten in der Passionszeit nach der Predigt auch noch ein Pfingstlied gesungen wurde: „Komm zu uns, Heiliger Geist“ (EG 565, Regionalteil Bayern/Thüringen).

Die Ankündigung der beiden Lieder geschah mit Augenzwinkern: Wir wüssten ja alle: Passionszeit, und die bloße Existenz der Lieder sei eigentlich noch kein Grund … Dennoch brachte das Thema Partnerschaft mit Makumira mit massiver Unterstützung der unzeitigen Lieder das Kirchenjahr praktisch zum Stillstand. Bei wem es zu Hause, vielleicht mit einer Bach-Kantate im Radio, noch Passionszeit war, der wurde mit dem Gottesdienst jäh aus der Zeit gerissen. Plötzlich war es vor der Zeit Ostern geworden und Pfingsten.

Entschleunigung durch Gegenzeit

Als sehr heilsam erlebte der Journalist, der sich für begrenzte Zeit in die Benediktinerabtei Königsmünster zurückgezogen hatte, die gestaltete Gotteszeit:

Nach einigen Tagen empfinde ich meinen journalistischen Auftrag als hinderlich. Möchte nichts mehr beobachten, nichts mehr notieren, nichts mehr erfragen. Ich ließe [sic!] mich lieber kopflos ein auf die Rhythmen des Hauses, die vom mir gewohnten Leben so verschieden sind, dass sie eben dadurch helfen, das eigene Daseinsknäuel zu entwirren. Das innere Rasen ebbt ab, und plötzlich steigen Gedanken auf, die verschüttet waren.

Ulrich Stock, Ich sucht sich, in: DIE ZEIT Nr. 11 vom 06. 03. 2008 (Reisemagazin).

Die geistliche Rhythmisierung der Zeit in Klöstern und Kommunitäten gibt dem Zeit, der sie nicht hat. So jedenfalls wird es immer wieder von Menschen erlebt, die sich darauf einlassen.

GD mit …

Ein Gottesdienstanzeiger im Gemeindebrief soll in die Kirche locken. So wurden in einer Gemeinde die Sonntage im Oktober/November 2008 angekündigt:

5.10. Familienfreundlicher Gottesdienst mit Band und Vorstellung von Pfrin. […]
12.10. Predigt-GD und Kinder-GD
19.10. Abendmahls-GD zur Kirchweih mit Projektchor und Kinder-GD
26.10. Themen-Gottesdienst mit Beratungsstelle […] und Kinder-GD
[…]
16.11. GD, Verabschiedung von Pfrin. […] und Kinder-GD
23.11. Gottesdienst m. Gedenken an Verstorbene, Kinder-GD
30.11. Gottesdienst mit Kirchenchor und Kinder-GD

Nicht nur, dass die Mehrzahl der Gottesdienste mit besonderem Etikett versehen ist: familienfreundlich, mit Band, mit Vorstellung der neuen Pfarrerin, mit Projektchor, mit Beratungsstelle. Nicht nur, dass ein „Gottesdienst" ohne Bindestrich und Doppelnamen kaum mehr präsentabel scheint: Themen-Gottesdienst, Predigt-Gottesdienst. Nicht nur, dass „Gottesdienst" zum Kürzel schrumpfte: Abendmahls-GD, Kinder-GD, GD. Nein, die sekundäre Eventisierung durch Band oder Beratungsstelle lässt vergessen, was den christlichen Gottesdienst primär zum Ereignis macht: Farbe und Klang eines Sonntags im Kirchenjahr. Diese Gottesdienstanzeige verzichtet darauf, die Zeit im Kirchenjahr zu nennen. Das verwundert angesichts der genuin liturgischen „Events", die zu vermelden gewesen wären: Ewigkeitssonntag (23.11.) und erster Advent, Ende immerhin des alten und Anfang eines neuen Kirchenjahres.

Meinungen

Lebensförderliche Wiederholungen

Jürgen Moltmann bestimmte den christlichen Gottesdienst geradezu als „Ritual der Zeit":

In der Folge der Sonntage und im Kreislauf der Kirchenjahre prägen die Gottesdienste ein *Ritual der Zeit*. Jede menschliche Gemeinschaft kennt Rituale der Zeit, die die fließende Zeit ordnen und im Jahreszyklus – „alle Jahre wieder" – bestimmte, für die Gemeinschaft fundamentale Erinnerungen wachrufen. Durch sie wird Tradition und Kontinuität in den Zufälligkeiten des Lebens gestiftet. Ohne solche Ordnung der Zeit und ohne derartige Wiederholungen können Menschen offensichtlich in den „Schrecken der Geschichte" nicht leben.

Jürgen Moltmann, Kirche in der Kraft des Geistes, 1975, 289.

Die Ausführungen sind beeinflusst von einem Gegensatzpaar, das lange die Diskussionen auf mehreren Gebieten der Theologie bestimmt hat: Zeit der Natur und Zeit der Geschichte, Kreisbewegung auf der einen und lineare Bewegung auf der anderen Seite. Moltmann bringt die beiden Zeitmodelle in ein spannungsvolles Miteinander und verortet es in der Liturgie der Kirche.

Auszeiten konstruieren

Wilhelm Genazino, Büchnerpreisträger, spricht in seinen Frankfurter Poetikvorlesungen von 2006 über „Die Zeit und die Krümel". Wenn man sich ganz in einen Gegenstand, sei er auch noch so alltäglich, versenke, dann stelle sich die Erfahrung einer anderen Zeit ein. Gemeint ist eine Zeit jenseits der linearen Zeitordnung, jener „unerbittlichen Abfolge von Jetztpunkt zu Jetztpunkt, das uhrenmäßige Absurren der sogenannten objektiven Zeit" (S. 58):

Das arbeitende Bewußtsein gibt den Momenten die Form vor, der sie dann folgen und folgen müssen. Das Ergebnis ähnelt dem, was Robert Musil immer mal wieder den „anderen Zustand" genannt hat. Dieser andere Zustand ist dann Glück, wenn es einem Augenblicksexperimentator gelingt, sich ein eigenes Zeitvergehen im allgemeinen Zeitabfluß zu konstruieren.

Wilhelm Genazino, Die Belebung der toten Winkel, 2006, 64.

Genazinos „anderen Zustand" kann ich mir durchaus als ein Phänomen liturgisch gestalteter Zeit vorstellen.

Zeitbewusstsein ausbilden

Anders als vielfach üblich signalisiert Kristian Fechtner nicht Opposition, sondern hilfreiches Entgegenkommen der Gotteszeit für das Leben in der Weltzeit:

Das Kirchenjahr bildet einen wahrnehmbaren Rhythmus des Lebens im Jahreskreis, in dem Menschen Zeitbewusstsein ausbilden. Die Gegenwart tendiert dazu,

Zeit durchgängig ökonomisch und numerisch zu bemessen. [...] Im Horizont des Kirchenjahres wird der Jahreskreis zur erlebten und bewussten Zeit: Zeiten des Jahres gewinnen einen besonderen Charakter, Übergänge werden begangen, unterschiedliche Lebensenergien werden in verschiedenen Zeiten angeregt und freigesetzt. [...] Das Kirchenjahr qualifiziert Zeit als je besondere Zeit.

Kristian Fechtner, Im Rhythmus des Kirchenjahres, 2007, 149.

Der Mensch lernt am Kirchenjahr, was Zeit jenseits linearer und messbarer Zeitabläufe auch sein könnte. Diese Einsicht wäre auch liturgiedidaktisch von Wert.

Skizzen

- Zwischen Kasus und Offizium
- Offiziell die Zeit heiligen
- Gottesdienst am Sonntagmorgen
- Kalender, Kosmos, Kirchenjahr
- Gottesdienst im liturgischen Zweitakt
- Gotteswagnis im Kontrapunkt
- Ästhetik des Widerstands

Zwischen Kasus und Offizium

Wann ist Zeit für Gottesdienst? Es gibt im Prinzip zwei Antworten. In ihrer Polarität markieren sie ein weites Spannungsfeld zur Verortung für Individuum, Gemeinde oder Kirche:

(1) Es ist Zeit zum Gottesdienst, wenn Menschen ihn brauchen. Das ist die auf Gottes Zeit hin offene Zeit des Menschen. Schwerpunkt: das religiöse Bedürfnis. Diese Zeit richtet sich nach den Lebensumständen des Individuums oder der Gemeinde. Man könnte sagen, es handle sich angesichts der Abhängigkeit von einem „Kasus" um die *kasuelle Zeit.*

(2) Es ist Zeit zum Gottesdienst, wenn Menschen sich zu festen Zeiten Gott zuwenden. Das ist die auf des Menschen Zeit hin offene Zeit Gottes. Schwerpunkt: Lob Gottes. Diese Zeit bildet sich symbolisch ab in den Zeiten, die die Kirche vorgibt. Man könnte sagen, es handle sich angesichts der traditionellen Konnotation als „Pflicht" oder „Amt" (lat. officium) um die *offizielle Zeit.*

Wann also ist Zeit für Gottesdienst? Die Antworten bewegen sich zwischen kasueller und offizieller Zeit.

Der Katholizismus legt das Gewicht auf die offizielle Zeit. Die Kirche gibt nach Maßgabe von Tradition und theologischer Einsicht die Zeit vor, und die Menschen haben grundsätzlich die Pflicht, sich zum Gottesdienst einzufinden. Der Protestantismus verortet sich näher an der kasuellen Zeit. Er betont stärker die Freiheit des Individuums, nach eigener Einsicht zum Gottesdienst zu gehen oder eben auch nicht. Wir Evangelischen haben Vorbehalte gegenüber der offiziellen Zeit. Wir wittern schnell Gesetzlichkeit und wehren uns gegen alles, was auch nur von ferne wie Pflicht aussehen könnte.

In der Praxis freilich verwischen sich die Unterschiede. Die gesellschaftlichen und kulturellen Gegebenheiten favorisieren die kasuelle Zeit. Das gilt insbesondere für den Gottesdienst am Sonntag. Der liegt im Wochenende als einer Zeit, die grundsätzlich als frei von Pflichten erlebt und gestaltet wird. Ein pflichtgemäßer, also „offizieller" Gottesdienstbesuch ist gesamtgesellschaftlich kaum noch zu vermitteln. Das gilt faktisch für die katholische Kirche in ähnlicher Weise wie für uns Evangelische.

Nicht nur das Individuum steht vor der Frage: Gehe ich heute zum Gottesdienst? Auch Gemeinden haben über den Gottesdienst und seine Zeit Entscheidungen zu treffen.

Ende 2006 stellte sich die Frage nach der Gottesdienstzeit unabweisbar und unter Handlungsdruck. Das Kalenderjahr sorgte nämlich an zwei herausragenden Terminen für problematische Überschneidungen im Ablauf des Kirchenjahres.

Weihnachten 2006. Der Heilige Abend fällt auf den vierten Sonntag im Advent. Die kirchlichen Feiern am Heiligen Abend ziehen alle Aufmerksamkeit von Gottesdienstbesuchern und Pfarrerschaft auf sich. Was tun mit dem Gottesdienst am Sonntagmorgen? Notiz im Gemeindebrief: Fällt aus.

Silvester 2006 fällt auf den Sonntag nach Weihnachten. Es entsteht eine analoge Situation. Dieselbe Kirchengemeinde lässt den Gottesdienst am Sonntagmorgen zugunsten des Silvestergottesdienstes am Abend ausfallen.

Einen regulären oder „offiziellen" Gottesdienst einfach ausfallen lassen? Man kann verstehen, wenn die Ökonomie der Kräfte ins Spiel geführt wird. Für Pfarrerinnen und Pfarrer gehören die Wochen um Weihnachten zu den dichtesten Zeiten im Jahr. Es ist vernünftig, an einem verlorenen Sonntagmorgen keinen Gottesdienst anzusetzen. Angesichts der paar Leute, die zu erwarten wären ...

Man kann aber auch anders fragen. Nämlich ob der vierte Advent, Schwerpunkt *Magnificat*, so einfach mit dem Heiligen Abend zu verrechnen ist und der Sonntag nach Weihnachten, Schwerpunkt *Nunc dimittis*, mit dem Jahresschluss. Wenn man davon ausgeht, dass am Sonntagmorgen immer, wenn auch in den unterschiedlichen Farben des Kirchenjahres, die Auferstehung gefeiert wird, dann können Weihnachten oder Silvester am Abend das Gotteslob am Sonntagmorgen nicht ersetzen.

Wann ist Zeit für Gottesdienst? Prinzipiell gibt es wieder zwei Antworten:

Kasuelle Antwort: Zeit für Gottesdienst ist dann, wenn die Beteiligten, Besucher wie Personal, Zeit haben und sich Zeit nehmen.

Offizielle Antwort: Zeit für Gottesdienst ist dann, wenn die Kirche im Rhythmus ihrer Zeiten symbolisch auf die Gotteszeit verweist.

Nach kasuellem Zeitverständnis kann der Gottesdienst am Sonntagmorgen ausfallen, wenn vorauszusehen ist, dass niemand Zeit hat. Nach offiziellem Zeitverständnis wird er gehalten, weil am Sonntagmorgen österlich motiviertes Gotteslob ansteht und weil diese Zeit nicht mit Weihnachten oder anderen liturgischen Terminen verrechnet werden kann.

In der Praxis sind Kompromisse zwischen Kasus und Offizium denkbar. So hätte man in dem geschilderten Fall den Sonntagmorgen schlicht mit Gotteslob begehen können: machbar, ernsthaft, ohne Predigt. Grundsätzlich wäre es wünschenswert, dass die offizielle Zeit auch in evangelischen Debatten eine ernstzunehmende Größe darstellt. Wann ist Zeit für Gottesdienst? Die Beantwortung der Frage hängt wesentlich davon ab, wie Gottesdienst verstanden wird: als besondere Veranstaltung, die man eigens ansetzt, oder als selbstverständlicher Weg im Geheimnis, der bereitliegt.

Offiziell die Zeit heiligen

Wann ist Zeit für Gottesdienst? Biblische Auskünfte waren ganz unmittelbar Gestaltungsmotiv für eine fast zwei Jahrtausende alte Praxis christlichen Betens. So las man mit deutlichem Bezug auf die Feier der Eucharistie (griech. eucharistía = Danksagung): „Seid beharrlich im Gebet und wacht in ihm mit Danksagung!“ (Kol 4,2). Ganz ähnlich, nun ausdrücklich qualifiziert als göttliches Gebot: „Seid allezeit fröhlich, betet ohne Unterlass, seid dankbar in allen Dingen; denn das ist der Wille Gottes in Christus Jesus an euch“ (1Thess 5,16ff.). Wann also ist Zeit für Gottesdienst? Die Antwort ist zunächst ebenso einfach wie unpraktikabel: „Betet ohne Unterlass!“ Oder: Zeit fürs Beten ist immer.

Die biblische Aufforderung zum unablässigen Beten führte im Christentum in Aufnahme jüdischer Vorgaben zur Ausbildung des Tagzeiten- oder Stundengebets. In den klösterlichen Gemeinschaften bildete sich das *officium* heraus, das beharrliche Gotteslob in Gestalt des Stundengebets und seiner sieben bzw. acht Gebetszeiten (vgl. Ps 119,164, auch V. 62). In der Praxis freilich werden kaum jemals alle Gebetszeiten gehalten, schon gar nicht im Dreistundentakt. Zeiten werden zusammengelegt, auf die Nachtruhe der Mönche und Nonnen wird geachtet, die unterschiedlichen Sonnenaufgänge und Sonnenuntergänge im Jahreslauf finden Berücksichtigung. Das auf den ersten Blick so starr anmutende System wird flexibel gehandhabt. Darüber hinaus vollziehen auch Priester, die nicht in klösterlicher Gemeinschaft leben, das Stundengebet in Form des Breviers individuell und an die jeweiligen Aufgaben angepasst. Jeder Christ, jede Christin kann sich auf die Weise, die in den unterschiedlichen Lebensverhältnissen möglich ist, am Stundengebet der Gesamtkirche beteiligen.

Es handelt sich in dieser Perspektive nicht um den Gottesdienst, den wir aus diesem oder jenem Grund brauchen, sondern um Gottesdienst als, salopp gesagt, Beziehungspflege zwischen Geschöpf und Schöpfer. Seriöser, aber ungewohnt: Gottesdienst ist „Nahung" als die von Gott selbst eingeräumte Weise, ihm zu nahen. Ein solches Verständnis von Gottesdienst favorisiert klar die offizielle Zeit.

In der ihr eigenen Konsequenz zeichnet die katholische Kirche das Stundengebet in ihr liturgisches Gesamtkonzept ein:

> Das Mysterium Christi – seine Menschwerdung und sein Pascha – feiern wir in der Eucharistie, besonders in der sonntäglichen Versammlung. Es durchdringt und verklärt die Stunden eines jeden Tages durch die Feier des Stundengebetes, des göttlichen Offiziums. Den apostolischen Ermahnungen nachkommend, ohne Unterlaß zu beten, ist diese Feier so aufgebaut, daß der gesamte Ablauf des Tages und der Nacht durch Gotteslob geweiht wird.
>
> *Katechismus der Katholischen Kirche, 1997, Nr. 1174 (ohne Kennzeichnung der Zitate aus den Konzilsdokumenten).*

Das Tagzeiten- oder Stundengebet motiviert sich also aus der biblischen Aufforderung zum unablässigen Gebet, versteht sich als Verlängerung des eucharistischen Lobpreises im Tageslauf und ist grundsätzlich allen Gläubigen aufgetragen. In der Vielfalt seiner Formen geschieht so etwas wie Heiligung der Zeit. Der gesamte Tageslauf aus Tag und Nacht wird, so der Katechismus, durch das Lob der Gläubigen Gott „geweiht". Das ist Doxologie: Gott durch exemplarisch ihm gewidmete Zeit die Ehre geben und so die Zeit heiligen. Auf der Ebene menschlichen Miteinanders hieße das, durch wahrnehmbares Verhalten die Einsicht wach zu halten, dass sich Christen mitten in der Weltzeit nach der Gotteszeit richten. In der Substanz wird hier ein Konsens greifbar, der in seinen Grundzügen seit der Alten Kirche Bestand hatte.

Aus diesem Konsens ist der Protestantismus faktisch ausgeschert. Ein Grund war der Wegfall der monastischen Lebensform. Ein anderer Grund lag darin, dass Heiligung der Zeit im Protestantismus weniger in Gestalt geistlicher Handlungen geschieht als durch christliche Bewährung in den Herausforderungen des Alltags. Das muss nicht in jeder Hinsicht Anlass zu Kritik sein. Im Gegenteil, die Transformation liturgisch symbolisierter Gotteszeit in christlich geprägte Lebenszeit trug dazu bei, dass

Kirche, Frömmigkeit und Theologie allenthalben Spuren der Weltwirklichkeit Gottes entdeckten. Spirituell und kulturgeschichtlich müssen wir Evangelischen uns nicht verstecken. Heute freilich werden wir uns allmählich dessen bewusst, dass die Gotteszeit auch die symbolisch-rituelle Darstellung als Liturgie braucht, wenn sie nicht in der Weltzeit aufgehen soll.

Das Stundengebet als eigene liturgische Handlung fiel im evangelischen Bereich praktisch weg. Martin Luther hatte sich in seiner Schrift „Von der Ordnung des Gottesdiensts in der Gemeinde“ (1523) auch zu den Stundengebeten geäußert. Er dachte auf jeden Fall an einen täglichen Morgen- und Abendgottesdienst. Solche Gottesdienste hatten prinzipiell für die ganze Gemeinde zugänglich zu sein. Klare liturgische Anweisungen aber hat Luther nicht gegeben. Ebenso wenig sind neben und nach ihm in der evangelischen Kirche der Reformationszeit feste und verbindliche Ordnungen gewachsen. Sicher, gottesdienstliche Heiligung der Zeit gab es über den Sonntagmorgen hinaus in vielfältiger Form, manches davon bis in die Gegenwart: Schulandacht, Christenlehre, Predigtgottesdienste unter der Woche, Beichtgottesdienste mit Abendmahl an besonderen Tagen, Morgen- und Abendandachten oder auch die Bibelstunde. Aber diese Handlungen waren von Anfang an zu stark katechetisch motiviert, als dass sie liturgisch hätten einwurzeln können. Das Grundanliegen des Stundengebets, ohne Unterlass betend Gott die Ehre zu geben und die Zeit zu heiligen, geriet ins Abseits. Jedenfalls gilt das für den öffentlichen Gottesdienst. Auf der Ebene individueller Frömmigkeit gaben Formen wie Hausandacht oder Tischgebet dem Anliegen eindrücklich und vielfältig Gestalt.

Auf evangelischer Seite war man schon in den liturgischen Erneuerungen des 20. Jahrhunderts wieder auf das Stundengebet aufmerksam geworden. Es hielt sogar Einzug in das lutherische Agendenwerk der 1950er Jahre, hat aber als festes Element gottesdienstlichen Lebens in der Gemeinde nirgends Wurzeln geschlagen.

Anders stellt sich die Situation in den evangelischen Kommunitäten dar. Exemplarisch verweise ich auf die „Communität Casteller Ring“ auf dem unterfränkischen Schwanberg. Die Frauen der Gemeinschaft pflegen das Stundengebet in enger Anlehnung an die Ordnung der Benediktiner im nahen Münsterschwarzach. In einem Rundbrief gründete die damalige Priorin die Praxis des Stundengebets in Jesu eschatologischer Mahnung zum Wachbleiben und damit in der gesamtchristlichen Tradition:

„So wacht nun, denn ihr wißt nicht, wann der Herr des Hauses kommt, ob am Abend oder zu Mitternacht oder um den Hahnenschrei oder am Morgen“ [Mk 13,35]. Diese Wachzeiten sind die Stundenzeiten, Zeiten des Stundengebetes:

Abend, Mitternacht, dämmernder Morgen, Morgen … Vormittag, Mittag, Nachmittag … Der tiefe Sinn der vier Gebetszeiten auf dem Schwanberg ist, uns wach zu halten und bereit, denn – ER kommt! Das ist ganz sicher. Aber wir wissen nicht Zeit und Stunde. Darum beten wir zu den Zeiten, in den Zeiten, durch die Zeiten.

Sr. Edith Krug CCR, Rundbrief vom Schwanberg, Weihnachten 1991.

Kommunitäten und Orden werden dem biblischen „Beten ohne Unterlass" in Form des Stundengebets gerecht. Dort wird exemplarisch und stellvertretend getan, was in einer Gemeinde nicht durchführbar ist und was das Individuum nicht schafft. Dass in Orden und Kommunitäten unablässig gebetet wird, trägt zu spiritueller Entspannung bei. Es gehört zur Schönheit von Kirche, dass die einen beten, wenn die anderen schlafen. Auch so wird die Gotteszeit präsent gehalten, Gott die Ehre gegeben und die Zeit geheiligt.

Gottesdienst am Sonntagmorgen

Wann ist Zeit für den Gottesdienst der Gemeinde? Selbstverständliche Antwort: am Sonntagmorgen.

Der Sonntag ist freilich nicht mehr, was er vielleicht einmal war. Nicht nur geistlich, auch sonst. Und das, lange bevor heiße Diskussionen um eine Ladenöffnung am Sonntag bis vor höchste Gerichte getragen wurden. Humorvoll und aufs alltägliche Sonntagsleben bezogen, sah das schon vor geraumer Zeit die *Süddeutsche Zeitung*:

Früher gab es am Sonntag Schweinebraten und drei Knödel für mich. Die Mutter sorgte dafür, daß Schweinebraten und Knödel gleichzeitig mit dem Glockengeläut-Jingle in Bayern 1 auf den Tisch kamen. Das Essen wurde schweigend eingenommen, außer das Gebimmel im Radio brachte uns Kinder zu hysterischem Lachen, daß wir nach zwei Ermahnungen durch den Vater den Platz verlassen und in der Küche weiteressen mußten. Als es den Schweinebraten zum allererstenmal unter der Woche gab, verloren wir Kinder die Orientierung. Schon wieder Sonntag?

Dieter Schweiger, Die Sonntagslüge, in: SZ Magazin Nr. 42 vom 18. 10. 1991.

Es war einmal. Die Rituale des Sonntags, die einst galten, haben sich längst aufgelöst. Der regelmäßige Kirchgang am Sonntag ist ein Motiv in Schwarzweißfilmen, und den Braten gibt es an allen Tagen. Neue Rituale haben die alten abgelöst. Jetzt schläft man gepflegt aus, geht zum Brunch oder ins Museum, fährt die Kinder zum Reiten, Tennis oder Mädchenfußball. Der Sonntag wird mit eigenen Ritualen gestaltet. Insofern ist alles wie immer. Eines aber ist anders als früher und allen neuen Ritualisierungen gemeinsam: Der Sonntag gilt nicht mehr als erster, sondern als letzter Tag der Woche.

Die längste Zeit in der Christentumsgeschichte war der Sonntag der erste Tag der Woche. Der offizielle Startschuss für die Umpolung der Woche lässt sich datieren. Die „Internationale Organisation für Standardisierung“, eine Unterorganisation der Vereinten Nationen, hatte empfohlen, ab 1. Januar 1976 im öffentlichen Bereich den Sonntag als letzten Tag der Woche zu betrachten. Die Änderung erregte nur wenig Aufsehen. Sie kodifizierte schon in den 1970er Jahren lediglich den realen Lebensrhythmus der Gesellschaft.

Mittlerweile gilt der Sonntag weithin auch innerkirchlich als der letzte Tag der Woche. Das entspricht dem allgemeinen Lebensgefühl. Am Freitag beginnt das Wochenende, und es wäre abwegig, es am Samstagabend schon wieder enden zu lassen. Selbst als Pfarrer kann ich mich dem, was alle machen, kaum entziehen. Vor wenigen Jahren erlebte ich bei einer Tagung, dass eine renommierte Predigerin die Andacht am Montagmorgen mit folgender Formulierung einleitete: „Wir sind an diesem ersten Tag der neuen Woche zusammen gekommen ...“

Wann ist Zeit für den Gottesdienst der Gemeinde? Die längst nicht mehr selbstverständliche Antwort: am Sonntagmorgen.

Der christliche Sonntag war seit frühester Zeit der Tag der Auferstehung und der Sonntagmorgen eine Erinnerung an den Morgen mit dem leeren Grab. Mit dem Ostermorgen nimmt eine Lichterkette gegen den Tod ihren Anfang: die Frauen am leeren Grab, die Zeugen der Erscheinungen des Auferstandenen, das Bekenntnis von Märtyrern, Künstlern, Philosophen. Verlässliches Glied in der Kette: das Bekenntnis der Gemeinde. Mehr oder weniger kunstvoll feiert sie jeden Sonntagmorgen unermüdlich Ostern: den Sieg über den Tod und seine mächtigen Helfershelfer, den Anbruch der neuen Schöpfung, die Auferstehung von den Toten und das ewige Leben. In der Kirche Jesu Christi wird der Sonntag als der erste Tag der Woche begangen. Es würde den Charakter der persönlichen Spiritualität wie der Gottesdienste erfreulich verändern, wenn wir am Sonntagmorgen wieder explizit und mit liturgischer Sorgfalt den österlichen Anbruch der neuen Schöpfung feiern würden.

Leichter gesagt als getan. Die Gefahr bleibt, dass wir, tief drinnen eben doch gekränkt, das säkulare Zeitempfinden als Sündenfall tadeln und, ebenso vehement wie erfolglos, gesamtkulturelle Umkehr fordern.

Man kann aber auch fragen, ob in der säkularen Umpolung der Woche nicht ein Hinweis auf verschüttetes Potenzial der eigenen Tradition steckt. Der katholische Theologe Guido Fuchs unternahm diesen Versuch. Er beschreibt zunächst mit spitzer Feder eine kirchliche Bunkermentalität:

„Schönes Wochenende!" Dieser Gruß hat in kirchlichen Kreisen keinen guten Klang, das Wochenende überhaupt hat in der Kirche keinen hohen Stellenwert. Die Kirche ist – um den früheren Linzer Pastoraltheologen Wilhelm Zauner zu zitieren – dem Wochenende „ein wenig böse", da es ja den Sonntag geschluckt und an seinen schlechtesten Platz, nämlich das Ende, gerückt hat. [...] Der neue Mittelpunkt dieser Zeiteinheit ist der Samstag – der Samstagabend [...] ist sein geheiligtes Zentrum. Das Wochenende erscheint so geradezu als heidnische Alternative zum christlichen Sonntag.

Das Buch kommt zu dem Schluss, man habe zu lange den Sonntag nur als Anfang gesehen. Er repräsentiere doch durchaus auch das verheißene Ende:

Natürlich hat der Sonntag für die Christen eine unaufgebbare Bedeutung; er ist der biblisch bezeugte erste Tag der Woche, der auf den Beginn der Schöpfung und die Neuschöpfung durch die Auferstehung Christi verweist. Dies gilt es durch seine Feier zum Ausdruck zu bringen. Gleichzeitig wächst ihm durch seine heutige Position in der Woche eine andere und alte Bedeutung zu: Er ist auch der achte Tag, der eschatologisch auf den letzten, den jüngsten Tag verweist, an dem sich alles vollenden wird, der die ewige Ruhe Gottes ist.

Guido Fuchs, Wochenende und Gottesdienst, 2008, 11 u. 143.

Was sich mit solchen Erkenntnissen in der Praxis anfangen lässt, sei dahin gestellt. Hier ist bemerkenswert, wie der gegenläufige Rhythmus der Weltzeit auf theologische Dimensionen der Gotteszeit aufmerksam macht, die in den Hintergrund geraten waren. Guido Fuchs aktiviert die alte Anschauung vom achten Tag, symbolisch repräsentiert in den acht Ecken vieler Taufsteine. Und schon zeichnet sich ab, dass unser sonntäglicher Wochenbeginn noch lange nicht die ganze Spannweite alles dessen zum Ausdruck brachte, was zwischen Auferstehung, Sonntag, jüdischem Schabbat und endlichzeitlicher Gottesruhe zu feiern wäre.

Kalender, Kosmos, Kirchenjahr

Kalenderjahr und Kirchenjahr symbolisieren in ihrem spannungsvollen Miteinander sowohl die Interferenz wie auch die Differenz von Weltzeit und Gotteszeit. Während man gegenwärtig gerne die Interferenz akzentuiert, lege ich zunächst Wert auf die Differenz. Es sind überwiegend die Scharnierstellen im Kirchenjahr, an denen sich in dieser Sache interessante Beobachtungen machen lassen.

Beispiel Advent. Im Vergleich mit anderen Anfängen tritt das Kirchenjahr recht unspektakulär auf den Plan. Der Beginn des Kalenderjahres ist nicht zu übersehen und nicht zu überhören. Der Jahreswechsel wird mit Feuerwerk stürmisch gefeiert, mit Neujahrskonzerten gemessenen Schritts begangen und mit der Fortschreibung der Jahreszahl ins globale Bewusstsein graviert. Ganz anders der Beginn des Kirchenjahres. Still, fast unbemerkt spielt sich Gottes Zeit in die Weltzeit ein. Choräle geben verhalten der adventlichen Erwartung Gestalt. Die Farbe Violett signalisiert Fastenzeit. Ab dem zweiten Sonntag im Advent entfällt auch das Gloria in excelsis. Wenn nach dem herbstlichen Sterben die Natur tot scheint und während das Kalenderjahr mit immer neuen Erfolgsmeldungen des Einzelhandels seinem Ende zujagt, feiert die Kirche einen stillen Anfang.

Dass es freilich bei aller Differenz auch eine Interferenz der Zeiten wahrzunehmen gibt, signalisieren die adventlichen Zeitzeichen in vielen Bereichen des täglichen Lebens: Adventskränze, Adventskalender, Nikolausbräuche und vieles mehr. Die Welt, in der wir leben, feiert auf ihre Weise Advent. Manchmal sind die kirchlichen Bezüge noch erkennbar, manchmal nicht. In jedem Fall wäre es falsch, im Advent nur die Differenz zu sehen und nicht auch das, worin sich Gotteszeit und Weltzeit überlagern.

Noch deutlicher wird das an Weihnachten. Zwar wäre, streng genommen, für den Heiligen Abend eine Differenz zu verzeichnen: Liturgisch ist er nicht mehr als der Vorabend, während er gesellschaftlich als das eigentliche Weihnachtsfest begangen wird. Abgesehen davon aber fallen Weihnachten in der Gesellschaft und Weihnachten in der Kirche zusammen. Für den 25. Dezember verzeichnen säkularer und liturgischer Kalender übereinstimmend, dass es nun Weihnachten sei. Beide Jahre, Kalender- und Kirchenjahr, richten sich hier wie anderswo nach Gegebenheiten der Natur. Die Nähe zur Wintersonnenwende war für die Römer der Grund, das Fest des unbesiegten Sonnengottes auf diesen Termin zu legen. Die westliche Christenheit übernahm diesen Termin in der Überzeugung, dass mit Christus, der „Sonne der Gerechtigkeit“ (Mal 3,20), die wahre Sonne den Sieg über die dunklen Mächte der Seele, der Welt, des Kosmos errungen habe. Auch dass Ostern einerseits als Frühlingsfest, andererseits als Fest der Auferstehung Christi begangen wird, geht also auf eine kosmische Konstellation und auf den Rhythmus der Natur zurück.

Theologisch ist der gemeinsame Bezug des säkularen wie des religiösen Zeitempfindens auf Natur und Kosmos von erheblicher Bedeutung. Er müsste eigentlich verhindern, dass Weltzeit und Gotteszeit in einen unangemessenen Dualismus geraten. Nach gesamtbiblischem Zeugnis umfasst Gottes Wirksamkeit Kirche, Welt und Kosmos; dass Schöpfung und Erlösung nicht auseinander dividiert werden dürfen, ist ein fundamentales theologisches Denkgebot. Daran kann der gemeinsame Bezug von Kirchenjahr und Kalenderjahr auf Natur und Kosmos eindrücklich erinnern.

Kirchenjahr, Kalenderjahr, beide Zeiten intensiv bezogen auf Natur und Kosmos, beide Zeiten von Anfang an charakteristisch unterschieden – spannungsreiches Wechselspiel von Gottes Zeit und Zeit der Welt. Eine grandiose Vorgabe ist das, die keinen zusätzlichen Event braucht. Liturgie wird zur Zeit-Kunst. Sie gestaltet das Wechselspiel der Zeiten und lässt Menschen in dieses Geschehen ein. Der gottesdienstliche Weg im Geheimnis erscheint als die von Gott selbst eingeräumte Möglichkeit, die Gotteszeit in der Weltzeit und die Weltzeit in der Gotteszeit zu begehen.

Gottesdienst im liturgischen Zweitakt

Liturgie tickt anders. Das gilt in vielerlei Hinsicht, besonders aber im Blick auf die Predigt. Manfred Josuttis hat es als Problem im protestantischen Liturgieverständnis diagnostiziert, dass wir allzu leicht den gesamten Gottesdienst vom Takt der Kanzelrede bestimmen lassen. Diesen Vorwurf richtet er direkt an die Erneuerte Agende (EA), die dem Evangelischen Gottesdienstbuch probeweise voranging:

> Die EA betreibt die Erneuerung der Agende im Rahmen einer Predigttheologie. Die Spannung von Tradition und Situation ist der gemeinsame Nenner, auf den sich die verschiedenen Schulen im Protestantismus, aber auch weite Kreise der Ökumene einigen können. Weil dieses homiletische Fundamentalprinzip im Mittelpunkt steht, spielt die Reflexion der Interdependenzen und der Dramaturgie zwischen den einzelnen Teilen des Gottesdienstes keine zentrale Rolle.
>
> *Manfred Josuttis, Die Erneuerte Agende, 1991, 515.*

Indem die Erneuerte Agende die Liturgie wesentlich aus dem Spannungsfeld von Tradition und Situation verstehe und konzipiere, komme es zu einer unangemessenen Homiletisierung. Wie die Predigt hoffentlich auf die jeweils aktuelle Situation reagiert, so solle die Liturgie das eben gerade nicht tun. Der für die Liturgie charakteristische Zweitakt sei nicht der von Tradition und Situation, sondern der von Ordinarium und Proprium. „Ordinarium" meint die liturgischen Sequenzen, die jeden Sonn- oder Feiertag vorkommen, „Proprium" hingegen die Stücke, die nach der Zeit im Kirchenjahr wechseln. Nicht eine alte Tradition, so Josuttis, solle in eine aktuelle Situation vermittelt, sondern die Liturgie in dem ihr eigenen Zweitakt gefeiert werden.

Dass Josuttis tatsächlich einen neuralgischen Punkt liturgischer Praxis aufgegriffen hat, wird in dem folgenden Beispiel evident. In der Textpassage aus der Website einer Gemeinde signalisiert schon der Begriff „Thema" im Zusammenhang mit der Feier der Osternacht eine Tendenz zur Homiletisierung:

> Evangelische und katholische Christen feierten am Ostersonntag gemeinsam den Beginn der Osternacht. Um 6 Uhr wurden am Brunnen beim Comet die Osterkerzen am Feuer entzündet und dann gingen die Gemeindeglieder jeweils in ihre Kirche. Die Osternacht in der Martin-Luther-Kirche stand unter dem Thema:

An Ostern fällt ein neues Licht auf Gott, seine Gemeinde und auf unser Leben.
Homepage der Martin-Luther-Gemeinde Erlangen [11. 05. 2005].

Die ökumenische Gemeinsamkeit ist eine großartige Idee, provoziert und begünstigt durch die Lage der beiden Kirchen in unmittelbarer Nachbarschaft. Aber warum fährt der Artikel, nachdem die Kerzen am Osterfeuer entzündet sind, nicht einfach fort: „… und dann gingen die Gemeindeglieder jeweils in ihre Kirche, um die Osternacht zu feiern"?

Warum musste dem evangelischen Gottesdienst ein „Thema" verpasst werden? Und das ausgerechnet bei einer Liturgie mit einer einzigartigen Dramaturgie und einem ungewöhnlich reichen Proprium? Um nur einige Sequenzen aus der Liturgie der Osternacht zu nennen: Nachtwache in Erwartung des Herrn, Osterlicht, Osterjubel im *Exsultet*, Lesung vom Urdatum des göttlichen Rettungshandelns (Ex 14), Taufen, eucharistische Feier der Gegenwart des Auferstandenen. Nicht das ist „Thema", was Ostern mit uns macht, sondern Ostern selbst ist, wenn schon, „Thema" genug: als im Zweitakt von Ordinarium und Proprium gestaltete Zeit. Die Homilie, die die aktuelle Weltzeit nicht verschweigen soll, ist nicht die Hauptsache in dieser Nacht der Nächte. Im Gegenteil, sie kann sogar entfallen, ohne dass Entscheidendes fehlen würde.

Die Art und Weise, wie in jener Internetnotiz über die Liturgie gesprochen wurde, lässt hellhörig werden. Hier geht es unter dem Stichwort „neues Licht" offenbar um die Wirkung von Ostern, nicht um die Osterfeier selbst. Vielleicht fällt ja von Ostern, so die Formulierung im Internet, tatsächlich „ein neues Licht auf Gott, auf unsere Gemeinde und auf unser Leben." Man kann sich das durchaus für sich selbst wünschen und für andere erhoffen; dass Ostern wirkungslos sei, sollte man nicht im Ernst behaupten. Aber durch Liturgie „thematisieren" lässt sich die Wirkung dessen, was an Ostern neu geworden ist und neu werden wird, nicht. Grundsätzlich thematisiert die Liturgie der Osternacht das Ostergeschehen nicht, sondern bringt es symbolisch-rituell zur Darstellung.

Wie problematisch es ist, mit einem Thema zu versehen, was kein Thema verträgt, mag noch einmal das Beispiel Advent zeigen. Diesmal geht es nicht um einen Sonntag, sondern um die gesamte Adventszeit.

Mit dem ersten Advent beginnt das neue Kirchenjahr. Adventszeit ist Bußzeit, Zeit der Bereitung auf die Ankunft des Herrn. Dabei oszilliert der „Advent", die „Ankunft": einerseits Ankunft des Herrn in der Welt (Weihnachten), andererseits Ankunft am Ende der Zeit (Wiederkunft). Zwischen Inkarnation und Eschatologie spannt sich der Bogen der Adventszeit. Dem entsprechen die Evangelien, die den vier Sonntagen zugeordnet sind: Einzug in Jerusalem (Mt 21,1–9), Zeichen der Endzeit (Lk

21,25–33), die Frage des Täufers aus dem Gefängnis (Mt 11,2–10) und der Lobgesang der Maria bei Elisabeth (Lk 1,39–56).

Eine Nürnberger Citykirche kündigte im Gemeindebrief ihre Adventsgottesdienste an. Unter dem Titel „Auszug und Ankunft. Advent 2004 in St. Egidien“ war unter anderem zu lesen:

> Wer nie loszieht, kommt auch nirgendwo an. Wer aber aufbricht, kann die Erfahrung machen, dass Überraschendes auf ihn zukommt. So sind Advent und Exodus Geschwister.
>
> *Veranstaltungsmagazin St. Egidien Nürnberg, 3. Jg., Nr. 7, Oktober 2004.*

„Wer nie loszieht, kommt auch nirgendwo an.“ Das leuchtet ein. Aber mit diesem Satz wird logischerweise der „Advent“ zur „Ankunft“ derer, die aufgebrochen sind. In dieser Ankunft verblasst der Advent des Herrn in der Welt und am Ende der Zeit. Auszug und Ankunft, Exodus und Advent – an sich ist das eine theologisch anregende Polarität. Aber auf dem Hintergrund des liturgischen Propriums für die Adventssonntage liest man tiefengrammatisch anders: Exodus *statt* Advent. Es passt ins Bild, wenn dann damit geworben wird, ein Mann, der im Jahr 2003 in der Sahara entführt worden war, werde im Gottesdienst am zweiten Advent von seinen Erfahrungen berichten. Der Advent als geprägte und in ihrer Spannung jedes Mal neu zu entdeckende Zeit im Kirchenjahr ist verlassen zugunsten eines Themas, das garantiert Spannung verspricht.

Der Begriff der Homiletisierung, kritisch gebraucht, kann auf jeden Fall die Erkenntnis fördern, dass Liturgie eben genau das nicht ist, was der Protestantismus als sein liebstes Kind ansieht: die Predigt. Liturgie funktioniert grundsätzlich anders, nämlich im Zweitakt von Ordinarium und Proprium. Gerade so bekommt die Gotteszeit die Chance, sich mit ihrer Eigenart in die Weltzeit einzuspielen.

Gotteswagnis im Kontrapunkt

Die Gotteszeit stellt sich liturgisch dar, als sei sie der Weltzeit mehr oder minder enthoben. Die Frage aber ist, wie Gotteszeit und Weltzeit ins Wechselspiel geraten.

Die Gestaltung der enthobenen Gotteszeit bewegt sich zwischen Normalität und Wagnis. Es ist zunächst ein Wagnis, Gottes geheimnisvolle Zeit in unsere Weltzeit einzuspielen. Die Liturgie wagt es, doxologisch die Gotteszeit im Präsens zu konjugieren. Sie wagt es, mitten in der Zeit von der Ewigkeit zu künden. Oder mit Manfred Josuttis:

> Der Weg in das Leben, den der klassische Gottesdienst mit allen Teilnehmern geht, führt über das Hier und das Heute, über die Welt und ihre Geschichte hi-

naus. Die alte Agende hat die, die sich auf sie einlassen konnten, in eine „Traumzeit“ geführt, hat also die Grenzen von Raum und Zeit, von Vergangenheit, Gegenwart und Zukunft, von Himmel und Erde, von Gottheit und Menschheit aufgehoben.

Manfred Josuttis, Die Erneuerte Agende, 1991, 516.

Das ist schön gesagt: „Traumzeit“. Was Josuttis verschweigt: dass solches Traumzeiterleben sehr viel unspektakulärer und erlebnisärmer vonstatten geht, als es seine Worte erkennen lassen. Vielleicht kann man sogar einwenden, Josuttis scheide die Zeiten zu säuberlich auf eine Zeit vor und nach dem Schlusssegen: Traum- oder Gotteszeit zuvor, nachher Alltag oder Weltzeit. Die Tatsache, dass die Liturgie regelmäßig, regelgemäß und selbstverständlich, gleichsam ohne mit der Wimper zu zucken das Undenkbare und Unfassbare darstellt, müsste zur Vorsicht mahnen. Die Gotteszeit begegnet in der Weltzeit. Das geschieht in der Sprache von Symbol und Ritual. Und meist völlig unspektakulär. Unspektakulär, aber nicht reibungslos. Beispiel: Fasching oder Karneval.

Der Karneval ist eine säkulare Festzeit mit religiösen Wurzeln und Konnotationen. Das evangelische Kirchenjahr hat, im Unterschied zur römischen Kirche, die alte römische Einrichtung einer Vorfastenzeit beibehalten. Der Aschermittwoch ist auch im Evangelischen Gottesdienstbuch als liturgischer Termin vorgesehen, als solcher aber nicht im protestantischen Bewusstsein verankert. Drei Sonntage vor dem Sonntag Invokavit, mit dem die eigentliche Passionszeit beginnt, werden nach evangelischer Zeitrechnung die liturgischen Zeichen allmählich auf Passion gestellt. Bereits in der Vorfastenzeit entfällt das Halleluja, während der Farbenwechsel von Grün auf Violett und der Wegfall des Gloria in excelsis erst an Invokavit eintritt.

Ähnlich wie im Advent haben wir in der Vorfastenzeit eine gegenläufige Bewegung von Kalenderjahr und Kirchenjahr zu verzeichnen. Während das Kalenderjahr einem Höhepunkt zueilt, beginnt im Kirchenjahr etwas Neues. Grundsätzlich sind drei Reaktionen denkbar:

Separation. Man tut so, als ob es für evangelische Christen die Weltzeit des Karnevals nicht gäbe. Das sei ohnehin ein heidnisch-katholisches Treiben.

Adaption. Entweder man streicht die Vorfastenzeit gleich aus dem liturgischen Kalender. Oder man signalisiert mit Büttenpredigten in der Vorfastenzeit, dass man den Kasus Fasching natürlich auch kirchlich ernst nehme.

Sonntag Estomihi, letzter Sonntag der Vorfastenzeit 2008. Laut liturgischem Kalender. Faktisch wurde der Sonntag in der Begrüßung augenzwinkernd als „Faschingssonntag“ angekündigt. Konsequenzen: Verlesung des Predigttextes Jes

58,1–9a (Reihe VI) über falsches und echtes Fasten in fränkischer Mundart, die Predigt auf Fränkisch light. Es gab zu lachen. Was an sich ja nicht schlecht und keineswegs per se unliturgisch ist. Aber an diesem Sonntag? Von liturgischer Kontrapunktik jedenfalls keine Spur. Die eigene und unverwechselbare Stimme wurde nicht zur Geltung gebracht. Stattdessen Adaption an die Stimme des Karnevals.

Kontrapunkt. Man bleibt bei den Vorgaben, begreift die Differenz zwischen Karneval und Vorfastenzeit als kontrapunktisch und spielt professionell seinen Part im Ensemble.

Die kontrapunktische Reaktion ist die schwierigste. Ich will sie an einem Beispiel erläutern, das aus dem katholischen Bereich stammt. Es geht dementsprechend nicht um die Differenz von Vorfastenzeit und Karneval, sondern um die Differenz zwischen der Zeit auf den Straßen der Stadt und der Zeit im Dom. Carl Zuckmayer hat in seiner Erzählung „Die Fastnachtsbeichte" von 1959 das Miteinander von Karneval und Kirche auf spannende Weise gestaltet. Gleich zu Beginn symbolisiert eine Tür des Mainzer Doms Interferenz und Differenz der Zeiten:

> [...] wenn die gepolsterte Doppeltür des inneren Domeingangs auf- und zuschwang, wehten für eine Sekunde der heitere Lärm, Trommelschlag, Pfeifengeschrill, und das schon leicht angeschwipste Gejohle, das die Stadt von der Großen Bleich bis zum Marktplatz überall durchzog, wie ein verworrener Windgesang herein.
>
> Drinnen aber im Dom, in dem außer dem ewigen Licht vorm Hochaltar nur wenige Lampen und Wachsstöcke brannten, herrschte die gewohnte, steinerne Stille eines Beichtnachmittags [...].

Durch Zuckmayers Schwingtür am Mainzer Dom kommt die Weltzeit des Karnevals in die Gotteszeit des Doms, und Menschen, die den Dom verlassen, tragen etwas vom Takt der Gotteszeit nach draußen.

Mag es an dieser Stelle noch scheinen, als würde die Stille den Lärm übertönen und die Gotteszeit des Doms die Oberhand gewinnen, so sieht man bald, wie unmöglich es wäre, die Zeiten streng trennen zu wollen. Im Beichtstuhl von Domkapitular Dr. Henrici bricht ein junger Mann tot zusammen. Aufregung, Arzt, Bemühung um den Toten. Als der Geistliche endlich den Dom verlassen kann, ist da wieder, stärker als zuvor, der Lärm des Karnevals:

> [...] aus unzähligen Mündern drang – zu dem rassligen Schmettern der Blechmusik – mit schrillen, kreischenden oder schon suff- und schreiheiseren Stimmen – der karnevalistische Marschgesang:
>
> – Rizzambaa, Rizzambaa,
> Morje fängt die Fassenacht aa –
>
> wie ein päanisches Jubelgeheul zum Rheinstrom hin verhallend.

Der Domkapitular Henrici hörte es kaum. Ihm war etwas eingefallen, das – leise zuerst, denn mit immer lauterer Stimme – in ihm sprach. Er hatte nicht daran gedacht – da es zu selbstverständlich, zu gewohnt, zu unauffällig war, um sich in die Erinnerung einzukerben. Jetzt aber wußte er es ganz genau, und es nahm in seinem Innern eine unbegreifliche Bedeutung an – so als sei damit alles Unbekannte und Dunkle schon auf geheimnisvolle Weise geklärt ... Der fremde junge Mann hatte nämlich im Beichtstuhl, bevor er zusammenbrach, noch zu ihm gesprochen. Es waren jedoch nur die ersten vier Worte der Beichtformel gewesen, wie sie jeder zur Einleitung seines Bekenntnisses dem an Gottes Statt lauschenden Priester zuflüstert:

„Ich armer, sündiger Mensch –“

Dann war er verstummt.

Carl Zuckmayer, Die Fastnachtsbeichte, 1959, 355 u. 359f.

Keine antikarnevalistische Moral, keine Büttenpredigt; die Karnevalisten tun das Ihre, der Geistliche das Seine: Differenz der Zeiten. Die Interferenz kommt von selbst: mit dem Lärm durch die Tür, mit dem Tod im Beichtstuhl, mit dem Thema Sünde, das weder drinnen noch draußen negiert werden kann. Und noch etwas spielt in der Erzählung maßgeblich mit: die wechselseitige Bezogenheit von Kirche und Karneval in der katholisch geprägten Kultur des Rheinlands. Es handelt sich also, zumindest bei Zuckmayer, um kontrapunktische Stimmführungen in einem Miteinander, dem jede Separation der Zeiten fremd ist.

Vielleicht kann nur so das Wagnis, die Gotteszeit in der Weltzeit auszurufen, bestanden werden: dass wir „drinnen“ unseren Part ausführen und sorgfältig darauf hören, wie „draußen“ die Musik spielt. In einigen Sequenzen der Liturgie, in den Fürbitten etwa und natürlich in der Predigt, kommt Weltzeit auch explizit zur Sprache. Aber entscheidend ist, was sich bei den Menschen abspielt, die am Gottesdienst beteiligt sind. In ihrer meist implizit bleibenden Rezeption kommen Weltzeit und Gotteszeit deutlicher ins Wechselspiel als explizit in bestimmten Sequenzen der Liturgie.

Die Metapher vom Kontrapunkt, bereits mehrfach verwendet, lief bisher eher unterschwellig mit. Sie soll nun noch etwas verdeutlicht werden. Klar ist, dass eine kontrapunktische Relation jeden Antagonismus oder gar Dualismus ausschließt. So weit zu dem, was „Kontrapunkt“ nicht meint. Aber auch die positiven Konnotationen der Metapher bedürfen noch der Präzision. Vor allem eine Frage blieb bislang offen: Wo ist der Cantus firmus und wo die Stimme, die dazu kontrapunktisch verläuft?

Die Metapher vom Kontrapunkt ist im Kontext der Theologie nicht neu. Dietrich Bonhoeffer griff auf sie zurück, um Gottesliebe und irdische Liebe ins Verhältnis zu setzen:

Gott und seine Ewigkeit will von ganzem Herzen geliebt sein, nicht so, daß darunter die irdische Liebe beeinträchtigt oder geschwächt würde, aber gewissermaßen als cantus firmus, zu dem die anderen Stimmen des Lebens als Kontrapunkt erklingen; eines dieser kontrapunktischen Themen, die ihre volle Selbständigkeit haben, aber doch auf den cantus firmus bezogen sind, ist die irdische Liebe [...].

Dietrich Bonhoeffer, Brief an Eberhard Bethge, 20.05.1944, in: Widerstand und Ergebung, 440f.

Diese Relation lässt sich auf die Liturgie übertragen. Dann wäre die Gotteszeit der Cantus firmus, zu dem sich die Weltzeit ins Verhältnis zu setzen hätte. So oder so ähnlich würde es einer rein theologischen Betrachtungsweise entsprechen. Anders die Wahrnehmung derer, die liturgisch handeln. Da gibt die Weltzeit den Cantus firmus vor, und wir bringen die Gotteszeit kontrapunktisch ins Spiel. Die Liturgie selbst vermittelt ansatzweise die beiden Richtungen, wenn sie im doxologischen Präsens die Zukunft Gottes erwartet: dass sich leise, unspektakulär und selbstverständlich die Verhältnisse umkehren und in der Polyphonie der Schöpfung die Gotteszeit immer kenntlicher hervortritt als der Cantus firmus, der im Anfang war.

Ästhetik des Widerstands

Liturginnen und Liturgen sind in der Regel keine Widerstandskämpfer. Und müssen es auch nicht sein. Sie leisten keinen Widerstand auf Gedeih und Verderb, auf Tod und Leben. Insofern könnte der Titel über dieser Skizze eine falsche Fährte legen. Peter Weiss veröffentlichte in den Jahren 1975–1981 seine monumentale Romantrilogie „Die Ästhetik des Widerstands“. Darin geht es sehr wohl um Leben und Tod, wenn Weiss die Rolle der Kunst im Widerstand gegen die braune Diktatur zum Thema macht.

Was uns hier beschäftigt, liegt zunächst auf anderer Ebene. Es geht um Weltzeit und Gotteszeit und um deren Miteinander in Differenz und Interferenz. Liturgie stellt dieses Miteinander auf die ihr eigene symbolisch-rituelle Weise dar. Liturgie ist insofern Zeit-Kunst. Sie hat teil an der Schönheit der Künste. Die Metapher vom Kontrapunkt signalisiert ein kunstvoll polyphones Geschehen, dem man sich angeregt und angerührt überlässt. Das Wechselspiel von Ordinarium und Proprium hat seine eigene Schönheit. Kirchenmusik mag von Zeit zu Zeit verstören, aufs Ganze trägt sie zur Schönheit der Liturgie bei. Von daher legt es sich nahe, von einer „Ästhetik“ des Widerstands zu sprechen: mit der Zeit-Kunst der Liturgie gegen die Zumutungen einer von der Gotteszeit isolierten Weltzeit. Was nicht ausschließt, dass in Zeiten, in denen sich die

Weltzeit diktatorisch gebärdet, die Gotteszeit massiv widerständig zur Geltung zu bringen ist. Die Liturgie kann in solchen Zeiten zur Gegeninszenierung werden und Liturgie als Zeit-Kunst hoch gefährlich.

In solchen Zeiten leben wir hier, Gott sei Dank, nicht. Wir können allein mit der Schönheit liturgischer Zeit-Kunst Widerstand leisten dagegen, dass sich landauf landab die Weltzeit aus dem Wechselspiel mit der Gotteszeit verabschiedet und gebärdet, als sei sie die einzige Zeit auf der Welt.

Beispiel Himmelfahrt. Arbeitsfreier Donnerstag, frühsommerliche Temperaturen in frischer, grüner Natur, Ausflugstag, „Vatertag" – so ist das Himmelfahrtsfest längst im allgemeinen Bewusstsein. Auch im gottesdienstlichen Leben der Gemeinden spielt es kaum noch eine Rolle. Aus der theologischen Verlegenheit mit Himmelfahrt machen viele Gemeinden eine Tugend: Der Gottesdienst wird zum Happening der Gemeinde im Grünen. Selbst kirchlich ist kaum noch im Bewusstsein, wofür dieses Fest steht: für die Frage nach der Transzendenz Gottes, für das Lob dessen, der zur Rechten Gottes sitzt und alle Macht hat im Himmel und auf Erden, für die Frage nach Gott in den Machtkämpfen der Politik. Wir machen uns schon lange keine Mühe mehr mit diesem verlorenen Fest. Dabei würde sich die Mühe lohnen. An keinem Tag sonst im Kirchenjahr ist eine Polarität von Oben und Unten so leitend wie im Wechselspiel der biblischen Texte, die nach Tradition und Perikopenbuch für Christi Himmelfahrt vorgesehen sind.

Das gilt elementar für die Bildsprache der Himmelfahrt. Einerseits fährt der Herr „gen Himmel", also nach oben. Andererseits wenden die zwei Männer in weißen Gewändern den Blick der Jünger sehr bestimmt wieder nach unten: „Ihr Männer von Galiläa, was steht ihr da und seht zum Himmel?" (Apg 1,11).

Die alttestamentliche Lesung verweist mit der Passage zum Tempelbau Salomos (1Kön 8) auf die spezifische Transzendenz Gottes. Im so genannten Tempelweihgebet bringt König Salomo prinzipielle Bedenken gegen eine eindeutige irdische Verortung Gottes zum Ausdruck: „Siehe, der Himmel und aller Himmel Himmel können dich nicht fassen – wie sollte es denn dies Haus tun, das ich gebaut habe?" (1Kön 8,27). In irdischen Häusern wohnt Gott nicht. Gleichwohl ist er da, immer und überall. Er ist mitten in der Welt transzendent.

Der Wochenspruch lässt das Sterben des Menschen anklingen: „Christus spricht: Wenn ich erhöht werde von der Erde, so will ich alle zu mir ziehen" (Joh 12,32). Sterbend kehrt der Mensch zurück zur Erde – in der Hoffnung, dem Herrn folgend in den Himmel zu kommen.

Die Erhöhung Christi in die Machtstellung über alle Mächte im Himmel und auf Erden kommt sowohl im Halleluja-Vers (Ps 110,1; Ps 118,16) und im Wochenlied (EG 121) zum Ausdruck wie auch in einer Reihe von Predigttexten (Offb 1,4–8; Eph 1,20b–23, Dan 7,1a.c.9–14). Der irdisch in Verborgenheit anwesende Herr ist zugleich der Herr im Himmel.

In allen diesen Aspekten manifestiert sich, verdichtet in der altertümlichen Wendung „gen Himmel“, die spezifische Oben-Unten-Polarität der Himmelfahrt. Eigentlich ist es verwunderlich, dass Himmelfahrt kirchlich zu einem verlorenen Fest geworden ist. Mit der Symbolik und dem Festproprium von Christi Himmelfahrt kommen Stimmungen und Phänomene zwischen Himmel und Erde auf überraschende Weise zur Geltung. Liturgisch ließe sich also gut Widerstand leisten: Widerstand gegen die Annullierung der Himmelfahrt durch den Vatertag, Widerstand gegen ihre Banalisierung durch den Gemeindeausflug ins Grüne, Widerstand gegen die Ausblendung der großen und kleinen Transzendenzen an einem frühsommerlichen Feiertag.

Widerstand also, in Gottes Namen, gegen die Zumutungen einer von der Gotteszeit isolierten Weltzeit. Kontrapunktischer Widerstand, kein Kulturkampf. Widerstand mit den Mitteln, die sich am Weg im Geheimnis angesammelt haben und die uns für unsere einzigartige Zeit-Kunst zur Verfügung stehen. Mit einer Ästhetik des Widerstands würden unsere Gottesdienste an religiöser Binnenspannung gewinnen, an gesamtkultureller Bedeutung und an – man verzeihe das schlichte Wort – Schönheit.

Lesetipps

Martin Nicol, Himmelfahrt. Von einem gestaltlosen Fest und seiner Gestalt in der Kunst, in: Spirituelle Aufbrüche. Perspektiven evangelischer Glaubenspraxis, Festschrift Manfred Seitz, hg. v. Michael Herbst, Göttingen 2003, 212–223.

Kristian Fechtner, Im Rhythmus des Kirchenjahres. Vom Sinn der Feste und Zeiten, Gütersloh 2007.

Guido Fuchs, Wochenende und Gottesdienst. Zwischen kirchlicher Tradition und heutigem Zeiterleben, Regensburg 2008.

Literatur

Im laufenden Text sind bei Zitaten die Jahreszahlen der Erstveröffentlichung angegeben, während das Literaturverzeichnis die Version aufführt, nach der tatsächlich zitiert wird. Die Abkürzungen von Zeitschriften und Sammelwerken erfolgen nach Siegfried M. Schwertner, Internationales Abkürzungsverzeichnis für Theologie und Grenzgebiete, 2., überarb. und erw. Aufl., Berlin/New York 1992.

Agus, Aharon R.E., Heilige Texte, München 1999.
Allgemeine Einführung in das Römische Meßbuch [1970], hrsg. u. übers. v. den liturgischen Instituten in Salzburg, Trier u. Zürich, Trier ²1974.
Andersch, Alfred, Sansibar oder der letzte Grund. Roman [1957], Zürich 1972.
Arnim, Bettina von, Eine Begegnung mit Beethoven, in: Blätter für die Freunde von Reclams Universal-Bibliothek VIII Nr. 7 (November 1920).
Assel, Heinrich, Geheimnis und Sakrament. Die Theologie des göttlichen Namens bei Kant, Cohen und Rosenzweig, FSÖTh 98, Göttingen 2001.
–, Der Name Gottes bei Martin Luther. Trinität und Tetragramm – ausgehend von Luthers Auslegung des Fünften Psalms, in: EvTh 64 (2004), 363–378.
Assmann, Jan, Religion und kulturelles Gedächtnis. Zehn Studien, München 2000.

Bader, Günter, Über die Verfertigung von Theologie im Vorgang des Lesens, in: PTh 95 (2006), 184–190.
Barth, Karl, Menschenwort und Gotteswort in der christlichen Predigt [1925], in: Predigt. Texte zum Verständnis und zur Praxis der Predigt in der Neuzeit, hg. v. Friedrich Wintzer, München 1989, 95–116.
–, Die Kirchliche Dogmatik I/1 [1932], Zollikon-Zürich ⁶1952.
–, Die Kirchliche Dogmatik I/2 [1938], Zollikon-Zürich ⁴1948.
Barthes, Roland, Die Lust am Text [franz. 1973], Frankfurt/M. 1974.
Baumgartner, Konrad/Hauschildt, Eberhard, Gottesdienstbesuch und Sonntag, in: Typisch katholisch – Typisch evangelisch. Ein Leitfaden für Ökumene und Alltag, hg. v. Michael Meyer-Blanck/Walter Fürst, Freiburg/Rheinbach ³2006, 93–102.
Becker, Hansjakob, Liturgie im Dienst der Macht. Nationalsozialistischer Totenkult als säkularisierte christliche Paschafeier, in: „Totalitarismus“ und „Politische Religionen“. Konzepte des Diktaturvergleichs, Bd. II, hg. v. Hans Maier/Michael Schäfer, Paderborn 1997, 37–65.
Belting, Hans, Das echte Bild. Bildfragen als Glaubensfragen, München 2005.
Berger, Rupert, Art. Gabenbereitung, in: ders., Neues Pastoralliturgisches Handlexikon, Freiburg/Basel/Wien 1999, 158 ff.
[Berneuchener Buch] Das Berneuchener Buch. Vom Anspruch des Evangeliums auf die Kirchen der Reformation, hg. v. d. Berneuchener Konferenz [1926], Darmstadt [Nachdruck] 1978.
Bibelriether, Eberhard, Sprechende Räume. Kirche als Zufluchts-Ort für Menschen, in: Nachrichten der Evang.-Luth. Kirche in Bayern 51 (1996), 246–248.
Bieritz, Karl-Heinrich, Daß das Wort im Schwang gehe. Lutherischer Gottesdienst als Überlieferungs- und Zeichenprozeß [1985], in: ders., Zeichen setzen. Beiträge zu Gottesdienst und Predigt, Stuttgart 1995, 82–106.

–, Liturgik, Berlin/New York 2004.
Bloch, Chajim, Die Gemeinde der Chassidim. Ihr Werden und ihre Lehre, ihr Leben und ihr Treiben, Berlin/Wien 1920.
Bloch, Ernst, Atheismus im Christentum. Zur Religion des Exodus und des Reichs [1968], Reinbek 1970.
Blume, Matthias, Lesepredigt zu 4. Mose 6,22–27 (Trinitatis), in: Er ist unser Friede. Lesepredigten, hg. v. Wilfried Engemann, Bd. V/2, Leipzig 2007, 11–16.
Böckler, Annette, Jüdischer Gottesdienst. Wesen und Struktur, Berlin 2002.
Bohren, Rudolf, Lebensstil. Fasten und Feiern, Neukirchen-Vluyn 1986.
Böll, Heinrich, Ansichten eines Clowns [1963], München 1971.
Bonhoeffer, Dietrich, Widerstand und Ergebung. Briefe und Aufzeichnungen aus der Haft, hg. v. Christian Gremmels u. a., DBW 8, Gütersloh 1998.
Bovenschen, Silvia, Verschwunden, Frankfurt/M. 2008.
Bruckstein, Almut Sh., Die Maske des Moses. Studien zur jüdischen Hermeneutik, Berlin/Wien 2001.
Brunner, Peter, Zur Lehre vom Gottesdienst der im Namen Jesu versammelten Gemeinde [1954], Neudruck mit einem Vorwort von Joachim Stalmann (seitengleich mit der Originalausgabe), Hannover 1993.
Buber, Martin, Der Weg des Menschen nach der chassidischen Lehre [1948], in: ders., Werke 3: Schriften zum Chassidismus, München/Heidelberg 1963, 713–738.
–, Der Chassidismus und der abendländische Mensch [1956], in: a. a. O., 935–947.
Bubmann, Peter, „Himmelsklang und Lebenston“. Von der Macht der Musik über unser Leben, in: ders., Einstimmung ins Heilige. Die religiöse Macht der Musik, Herrenalber Forum Bd. 31, Evang. Akademie Baden, Karlsruhe 2002, 52–91.
Buchwald, Christoph, Poetisches Paradox, in: Rolf Haufs, Aufgehobene Briefe. Ausgewählte und neue Gedichte, hg. v. Christoph Buchwald, München/Wien 2001, 135–144.
Busta, Christine, Dürre, in: dies., Salzgärten. Gedichte, Salzburg 1975, 39.

Celibidache, Sergiu, in: Celibidache. Man will nichts – man läßt es entstehen. Texte zum Film, hg. v. Jan Schmidt-Garre, München 1992.
Christliche Spiritualität als Lebensform des Glaubens – Erklärung der Bischofskonferenz der VELKD, in: Lutherische Spiritualität – lebendiger Glaube im Alltag (s. dort), 111–113.
Cornehl, Peter, Der Evangelische Gottesdienst – Biblische Kontur und neuzeitliche Wirklichkeit, Bd. 1: Theologischer Rahmen und biblische Grundlagen, Stuttgart 2006.

Deeg, Alexander, Opfer als ‚Nahung‘. Ein jüdisch-christliches Gespräch zur Spiritualität des Opfers, in: Erlösung ohne Opfer?, hg. v. Werner H. Ritter, BThS 22, Göttingen 2003, 113–145.
–, Gottesdienst in Israels Gegenwart. Liturgie als intertextuelles Phänomen, in: LJ 54 (2004), 34–52.
–, Pastor legens. Das Rabbinat als Impulsgeber für ein Leitbild evangelischen Pfarramts, in: PTh 93 (2004), 411–427.
–, Das neue Lied und die alten Worte. Plädoyer für eine Erneuerung liturgischen Betens aus der Sprache der Bibel, in: DtPfrBl 107 (2007), 640–645.
–, Skripturalität und Metaskripturalität. Über Heilige Schrift, Leselust und Kanzelrede, in: EvTh 67 (2007), 5–17.
Dinkel, Christoph, Was nützt der Gottesdienst? Eine funktionale Theorie des evangelischen Gottesdienstes, PThK 2, Gütersloh 2000.

Ehrensperger, Alfred, Liturgie als Weg, in: Beim Wort genommen. Kommunikation in Gottesdienst und Medien, hg. v. Martin Peier-Plüss, Zürich 2007, 97–116.

Erlösung ohne Opfer?, hg. v. Werner H. Ritter, BThS 22, Göttingen 2003.
Evangelisches Gottesdienstbuch. Agende für die Evangelische Kirche der Union und für die Vereinigte Evangelisch-Lutherische Kirche Deutschlands [1999], hg. v. der Kirchenleitung der VELKD und im Auftrag des Rates von der Kirchenkanzlei der EKU, Taschenausgabe, Berlin/Bielefeld/Hannover 2000.
Evangelisches Gottesdienstbuch und Kirchenrecht, hg. v. Jörg Neijenhuis, Beiträge zu Liturgie und Spiritualität Bd. 7, Leipzig 2002.

Fechtner, Kristian, Im Rhythmus des Kirchenjahres. Vom Sinn der Feste und Zeiten, Gütersloh 2007.
Frör, Kurt, Salutationen, Benediktionen, Amen, in: Leiturgia. Handbuch des evangelischen Gottesdienstes, Bd. II, Kassel 1955, 569–596.
Fuchs, Guido, Wochenende und Gottesdienst. Zwischen kirchlicher Tradition und heutigem Zeiterleben, Regensburg 2008.

Gebete der Israeliten. Deutsch übersetzt von Dr. Michael Sachs, revidierte, übersichtlich geordnete Ausgabe, Tel Aviv [Nachdruck] 1988.
Genazino, Wilhelm, Die Belebung der toten Winkel. Frankfurter Poetikvorlesungen, München/Wien 2006.
Gogarten, Friedrich, Die Verkündigung Jesu Christi [1948], Tübingen ^{2}1965.
Gollwitzer, Woty, Interview, in: Kirche + Kunst 67 (1989), Heft 1 [Themenheft zur Touristenseelsorge in St. Sebald, Nürnberg].
Gölz, Richard, Die kirchliche Arbeit in Alpirsbach, in: MuK 12 (1940), 62–66 u. 87–92.
Grözinger, Albrecht, Der Gottesdienst als Kunstwerk, in: PTh 81 (1992), 443–453.
Grundordnung des Römischen Messbuchs [lat. 2002], Vorabpublikation zum Deutschen Messbuch, hg. v. Sekretariat der Deutschen Bischofskonferenz, Bonn ^{3}2007.
Guardini, Romano, Vom Geist der Liturgie [1918], Freiburg/Br. 1983.
–, Der Kultakt und die gegenwärtige Aufgabe der liturgischen Bildung. Ein Brief, in: LJ 14 (1964), 101–106.

Harbsmeier, Götz, Das Problem des Kultischen im evangelischen Gottesdienst, in: Festschrift Rudolf Bultmann. Zum 65. Geburtstag überreicht, Stuttgart/Köln 1949, 99–126.
Harnoncourt, Nikolaus, Musik als Klangrede. Wege zu einem neuen Musikverständnis. Essays und Vorträge, Salzburg/Wien 1982.
Hauschildt, Eberhardt: s. Baumgartner/Hauschildt.
Heidelberger Katechismus [1563], revidierte Ausgabe, hg. v. der Evangelisch-Reformierten Kirche (Synode Evangelisch-Reformierter Kirchen in Bayern und Nordwestdeutschland), von der Lippischen Landeskirche und vom Reformierten Bund, Neukirchen-Vluyn ^{2}2001.
Heschel, Abraham Joshua, Der Mensch fragt nach Gott. Untersuchungen zum Gebet und zur Symbolik [New York 1954], InfJud 3, Neukirchen-Vluyn 1982.
Hesse, Hermann, Alte Musik [1928], in: Das ungewöhnliche Konzert. Musikergeschichten [1966], hg. v. Ruth Stiegel, Köln/Olten 1969, 275–279.

Jäggi, Carola, Die Kirche als heiliger Raum. Zur Geschichte eines Paradoxons, in: Sakralität zwischen Antike und Neuzeit, hg. v. Berndt Hamm/Klaus Herbers/Heidrun Stein-Kecks, Beiträge zur Hagiographie Bd. 6, Stuttgart 2007, 75–89.
Jetter, Werner, Symbol und Ritual. Anthropologische Elemente im Gottesdienst [1978], Göttingen ^{2}1986.
Joest, Wilfried, Art. Heiligung, III. Dogmatisch [1959], in: RGG^{3} 3, 180 f.

Jörns, Klaus-Peter, Lebensgaben Gottes feiern. Abschied vom Sühnopfermahl: eine neue Liturgie, Gütersloh 2007.

Josuttis, Manfred, Der Gottesdienst als Ritual, in: Praktische Theologie [1982], hg. v. Friedrich Wintzer, Neukirchen-Vluyn ^{5}1997, 43–57.

–, Der Weg in das Leben. Eine Einführung in den Gottesdienst auf verhaltenswissenschaftlicher Grundlage, München 1991.

–, Die Erneuerte Agende und die agendarische Erneuerung, in: PTh 80 (1991), 504–516.

–, Die Einführung in das Leben. Pastoraltheologie zwischen Phänomenologie und Spiritualität, Gütersloh 1996.

Jüngel, Eberhard, Der evangelisch verstandene Gottesdienst, in: ders., Wertlose Wahrheit. Zur Identität und Relevanz des christlichen Glaubens, München 1990, 283–310.

Kalb, Friedrich, Grundriß der Liturgik. Eine Einführung in die Geschichte, Grundsätze und Ordnungen des lutherischen Gottesdienstes, München 1965.

Käsemann, Ernst, Gottesdienst im Alltag der Welt. Zu Römer 12 [1960], in: ders., Exegetische Versuche und Besinnungen, Bd. II, Göttingen ^{3}1970, 198–204.

Katechismus der Katholischen Kirche [1997], München 2003.

Katechismus der Katholischen Kirche. Kompendium, München 2005.

Kerkeling, Hape, Ich bin dann mal weg. Meine Reise auf dem Jakobsweg, München 2006.

Kirchenmusik als religiöse Praxis. Praktisch-theologisches Handbuch zur Kirchenmusik, hg. v. Gotthard Fermor/Harald Schroeter-Wittke, Leipzig 2005.

Kirsten, Wulf, werktätig [1975], in: ders., erdlebenbilder. gedichte aus 50 jahren 1954–2004, Zürich 2004, 94f.

Klaus, Bernhard, Die Rüstgebete, in: Leiturgia. Handbuch des evangelischen Gottesdienstes, Bd. II, Kassel 1955, 523–577.

Knuth, Hans Christian, Lutherische Spiritualität – Glauben im Alltag der Welt, in: Lutherische Spiritualität – lebendiger Glaube im Alltag (s. dort), 123–132.

Körtner, Ulrich H.J., Theologie des Wortes Gottes. Positionen – Probleme – Perspektiven, Göttingen 2001.

Krause, Cyprian, Mysterium und Metapher. Metamorphosen der Sakraments- undWorttheologie bei Odo Casel und Günter Bader, LQF 96, Münster 2007.

Krech, Hans, Bericht über die Klausurtagung „Lutherische Spiritualität – lebendiger Glaube im Alltag“, in: Lutherische Spiritualität – lebendiger Glaube im Alltag (s. dort), 103–110.

Krimm, Herbert, Das Opfer im Gottesdienst, in: EvW 14 (1960), 337–339.

Kugler, Georg, Gemeinsam das Brot brechen. Frühchristliche Mahlfeiern. Grundlagen und Modelle, München 1999.

Kühn, Ulrich, Wort und Antwort? Ökumenische Herausforderungen an das lutherische Verständnis von Gottesdienst, in: Herausforderung: Gottesdienst, hg. v. Reinhold Morath/Wolfgang Ratzmann, Beiträge zu Liturgie und Spiritualität Bd. 1, Leipzig 1997, 143–156.

Kunzler, Michael, Bleibt die Liturgie? Erneute Anfrage auf der Suche nach einem tragfähigen Kultbegriff, in: Liturgie und Lebenswelt. Studien zur Gottesdienst- und Frömmigkeitsgeschichte zwischen Tridentinum und Vatikanum II, hg. v. Jürgen Bärsch/Bernhard Schneider, LQF 95, Münster 2006, 47–70.

Lange, Ernst, Chancen des Alltags. Überlegungen zur Funktion des christlichen Gottesdienstes in der Gegenwart, Stuttgart/Gelnhausen 1965.

Lätzel, Martin, Den Fernen nahe sein. Religiöse Feiern mit Kirchendistanzierten, Regensburg 2004.

Lebensraum Kirchenraum. Das Heilige und das Profane, hg. v. Hanns Kerner, Leipzig 2008.

Leclercq, Jean, L'amour des lettres et le désir de Dieu, Paris 1957; deutsch: Wissenschaft und Gottverlangen. Zur Mönchstheologie des Mittelalters, Düsseldorf 1963.

Leitlinien kirchlichen Lebens der Vereinigten Evangelisch-Lutherischen Kirche Deutschlands (VELKD). Handreichung für eine kirchliche Lebensordnung, Gütersloh 2003.

Lektüre zwischen den Jahren aus Religion und Literatur, ausgewählt v. Ludger Sonnefelder, Frankfurt/M. 1983.

Luther, Martin, Von der Ordnung des Gottesdiensts in der Gemeinde [1523], in: LD^3 6, 82–85.

–, Eine einfältige Weise zu beten, für einen guten Freund [1535], in: LD^3 6, 205–222.

–, Vorrede zum ersten Band seiner deutschen Schriften [1539], in: LD^2 1, 13–18.

–, Predigt zu Lk 14,1–6 [Einweihung der Schlosskirche in Torgau, 5. Oktober 1544], in: LD^3 8, 440–444.

–, Vorrede zum ersten Band der Gesamtausgabe seiner lateinischen Schriften [1545], in: WA 54, 179–187.

Lutherische Spiritualität – lebendiger Glaube im Alltag, hg. v. Hans Krech/Udo Hahn im Auftrag der Bischofskonferenz der Evangelisch-Lutherischen Kirche Deutschlands, Hannover 2005.

Luz, Ulrich, Das Evangelium nach Matthäus (Mt 26–28), EKK I/4, Düsseldorf/Zürich/Neukirchen-Vluyn 2002.

Mädler, Inken, Räume im Raum. Einsichten in private Heterotopien, in: PTh 95 (2006), 403–412.

–, Transfigurationen. Materielle Kultur in praktisch-theologischer Perspektive, PThK 17, Gütersloh 2006.

Mann, Thomas, Doktor Faustus. Das Leben des deutschen Tonsetzers Adrian Leverkühn erzählt von einem Freunde [1947]/Die Entstehung des Doktor Faustus. Roman eines Romans [1949], Frankfurt/M. 1967.

Maurer, Georg, Ankunft [1970], in: ders., Ich sitz im Weltall auf einer Bank im Rosental. Gedichte, hg. v. Eva Maurer, Leipzig 2007, 86.

–, Feldstein [1962], in: ders., Ich sitz im Weltall auf einer Bank im Rosental, a. a. O., 16.

Meyer-Blanck, Michael, Inszenierung des Evangeliums. Ein kurzer Gang durch den Sonntagsgottesdienst nach der Erneuerten Agende, Göttingen 1997.

–, Liturgie und Liturgik. Der Evangelische Gottesdienst aus Quellentexten erklärt [2001], Göttingen ^{2}2009.

–, Die Dramaturgie von Wort und Sakrament. Homiletisch-liturgische Grenzgänge im ökumenischen Horizont, in: PTh 96 (2007), 160–171.

Mildenberger, Friedrich, Das Gebet als Übung und Probe des Glaubens, Stuttgart 1968.

–, Biblische Dogmatik, 3 Bd., Stuttgart 1991ff.

Moltmann, Jürgen, Theologie der Hoffnung. Untersuchungen zur Begründung und zu den Konsequenzen einer christlichen Eschatologie, München 1964.

–, Kirche in der Kraft des Geistes. Ein Beitrag zur messianischen Ekklesiologie, München 1975.

Mosebach, Martin, Häresie der Formlosigkeit. Die römische Liturgie und ihr Feind [2002], Wien/Leipzig ^{4}2004.

Müller, Lothar, Die zweite Stimme. Vortragskunst von Goethe bis Kafka, Berlin 2007.

Nicol, Martin, Einander ins Bild setzen. Dramaturgische Homiletik [2002], Göttingen ^{2}2005.

–, Ereignis und Kritik. Praktische Theologie als hohe Schule der Gotteskunst, in: ZThK 99 (2002), 226–238.
–, Himmelfahrt. Von einem gestaltlosen Fest und seiner Gestalt in der Kunst, in: Spirituelle Aufbrüche. Perspektiven evangelischer Glaubenspraxis, Festschrift Manfred Seitz, hg. v. Michael Herbst, Göttingen 2003, 212–223.
–/Deeg, Alexander, Im Wechselschritt zur Kanzel. Praxisbuch Dramaturgische Homiletik, Göttingen 2005.
Nietzsche, Friedrich, Gedanken über die Zukunft unserer Bildungsanstalten, in: ders., Werke. Kritische Gesamtausgabe, hg. v. Giorgio Colli/Mazzino Montinari, Bd. III/2: Nachgelassene Schriften 1870–1873, Berlin/New York 1973, 255–257.
Nüchtern, Michael, Der wandernde Klang. Eine Skizze über die „Sitze im Leben“ von Kirchenmusik, in: PTh 94 (2005), 411–425.

Ordnungen der Gottesdienste an Sonn- und Feiertagen. Revision der „Handreichung zur Agende“ von 1981 [Ringbuch], hg. v. Landeskirchenamt, München 1996.
Ordnung des Hauptgottesdienstes in der Evangelisch-Lutherischen Kirche in Bayern. Handreichung zur Agende [Ringbuch], hg. v. Landeskirchenamt, München 1981.

Pasternak, Boris, Doktor Schiwago [russ. 1957], Frankfurt/M. 1958.
Petersdorff, Dirk von, Wasserläufer, in: ders., Bekenntnisse und Postkarten. Gedichte, Frankfurt/M. 1999, 42.
Plüss, David, Gottesdienst als Textinszenierung. Perspektiven einer performativen Ästhetik des Gottesdienstes, Christentum und Kultur Bd. 7, Zürich 2007.

Rad, Gerhard von, Theologie des Alten Testaments, Bd. 1: Die Theologie der geschichtlichen Überlieferungen Israels [1960], München ^{6}1969.
Raschzok, Klaus, Spuren im Kirchenraum. Anstöße zur Raumwahrnehmung, in: PTh 89 (2000), 142–157.
–, Ein zukunftsoffener Raum (Wilhelm Löhe). Zur Leistung des Kirchengebäudes für die christliche Lebenskunst, in: Kunst – Raum – Kirche. Eine Festschrift für Horst Schwebel – zum 65. Geburtstag, hg. v. Matthias Ludwig, Lautertal 2005, 67–77.
–, Der Streit um das Eucharistiegebet in den Kirchen der Reformation, in: Mehr als Brot und Wein. Theologische Kontexte der Eucharistie, hg. v. Winfried Haunerland, Würzburg 2005, 145–172.
Ratzinger, Joseph, Der Geist der Liturgie. Eine Einführung [2000], Freiburg/Br. u. a. ^{6}2002.
–, Geleitwort, in: Uwe Michael Lang, Conversi ad Dominum. Zu Geschichte und Theologie der christlichen Gebetsrichtung [2003], Einsiedeln ^{3}2005, 7–11.
–/Benedikt XVI., Jesus von Nazareth, Bd. 1: Von der Taufe im Jordan bis zur Ver-klärung, Freiburg/Br. u. a. 2007.
Ratzmann, Wolfgang, Kirchenmusik als Gottesdienst, in: Kirchenmusik als religiöse Praxis. Praktisch-theologisches Handbuch zur Kirchenmusik (s. dort), 137–142.
Reich-Ranicki, Marcel, Mein Leben [1999], Hamburg 2007.
Rex, Klaus-Peter, Neue Glaubensbekenntnisse. Mit Hinweisen für die Verwendung in Gottesdienst und Unterricht, Gütersloh 1995.
Reymond, Bernard, De vive voix. Oraliture et prédication, Genève 1998.
Rinser, Luise, Abenteuer der Tugend [1957], Frankfurt/M. 1984.
Roloff, Jürgen, Heil als Gemeinschaft. Kommunikative Faktoren im urchristlichen Herrenmahl [1970], in: ders., Exegetische Verantwortung in der Kirche. Aufsätze, hg. v. Martin Karrer, Göttingen 1990, 171–200.

–, Der Gottesdienst im Urchristentum [1994], in: Handbuch der Liturgik, hg. v. Hans-Christoph Schmidt-Lauber/Michael Meyer-Blanck/Karl-Heinrich Bieritz, Göttingen ³2003, 45–71.
–, Zur diakonischen Dimension und Bedeutung von Gottesdienst und Herrenmahl, in: Diakonie – biblische Grundlagen und Orientierungen. Ein Arbeitsbuch zur theologischen Verständigung über den diakonischen Auftrag [1990], hg. v. Gerhard K. Schäfer/Theodor Strohm, Heidelberg ²1994, 186–201.
Rosen, Jonathan, Talmud und Internet. Eine Geschichte von zwei Welten [am. 2000], Frankfurt/M. 2002.
Rupp, Hartmut, Kirchen als heilige Räume, in: Handbuch der Kirchenpädagogik. Kirchenräume wahrnehmen, deuten und erschließen, hg. v. dems., Stuttgart 2006, 21–31.

Scheidhauer, Gerhard, Art. Liturgisches Recht, in: Lexikon für Kirchen- und Staatskirchenrecht, hg. v. Axel Frhr. v. Campenhausen u. a., 3 Bd., Paderborn u. a. 2000–2004, hier: Bd. 2, 750–752.
–, Das Recht der Liturgie. Zum Liturgie- und Rechtsbegriff des evangelischen ius liturgicum, Hamburg 2001.
Schleiermacher, Friedrich D. E., Vorrede zur 1. Sammlung seiner Predigten [1801], Auszug in: Predigt. Texte zum Verständnis und zur Praxis der Predigt in der Neuzeit, hg. v. Friedrich Wintzer, München 1989, 49 [Zitat, das als Motto der Einleitung vorangestellt ist].
Schneider, Reinhold, Winter in Wien. Aus meinen Notizbüchern 1957/58 [1958], Freiburg/Br. ¹²1978.
Schnitzler, Theodor, Was die Messe bedeutet. Hilfen zur Mitfeier, Freiburg/Basel/Wien 1976.
Schroeter-Wittke, Harald, Mission ist Verschwendung. Heilsökonomische Erinnerungen an die praktisch-theologischen Voraussetzungen der „Bonner Thesen zur Mission", in: PTh 95 (2006), 109–113.
Schulz, Frieder, Das Opfermotiv in der liturgischen Tradition der Reformationskirchen bis heute, in: Das Opfer. Biblischer Anspruch und liturgische Gestalt, hg. v. Albert Gerhards/Klemens Richter, QD 186, Freiburg u. a. 2000, 234–256.
Seip, Jörg, Das Lesen ordnen? Rezeptionsästhetische Anmerkungen zur katholischen Leseordnung, in: Arbeitsstelle Gottesdienst 18 (2004) H. 2, 26–34.
Söhngen, Oskar, Theologie der Musik, Kassel 1967.
Speer, Albert, Spandauer Tagebücher [1975], Frankfurt/M. ⁵1976.
Stählin, Rudolf, Die Geschichte des christlichen Gottesdienstes von der Urkirche bis zur Gegenwart, in: Leiturgia, Handbuch des evangelischen Gottesdienstes, Bd. I, Kassel 1954, 1–81.
Stählin, Wilhelm, Vom göttlichen Geheimnis, Kassel 1936.
–, Der Pfarrer und seine Predigt [1949], in: ders., Vom Wagnis der Predigt, Stuttgart 1950, 7–35.
–, Das Osterlied [Predigt zum Sonntag Kantate, 1Kor 15,13–20 i.A.), in: ders., Sendung und Botschaft, München 1963, 144–151.
–, Via Vitae. Lebenserinnerungen, Kassel 1968.
–, Mysterium. Vom Geheimnis Gottes, Kassel 1970.
Steffensky, Fulbert, Feier des Lebens. Spiritualität im Alltag [1984], Stuttgart ⁴1988.
–, Segnen. Gedanken zu einer Geste, in: PTh 82 (1993), 2–11.
–, Schwarzbrot-Spiritualität, Stuttgart 2005.
Stroh, Wilfried, Latein ist tot, es lebe Latein. Kleine Geschichte einer großen Sprache, Berlin 2007.

Updike, John, Terrorist. Roman [am. 2006], Reinbek 2006.

Wagner-Rau, Ulrike, Mit den Kirchenräumen eine Tür zu den Menschen öffnen, in: PTh 95 (2006), 399–402.
Walser, Martin, Halbzeit [1960], Frankfurt/M. 1973.
Watzlawick, Paul/Janet H. Beavin/Don D. Jackson, Menschliche Kommunikation [am. 1967], Bern ^{7}1985.
Weiss, Peter, Die Ästhetik des Widerstands, 3 Bd., Frankfurt/M. 1975–1981.
Weyer-Menkhoff, Stephan, Die Ästhetik der Liturgie, in: LJ 52 (2002), 254–261.
Wieseltier, Leon, Kaddisch [am. 1998], München/Wien 2000.
Wiggermann, Karl-Friedrich, „Gott loben, das ist unser Amt". Ein kurzes Kapitel doxologische Theologie, in: DtPfrBl 109 (2009), 136–140.
Wort und Buch in der Liturgie. Interdisziplinäre Beiträge zur Wirkmächtigkeit des Wortes und Zeichenhaftigkeit des Buches, hg. v. Hanns Peter Neuheuser, St. Ottilien 1995.

Zerfaß, Rolf, Lektorendienst. 15 Regeln für Lektoren und Vorbeter [1965], Trier ^{9}2003.
Zuckmayer, Carl, Die Fastnachtsbeichte [1959], in: ders., Meistererzählungen, Frankfurt/M. 1967, 355–376.
–, Als wär's ein Stück von mir. Horen der Freundschaft, Frankfurt/M. 1966.
Zweites Vatikanisches Konzil, „Sacrosanctum Concilium". Konstitution über die heilige Liturgie [1963], in: Karl Rahner/Herbert Vorgrimmler, Kleines Konzilskompendium, Freiburg/Br. u. a. 1966.

Personenregister

Sachregister

Sequenzen der Liturgie sind durch *Kursivdruck* hervorgehoben.